SYNONYMES FRANÇOIS,
LEURS
DIFFÉRENTES SIGNIFICATIONS,
ET
LE CHOIX QU'IL EN FAUT FAIRE,
pour parler avec justesse ;

Par M. l'Abbé GIRARD, de l'Académie Françoise, Secrétaire-Interprete du Roi.

NOUVELLE ÉDITION,

Considérablement augmentée, mise dans un nouvel ordre, & enrichie de notes ;

Par M. BEAUZÉE, de l'Académie de la Crusca, des Académies royales de Rouen & de Metz ; des Sociétés littéraires d'Arras & d'Auxerre, Professeur de Grammaire à l'École Royale Militaire ;

Suivie de la Prosodie Françoise, Edition de 1767, & des Essais de Grammaire, par M. l'Abbé D'OLIVET.

TOME SECOND.

A ROUEN,

Chez la Veuve de PIERRE DUMESNIL, rue de la Chaîne.

────────────────

M. DCC. LXXXVI.
Avec Permission.

PRÉFACE
DE L'ÉDITEUR.

Puisque c'est principalement la parole, & l'exercice de cette faculté précieuse, qui distingue l'homme de la brute, qui le distingue même de ses semblables, la perfection du langage est sans doute une chose véritablement digne d'éloges, & qui mérite d'être achetée par le travail le plus sérieux & les recherches les plus profondes. C'est la pensée de Cicéron, l'un des hommes de l'antiquité dont les travaux ont porté le plus loin la gloire de la parole, & à qui ce talent si beau a fait le plus d'honneur (*Orat. I. viij*, 32, 33).

J'avoue qu'une recherche trop scrupuleuse des minuties grammaticales, n'est propre qu'à donner à l'élocution une monotonie fatiguante, une sécheresse dégoûtante, une langueur léthargique ; car il ne faut pas déguiser ici les prétextes de la paresse, & de cette suffisance présomptueuse, qui se croit privilégiée pour réussir sans effort, & pour recueillir sans avoir semé.

a ij

Mais dans quel sens peut-il être vrai que le grand soin de bien parler énerve la vigueur de l'esprit, l'entretient dans l'étude laborieuse des bagatelles, & l'empêche de s'élever ? Cela n'est vrai que quand on se mêle d'écrire ou de parler, sans avoir auparavant étudié à fond la langue dans laquelle on veut s'énoncer : c'est alors que l'on perd son temps à chercher, à peser, à mesurer chaque mot ; c'est alors que ces recherches inquietes ralentissent nécessairement l'activité de l'esprit, & en amortissent le feu ; il n'est pas possible que l'ouvrage ne se ressente de l'embarras & de la contrainte de la composition.

Il faut donc se préparer à parler par une étude sérieuse & profonde de la langue : les choses alors se présenteront à l'esprit avec les mots convenables ; & l'Auteur, uniquement occupé du but qu'il se propose, y dirigera son élocution avec un succès d'autant plus grand, qu'il aura acquis plus de facilité dans sa langue, & qu'il la parlera avec plus de justesse (*Quintil.* Inst. orat. VIII, Proœmio).

Cette justesse, devenue plus nécessaire que jamais, depuis que l'esprit philosophique a fait plus de progrès, dépend sur-tout de la connoissance exacte de toutes les idées comprises dans la signification de chaque mot. Il y a dans chacun une complexité d'idées qui est la source de tous les mal-entendus dans les arts, dans les sciences, dans les affaires, dans les traités politiques & civils : c'est l'obstacle le plus grand dans la recherche de la vérité, & l'instrument le plus dangereux dans les mains de la mauvaise foi. Ainsi il est de la plus grande conséquence d'apprendre à discerner les différentes

PRÉFACE.

idées partielles qui peuvent entrer dans la signification d'un même mot, & d'y distinguer sur-tout l'idée principale & les idées accessoires.

Lorsque plusieurs mots de la même espece représentent une même idée objective, variée seulement de l'un à l'autre par des nuances différentes, qui naissent de la diversité des idées ajoutées de part & d'autre à la premiere, celle qui est commune à tous ces mots, est l'idée *principale*; celles qui y sont ajoutées, & qui en différencient les signes représentatifs, sont les idées *accessoires*. Par exemple, les adjectifs INDOLENT, NONCHALANT, PARESSEUX, NÉGLIGENT, expriment tous quatre un défaut contraire à l'expédition & au succès du travail; c'est l'idée commune & principale; mais on est *indolent*, par défaut de sensibilité; *nonchalant*, par défaut d'ardeur; *paresseux*, par défaut d'action; *négligent*, par défaut de soin : ce sont les idées accessoires & différencielles. (Voyez *Tome I. Art.* 277). De même l'idée principale & commune aux trois noms CONFRERE, COLLEGUE, ASSOCIÉ, est celle d'union : les idées accessoires qui les différencient se tirent des motifs de cette union; la religion ou la politique unit les *confreres*, le besoin de la concurrence unit les *collegues*, l'intérêt unit les *associés*. (Voyez *Tome II, Art.* 46).

C'est sur cette distinction que porte la différence des mots honnêtes & déshonnêtes, que les cyniques traitoient de chimériques; & c'étoit pour avoir négligé de démêler dans les termes les différentes idées accessoires que l'usage peut y mettre, que ces Philosophes avoient adopté le systême impudent de l'indifférence des termes, qui les avoit ensuite menés au système plus impudent encore de l'indifférence des actions par rapport à l'honnêteté.

Quand on ne considere dans les mots de même espece, qui désignent une même idée principale, que cette idée principale & commune, ils sont *synonymes*, parce que ce sont différents signes de la même idée ; mais ils cessent de l'être, quand on fait attention aux idées accessoires qui les différencient ; il n'y a, dans aucune langue, aucun mot qui soit si parfaitement synonyme d'un autre, qu'il n'en differe absolument par aucune idée accessoire, & qu'on puisse les prendre indistinctement l'un pour l'autre en toute occasion. » S'il y avoit des sy-
» nonymes parfaits, dit M. du Marsais, il y
» auroit deux langues dans une même langue.
» Quand on a trouvé le signe exact d'une idée,
» on n'en cherche pas un autre «. (Top. III,
» *xij*, pag. 308). Il semble en effet que l'usage de tous les idiomes, tout indélibéré qu'il paroît être, ne perd jamais de vue cette maxime d'économie : jamais il ne légitime un mot synonyme d'un autre, sans proscrire l'ancien, si la synonymie est entiere ; & c'est ainsi que *plusieurs*, dans notre langue, a pris la place de *maints* : si l'usage laisse subsister ensemble deux synonymes, ce n'est qu'autant qu'ils sont réellement différenciés par quelques idées accessoires, qui modifient diversement la principale.

» Cette variété de mots, dit M. le Prési-
» dent de Brosses, met dans les langues beau-
» coup d'embarras & de richesses. Elle est très-
» incommode pour le vulgaire & pour les
» Philosophes, qui n'ont d'autre but en par-
» lant que de s'expliquer clairement. Elle aide

» infiniment au Poëte & à l'Orateur, en don-
» nant une grande abondance à la partie ma-
» térielle de leur ftyle : c'eft le fuperflu qui
» fournit au luxe, & qui eft à charge dans le
» cours de la vie à ceux qui fe contentent de la
» fimplicité «. (Méch. des lang. *Tome II, chap.
ix*, §. 161.)

Il me femble que cette obfervation du favant Magiftrat ne peut s'appliquer fans reftriction qu'à des fynonymes parfaits & d'une fignification identique ; ce feroient les feuls qui puiffent donner l'abondance à la partie purement matérielle du ftyle, les feuls qui puffent fournir au luxe un vain fuperflu. Mais, fi l'on fuppofe les fynonymes différenciés par divers points de vue, il eft bien plus convenable de conclure que l'abondance en eft pour les Philofophes une reffource admirable, puifqu'elle leur donne le moyen de mettre dans leur difcours toute la précifion & la netteté qu'exige la jufteffe la plus métaphyfique ; elle aide également au Poëte & à l'Orateur, en leur adminiftrant les moyens d'affoiblir ou de fortifier à leur gré les traits de leur pinceau. Mais j'avoue que le choix peut quelquefois donner de l'embarras aux uns & aux autres, auffi-bien qu'au vulgaire ; parce que rien n'eft plus aifé que de fe méprendre fur des différences toujours très-délicates, & fouvent affez peu fenfibles.

Les bons Ecrivains, dans toutes les langues, ont bien connu le prix de ces diftinctions fines ; & l'idée d'obferver les différences des fynonymes eft fort ancienne. Sans remonter chez les Grecs, où l'on en trouveroit des preuves abondantes, Cicéron établit, en termes très-clairs, le principe fondamental de cette doctrine : » Quel-

» que approchante que soit, dit-il, la significa-
» tion des mots, on a pourtant établi entr'eux des
» différences proportionnées à celle des choses
» qu'ils expriment «. (Topic. viij, 34.) Il n'a
pas seulement posé le principe : il l'a prouvé
par des développements, justifié par des exemples, & mis en pratique avec autant de succès
que d'intelligence par-tout où la justesse & le
goût ont paru l'exiger. Asconius & l'ancien
Scoliaste ont fait sur les synonymes employés
en concurrence par l'Orateur romain, quantité
d'observations très-fines, très-précises, &
très-justes. (Tuscul. II, *xv*, IV, *vij*, *viij*
& *ix*).

Varron (de ling. lat. V. *sub. fin.*) a également
connu & montré la nécessité de choisir
avec intelligence entre les mots qui paroissent
avoir une signification semblable.

Quintilien avoit trop de goût pour ne pas
saisir cette idée lumineuse. » On se sert ordinai-
» rement de plusieurs noms, dit-il, pour expri-
» mer la même chose : cependant, si l'on exa-
» mine tous ces noms les uns après les autres,
» on trouvera qu'ils ont chacun leur significa-
» tion particuliere «. Et il apprécie dans cet en-
droit-là même plusieurs synonymes, dont l'idée
principale est celle de *plaisanterie*. (Instit. orat.
VI, 3.).

Seneque le Philosophe a assigné avec beaucoup de précision les différences de quantité
de synonymes ; & l'on sent très-bien que la
philosophie l'a éclairé sur ces nuances délicates.

On feroit peut-être un volume fort utile,
quoique mince & de pure compilation, si on
extrayoit des Auteurs que je viens de citer tout

ce qui peut avoir trait aux différences des synonymes ; que l'on y joignît ce que l'on pourroit tirer des ouvrages de Festus & de Nonius Marcellus, & que l'on s'aidât des commentaires de Donat & de Servius, des observations de saint Isidore de Séville, & des remarques sur la langue latine du Jésuite Vavasseur, de Scioppius, de Henri Estienne, &c. Un pareil livre avertiroit les jeunes étudiants qu'il y a dans les Auteurs latins une infinité de vues fines & délicates, dont l'ignorance doit rendre les latinistes modernes fort suspects, & leurs admirateurs bien circonspects.

Mais, si les Anciens avoient pris eux-mêmes le soin de jetter sur toute leur langue ce coup d'œil philosophique qui apprécie avec justesse l'énergie de chaque terme, nous verrions entre ces mots, dit M. d'Alembert (*Encycl. Tome V, page* 83), une infinité de nuances qui nous échappent dans une langue morte, & qui doivent nous faire sentir combien le premier des humanistes modernes est éloigné de savoir le latin.

Les chefs-d'œuvres immortels des anciens sont parvenus jusqu'à nous ; nous les entendons jusqu'à certain point, nous les admirons même : mais combien de beautés réelles y sont entièrement perdues pour nous, parce que nous ne démêlons pas toutes les nuances fines qui caractérisent le choix qu'ils ont fait & dû faire des mots de leur langue ! combien par conséquent, ne perdons-nous pas de sentiments agréables & délicieux, de plaisirs réels ! combien de moyens d'apprécier ces Auteurs & de leur payer le juste tribut de notre admiration !

PRÉFACE.

S'ils pouvoient revivre, & aujourd'hui devenir juges de nos compositions, de quel œil verroient-ils ces prétendues interprétations latines que l'on a jointes à leurs textes pendant le regne dernier, sous prétexte d'en faciliter l'étude au Dauphin, & dans lesquelles on a affecté d'éviter les mots & les tours qu'ils avoient employés? Est-il possible qu'aucun de ceux qui s'en sont occupés, n'ait vu que ce travail étoit plus propre à gâter le goût qu'à l'éclairer, & n'étoit bon qu'à rendre insensible sur la propriété & l'énergie des termes, & sur les finesses de la langue? Dans sa jeunesse, Cicéron faisoit, pour s'exercer, quelque chose de semblable : il lisoit avec attention ou une tirade de beaux vers, ou quelque piece d'éloquence, dans la vue de retenir le fond des choses, & de le rendre ensuite en d'autres termes, les meilleurs toutefois qu'il lui étoit possible. » Mais je m'apperçus ensuite, dit-il
» (Orat. I, *xxxiv*, 154) que cet exercice étoit
» vicieux, parce que l'Auteur que je prenois pour
» modele avoit employé les termes les plus pro-
» pres à son but, les plus brillants, les meilleurs ;
» de sorte que, si j'usois des mêmes termes, c'é-
» toit peine perdue ; &, si j'en choisissois d'au-
» tres, c'étoit un travail nuisible, qui m'accou-
» tumoit à user des termes impropres «.

La Bruyere, qui connoissoit les finesses & les difficultés de l'art d'écrire, remarque (Mœurs de ce siecle, *ch. j.*) qu'entre toutes les différentes expressions qui peuvent rendre une seule de nos pensées, il n'y en a qu'une qui soit la bonne ; qu'on ne la rencontre pas toujours en parlant ou en écrivant ; qu'il est vrai néanmoins qu'elle existe ; que tout ce qui ne l'est point est foible, & ne satisfait pas un homme d'esprit qui veut se faire entendre. Cet embarras vient communément de ce qu'on ignore la juste valeur des termes, qu'on n'en apprécie pas les différences. Voilà l'origine de nos méprises & peut-être de nos absurdités en fait de grec & de latin, parce que les bons Ecrivains dans ces langues ne nous ont pas laissé des instructions suffisantes pour nous mettre en état de les lire avec fruit, & de les imiter avec succès.

Jugeons du moins par-là de l'intérêt que nous pouvons avoir nous-mêmes à constater, dans le plus grand détail, l'état actuel de notre langue, afin d'en assurer l'intelligence aux siecles à venir, nonobstant les révolutions qui peuvent l'altérer ou l'anéantir. Ce seroit véritablement consacrer à l'immortalité les noms & les ouvrages de nos Homere, de nos Sophocle, de nos Euripide, de nos Pindare, de nos Démosthene, de nos Thucydide, de nos Platon.

Feu M. l'Abbé Girard, touché de ces motifs, donna en 1718, sous le titre de *Justesse de la langue françoise*, les développements de plusieurs synonymes, auxquels il en a ajouté beaucoup d'autres dans les éditions suivantes, sous le simple titre de *Synonymes françois*. Cet ouvrage, dès qu'il parut, fixa l'attention des savants, & les suffrages du public. » Son » dessein, dit l'Abbé Goujet (*Biblioth. franç.* » *Part. I, ch. iv, Tome I, page* 183) est de » découvrir à ses lecteurs toutes les finesses de » notre langue : & l'on doit convenir qu'il les » emploie de lui-même avec beaucoup d'art, » qu'en général ses remarques sont bien fondées,

PRÉFACE.

« & que la plupart de ses exemples sont heu-
» reusement choisis. Ses définitions sur-tout
» paroissent fort justes......... Aussi est-ce un
» des meilleurs livres que l'on ait fait depuis
» long-temps sur notre langue «. Je sais que
M. de la Motte, excellent Juge des délicatesses
de la langue, & l'homme de son temps qui
auroit eu le plus d'esprit, s'il n'eût été contemporain de l'illustre Fontenelle, jugea, d'a-
près cet écrit, & sans connoître l'Auteur, que
l'Académie françoise ne pourroit se dispenser de
l'admettre dans son sanctuaire, s'il s'y présen-
toit avec un tel ouvrage. Il ne fut pourtant élu
qu'en 1744 ; j'en ignore la raison, s'il ne faut
l'imputer à sa modestie même ; mais il est certain que son livre des *synonymes* fut son principal titre, & qu'il méritoit de l'être. » Il sub-
» sistera, dit M. de Voltaire, autant que la
» langue, & servira même à la faire subsis-
» ter «. (Siecle de Louis XIV, *tome I*, page
115).

Le germe en existoit dans les meilleurs ouvrages des Anciens, on l'a déjà vu ; &, par rapport à notre langue même, quelques Ecrivains,
antérieurs à l'Abbé Girard, avoient assigné avec
assez de succès les différences de plusieurs synonymes ; on en trouvera dans le second volume, que je joins au sien, quelques exemples
qui sont dus au P. Bouhours, à Ménage, à
Andri, à Boisregard, à la Bruyere. Mais ces
germes isolés, échappés comme par hasard, &
sans dessein ultérieur, sembloient attendre, pour
devenir féconds, le coup d'œil d'un génie pénétrant & fin, qui sût généraliser des remarques
particulieres, & répandre, dans le systême entier de la langue, une lumiere dont quelques

rayons n'avoient qu'à peine annoncé l'aurore. L'Abbé Girard parut ; & , se faisant à lui-même une maniere de voir & de démêler les nuances distinctives des synonymes, les exemples qu'il pouvoit avoir sous les yeux ne servirent tout au plus qu'à lui montrer sa tâche ; mais il la remplit sans copier personne, & fut à lui-même son modele. Le ton qu'il soutient, dans toute l'étendue de son ouvrage, prouve très-bien que sa maniere est à lui : il a véritablement, dans le tour de ses explications, l'avantage réel de la justesse & de la nouveauté, dans l'étendue de son ouvrage le mérite de l'agrément & de l'utilité ; & dans la perfection du tout, la gloire d'avoir été universellement applaudi, d'avoir fait un livre original, & d'avoir donné lieu à des imitations qui tendent à perfectionner les langues de nos voisins, mais qui assurent la gloire de la nôtre, & qui attestent l'honneur que lui a fait notre Auteur.

M. Gottsched donna en 1758, à Leipsick, des *Observations sur l'usage & l'abus de plusieurs termes & façons de parler de la langue Allemande*. » Elles sont, dit M. Roux, dans le » goût de celle de Vaugelas sur la langue Fran- » çoise ; & on en trouve plusieurs qui ressem- » blent beaucoup aux synonymes de l'Abbé Gi- » rard «. (Ann. typogr. Août 1760. *Belles-Lettres* n. *clviij*).

On a fait plus en Angleterre : on a imprimé à Londres, tout récemment, une *Exposition des significations différentes qu'ont les mots anglois regardés comme synonymes*. Deux volumes *in-*12.

Verrons-nous froidement nos voisins s'animer à la vue d'un modele que notre France leur a fourni, sans faire le moindre effort pour soutenir la gloire de notre langue ? On ne sauroit lire le livre de l'Abbé Girard, sans desirer ardemment qu'il y eût assigné les caracteres distinctifs d'un plus grand nombre de synonymes : on souhaiteroit du moins que les gens de lettres, qui sont en état d'entrer dans les vues fines & délicates de cet ingénieux Ecrivain, voulussent bien concourir à la perfection de l'édifice dont il a en quelque maniere tracé le plan & posé les premiers fondements. Il en résulteroit quelque jour un excellent dictionnaire ; ouvrage qui, envisagé sous ce point de vue essentiel, nous manque jusqu'à présent ; & qui est d'autant plus important, que l'on doit regarder la justesse du langage, non-seulement comme une source d'agréments, mais sur-tout comme le moyen le plus propre pour faciliter & rendre sûre la communication de la vérité. Si ce motif est capable d'encourager les gens de lettres qui la respectent & qui l'aiment, à s'occuper du développement des synonymes, qu'ils me permettent de leur marquer à quoi il me semble que peut se réduire l'entreprise.

Les uns peuvent continuer sur le plan de l'Abbé Girard, en assignant les caracteres distinctifs des synonymes avec précision, & en y adaptant des exemples qui en fassent sentir la justesse, & qui montrent l'usage qu'il en faut faire.

Les autres recueilleront les preuves de fait, que leurs lectures pourront leur présenter dans nos meilleurs Ecrivains, de la différence qu'il y a entre plusieurs synonymes de notre langue. Il faut pour cela s'attacher sur-tout aux phrases où les Auteurs n'ont pensé qu'à s'exprimer avec justesse : j'ajoute qu'il faut spécialement compter sur les Auteurs les plus Philosophes, & préférer ceux de leurs ouvrages qui sont les plus philosophiques. Plusieurs articles de ceux qui composent le second volume de cette édition, serviront à justifier ce que je dis ici des Ecrivains philosophes. La Bruyere & M. Duclos en ont fourni d'excellents ; & ceux que j'ai extraits de l'Encyclopédie y avoient été mis, pour la plupart, par des Philosophes accoutumés à ne voir les mots que par rapport aux idées dont ils sont les types.

Sans prétendre que mon travail puisse être comparé, ni aux articles que je viens d'indiquer, ni à l'ouvrage immortel de l'Abbé Girard, j'ai osé insérer dans ce second volume quelques articles de ma composition. J'ai mis à la fin de chacun la lettre initiale de mon nom (B), afin de ne pas surprendre, par une confusion affectée, les suffrages des Lecteurs peu attentifs; car les Auteurs apparemment ne pourroient s'y méprendre. Si l'on juge que j'aie réussi, je m'applaudirai de mon travail : si on le condamne, mais qu'il donne lieu à quelques articles meilleurs, je serai encore content. Pour ceux que j'ai puisés dans différents écrits, j'en indique les sources à mesure ; & c'est tout ce que l'on peut exiger de moi. Je dois pourtant prévenir qu'il y a un petit nombre de ces articles que j'ai pris sous mon nom, quoique j'en aie trouvé le germe ailleurs ; il m'a semblé que les changements que j'y introduisois, m'autorisoient à prendre ce parti, ou m'y forçoient même, afin qu'on n'imputât pas à d'autres ce qu'il pourroit y avoir de répréhensible dans la forme & dans le développement qui viennent de moi: au surplus, voilà ma déclaration faite, & la restitution annoncée à qui voudra y prétendre.

Quant au premier volume, il n'y a rien que de l'Abbé Girard, si ce n'est quelques additions ou quelques notes qui ont été jugées nécessaires, & qui sont toujours distinguées du texte original par l'indication de l'Auteur; car on a cru que l'ouvrage primitif devoit rester intact. Mais, outre le discours que prononça l'Abbé Girard le jour de sa réception à l'Académie françoise, ce premier volume est encore augmenté de soixante & quatorze articles nouveaux sortis de la même main; addition considérable & intéressante pour le Public, qui les y reconnoîtra par cette marque (N.) ajoutée au titre de chaque article. Soixante & dix ont été tirés des papiers que l'Auteur avoit légués à M. le Breton, son Imprimeur & son ami : les quatre autres sont extraits de son livre des *vrais principes de la langue françoise*, en seize discours, imprimé en 1747; ouvrage, si l'on en juge par le débit, qui a fait moins d'honneur à l'Académicien que celui des *synonymes*, mais dont il ne faut pas juger par un moyen si équivoque. Le livre des *synonymes* est plein d'agréments & de finesses, a le mérite si touchant de la variété & le mérite plus touchant encore de ne point occuper, d'être à la portée de tous les esprits, & de convenir à toutes les heures. Celui des *principes* est un systême suivi, qui a beaucoup plus coûté à l'Auteur, & qui exige du Lecteur une grande contention d'esprit & des lumieres déjà acquises. Le premier a été applaudi universellement, parce qu'il a plu à tout le monde ; le second n'a été approuvé que des Maîtres de l'art & des Savants, parce que le reste n'étoit pas en état d'en sentir le prix : mais tous deux ont eu l'avantage décisif d'être contrefaits dans toute l'Europe.

Au reste, l'ordre des articles des synonymes dans les éditions précédentes, étoit celui même dans lequel ils avoient été faits par l'Auteur, qui les regardoit comme détachés & indépendants les uns des autres. Ils le sont en effet ; & le second volume, comme le premier, peut être ouvert au hasard, & lu sans aucune préparation. Cependant il y a des articles qui ont ou de l'analogie ou de l'opposition ; & ces deux points de vue peuvent servir à répandre quelque lumiere sur les objets qu'on traite. J'ai donc cru pouvoir, dans les deux volumes, rapprocher ces articles les uns des autres, sans pourtant affecter une trop grande rigueur ; &, dans la même vue, j'ai mis à plusieurs articles des renvois d'un volume à l'autre, ou quelquefois même sans sortir du volume : j'ai rapproché par-là des articles qui étoient corrélatifs sans pouvoir être réunis.

Cette vue a amené un changement d'une autre espece ; c'est que, pour abréger les citations de renvoi, il a fallu donner à chaque article son numéro : ce sera une commodité pour ceux qui croiroient pouvoir citer les synonymes, soit comme autorité, soit comme exemple.

Une table générale alphabétique, à la fin du second volume, met en état de retrouver tel article que l'on veut consulter. Une autre table, également alphabétique, à la fin du premier tome, nous montre les restes de la

xviij *PRÉFACE.*
tâche que l'Abbé Girard s'étoit proposée ; tout ce qui sort de la main des grands Maîtres est précieux, jusqu'aux simples croquis.

TABLE

Des Matieres contenues dans les Remarques sur la Langue Françoise.

ACADÉMIE, fous Charles IX, page 377
ACCENT profodique, 372, 383, oratoire, 384, muſical, *ibid.* provincial, 385, imprimé, *ibid.* L'accent profodique eſt-il fixe dans le françois, 386. Reproche fait à l'accent françois, 389
ACHEVER *un deſſein*, 557
ADJECTIF, ce que c'eſt, 457, 458. Adjectifs verbaux, *ibid.* Comment l'adjectif devient ſubſtantif, 470. S'il peut régir, 564. S'il doit précéder ſon ſubſtantif, ou le ſuivre, 464, 591
ALEXANDRE. Remarques ſur cette Tragédie, 524, 528, 536, 542, 550, 557, 563, 576, 597, 598, 599.
ALLUMÉ pour *allumai*, 607
ANDROMAQUE. Remarque ſur cette Tragédie, 525, 556, 557, 560, 569, 572, 587, 589, 594, 596, 599, 607.
AORISTE, mis pour le prétérit, 606
APOSTROPHE. Tout nom apoſtrophé ſe met ſans article, 475. Exception, *ibid.*
ARTICLE, ce que c'eſt, 464. Article ſimple & article particulé, 465. Quand l'article s'élide, *ibid.* Quand il faut l'employer, 467. Quelle eſt ſa propriété, 467, 472. Mis avant ou après l'adjectif d'un nom propre il change le ſens, 468. Article corrélatif, 470. Néceſſité de l'article pour faire qu'un nom puiſſe régir, 473. N'eſt point inſtitué pour diſtinguer les genres & les nombres, 477. Ne ſignifie rien par lui ſeul, 478. Quand il faut omettre l'article, 474. Ses équivalents, 544.
ASPIRATION, ce que c'eſt, 394. Liſte des mots qui s'aſpirent au commencement, 396, au milieu, 397, à la fin, 398. Mots ſur l'aſpiration deſquels on eſt partagé, *ibid.*
A TRAVERS, *au travers*, 597
AVANT *que partir*, 625
AUCUN & *Nul.* En quel ſens ils ne peuvent être mis au pluriel, 547

AVECQUE, 245
AUJOURD'HUI pour *à aujourd'hui*, 589

BAJAZET. Remarques sur cette Tragédie, 526, 537, 539, 540, 542, 559, 561, 567, 568, 571, 574, 580, 582, 583, 586, 598, 599.
BÉRÉNICE. Remarques sur cette Tragédie, 540, 551, 552, 555, 563, 569, 584, 593.
BEZE (Théodore de), 378, 387
BREVES (Syllabes, bien plus nombreuses dans le françois que les longues, 423
BRITANNICUS. Remarques sur cette Tragédie, 558, 566, 573, 579, 580, 581, 591, 604.

CE, pronom substantif, 489. Quand demande-t-il son verbe au pluriel, 490
CHANGER *à*, 555
CIRCONFLEXE. Si l'accent circonflexe peut avoir lieu dans le françois, 383
COMMETTRE, employé improprement, 559
CONFIER & *se confier*, 594
CONSONNES. Pourquoi dédoublées souvent contre l'étymologie; 382
Constructions remarquables, 543, 573, 577, 578, 583, 587, 597.
COUCHER & *se coucher*, 553
COURIR, comment il se conjugue, 552
CRAINDRE suivi de *Ne*, 584
CROÎTRE, employé activement, 539

DANGEAU (M. l'Abbé de). Son opinion sur les voyelles nasales, 400. Examen de cette opinion, 403
DE. Quelques emplois singuliers de cette préposition, 527. Où la mettre, ou la supprimer, après *aimer mieux* suivi de *que*, fait des sens différents, 565
DÉCLINABLE. Ce qu'il faut entendre par-là dans notre langue, 456
DÉPLORABLE, mal dit des personnes, 556
DES, article particulier, ne doit pas être confondu avec la préposition *de*, 361
DESSOUS, mis comme préposition, 524
DEVANT *que* pour *avant que*, 525
DISSIPER, employé improprement, 572
DONNER *en spectacle funeste*, 549
DOUTEUSES (Syllabes). Il y en a de deux sortes, 408, 428.

E MUET, S'il forme un son particulier à notre langue, 389. Quelle est la nature de ce son, 392. Comment l'*É* muet, lorsqu'il est final, doit être prononcé dans le chant, 392. Quelle est sa quantité prosodique, 408, 418.
ELLIPSE, 600
EN, préposition, mis pour *à*, 527
EN, pronom, suivi d'un participe dont il est le régime, rend ce participe indéclinable, 512
ENCORE ou *encor*, 593
EQUIVOQUES. Combien les équivoques qui naissent des pronoms sont à craindre, 495. Exemple, 572. Equivoques qui naissent du gérondif, 575, 576, 577. Précautions à prendre quand les mots sont équivoques par eux-mêmes, 558
ESPÉRANCE, espoir, 560
ESTHER. Remarques sur cette Tragédie, 526, 535, 546, 548, 549, 574, 596.
ET, conjonction mal placée, 603
EXPIRER. Deux manieres de le conjuguer, d'où se forment deux sens différents, 551

FRANÇOIS I. Son impromptu & celui de Melin de Saint-Gelais, 406

GALLICISME. Ce que c'est, 602
Genre. Ce que la Grammaire entend par ce mot, 456
GÉRONDIF. Différence du gérondif & de l'adjectif verbal, 458. Que cette dénomination devroit être celle des participes actifs, 496. Quelle est la nature du gérondif, 579

HARMONIE *dans le discours*. Sa réalité, 444. Quand connue dans notre langue, 446. Quelles causes doivent concourir pour la former, 447. En quoi les loix de l'harmonie sont les mêmes pour le Poëte & pour l'Orateur, 452. En quoi elles sont différentes, *ibid*.
HIATUS. S'il a lieu quand la voyelle nasale qui finit un mot est suivie d'une autre voyelle qui commence un autre mot. 400
HOMONYMES, dont la quantité syllabique fait distinguer le sens, 433
HUET. Evêque d'Avranches, 406

INFINITIF du verbe. Comment il devient substantif, 471
INFORMER, s'informer, 567
INGRAT à, 564
INQUIETTE & inquiete, 550
INSPIRER dans, 563
INSTRUIRE. Quel est son régime, 559
INVERSIONS remarquables, 537, 580, 581, 587
IPHIGÉNIE. Remarques sur cette Tragédie, 527, 539, 559, 562, 564, 589, 592, 601, 602.

LANGUE françoise. Combien peu de changement elle éprouve depuis un siecle, 541
LE, LA, LES. Article simple, 165. Pronom, 483, LE, pour dire *cela*, 491. Mis comme pronom, & suivi d'un mot qui commence par une voyelle, 585
LEQUEL. Quand il est nécessaire au lieu de *qui*, 492, 494.
LEUR, substantif, 482. Adjectif, 586
LONGUES (Syllabes). Il y en a de plus ou moins longues, 407
LUI, pronom personnel, 482

MAIN & *mains*, le singulier ou le pluriel font des sens différents, 559
MÊME & *mêmes*, 570
MITHRIDATE, Remarques sur cette Tragédie, 525, 533, 539, 543, 562, 570, 577, 585, 594.
MUSICIENS. Obligés de se conformer aux Regles de la Prosodie, 443.

N Quand cette lettre, étant finale, doit sonner avec la voyelle qui commence le mot suivant, 405
NE, particule prohibitive, 584
NOM, défini grammaticalement, 455 : philosophiquement, 461. Les différentes especes de noms, 467. Leur place dans le discours, 461
NOMS propres, 457. Quand ils peuvent avoir des pluriels, 468. Ils se mettent sans article, 474
NOMS communs, 457. Comment ils deviennent noms propres, 367
NOMS de nombre, 460. Quand ils tiennent lieu de l'article, 475
NOMBRE singulier ou pluriel, 455
NUL. Voyez *Aucun*.

DES MATIERES.

OFFRE, de quel genre, 540
OI. En quel temps la prononciation de cette diphtongue fut changée, 535
ON, pronom indéfini, 484. Quand on peut dire l'*on*, 485
ORTHOGRAPHE. Raison insuffisante pour y faire certain changement, 535

PARMI, employé improprement, 558
PARTICIPE. Que cette dénomination devroit être réservée au seul participe passif, 496. Que le participe du verbe substantif ne se décline pas, 497. Quand il faut décliner le participe du verbe actif, *ibid*. Celui des verbes réciproques, 513. Celui des verbes neutres, 519. Employés comme adjectifs, ne précedent jamais leur substantif, 578
PARTICULÉ, c'est-à-dire, précédé d'une particule, ou exprimée, ou incorporée par contraction, ou sous-entendue, 463
PARTICULES. Comment deviennent substantifs, 472
PERSÉCUTER *sur*, 569
PHEDRE. Remarques sur cette Tragédie, 541, 542, 549, 551, 557, 575, 605.
PLAIDEURS. Remarques sur cette Comédie, 529, 530, 532, 553, 554, 555, 565, 572, 585, 595, 600.
PLAIRE. Ses différentes significations, & ses différents régimes, 554
PLURIEL, au lieu d'un singulier, 580
PLUS. Deux *plus* corrélatifs ne souffrent point de conjonction, 603
PRONOMS. Quand ils tiennent lieu de l'article, 475. Pronoms de la premiere personne, comment ils varient selon leur place, 480. Pronoms de la seconde personne, 481. Pronoms de la troisieme, *ibid*. Par où ces derniers different des autres, 483. Quand le pronom possessif demande l'article, 486, 488. Quelle est la place du pronom avant l'infinitif des verbes, 582
PROSODIE. Ce qu'elle comprend, 372. Ses principes sont-ils fixes, 373. Depuis quand connue dans notre langue, 375. Obstacles qui nuisent à la connoissance de notre Prosodie, 379. Utilité de la Prosodie pour les Poëtes, 436. Pour les Orateurs, 444
PROSPERE. Est-ce un mot qui ait vieilli, 535

QUANTITÉ, partie essentielle de la Prosodie, 372. En quoi elle consiste, 407. Regles particulieres, selon les voyelles pénultiemes ou finales, 409. Regles générales, 431

QUI. En quel cas il ne convient qu'aux personnes, 493. Nominatif, il ne doit pas être séparé de son substantif, 588

RAMUS, son caractere, 376
RÉGIME. Deux sortes de régimes, le simple & le particulé, 485, 497
RÉGIR. Ce que c'est, 457
RESPIRER. Ses diverses acceptions, 555
RIME. Apologie de la rime, 443. Que les longues ne doivent pas rimer avec les breves, 594
RONSARD. Licences qu'il autorise touchant l'*e* muet, 391
RYTHME. Ce que c'est, 438. Quel est l'effet du Rythme, 439. On l'examine dans quatre vers de Despréaux, 441

SAIS-JE PAS, pour *ne sais-je pas*, 536
SOI, pronom réciproque, 483, 489
SON, SA, SES. Quand ils peuvent se dire des choses, 487
SUBSTANTIF. Ce que c'est, 456. Cinq manieres dont ces substantifs peuvent être placés dans le discours, 462. Comment ils deviennent adjectifs, 470, 475
SUPERLATIF. Comment il se forme, 459. Quand il n'admet point l'article particulé, 471, 568

TANT *de beauté*, 548
TOUT, seul adjectif qui précede l'article simple, 465, & qui divise le particulé, 466

VERBES. Tous nos verbes réduits à quatre especes, substantif, actif, réciproque & neutre, 497. Origine de nos réciproques, 513
VERS pour *envers*, 526
VERS mesurés à la maniere des Grecs & des Latins, quand introduits dans le François, 376, 379. Qu'ils ne peuvent pas nous convenir, 436
UN. Qu'il n'est pas article, 477, 478
VOYELLES NASALES. Quelle est la nature de ces voyelles, 403. Si elles operent ou empêchent l'*hiatus*, 404

Fin de la Table.

SYNONYMES

SYNONYMES FRANÇOIS,

LEURS

DIFFÉRENTES SIGNIFICATIONS,

ET

LE CHOIX QU'IL EN FAUT FAIRE

pour parler avec justesse.

---

1. ABAISSEMENT. BASSESSE.

UNE idée de dégradation, commune à ces deux termes, en fonde la synonymie; mais ils ont des différences bien marquées.

Si on les applique à l'ame, l'*abaissement* volontaire où elle se tient, est un acte de vertu; l'*abaissement* où on la tient est une humiliation passagere, qu'on oppose à sa fierté afin de la réprimer : mais la *bassesse* est une disposition

Tome II.   A

ou une action incompatible avec l'honneur, &
qui entraîne le mépris.

Si l'on applique ces termes à la fortune, à la
condition des hommes, l'*abaissement* est l'effet
d'un événement qui a dégradé le premier état;
la *bassesse* est le degré le plus bas & le plus éloigné de toute considération. L'*abaissement* de la
fortune n'ôte pas pour cela la considération qui
peut être due à la personne; mais la *bassesse* l'exclut entièrement: ainsi les mendiants sont au-dessous des esclaves; car ceux-ci ne sont que
dans l'*abaissement*, & ceux-là sont dans la *bassesse*.

On peut encore appliquer ces deux termes à
la maniere de s'exprimer, & la même nuance
les différencie toujours. L'*abaissement* du ton le
rend moins élevé, moins vif, plus soumis: la
bassesse du style le rend populaire, trivial,
ignoble. (B.)

2. HAUTAIN. HAUT.

Hautain est toujours pris en mauvaise part;
c'est l'orgueil qui s'annonce par un extérieur
arrogant; c'est le plus sûr moyen de se faire
haïr, & le défaut dont on doit le plus soigneusement corriger les enfants. On peut être *haut*
dans l'occasion avec bienséance.

Un Prince peut & doit rejetter avec une *hauteur* héroïque des propositions humiliantes; mais
non pas avec des airs *hautains*, un ton *hautain*,
des paroles *hautaines*.

Une ame *haute* est grande; une ame *hautaine*
est superbe.

On peut avoir le cœur *haut* avec beaucoup de
modestie; on n'a point l'humeur *hautaine* sans
un peu d'insolence. L'insolent est à l'égard du

hautain, ce qu'est le *hautain* à l'égard de l'impérieux : ce sont des nuances qui se suivent, & ces nuances sont ce qui détruit les synonymes. (*Encycl.* VIII, 67.)

3. SUFFISANT. IMPORTANT. ARROGANT.

Le *suffisant* est celui en qui la pratique de certains détails, que l'on honore du nom d'affaires, se trouve jointe à une très-grande médiocrité d'esprit.

Un grain d'esprit, & une once d'affaires plus qu'il n'en entre dans la composition du *suffisant*, font l'*important*.

Pendant qu'on ne fait que rire de l'*important*, il n'a pas un autre nom : dès qu'on s'en plaint, c'est l'*arrogant*. (*La Bruyere*, Caract. ch. 12.)

4. GLORIEUX. FIER. AVANTAGEUX. ORGUEILLEUX.

* Le *glorieux* n'est pas tout-à-fait le *fier*, ni l'*avantageux*, ni l'*orgueilleux*. Le *fier* tient de l'arrogant & du dédaigneux, & se communique peu. L'*avantageux* abuse de la moindre déférence qu'on a pour lui. L'*orgueilleux* étale l'excès de la bonne opinion qu'il a de lui-même. Le *glorieux* est plus rempli de vanité ; il cherche plus à s'établir dans l'opinion des hommes ; il veut réparer par les dehors ce qui lui manque en effet.

Le *glorieux* veut paroître quelque chose. L'*orgueilleux* croit être quelque chose. (*Encycl.* VII, 716.) * L'*avantageux* agit comme s'il étoit quelque chose. Le *fier* croit que lui seul est quelque chose, & que les autres ne sont rien. (B.)

5. SOT. FAT. IMPERTINENT.

* Ce sont-là de ces mots que dans toutes les langues il est impossible de définir ; parce qu'ils renferment une collection d'idées qui varient suivant les mœurs dans chaque pays & dans chaque siecle, & qu'ils s'étendent encore sur les tons, les gestes, & les manieres. Il me paroît en général que les épithetes de *sot*, de *fat*, & d'*impertinent*, prises dans un sens aggravant, n'indiquent pas seulement un défaut, mais portent avec soi l'idée d'un vice de caractere & d'éducation.

Il me semble aussi que la premiere épithete attaque plus l'esprit, & les deux autres, les manieres.

C'est inutilement qu'on fait des leçons à un *sot* ; la nature lui a refusé les moyens d'en profiter. Les discours les plus raisonnables sont perdus auprès d'un *fat* ; mais le temps & l'âge lui montrent quelquefois l'extravagance de la *fatuité*. Ce n'est qu'avec beaucoup de peine qu'on peut venir à bout de corriger un *impertinent*.

Le *sot* est celui qui n'a pas même ce qu'il faut d'esprit pour être un *fat*. Un *fat* est celui que les *sots* croient un homme d'esprit. L'*impertinent* est une espece de *fat* enté sur la grossiéreté.

Un *sot* ne se tire jamais du ridicule ; c'est son caractere. Un *impertinent* s'y jette tête baissée, sans aucune pudeur. Un *fat* donne aux autres des ridicules, qu'il mérite encore davantage.

Le *sot* est embarrassé de sa personne. Le *fat* a l'air libre & assuré ; s'il pouvoit craindre de mal parler, il sortiroit de son caractere. L'*impertinent* passe à l'effronterie.

Le *sot*, au lieu de se borner à n'être rien, veut être quelque chose ; au lieu d'écouter, il veut parler ; & pour lors il ne fait & ne dit que des bêtises. Un *fat* parle beaucoup, & d'un certain ton qui lui est particulier ; il ne sait rien de ce qu'il importe de savoir dans la vie, s'écoute & s'admire : il ajoute à la sottise la vanité & le dédain. L'*impertinent* est un *fat* qui peche en même-temps contre la politesse & la bienséance ; ses propos sont sans égard, sans considération, sans respect ; il confond l'honnête liberté avec une familiarité excessive ; il parle & agit avec une hardiesse insolente : c'est un *fat* outré.

Le *fat* lasse, ennuie, dégoûte, rebute : l'*impertinent* rebute, aigrit, irrite, offense ; il commence où l'autre finit. (*La Bruyere*, Caract. ch. 12, *Encycl.* XV, 383.)

* Tel est devenu *fat* à force de lecture,
Qui n'eût été qu'un *sot* en suivant la nature (*a*).

(*a*) Du Reshel.

6. EFFRONTÉ. AUDACIEUX. HARDI.

Ces trois mots désignent en général la disposition d'une ame qui brave ce que les autres craignent. Le premier dit plus que le second, & se prend toujours en mauvaise part ; & le second dit plus que le troisieme, & se prend aussi presque toujours en mauvaise part.

L'homme *effronté* est sans pudeur ; l'homme *audacieux*, sans respect ou sans réflexion, l'homme *hardi*, sans crainte.

La *hardiesse* avec laquelle on doit toujours dire la vérité, ne doit jamais dégénérer en *audace*, & encore moins en *effronterie*.

Hardi se prend aussi au figuré : une voûte *hardie*. *Effronté* ne se dit que des personnes ; *hardi* & *audacieux* se disent des personnes, des actions, & des discours. (*Encycl.* V, 412.)

(*a*) *Voyez* tome I, art. 373.

7. ABDIQUER. SE DÉMETTRE.

* C'est en général quitter un emploi, une charge : *abdiquer* ne se dit guere que des postes considérables, suppose de plus un abandon volontaire ; au lieu que *se démettre* peut-être forcé, & peut s'appliquer aux petites places comme aux grandes. (*Encycl.* IV, 809).

* Christine, Reine de Suede, *abdiqua* la Couronne. Edouard II, Roi d'Angleterre, fut forcé à *se démettre* de la royauté. Philippe V, Roi d'Espagne, *s'en démit* volontairement en faveur du Prince Louis, son fils. Tel se déshonore en se faisant donner ordre de *se démettre* d'une charge, qui pouvoit se faire honneur d'une *démission* spontanée (*a*). (B.)

(*a*) *Voyez* Tome I, art. 335.

8. RENONCIATION. RENONCEMENT.

La désappropriation est l'effet de l'un & de l'autre, & tous deux sont des actes volontaires : voici en quoi ils different.

Renonciation est un terme d'affaires & de jurisprudence ; c'est l'abandon volontaire des droits que l'on avoit ou que l'on prétendoit sur quelque chose. *Renoncement* est un terme de spiritualité & de morale chrétienne ; c'est le détachement des choses de ce monde & de l'amour-propre.

La *renonciation* est un acte extérieur, qui ne suppose pas toujours le détachement intérieur. Le *renoncement* au contraire est une indisposition intérieure, qui n'exige pas l'abandon extérieur des choses dont on se détache.

La profession de la vie religieuse exige dans l'intérieur un *renoncement* entier de soi-même, & de toutes les choses de ce monde, & emporte par le fait la *renonciation* à tous les droits de propriété que l'on pouvoit avoir avant la prononciation des vœux. (B.)

9. EMBLÊME. DEVISE.

L'un & l'autre est la représentation d'une vérité intellectuelle par un symbole sensible, accompagnée d'une légende qui en exprime le sens.

Ce qui distingue l'*embléme* de la *devise*, c'est que les paroles de l'*embléme* ont toutes seules un sens plein & achevé, & même tout le sens & toute la signification qu'elles peuvent avoir avec la figure ; ce qui n'est pas vrai des paroles de la *devise*, qui ne s'entendent bien que quand elles sont jointes à la figure.

On ajoute encore cette différence, que la *devise* est un symbole déterminé à une personne, ou qui exprime quelque chose qui la concerne en particulier ; au lieu que l'*embléme* est un symbole plus général. L'*embléme* suppose souvent une comparaison entre des objets de même nature : la *devise* porte sur une métaphore, & souffre que les objets comparés soient de nature différente. (B.)

10. ACTEUR. COMÉDIEN.

Dans le sens propre, on nomme ainsi ceux

qui jouent la comédie sur un théatre ; mais il n'est pas vrai, comme le dit le P. Bouhours (a), que dans ce sens ces deux mots aient absolument la même signification.

Acteur est relatif au personnage que représente celui dont on parle ; *Comédien* est relatif à sa profession. Des amis rassemblés pour s'amuser entr'eux, jouent sur un théatre domestique un drame dont ils se partagent les rôles : ils sont *Acteurs*, puisqu'ils ont chacun un personnage à représenter ; mais ils ne sont pas *Comédiens*, puisque ce n'est pour eux qu'un amusement momentané, & non pas une profession consacrée à l'amusement du public. Les jeunes gens qu'une institution un peu plus que gothique fait monter sur les théatres de collége, sont *Acteurs* & ne sont pas *Comédiens* ; mais quelques-uns, qui sans cela seroient peut-être devenus d'habiles Avocats, de bons Médecins, de pieux Ecclésiastiques, sont devenus de mauvais *Comédiens*, pour avoir été au Collége de pitoyables *Acteurs* encouragés par des applaudissements imbécilles.

Dans le sens figuré, ces deux termes conservent encore la même distinction à beaucoup d'égards.

Acteur se dit de celui qui a part dans la conduite, dans l'exécution d'une affaire, dans une partie de jeu ou de plaisir ; *Comédien*, de celui qui feint bien des passions, des sentiments qu'il n'a point, dont la conduite est dissimulée & artificieuse. Le premier terme se prend en bonne ou en mauvaise part, selon la nature de l'affaire où l'on est *Acteur* : le second ne se prend jamais qu'en mauvaise part, parce que la dissimulation qui fait le *Comédien* est toujours une chose odieuse.

(a) Rem. nouv. tome I.

Tel qui, dans un conseil de guerre, a des vues supérieures, ouvre des avis salutaires, propose des plans admirables & infaillibles, n'est plus si bon *acteur* un jour de combat, lorsque le canon se fait entendre : c'est qu'un même *acteur* n'est pas propre à tous les rôles.

Le Duc de Guise dit dans ses Mémoires, qu'Innocent X pleuroit quand il lui plaisoit, & qu'il étoit fort grand *comédien* : ,, Le mot, dit le P. ,, Bouhours (*a*), est un peu fort pour un Pape ; ,, mais il exprime bien en notre langue ce que ,, le Duc vouloit dire. (B.)

(*a*) Ibid.

II. PERSONNAGE. ROLE.

Ces deux termes désignent également l'objet d'une représentation, soit sur la scene, soit dans le monde.

Le terme de *personnage* est plus relatif au caractere de l'objet représenté ; celui de *rôle* a l'art qu'exige la représentation : le choix des épithetes dont ils s'accommodent dépend de cette distinction.

Un *personnage* est considérable ou peu important, noble ou bas, principal ou subordonné, grand ou petit, intéressant ou froid; amoureux, ambitieux, fier, &c. un *rôle* est aisé ou difficile ; soutenu ou démenti ; rendu avec intelligence, avec goût, avec feu ; estropié, ou exécuté maussadement, froidement, mal-adroitement, &c.

C'est au Poëte à décider les *personnages* & à les caractériser; c'est à l'Acteur à choisir son *rôle*, à l'étudier, & à le rendre.

Il est presque impossible à un méchant de

Tome II.

faire long-temps, sans se démentir, le *rôle* d'homme de bien : ce *rôle* est trop difficile pour lui, parce qu'il le tiendroit dans une contrainte d'autant plus gênante, que l'Acteur est plus loin de ressembler au *personnage* qu'il veut jouer. (B.)

12. DÉGUISEMENT. TRAVESTISSEMENT. (*a*).

Tous les deux désignent un habillement extraordinaire, différent de celui qu'on a coutume de porter. Mais il semble que *déguisement* suppose une difficulté d'être reconnu, & que *travestissement* suppose seulement l'intention de ne l'être pas, ou même seulement l'intention de s'habiller autrement qu'on n'a coutume.

On dit d'une personne qui est au bal, qu'elle est *déguisée* ; & d'un Magistrat habillé en homme d'épée, qu'il est *travesti*.

D'ailleurs *déguisement* s'emploie quelquefois au figuré, & jamais *travestissement* (*b*). (*Encycl.* IV, 769.)

(*a*) *Voyez d'abord* tome I, art. 107.
(*b*) Il me semble toutefois que c'est par un tour pareil de langage, que l'on dit, *déguiser* ses pensées, ses vues, ses démarches, la vérité ; & *travestir* un ouvrage : comme Virgile, la Henriade, Télémaque : ainsi *travestir* s'emploie au figuré comme *déguiser*. (B.)

13. IMITER. COPIER. CONTREFAIRE.

Termes qui désignent en général l'action de faire ressembler.

On *imite* par estime ; on *copie* par stérilité ; on *contrefait* par amusement.

On *imite* les écrits ; on *copie* les tableaux ; on *contrefait* les personnes.

On *imite* en embellissant ; on *copie* servilement ; *on contrefait* en changeant. (*Encycl.* IV, 133.)

14. RESSEMBLANCE. CONFORMITÉ.

* Termes qui désignent l'existence des mêmes qualités dans plusieurs sujets différents. Mais *ressemblance* se dit des sujets intellectuels & des sujets corporels ; au lieu que *conformité* ne s'applique qu'aux objets intellectuels, & même plus souvent aux puissances qu'aux actes.

Il semble qu'il ne faille que la présence d'une seule & même qualité dans des sujets, pour faire de la *ressemblance* ; au lieu qu'il faut la présence de plusieurs qualités pour faire *conformité*. Ainsi *ressemblance* peut s'employer presque par-tout où l'on peut se servir de *conformité* ; mais il n'en est pas de même de celui-ci. (*Encycl.* III, 859.)

* Plus il y a de *ressemblance* entre deux objets, plus ils approchent de la *conformité* : ainsi la *conformité* est une *ressemblance* parfaite.

La *ressemblance* est donc susceptible de plus & de moins ; & ce mot peut, en conséquence, servir de complément à tous ceux qui expriment la quantité : peu ou beaucoup de *ressemblance*, assez ou trop de *ressemblance*, plus ou moins ou autant de *ressemblance*. Mais la *conformité* étant une *ressemblance* parfaite, ce mot se construit moins souvent de la même maniere ; si l'on veut marquer qu'il manque peu de traits, ou qu'il ne manque aucun trait à la plénitude de la *conformité*, on l'indique plutôt par quelque adjectif d'une signification ampliative : une grande ou très-grande *conformité*, une parfaite ou une entiere *conformité*.

Quelques traits de *ressemblance* entre la doctrine de l'Eglise catholique, & celle des Hérétiques des premiers siecles, autorisent les Païens à condamner absolument le Christianisme : leur prévention les empêchoit de remarquer le défaut de *conformité* des uns avec les autres, & l'exacte *conformité* de la doctrine catholique, avec la doctrine évangélique. (B.)

15. DIFFÉRENCE. INÉGALITÉ. DISPARITÉ.

Termes relatifs à ce qui nous fait distinguer de la supériorité ou de l'infériorité entre des êtres que nous comparons.

Le terme *différence* s'étend à tout ce qui les distingue ; c'est un genre dont l'*inégalité* & la *disparité* sont des especes. L'*inégalité* semble marquer la *différence* en quantité ; & la *disparité*, la *différence* en qualité. (*Encycl.* IV, 1037.)

16. DISTINCTION. DIVERSITÉ. SÉPARATION.

Ces termes supposent plusieurs objets, & expriment une relation qui tient à cette pluralité.

La *distinction* est opposée à l'identité ; il n'y a point de *distinction* où il n'y a qu'un même être. La *diversité* est opposée à la similitude ; il n'y a point de *diversité* entre des êtres absolument semblables. La *séparation* est opposée à l'unité ; il n'y a point de *séparation* entre des êtres qui en constituent un seul.

Il y a *distinction* entre l'ame & le corps, puisque ce sont deux substances différentes, & non la même ; il y a aussi *diversité*, puisque la nature de l'un ne reſſemble point à la nature de l'autre : mais pendant la vie de l'homme il n'y a point de *ſéparation*, puiſque leur union conſtitue l'individu.

Un Auteur moderne a cité comme deux ouvrages différents, celui de *la juſteſſe de la langue Françoiſe*, & les *Synonymes François* de M. l'Abbé GIRARD : mais c'eſt le même ouvrage ſous deux noms différents, & il n'y a point de *diſtinction*. Cependant il y a *diverſité*, parce que ce ſont deux éditions du même livre, très-éloignées d'être ſemblables. Le ſecond volume qu'on ajoute à celle-ci, eſt néceſſairement *diſtingué* du premier, puiſqu'ils ne ſont pas de la même main ni le même volume : l'Editeur voudroit bien que l'on n'apperçût pas la *diverſité* dans la compoſition, & ſur-tout par rapport aux articles qui ſont de lui ; mais il ſera content ſi le public éclairé juge qu'on ne doit point *ſéparer* l'un de l'autre. (B.)

17. GAI. GAILLARD.

* Les deux adjectifs marquent également cette diſpoſition d'eſprit, qui ſuppoſe une grande liberté, du penchant pour la joie, de l'éloignement pour la triſteſſe : c'eſt en quoi ils ſont ſynonymes. (B.)

* Mais *gaillard* differe de *gai*, en ce qu'il préſente l'idée de la *gaieté* jointe à celle de la bouffonnerie, ou même de la duplicité dans la perſonne, de la licence dans la choſe. Il eſt peu d'uſage ; & les occaſions où il puiſſe être employé avec goût ſont rares.

On dit très-bien, il a le propos *gai* ; & familiérement, il a le propos *gaillard*.

Un propos *gaillard* eſt toujours *gai* ; un

propos *gai* n'est pas toujours *gaillard*.

On peut avoir à une grille de Religieuses, le propos *gai*; si le propos *gaillard* s'y trouvoit, il y seroit déplacé. (*Encycl.* VII, 424.)

18. JOIE. GAIETÉ. (*a*).

* Ces deux mots marquent également une situation agréable de l'ame, causée par le plaisir ou par la possession d'un bien qu'elle éprouve. Mais la *joie* est plus dans le cœur, & la *gaieté* dans les manieres: la *joie* consiste dans un sentiment de l'ame plus fort, dans une satisfaction plus pleine; la *gaieté* dépend davantage du caractere, de l'humeur, du tempérament: l'une, sans paroître toujours au-dehors, fait une vive impression au-dedans; l'autre éclate dans les yeux & sur le visage: on agit par la *gaieté*, on est affecté par la *joie*.

Les degrés de la *gaieté* ne sont ni bien vifs ni bien étendus: mais ceux de la *joie* peuvent être portés au plus haut période: ce sont alors des transports, des ravissements, une véritable ivresse.

Une humeur enjouée, jette de la *gaieté* dans les entretiens; un événement heureux répand la *joie* jusques au fond du cœur. On plaît aux autres par la *gaieté*; on peut tomber malade & mourir de *joie*. (*Encycl.* VIII, 867.)

* Le premier degré du sentiment agréable de notre existence est la *gaieté*. La *joie* est un sentiment plus pénétrant.

Les hommes qui ont de la *gaieté* n'étant pas d'ordinaire si ardents que le reste des hommes, ils ne sont peut-être pas capables des plus vives

(*a*) *Voyez* tome I, art. 157.

joies : mais les grandes *joies* durent peu, & laissent notre ame épuisée.

La *gaieté*, plus proportionnée à notre foiblesse que la *joie*, nous rend confiants & hardis ; donne un être & un intérêt aux choses les moins importantes ; fait que nous nous plaisons par instinct en nous-mêmes, dans nos possessions nos entours, notre esprit, notre suffisance, malgré d'assez grandes miseres. Cette intime satisfaction nous conduit quelquefois à nous estimer nous-mêmes par de très-frivoles endroits ; & il me semble que les personnes qui ont de la *gaieté*, sont ordinairement un peu plus vaines que les autres. (*Connoiss. de l'esprit humain*, page 53.)

* La *gaieté* est opposée à la *tristesse*, comme la *joie* l'est au *chagrin*. La *joie* & le *chagrin* sont des situations ; la *tristesse* & la *gaieté* sont des caracteres. Mais les caracteres les plus suivis sont souvent distraits par les situations : & c'est ainsi qu'il arrive à l'homme *triste*, d'être ivre de *joie*, & à l'homme *gai*, d'être accablé de chagrin. (*Encycl.* VII, 423.)

19. RÉCRÉATION. AMUSEMENT. DIVERTISSEMENT. RÉJOUISSANCE.

Ces quatre mots sont synonymes, & ont la dissipation ou le plaisir pour fondement. *Récréation* désigne un terme court de délassement ; c'est un simple passe-temps pour distraire l'esprit de ses fatigues. *Amusement* est une occupation légere, de peu d'importance, & qui plaît. *Divertissement* est accompagné de plaisirs plus vifs, plus étendus. *Réjouissance* se marque par des actions extérieures, des danses, des cris de joie, des acclamations de plusieurs personnes.

La Comédie fut toujours la *récréation* ou le délassement des grands hommes, le *divertissement* des gens polis, & l'*amusement* du peuple: elle fait une partie des *réjouissances* publiques dans certains événements.

Amusement, suivant l'idée que je m'en fais encore, porte sur des occupations faciles & agréables qu'on prend pour éviter l'ennui. *Récréation* appartient plus que l'*amusement* au délassement de l'esprit, & indique un besoin de l'ame plus marqué. *Réjouissance* est affecté aux fêtes publiques du monde & de l'Eglise. *Divertissement* est le terme générique qui renferme les *amusements*, les *récréations* & les *réjouissances* particulieres.

Les *divertissements* de ce pays, dit à son cher Aza une Péruvienne si connue par la finesse du goût & par la justesse de son discernement, ” Les *divertissements* de ce pays me semblent
” aussi peu naturels que les mœurs. Ils consistent
” dans une gaieté violente excitée par des ris
” éclatants, auxquels l'ame ne paroît prendre aucune part ; dans des jeux insipides, dont l'or
” fait tout le plaisir ; dans une conversation si
” frivole & si répétée, qu'elle ressemble bien davantage au gazouillement des oiseaux qu'à
” l'entretien d'une assemblée d'êtres pensants ; ou
” dans la fréquentation de deux spectacles, dont
” l'un humilie l'humanité, & l'autre exprime
” toujours la joie & la tristesse indifféremment
” par des chants & des danses. Ils tâchent en
” vain, par de tels moyens, de se procurer des
” *divertissements* réels, un *amusement* agréable,
” de donner quelque distraction à leurs chagrins,
” quelque *récréation* à leur esprit : cela n'est pas
” possible. Leurs *réjouissances* mêmes n'ont d'attraits que pour le peuple, & ne sont point

» confacrées, comme les nôtres, au culte du fo-
» leil: leurs regards, leurs difcours, leurs ré-
» flexions ne fe tournent jamais à l'honneur de
» cet aftre divin. Enfin leurs froids *amufements*
» *affectés*, leurs ridicules *réjouiffances*, loin de
» m'égayer, de me plaire, de me convenir, me
» rappellent encore avec plus de regret la diffé-
» rence des jours heureux que je paffois avec
» toi «. (*Encycl.* IV, 1069.)

20. AFFLICTION. CHAGRIN. PEINE.

L'*affliction* eft au *chagrin* ce que l'habitude eft à l'acte. La mort d'un pere nous *afflige*, la perte d'un procès nous donne du *chagrin*, le malheur d'une perfonne de connoiffance nous caufe de la *peine*.

L'*affliction* abat, le *chagrin* donne de l'humeur, la *peine* attrifte pour un moment.

Les *affligés* ont befoin d'amis qui les confolent en s'*affligeant* avec eux; les perfonnes *chagrines*, de perfonnes gaies qui leur donnent des diftractions; & ceux qui ont de la *peine*, d'une occupation, quelle qu'elle foit, qui détourne leurs yeux de ce qui les attrifte, fur un autre objet (*a*). (*Encycl.* I, 16.)

(*a*) *Voyez* tome I, art. 217.

21. DOULEUR. CHAGRIN. TRISTESSE. AFFLICTION. DÉSOLATION.

Ces mots défignent en général la fituation d'une ame qui fouffre. *Douleur* fe dit également des fenfations défagréables du corps, & des peines de l'efprit ou du cœur: les quatre autres ne fe difent que de ces dernieres.

De plus, *tristesse* diffère de *chagrin*, en ce que le *chagrin* peut être intérieur, & que la *tristesse* se laisse voir au-dehors. La *tristesse* d'ailleurs peut être dans le caractere ou dans la disposition habituelle, sans aucun sujet, & le *chagrin* a toujours un sujet particulier.

L'idée d'*affliction* ajoute à celle de *tristesse*, celle de *douleur* à celle d'*affliction*, & celle de *désolation* à celle de *douleur*.

Chagrin, *tristesse* & *affliction*, ne se disent guere en parlant de la *douleur* d'un peuple entier, sur tout le premier de ces mots. *Affliction* & *désolation* ne se disent guere en poésie, quoiqu'*affligé* & *désolé* s'y disent très-bien. *Chagrin*, en poésie sur-tout lorsqu'il est au pluriel, signifie plutôt *inquiétude* & *souci*, que *tristesse* apparente ou cachée (a). (*Encycl.* V. 82.)

(a) *Voyez* tome I, art. 214.

22. PEUR, FRAYEUR, TERREUR.

Ces trois expressions marquent par gradation les divers états de l'ame plus ou moins troublée par la vue de quelque danger. Si cette vue est vive & subite, elle cause la *peur*; si elle est plus frappante & réfléchie, elle produit la *frayeur*; si elle abat notre esprit, c'est la *terreur*.

La *peur* est souvent un foible de la machine pour le soin de sa conservation, dans l'idée qu'il y a du péril. La *frayeur* est un trouble plus grand, plus frappant, plus persévérant. La *terreur* est une passion accablante de l'ame, causée par la présence réelle ou par l'idée très-forte d'un grand péril.

Pyrrhus eut moins de *peur* des forces de la république romaine, que d'admiration pour ses procédés. Attila faisoit un trafic continuel de la *frayeur* des Romains : mais Julien, par sa sagesse, sa constance, son économie, sa valeur, & une suite perpétuelle d'actions héroïques, rechassa les barbares des frontieres de son Empire ; & la terreur que son nom leur inspiroit, les contint tant qu'il vécut.

Dans la *peur* qu'Auguste eut toujours devant les yeux d'éprouver le sort de son prédécesseur, il ne songea qu'à s'éloigner de sa conduite ; voilà la clef de toute la vie d'Octave.

On lit qu'après la bataille de Cannes la *frayeur* fut extrême dans Rome : mais il n'en est pas de la consternation d'un peuple libre & belliqueux, qui trouve toujours des ressources dans son courage, comme de celle d'un peuple esclave qui ne sent que sa foiblesse.

On ne sauroit exprimer la *terreur* que répandit César lorsqu'il passa le Rubicon ; Pompée lui-même éperdu ne sut que fuir, abandonner l'Italie, & gagner promptement la mer. (*Encycl.* XII, 480.)

23. ALARME. TERREUR. EFFROI. FRAYEUR. ÉPOUVANTE. CRAINTE. PEUR. APPRÉHENSION.

* Termes qui désignent tous les mouvements de l'ame, occasionnés par l'apparence ou par la vue du danger.

L'*alarme* naît de l'approche inattendue d'un danger apparent ou réel, qu'on croyoit d'abord éloigné.

La *terreur* naît de la présence d'un événement ou d'un phénomene que nous regardons comme le pronostic & l'avant-coureur d'une grande catastrophe. La *terreur* suppose une vue moins distincte du danger que *l'alarme*, & laisse plus de jeu à l'imagination, dont le prestige ordinaire est de grossir les objets. Aussi *l'alarme* fait-elle courir à la défense, & la *terreur* fait-elle jetter les armes. L'*alarme* semble encore plus intime que la *terreur* : les cris nous *alarment*, les spectacles nous impriment de la *terreur* ; on porte la *terreur* dans l'esprit, & l'*alarme* au cœur.

L'*effroi* & la *terreur* naissent l'un & l'autre d'un grand danger ; mais la *terreur* peut être panique, & l'*effroi* ne l'est jamais. Il semble que l'*effroi* soit dans les organes, & que la *terreur* soit dans l'ame. La *terreur* a saisi les esprits, les sens sont glacés d'*effroi* : un prodige répand la *terreur*, la tempête glace d'*effroi*.

La *frayeur* naît ordinairement d'un danger apparent & subit : vous m'avez fait *frayeur*. Mais on peut être *alarmé* sur le compte d'un autre, & la *frayeur* nous regarde toujours en personne : si l'on a dit à quelqu'un, le danger que vous alliez courir m'*effrayoit*, on s'est mis alors à sa place. La *frayeur* suppose un danger plus subit que l'*effroi*, plus voisin que l'*alarme*, moins grand que la *terreur*.

L'*épouvante* a son idée particuliere : elle naît, je crois, de la vue des difficultés à surmonter pour réussir, & de la vue des suites terribles d'un mauvais succès. (*Encycl.* I, 277.) * Le projet de la fameuse conjuration contre la république de Venise auroit *épouvanté* tout autre que le Marquis de Bédemar, dont le génie puissant planoit au-dessus de toutes les difficultés.

La *crainte* naît de ce que l'on connoît la supériorité de la cause qui doit décider de l'événement. La *peur* vient d'un amour excessif de sa propre conservation, & de ce que connoissant ou croyant connoître la supériorité de la cause qui doit décider de l'événement, on est convaincu qu'elle se décidera pour le mal. On *craint* un méchant homme ; on a peur d'une bête farouche. Il est juste de *craindre* Dieu, parce que c'est reconnoître sa supériorité infinie en tout genre, & avouer notre foiblesse : mais en avoir *peur*, c'est en quelque sorte blasphémer, parce que c'est méconnoître celui de ses attributs dont il semble lui-même se glorifier le plus, sa bonté toujours miséricordieuse.

L'appréhension est une inquiétude qui naît simplement de l'incertitude de l'avenir, & qui voit le même degré de possibilité au bien & au mal. (B.)

* *L'alarme* naît de ce qu'on apprend, l'*effroi* de ce qu'on voit, la *terreur* de ce qu'on imagine, la *frayeur* de ce qui surprend, l'*épouvante* de ce qu'on présume, la *crainte* de ce qu'on fait, la *peur* de l'opinion qu'on a, & l'*appréhension* de ce qu'on attend.

La présence subite de l'ennemi donne l'*alarme*, la vue d'un combat donne l'*effroi*, l'égalité des armes tient dans l'*appréhension*, la perte de la bataille répand la *terreur*, les suites jettent l'*épouvante* parmi les peuples & dans les provinces ; chacun *craint* pour soi ; la vue du Soldat fait *frayeur* ; on a *peur* de son ombre. (*Encycl.* ibid.)

24. ALARMÉ. EFFRAYÉ. ÉPOUVANTÉ.

Ces mots désignent en général l'état actuel d'une personne qui craint, & qui témoigne sa crainte par des signes extérieurs. *Epouvanté* est plus fort qu'*effrayé*, & celui-ci qu'*alarmé*.

On est *alarmé*, d'un danger qu'on craint; *effrayé* d'un danger passé qu'on a couru sans s'en appercevoir; *épouvanté*, d'un danger présent.
L'*alarme* produit des efforts pour éviter le mal dont on est menacé : l'*effroi* se borne à un sentiment vif & passager : l'*épouvante* est plus durable, & ôte presque toujours la réflexion (*a*). (*Encycl.* V, 412.

(*a*) *Voyez* tome I, art. 179.

25. EFFRAYANT. ÉPOUVANTABLE. EFFROYABLE. TERRIBLE.

Ces mots désignent en général tout ce qui excite la crainte : *effrayant* est moins fort qu'*épouvantable*; & celui-ci moins fort qu'*effroyable*, par une bizarrerie de la langue, *épouvanté* étant au contraire plus fort qu'*effrayé* (*a*). De plus, ces trois mots se prennent toujours en mauvaise part; & *terrible* peut se prendre en bonne part, & supposer une crainte mêlée de respect.

Ainsi on dit, Un cri *effrayant*, un bruit *épouvantable*, un monstre *effroyable*, un Dieu *terrible*.

Il y a encore cette différence entre ces mots, qu'*effroyable* & *épouvantable* supposent un objet présent qui inspire de la crainte; *effroyable*, un objet qui inspire de l'horreur, soit par la crainte, soit par un autre motif; & que *terrible* peut s'appliquer à un objet non présent.

La pierre est une maladie *terrible*; les douleurs qu'elle cause sont *effroyables*; l'opération

(*a*) Il n'y a rien là de bizarre, puisqu'*épouvantable* est plus fort qu'*effrayant* : pourquoi seroit-il bizarre qu'*effroyable* dît plus que l'un & l'autre ? (B.)

est *épouvantable* à voir ; les seuls préparatifs en sont *effrayants*. (Encycl. V, 412.)

26. LAS. FATIGUÉ. HARASSÉ.

Ces trois termes dénotent également une sorte d'indisposition, qui rend le corps inepte au mouvement & à l'action.

On est *las*, quand on est affecté du sentiment désagréable de cette inaptitude : & cette *lassitude*, faisant abstraction de toute cause, peut être forcée ou spontanée ; forcée, si elle est l'effet & la suite d'un mouvement excessif ; spontanée, si elle n'a pas été précédée d'aucun exercice violent que l'on puisse en regarder comme la cause.

On est *fatigué*, quand, par le travail ou le mouvement, on s'est mis dans cet état d'inaptitude.

On est *harassé*, quand on ressent une *fatigue* excessive.

Quand on est *las* du travail, il faut le suspendre ou le changer ; car ce n'est quelquefois que l'uniformité qui *lasse*. Quand on est *fatigué*, il faut se reposer. Quand on est *harassé*, il faut se *rétablir*. (B.)

27. VACANCES. VACATIONS.

Ces deux noms pluriels marquent le temps auquel cessent les exercices publics ; ce qui les distingue, c'est la différence des exercices, & celle de leur destination.

Vacances se dit de la cessation des études publiques dans les écoles & dans les colléges : *Vacations*, de la cessation des séances des gens de Justice.

Le temps des *vacances* semble plus particuliérement destiné au plaisir ; c'est un relâche accordé au travail, afin de reprendre de nouvelles forces. Le temps des *vacations* semble plus spécialement destiné aux besoins personnels des gens de Justice ; c'est une interruption des affaires publiques accordée aux gens de loi, afin qu'ils puissent s'occuper des leurs.

Les écoliers perdent le temps durant les *vacances* ; les Avocats étudient durant les *vacations*.

On ne doit pas dire *vacations* en parlant des études, parce que ce n'est qu'une suspension accordée au plaisir. Mais on peut dire *vacances* en parlant des séances des gens de Justice ; parce que ce temps étant abandonné à leur disposition, ils peuvent à leur gré l'employer à leurs affaires personnelles ou à leur récréation : dans le premier cas, ils sont en *vacations* ; dans le second cas, ils sont en *vacances*. (*Dictionn. de l'Acad.* Rem. nouv. du P. Bouhours, Tome I.) (B.)

28. LOISIR. OISIVETÉ.

Tous deux sont relatifs au temps & à la faculté d'agir. Le *loisir* est un temps de liberté ; on peut en disposer pour agir ou pour ne pas agir, pour un genre d'action ou pour un autre : l'*oisiveté* est un temps d'inaction ; la liberté pouvoit en disposer autrement, mais elle a fait son choix. L'*oisiveté* est l'abus du *loisir*.

Le *loisir* d'un homme de bien occasionne souvent beaucoup de bonnes actions. L'*oisiveté* ne peut occasionner que des maux.

Les troubles de la république romaine nous ont valu les œuvres philosophiques de Cicéron : quelles leçons nous aurions perdues, si ce grand homme s'étoit livré à l'*oisiveté*, au lieu de consacrer son *loisir* à l'étude de la sagesse ! (B.)

29. OISIF. OISEUX.

Termes qui annoncent également l'inaction & l'inutilité.

Être *oisif*, c'est ne rien faire, être sans action, sans occupation : être *oiseux*, c'est avoir quelque rapport à l'oisiveté ; soit par goût, parce qu'on l'aime ; par l'habitude, parce qu'on y passe sa vie ; ou par ressemblance, parce qu'on est inutile.

On doit donc appeller *oisifs*, l'homme, les animaux & les êtres qu'on regarde comme actifs, si l'on veut dire qu'ils sont actuellement dans l'inaction. Mais, si l'on veut dire qu'ils aiment l'inaction ou qu'ils en ont l'habitude, on doit les appeller *oiseux* : & cette épithete convient également à toutes les choses aussi inutiles que l'inaction, quand ce seroient même des actions.

Tel qui paroît *oisif*, peut être occupé très-sérieusement ; car la contention de l'esprit est souvent un exercice plus pénible que le travail corporel : mais, si ses pensées n'aboutissent qu'à des projets chimériques, à des systêmes sans fondement ou sans proportion, ce ne sont plus que des réflexions *oiseuses*.

Il est de l'intérêt & de la sagesse de tout gouvernement de ne souffrir de bras *oisifs* que le moins qu'il est possible : peut-être ne faudroit-il pour cela qu'adopter la loi de Solon, qui notoit d'infamie tous les citoyens *oiseux*.

Il y a des gens, dit Séneque (*a*), dont on ne doit pas dire que la vie soit *oisive* ; mais on doit dire qu'ils la passent dans des occupations oiseuses. (B.)

(*a*) *Quorumdam non* otiosa *vita est dicenda, sed* desidiosa *occupatio.* De brev. vitæ. 11.

30. PASSER. SE PASSER.

Ces deux termes désignent également une existence passagere & bornée ; mais ils la présentent sous des aspects différents.

Passer se rapporte à la totalité de l'existence ; *se passer* a trait aux différentes époques de l'existence. Le temps *passe* si rapidement, qu'à peine avons-nous le loisir de former des projets, bien loin d'avoir celui de les exécuter. Une partie de la vie *se passe* à desirer l'avenir ; & l'autre, à regretter le passé.

Les choses qui *passent* n'ont qu'une existence bornée ; les choses qui *se passent* ont une existence qui varie & se dégrade. Un grand motif de consolation, c'est que les maux de cette vie *passent* assez promptement, & que ceux mêmes qui paroissent les plus obstinés *se passent* à la longue & disparoissent enfin.

Ce qui *passe* n'est point durable ; ce qui *se passe* n'est point stable. La beauté *passe* ; & une femme qui veut fixer son mari pour toujours, doit plutôt recourir à la vertu qui ne *passe* point. Bien des femmes qui se voient abandonnées de ceux qui leur faisoient la cour, aiment mieux accuser les hommes d'inconstance, de légéreté, ou même d'injustice, que de reconnoître de bonne-foi que leur beauté *se passe* insensiblement & que le charme s'affoiblit. (B.)

31. FRÊLE. FRAGILE.

* Ces deux termes indiquent également une consistance foible, & qui oppose peu de résistance à la force : en voici les différences. (B.)

* Un corps *frêle* est celui qui, par sa consistance élastique, molle & déliée, est facile à ployer, courber, rompre : ainsi la tige d'une plante est *frêle*, la branche de l'osier est *frêle*. Il y a donc entre *fragile* & *frêle* cette petite nuance, que le terme *fragile* emporte la foiblesse du tout & la roideur des parties ; & *frêle* pareillement la foiblesse du tout, mais la mollesse des parties. On ne diroit pas aussi bien du verre, qu'il est *frêle*, que l'on dit qu'il est *fragile* ; ni d'un roseau, qu'il est *fragile*, comme on dit qu'il est *frêle*.

On ne dit point d'une feuille de papier ni de taffetas, que ce sont des corps *frêles* ou *fragiles* ; parce qu'ils n'ont ni roideur ni élasticité, & qu'on les plie comme on veut sans les rompre. (*Encycl.* VII, 295.

* Une consistance *frêle* est aisément altérée, mais elle se rétablit ; une consistance *fragile* est aisément détruite, & elle ne se rétablit plus : la foiblesse est le caractere commun de l'une & de l'autre.

Cette distinction indique le choix qu'il faut faire de ces termes, quand on les transporte au sens figuré.

On dit d'une santé qui s'altere aisément & que peu de chose dérange, qu'elle est *frêle* ; d'un protecteur dont le crédit est aisément effacé par un plus grand, que les moindres difficultés arrêtent facilement, que les obstacles rebutent, qui met peu de chaleur dans ses démarches, que c'est un *frêle* appui que le sien. On dit de tout ce qui n'est pas solidement établi, & qui peut aisément se détruire, qu'il est *fragile* : la fortune, les richesses, les grandeurs de ce monde, la plupart de nos espérances, sont des choses *fragiles*. (B.)

32. FRAGILE. FOIBLE.

* Ces deux adjectifs désignent en général un sujet qui peut aisément changer de disposition, par un défaut de courage. (B.)

* L'homme *fragile* differe de l'homme *foible*, en ce que le premier cede à son cœur, à ses penchants ; & le second, à des impulsions étrangeres. La *fragilité* suppose des passions vives ; & la *foiblesse* suppose l'inaction & le vuide de l'ame. L'homme *fragile* peche contre ses principes ; & l'homme *foible* les abandonne, il n'a que des opinions. L'homme *fragile* est incertain de ce qu'il fera ; & l'homme *foible* de ce qu'il veut.

Il n'y a rien à dire à la *foiblesse* ; on ne la change pas. Mais la Philosophie n'abandonne pas l'homme *fragile* : elle lui prépare des secours, & lui ménage l'indulgence des autres ; elle l'éclaire, elle le conduit, elle le soutient, elle lui pardonne. (*Encycl.* VII, 273.)

* La Religion est donc supérieure à la Philosophie : car tout ce que celle-ci se vante de faire en faveur de l'homme *fragile*, & qui n'est que trop souvent inefficace dans ses mains, la Religion le fait d'une maniere bien plus sûre & bien plus abondante. Elle fait plus, elle n'abandonne pas même l'homme *foible*, qui devient fort dans celui qui le fortifie. Dieu a choisi ce qu'il y avoit de *foible* parmi les hommes, pour confondre ce qu'ils avoient de fort : & le triomphe de la Religion a été d'inspirer, à l'âge & au sexe le plus *foible*, un courage invincible au milieu des tourments ; & aux ames les plus *fragiles*, une fermeté inébranlable contre les tentations les plus séduisantes, les plus constantes, les plus dangereuses. (B.)

33. FOIBLE. FOIBLESSE.

Il y a la même différence entre les *foibles* & les *foiblesses*, qu'entre la cause & l'effet, les *foibles* sont la cause, les *foiblesses* sont l'effet. Un *foible* est un penchant qui peut être indifférent ; au lieu qu'une *foiblesse* est une faute toujours répréhensible. (*Encycl.* VII, 27.)

34. ÊTRE FOIBLE. AVOIR DES FOIBLESSES.

Nous *sommes foibles* par la disposition habituelle de manquer, en quelque sorte malgré nous, soit aux lumieres de la raison, soit aux principes de la vertu. Nous *avons des foiblesses*, quand nous y manquons en effet, entraînés par quelque cause différente de cette disposition habituelle.

On *est foible* tout-à-la-fois par la disposition du cœur & de l'esprit ; & cette disposition constitue le caractere de l'homme *foible*. On *a des foiblesses* ordinairement par la surprise du cœur ; ce sont des exceptions dans le caractere de l'homme qui *a des foiblesses*. Personne n'est exempt *d'avoir des foiblesses*, mais tout le monde n'*est* pas homme *foible*.

On *est foible* sans savoir pourquoi, & parce qu'il n'est pas en soi d'être autrement ; on *est foible*, ou parce que l'esprit n'a point assez de lumieres pour se décider, ou parce qu'il n'est pas assez sûr des principes qui le déterminent pour s'y tenir fortement attaché; on est *foible* par timidité, par paresse, par la mollesse & la langueur d'une ame qui craint d'agir, & pour qui le moindre effort est un tourment. Au contraire on *a des foiblesses*, ou parce qu'on est séduit par un sentiment louable, mais trop écouté, ou parce qu'on est entraîné par une passion.

L'homme *foible*, dépourvu d'imagination, n'a pas même la force qu'il faut pour avoir des passions: l'autre *n'auroit* point *de foiblesses*, si son ame n'étoit sensible ou son cœur passionné. Les habitudes ont, sur l'un, tout le pouvoir que les passions ont sur l'autre.

On abuse de la disposition du premier, sans lui savoir gré de ce qu'on lui fait faire; c'est qu'on voit bien qu'il ne le fait que parce qu'il *est foible*: on sait gré à l'autre *des foiblesses* qu'il *a* pour nous, parce qu'elles sont des sacrifices. Tous deux ont cela de commun, qu'ils sentent leur état & qu'ils se le reprochent; car, s'ils ne le sentoient pas, il y auroit d'un côté imbécillité, & de l'autre folie: mais, par ce sentiment, l'homme *foible* devient une créature malheureuse, au lieu que l'état de l'autre a ses plaisirs comme ses peines.

L'homme *foible* le sera toute sa vie; toutes les tentatives qu'il fera pour sortir de cet état, ne feront que l'y plonger plus avant. L'homme qui *a des foiblesses*, sortira d'un état qui lui est étranger; il peut même s'en relever avec éclat. Turenne, n'étant plus jeune, *eut la foiblesse* d'aimer madame de C***; il *eut la foiblesse* plus grande de lui révéler le secret de l'Etat: il répara la première, en cessant d'en voir l'objet;

il répara la seconde, en l'avouant. Un homme *foible* auroit fait les mêmes fautes, mais jamais il ne les auroit réparées (*a*). (*Encycl.* VII, 27, 28.)

(*a*) J'ai fait quelques changements légers dans certaines phrases, pour adapter le tout au but de cet ouvrage. L'Auteur n'étoit que philosophe dans l'*Encyclopédie* : ici la philosophie doit se prêter aux vues de précision & de justesse qui sont l'objet de la comparaison des synonymes. (B.)

35. AME FOIBLE. CŒUR FOIBLE. ESPRIT FOIBLE.

Le *foible* du *cœur* n'est point celui de l'*esprit* ; le *foible* de l'*ame* n'est point celui du *cœur*. Une *ame foible* est sans ressort & sans action ; elle se laisse aller à ceux qui la gouvernent. Un *cœur foible* s'amollit aisément, change facilement d'inclinations, ne résiste point à la séduction, à l'ascendant qu'on veut prendre sur lui, & peut subsister avec un esprit fort ; car on peut penser fortement & agir foiblement. L'*esprit foible* reçoit les impressions sans les combattre, embrasse les opinions sans examen, s'effraie sans cause, tombe naturellement dans la superstition. (*Encycl.* VII, 27.)

36. FOIBLE. INCONSTANT. LÉGER. VOLAGE. INDIFFÉRENT.

* Une femme *foible* est celle à qui l'on reproche une faute, qui se la reproche à elle-même, dont le cœur combat la raison, qui veut guérir, qui ne guérira jamais, ou qui ne guérira que bien tard : une femme *inconstante* est celle qui n'aime plus : une *légere*, celle qui déjà en aime un autre : une *volage*, celle qui ne sait si elle aime & ce qu'elle aime : une *indifférente*, celle qui n'aime rien. (*La Bruyere*, Caract. ch. 3.)

* Les femmes accufent les hommes d'être *volages*; & les hommes difent qu'elles font *légeres* (a). (*Id. ch.* 4.)

(a) *Voyez* tome I, art. 204. Dans celui-ci les mots *foible* & *indifférent* ne font fynonymes ni entr'eux ni avec les trois autres ; mais, par refpect pour l'intégrité du texte, j'ai laiffé tout, perfuadé qu'il feroit plaifir, & qu'il fuffiroit d'y ajouter cette note. (B.)

37. INDIFFÉRENCE. INSENSIBILITÉ.

* Ces deux termes étant appliqués à l'ame, la peignent également comme n'étant point émue par l'impreffion des objets extérieurs qui femblent deftinés à l'émouvoir. (B.)

* L'*indifférence* eft à l'ame ce que la tranquillité eft au corps ; & la léthargie eft au corps ce que l'*infenfibilité* eft à l'ame : ces dernieres modifications font, l'une & l'autre, l'excès des deux premieres, & par conféquent également vicieufes.

L'*indifférence* chaffe du cœur les mouvements impétueux, les defirs fantafques, les inclinations aveugles : l'*infenfibilité* en ferme l'entrée à la tendre amitié, à la noble reconnoiffance, à tous les fentiments les plus juftes & les plus légitimes.

L'*indifférence* détruifant les paffions, ou plutôt naiffant de leur non-exiftence, fait que la raifon fans rivales exerce plus librement fon empire : l'*infenfibilité*, détruifant l'homme lui-même, en fait un être fauvage & ifolé, qui a rompu la plupart des liens qui l'attachoient au refte de l'univers.

Par l'*indifférence*, enfin, l'ame tranquille & calme

calme ressemble à un lac dont les eaux sans pente, sans courant, à l'abri de l'action des vents, & n'ayant d'elles-mêmes aucun mouvement particulier, ne prennent que celui que la rame du Batelier leur imprime : & rendue léthargique par l'*insensibilité*, elle est semblable à ces mers glaciales qu'un froid excessif engourdit jusques dans le fond de leurs abymes, & dont il a tellement durci la surface, que les impressions de tous les objets qui le frappent y meurent, sans pouvoir passer plus avant, & même sans y avoir causé le moindre ébranlement ni l'altération la plus légere.

L'*indifférence* fait des sages, & l'*insensibilité* fait des monstres. (*Encycl.* VIII, 787.)

38. SENSIBLE, TENDRE

La *sensibilité* tient plus à la sensation ; la *tendresse* au sentiment. Celle-ci a un rapport plus direct aux transports d'une ame qui s'élance vers les objets ; elle est active : celle-là a une relation plus marquée aux impressions que les objets font sur l'ame ; elle est passive. On s'attache un cœur *sensible* ; le cœur *tendre* s'attache lui-même.

La chaleur du sang nous porte à la *tendresse* ; la délicatesse des organes entre dans la *sensibilité*. Les jeunes gens seront donc plus *tendres* que les vieillards ; les vieillards plus *sensibles* que les jeunes gens : les hommes, peut-être plus *tendres* que les femmes ; les femmes plus *sensibles* que les hommes.

La *tendresse* est un foible ; la *sensibilité*, une foiblesse (*a*) : la premiere est un état de l'a-

---

(*a*) Voyez art. 33.

me, & la seconde n'en est qu'une disposition. Le cœur *tendre* éprouve toujours une sorte d'inquiétude analogue à celle de l'amour, lors même qu'il n'aime point un tel objet en particulier ; le cœur *sensible*, quoiqu'ouvert, pour ainsi dire, de tous les côtés à l'amour, est calme & tranquille tant qu'il ne ressent pas les atteintes de cette passion.

La *sensibilité* nous oblige à veiller autour de nous pour notre intérêt personnel ; la *tendresse* nous engage à agir pour l'intérêt des autres.

L'habitude d'aimer n'éteint point la *tendresse* ; l'habitude de sentir émousse la *sensibilité*.

L'homme *sensible* est souvent d'un commerce fort difficile ; il faut toujours ménager sa délicatesse : l'homme *tendre* est d'une humeur assez égale, ou du moins dans une disposition toujours favorable ; il veut toujours vous intéresser & vous plaire.

Le cœur *sensible* ne sera pas méchant, car il ne pourroit *frapper* autrui sans se blesser lui-même ; le cœur *tendre* est bon, puisque la *tendresse* est une *sensibilité* agissante. Je veux bien que le cœur *sensible* ne soit pas l'ennemi de l'humanité ; mais je sens que le cœur *tendre* en est l'ami.

Le *sensible* est affecté de tout, il s'agite : le *tendre* n'est affecté que de son objet, il y tend.

Le cœur *sensible* est compatissant ; le cœur *tendre* est de plus bienfaisant.

Il est peu d'ames assez dures pour n'être pas *sensibles* aux malheurs d'autrui ; la plupart ne sont pas assez humaines pour en être *attendries* : on plaint les malheureux, on ne les soulage guere. La *sensibilité* s'allie donc avec une espece d'inhumanité ; &, si cela n'étoit pas, détourneroit-on si-tôt les yeux de dessus l'infortuné souffrant ? Iroit-on si vîte en perdre l'idée dans des distractions frivoles ou même agréables ? Vous l'avez vu avec émotion, vous en avez été affecté jusqu'aux larmes : eh ! qu'importe ? vous pouviez le secourir, vous ne l'avez pas fait. C'est à cet homme, qui, peut-être d'un œil sec, mais avec une ardeur inquiete, vole lui chercher des remedes à quelque prix que ce soit, revient avec une ardeur impatiente les lui appliquer, & ne cesse de lui donner ses soins que quand ils lui sont inutiles ; c'est à cet homme que la nature a donné un cœur, un cœur *tendre* : c'est lui que j'embrasse au nom de l'humanité.

Je ne décide point si la *sensibilité* est un vice, comme le prétendoient les Stoïciens ; il est certain au moins que c'est en général une qualité fort équivoque, & par conséquent qu'elle n'est pas toujours la marque d'un cœur bien fait. Elle répondra, par exemple, aux services qu'on vous rendra ; mais elle grossira les offenses que vous recevrez : elle prendra part aux maux d'autrui ; mais elle aggravera le poids des vôtres. Parcourez ainsi les différentes veines, vous y trouverez avec l'or un alliage bien impur. Cependant on lui fait grace, on lui applaudit quelquefois ; pourquoi ? parce qu'elle est voisine de plusieurs bonnes qualités, avec lesquelles elle est souvent unie, & avec lesquelles on la confond presque toujours ; parce qu'elle n'offense pas directement la société, & qu'elle est directement opposée à l'un des vices dont la société s'offense le plus.

Le beau défaut, que celui d'être trop *tendre* ! Avec ce défaut, nous fermerons volontiers les yeux sur les défauts d'autrui ; nous serons attentifs sur nous-mêmes, pour nous corriger des nôtres ; nous serons officieux & reconnoissants : nous pardonnerons avec plaisir ; nous ne nous offenserons même pas, dès que nous aimerons les hommes. (*M. l'Abbé Rauboud*, Merc. de Fr. *Oct.* II. *vol.* 1759.)

39. COQUETTERIE. GALANTERIE.

* Chacun de ces deux termes exprime un vice qui a pour base l'appétit machinal d'un sexe pour l'autre.

La *coquetterie* cherche à faire naître des desirs ; la *galanterie*, à satisfaire les siens. (B.)

* La *coquetterie* est toujours un honteux déréglement de l'esprit. La *galanterie* est d'ordinaire un vice de complexion.

Une femme *galante* veut qu'on l'aime & qu'on réponde à ses desirs ; il suffit à une *coquette* d'être trouvée aimable & de passer pour belle. La premiere va successivement d'un engagement à un autre ; la seconde, sans vouloir s'engager, cherchant sans cesse à vous séduire, a plusieurs amusements à la fois : ce qui domine dans l'une est la passion, le plaisir ou l'intérêt ; & dans l'autre, c'est la vanité, la légéreté, la fausseté.

Les femmes ne travaillent guere à cacher leur *coquetterie* ; elles sont plus réservées pour leurs *galanteries*, parce qu'il semble au vulgaire que la *galanterie* dans une femme ajoute à la *coquetterie* ; mais il est certain qu'un homme *coquet* a quelque chose de pis qu'un homme *galant*.

La *coquetterie* est un travail perpétuel de l'art de plaire pour tromper ensuite ; & la *galanterie* est un perpétuel mensonge de l'amour.

Fondée sur le tempérament, la *galanterie* s'occupe moins du cœur que des sens ; au lieu que la *coquetterie*, ne connoissant point les sens, ne cherche que l'occupation d'une intrigue par un tissu de faussetés. Conséquemment c'est un vice des plus méprisables dans une femme, & des plus indignes d'un homme. (*Encycl.* XVII, 766. *La Bruyere*, Caract. ch. 3.)

40. AMOUR. GALANTERIE.

* M. l'Abbé Girard a traité ces deux mots comme synonymes (*a*) ; & il est certain que tous deux supposent la différence des sexes & l'inclination de l'un pour l'autre. Mais ils ont des différences si grandes & si marquées, que voici un Ecrivain qui prononce qu'ils ne sont point synonymes. Sans adopter cette décision & sans l'approuver, je me contenterai de rapporter ici les distinctions sur lesquelles on l'a fondée. (B.)

* La *galanterie* est l'enfant du désir de plaire, sans un attachement fixe qui ait sa source dans le cœur. L'*amour* est le charme d'aimer & d'être aimé.

La *galanterie* est l'usage de certains plaisirs, qu'on cherche par intervalle, qu'on varie par dégoût & par inconstance. Dans l'*amour*, la continuité du sentiment en augmente la volupté, & souvent son plaisir s'éteint dans les plaisirs mêmes.

La *galanterie*, devant son origine au tempérament & à la complexion, finit seulement quand l'âge vient en tarir la source. L'*amour* brise en tout temps ses chaînes par l'effort d'une raison puissante, par le caprice d'un dépit soutenu, ou bien encore par l'abscence ; alors il s'é-

(*a*) Tome I, art. 27.

vanouit, comme on voit le feu matériel s'éteindre.

La *galanterie* entraîne vers toutes les personnes qui ont de la beauté ou de l'agrément, nous unit à celles qui répondent à nos desirs, & nous laisse du goût pour les autres. L'*amour* livre notre cœur sans réserve à une seule personne qui le remplit tout entier, ensorte qu'il ne nous reste que de l'indifférence pour toutes les autres beautés de l'univers.

La *galanterie* est jointe à l'idée de conquête, par faux honneur ou par vanité. L'*amour* consiste dans le sentiment tendre, délicat & respectueux; sentiment qu'il faut mettre au rang des vertus.

La *galanterie* n'est pas difficile à démêler; elle ne laisse entrevoir, dans toutes sortes de caracteres, qu'un goût fondé sur les sens. L'*amour* se diversifie, selon les différentes ames sur lesquelles il agit : il regne avec fureur dans Médée; au lieu qu'il allume, dans les naturels doux, un feu semblable à celui de l'encens qui brûle sur l'autel.

Ovide tient les propos de la *galanterie*, & Tibulle soupire l'*amour*.

Quand Despréaux a voulu railler Quinault, en le qualifiant de doux & de tendre, il n'a fait que donner à cet aimable Poëte une louange qui lui est légitimement acquise; ce n'est point là qu'il doit attaquer Quinault; mais il pouvoit lui reprocher qu'il se montroit fréquemment plus *galant* que tendre, que passionné, qu'*amoureux*; & qu'il confondoit à tort ces deux choses dans ses écrits.

L'*amour* est souvent le frein du vice, & s'allie d'ordinaire avec les vertus. La *galanterie* est un vice; car c'est le libertinage de l'esprit, de l'imagination & des sens : c'est pourquoi, suivant la remarque de l'Auteur de l'Esprit des Loix, les bons Législateurs ont toujours banni le commerce de *galanterie* que produit l'oisiveté, & qui est cause que les femmes corrompent avant même que d'être corrompues, qui donne un prix à tous les riens, rabaisse ce qui est important, & fait que l'on ne se conduit que sur les maximes du ridicule, que les femmes entendent si bien à établir. (*Encycl.* XVII, 754.)

* On a prétendu que la *galanterie* étoit le léger, le délicat, le perpétuel mensonge de l'*amour* (*a*). Mais peut-être l'*amour* ne dure-t-il que par les secours que la *galanterie* lui prête : ne seroit-ce pas parce qu'elle n'a pas lieu entre les époux, que l'*amour* cesse ?

L'*amour* malheureux exclut la *galanterie* ; les idées qu'elle inspire demandent la liberté d'esprit, & c'est le bonheur qui la donne.

Les hommes véritablement *galants* sont devenus rares : ils semblent avoir été remplacés par une espece d'hommes avantageux, qui, ne mettant que de l'affectation dans ce qu'ils font, parce qu'ils n'ont point de grace, & que du jargon dans ce qu'ils disent, parce qu'ils n'ont point d'esprit, ont substitué l'ennui de la fadeur aux charmes de la *galanterie*. (*Encycl.* VII, 428.)

(*a*) Esprit des loix, liv. XXVIII, ch. 22.

41. DÉMONSTRATION *d'amitié*. TÉMOIGNAGE *d'amitié*.

* Il ne faut pas confondre entiérement *démonstration* avec *témoignage* en matiere d'amitié. *Démonstration* va tout à l'extérieur, aux airs du visage ; aux manieres agréables, aux caresses, à des paroles douces & flatteuses, à un accueil obligeant. *Témoignage*, au contraire, est plus intérieur, & va au solide, à de bons offices, à des services essentiels. C'est une *démonstration* d'amitié que d'embrasser son ami ; c'est un *témoignage* d'amitié que de prendre ses intérêts, que de lui prêter de l'argent. Les *démonstrations* d'amitié sont souvent frivoles ; les *témoignages* d'amitié ne le sont pas d'ordinaire. Un faux ami, un traître, peut donner des *démonstrations* d'amitié ; il n'y a qu'un véritable ami qui puisse donner des *témoignages* d'amitié. (*Bouhours, Remarques nouv.* II, 229.)

* ,, Ces deux mots sont synonymes ,, est-il dit dans l'*Encycl.* (IV, 822.) ,, avec cette dif-
,, férence d'un usage bizarre, que le premier dit
,, moins que le second. Le P. Bouhours en a fait
,, autrefois la remarque ; & le temps n'a point
,, encore changé l'application impropre de ces
,, deux termes ,,.

Le P. Bouhours a remarqué, comme on vient de le voir, les nuances qui différencient ces deux termes : mais il n'y a remarqué ni bizarrerie de la part de l'usage, ni application impropre, & il n'a pas dû le faire. *Démonstration* vient de *montrer*, & veut dire l'action de montrer, de caractériser par des signes extérieurs & sensibles, ce qui est intérieur ou insensible ; &, comme les signes sensibles n'ont aucune liaison nécessaire avec les objets insensibles qu'ils montrent, il n'est pas surprenant que les *démonstrations* d'amitié, comme le dit l'Encyclopédiste même, ne soient que de vaines montres d'attachement, d'affection. Mais le *témoignage* est un moyen d'établir la vérité de ce qu'il atteste, qui supplée aux bornes de notre intelligence, & qui, à de certaines conditions, a droit, sinon de nous convaincre, du moins de nous persuader : il est donc naturel que la *démonstration* extérieure prouve moins que le *témoignage* ; ou qu'on ait appellé *témoignages* d'amitié, les actes qui paroissent la supposer plus nécessairement, en laissant le nom de *démonstration* à ceux qui peuvent l'indiquer faussement.

Le commerce étroit de l'*Encyclopédiste* avec les sciences rigoureuses, l'ayant accoutumé à regarder la *démonstration* comme la preuve la plus sûre, lui a fait oublier que le langage didactique, ou n'influe point, ou n'influe que bien peu sur le langage populaire. (B.)

42. SOCIABLE. AIMABLE.

* Ces deux mots désignent un caractere convenable à la société ; mais ils different d'ailleurs si fort, que cette idée commune les rend à peine synonymes. (B.)

* L'homme *sociable* a les qualités propres au bien de la société ; je veux dire la douceur du caractere, l'humanité, la franchise sans rudesse, la complaisance sans flatterie, & sur-tout le cœur porté à la bienfaisance : en un mot, l'homme *sociable* est le vrai citoyen.

L'homme *aimable*, dit M. Duclos, du moins celui à qui on donne aujourd'hui ce titre, est fort indifférent sur le bien public ; ardent à plaire à toutes les sociétés où son goût & le hasard le jettent, & prêt à en sacrifier chaque particulier, il n'aime personne, n'est aimé de qui que ce soit, plaît à tous, & souvent est méprisé & recherché par les mêmes gens.

C ħ

Les liaisons particulieres de l'homme *sociable*, sont des liens qui l'attachent de plus en plus à l'Etat : celles de l'homme *aimable* ne sont que de nouvelles dissipations, qui retranchent autant les devoirs essentiels. L'homme *sociable* inspire le desir de vivre avec lui ; l'homme *aimable* en éloigne ou doit en éloigner tout honnête citoyen. (*Encycl.* XV, 251.)

43. ÉLEVE. DISCIPLE. ÉCOLIER.

* Ces trois mots s'appliquent en général à celui qui prend des leçons de quelqu'un : voici les nuances qui les distinguent.

Un *éleve* est celui qui prend des leçons de la bouche même du Maître. Un *disciple* est celui qui en prend des leçons en lisant ses ouvrages, qui s'attache à ses sentiments. *Ecolier* ne se dit, lorsqu'il est seul, que des enfants qui étudient dans les Colléges : il se dit aussi de ceux qui étudient sous un Maître un art qui n'est pas mis au nombre des arts libéraux, comme la danse, l'escrime, &c. mais alors il doit être joint avec quelqu'autre mot qui désigne l'art ou le Maître.

Un Maître d'armes a des *écoliers* ; un Peintre a des *éleves* ; Newton & Descartes ont eu des *disciples*, même après leur mort.

Eleve est du style noble ; *disciple* l'est moins, sur-tout en poésie ; *écolier* ne l'est jamais. (*Encycl.* V, 337.)

* Le terme d'*écolier* suppose que l'on reçoit des leçons réglées, ou que l'on a besoin d'en recevoir, simplement pour apprendre ce que l'on ne sait pas ; ainsi tous ceux qui ont des Maîtres, pour en recevoir des leçons suivies sur quelqu'objet, sont *écoliers* ; l'âge n'y fait rien. Le terme

d'*éleve* suppose que l'on reçoit ou qu'on a reçu des instructions plus détaillées pour pouvoir exercer ensuite la même profession, soit en la pratiquant, soit en l'enseignant : ainsi les maîtres de danse, d'escrime, d'équitation, &c. ont des *écoliers* à qui ils enseignent de leur art ce qui est jugé convenable à une belle éducation ; mais ceux qu'ils forment pour devenir Maîtres comme eux, sont leurs *éleves*. Le terme de *disciple* ne suppose qu'une adhésion aux sentiments du Maître, sans rien indiquer de la maniere dont on en a pris connoissance.

On enseigne des *écoliers*, on forme des *éleves*, on fait des *disciples*.

L'état d'*écolier* est momentané ; celui d'*éleve* est permanent : celui de *disciple* peut changer. On n'est plus *écolier* quand on sait ce que l'on vouloit apprendre, ou même quand on ne fait plus profession de l'étudier. On est *éleve*, non-seulement tandis que l'on est dirigé par des leçons expresses pour un état qui en est la fin, mais même après que l'institution est consommée : ainsi les jeunes Gentilshommes que l'on instruit à l'Ecole royale militaire, sont des *éleves* pour l'état militaire : & parvinssent-ils au grade de Maréchal de France, ils seront toujours *éleves* de cette école. On n'est *disciple* que par adhésion aux sentiments d'autrui ; on cesse de l'être en renonçant à ces sentiments : ainsi saint Paul, après avoir été un *disciple* très-zélé de la Synagogue, l'abandonna & devint un *disciple* encore plus zélé de Jesus-Christ.

Des hommes d'esprit, distingués par leur éloquence, se sont donnés pour de sublimes Philosophes : par des peintures lascives & pleines d'art, ils ont allumé le feu des passions ; pour les flatter, ils en ont déguisé les dangers ; pour les diviniser en quelque sorte, ils en ont montré l'origine dans la nature, sans en indiquer l'intention qui les assujettit à des loix pour le bien commun; ils ont ridiculisé la religion, qui prétend les régler; &, quoiqu'ils en parlassent en *écoliers* peu instruits, l'assurance de leur ton a persuadé les jeunes gens dont ils avoient séduit le cœur; ils ont fait des *disciples* enthousiasmés, qui ne connoissent plus la religion que sous le nom de fanatisme, & qui ne regardent plus ceux qui la respectent ou qui la défendent que comme des hypocrites ou des imbécilles. Le comble de ce fanatisme philosophique (car il y a fanatisme par-tout où il y a chaleur, préoccupation, aveuglement, injustice), ce seroit qu'ils eussent fait des *éleves* qui osassent leur succéder. (B.)

44. COUPLE. PAIRE.

On désigne ainsi deux choses de même espece, mais avec des différences qu'il faut remarquer.

Un *couple*, au masculin, se dit de deux personnes unies ensemble par amour ou par mariage, ou seulement envisagées comme pouvant former cette union; il se dit de même de deux animaux unis pour la propagation.

Une *couple*, au féminin, se dit de deux choses quelconques d'une même espece qui ne vont point ensemble nécessairement, & qui ne sont unies qu'accidentellement; on le dit même des personnes & des animaux, dès qu'on ne les envisage que par le nombre.

Une *paire* se dit de deux choses qui vont ensemble par une nécessité d'usage, comme les bas, les souliers, les jarretieres, les gants, les manchettes, les bottes, les sabots, les boucles, les boucles d'oreille, les pistolets, &c. ou d'une seule chose nécessairement composée de deux parties qui font le même service, comme des ciseaux, des lunettes, des pincettes, des culottes, &c.

Couple, dans les deux genres, est collectif : mais au masculin, il est général, parce que les deux suffisent pour la destination marquée par le mot ; au féminin, il est partitif, parce qu'il désigne un nombre tiré d'un plus grand. La syntaxe varie en conséquence, & l'on doit dire : « Un *couple* de pigeons est suffisant pour peu- » pler un volet ; une *couple* de pigeons ne » sont pas suffisants pour le dîner de six per- » sonnes ».

Une *couple* & une *paire* peuvent se dire aussi des animaux ; mais la *couple* ne marque que le nombre, & la *paire* y ajoute l'idée d'une association nécessaire pour une fin particuliere. Delà vient qu'un Boucher peut dire qu'il achetera une *couple* de bœufs, parce qu'il en veut deux ; mais un Laboureur doit dire qu'il en achetera une *paire*, parce qu'il veut les atteler à la même charrue. (B.)

45. VIDUITÉ. VEUVAGE.

Tous deux se disent à l'égard d'une personne qui a été mariée, & qui a perdu son conjoint.

La *viduité* est l'état actuel du survivant des deux conjoints, qui n'a point encore passé à un autre mariage. Le *veuvage* est le temps que dure cet état.

Aussi on ne joint à *viduité* que des prépofitions relatives à l'état ; & à *veuvage*, des prépositions relatives à la durée.

Plusieurs saintes femmes ont passé de la *viduité* à la profession religieuse ; mais aujourd'hui que la plupart des mariages se contractent par des vues que la religion & la saine raison proscrivent également, un *veuvage* d'un an paroît un fardeau bien lourd.

L'esprit du Christianisme recommande singuliérement la modestie, la retraite & la priere, aux femmes qui vivent en *viduité* : que faut-il donc penser de la religion de celles qui, pendant leur *veuvage*, affichent des liaisons, & se donnent des licences qu'elles n'auroient osé se permettre étant filles ? (B.)

46. CONFRERE. COLLEGUE. ASSOCIÉ.

L'idée d'union est commune à ces trois termes ; mais elle y est présentée sous des aspects différents.

Les *confreres* sont membres d'un même corps, religieux ou politique ; les *collegues* travaillent conjointement à une même opération, soit volontairement, soit par quelque ordre supérieur ; les *associés* ont un objet commun d'intérêt.

Le fondement nécessaire de l'union entre des *confreres*, c'est l'estime réciproque ; entre des *collegues*, c'est l'intelligence ; entre des *associés*, c'est l'équité.

Il importe à notre tranquillité personnelle de bien vivre avec nos *confreres*, de captiver leur estime, de leur accorder la nôtre ; &, s'ils nous forcent de la leur refuser, de garder au moins les bienséances.

Il importe au succès des opérations où nous sommes chargés de concourir, de nous entendre avec nos *collegues* ; de leur communiquer toujours nos vues ; de déférer souvent aux leurs ; &, si nous sommes forcés de les contredire ou de leur résister, de le faire avec les plus grands ménagements : la conduite de Cicéron à l'égard d'Antoine, son *collegue* dans le consulat, est un modele de conduite en ce genre.

Il importe à nos propres intérêts de respecter ceux de nos *associés*, de leur inspirer de la confiance par nos principes, de la confirmer par notre équité ; &, si la perte n'est pas excessive, de faire même quelques sacrifices à leurs prétentions. (B.)

47. FACTION. PARTI.

* Ces deux termes supposent également l'union de plusieurs personnes, & leur opposition à quelques vues différentes des leurs : c'est en cela qu'ils sont synonymes. Mais *faction* annonce de l'activité & une machination secrete, contraire aux vues de ceux qui n'en sont point. *Parti* n'exprime qu'un partage dans les opinions. (B.)

* Le terme de *parti* par lui-même n'a rien d'odieux : celui de *faction* l'est toujours.

Un grand homme & un médiocre peuvent avoir aisément un *parti* à la Cour, dans l'armée, à la ville, dans la littérature ; on peut avoir un *parti* par son mérite, par la chaleur & le nombre de ses amis, sans être chef de *parti* : le Maréchal de Catinat, peu considéré à la Cour, s'étoit fait un grand *parti* dans l'armée sans y prétendre.

Un chef de *parti* est toujours un chef de *faction* : tels ont été le Cardinal de Retz, Henri, Duc de Guise, & tant d'autres.

Un *parti* séditieux, quand il est encore foible, quand il ne partage pas tout l'Etat, n'est qu'une *faction*. La *faction* de César devint bientôt un *parti* dominant, qui engloutit la république. Quand l'Empereur Charles VI disputoit l'Espagne à Philippe V, il avoit un *parti* dans ce royaume, & enfin il n'y eut plus qu'une *faction*; cependant on peut dire toujours, le *parti* de Charles VI. Il n'en est pas ainsi des hommes privés. Descartes eut long-temps un *parti* en France; on ne peut pas dire qu'il eut une *faction*. (*Encycl.* VI, 360.)

* C'est que les Espagnols qui restoient attachés aux intérêts de Charles VI, le faisoient ou paroissoient le faire en conséquence de l'opinion qu'ils avoient des droits de ce Prince; & qu'ils ne machinoient pas secrétement, mais qu'ils agissoient ouvertement contre son concurrent. C'est précisément la raison pourquoi les amis de César ne formerent d'abord qu'une *faction*, parce qu'ils étoient obligés de cacher leurs menées aux yeux du gouvernement: dès qu'ils furent suffisamment en force, le secret devint inutile & impossible, ils formerent un *parti*. Descartes n'eut jamais de *faction*, parce qu'il ne fallut jamais recourir à des voies obliques ou ténébreuses pour être Cartésien; cela ne tient qu'à la diversité des opinions. Mais, s'il s'agit d'opinions théologiques, le *parti* le moins favorisé & le moins fondé peut aisément devenir *factieux*, & le devient presque toujours; le desir & le besoin de faire des prosélytes, conduit à la *faction*. (B.)

48. ENVIE. JALOUSIE.

* Voici les nuances par lesquelles ces mots different.

1°. On est *jaloux* de ce qu'on possede, & *envieux* de ce que possede les autres : c'est ainsi qu'un amant est *jaloux* de sa maîtresse ; un Prince, *jaloux* de son autorité. (*Encycl.* V, 738.)

* La *jalousie* est donc en quelque maniere juste & raisonnable, puisqu'elle ne tend qu'à conserver un bien qui nous appartient, ou que nous croyons nous appartenir ; au lieu que l'*envie* est une fureur qui ne peut souffrir le bien des autres. (*La Rochefoucault.*)

* La *jalousie* ne regne pas seulement entre des particuliers, mais entre des Nations entieres, chez lesquelles elle éclate quelquefois avec la violence la plus funeste ; elle tient à la rivalité de la position du commerce, des arts, des talents & de la religion. (*Encycl.* VIII, 439.)

* L'homme qui dit qu'il n'est pas né heureux, pourroit du moins le devenir par le bonheur de ses amis ou de ses proches, l'*envie* lui ôte cette derniere ressource. (*La Bruyere*, caract. ch. xj.)

2°. * Quand ces deux mots sont relatifs à ce que possedent les autres, *envieux* dit plus que *jaloux*. Le premier marque une disposition habituelle & de caractere ; l'autre peut désigner un sentiment passager : le premier désigne aussi un sentiment actuel plus fort que le second. On peut être quelquefois *jaloux*, sans être naturellement *envieux* : la *jalousie*, sur-tout au premier mouvement, est un sentiment dont on a quelquefois peine à se défendre ; l'*envie* est un sentiment bas, qui ronge & tourmente celui qui en est pénétré. (*Encycl.* V, 738.)

* La *jalousie* est l'effet du sentiment de nos désavantages comparés au bien de quelqu'un : quand il se joint à cette *jalousie* de la haine & une volonté de vengeance dissimulée par foiblesse, c'est *envie*. (*Connoiss. de l'esprit hum.* page 85.)

* Toute *jalousie* n'est point exempte de quelque sorte d'*envie*, & souvent même ces deux passions se confondent. L'*envie* au contraire est quelquefois séparée de la *jalousie*, comme est celle qu'excitent dans notre ame les conditions fort élevées au-dessus de la nôtre, les grandes fortunes, la faveur, le ministere.

L'*envie* & la haine s'unissent toujours, & se fortifient l'une l'autre dans un même sujet; & elles ne sont reconnoissables entr'elles, qu'en ce que l'une s'attache à la personne, l'autre à l'état & à la condition.

Un homme d'esprit n'est point *jaloux* d'un Ouvrier qui a travaillé une bonne épée, ou d'un Statuaire qui vient d'achéver une belle figure : il sait qu'il y a, dans ces arts, des regles & une méthode qu'on ne devine point; qu'il y a des outils à manier, dont il ne connoît, ni l'usage, ni le nom, ni la figure; & il lui suffit de penser qu'il n'a point fait l'apprentissage d'un certain métier, pour se consoler de n'y être point Maître. Il peut au contraire être susceptible d'*envie*, & même de *jalousie*, contre un Ministre & contre ceux qui gouvernent; comme si la raison & le bon sens, qui lui sont communs avec eux, étoient les seuls instruments qui servent à régir un Etat & à présider aux affaires publiques, & qu'ils dussent suppléer aux regles, aux préceptes, à l'expérience. (*La Bruyere*, Caract. ch. xj.)

49. JALOUSIE. ÉMULATION.

La *jalousie* & l'*émulation* s'exercent sur le même objet, qui est le bien ou le mérite des autres: en voici la différence.

L'*émulation* est un sentiment volontaire, courageux, sincere; qui rend l'ame féconde; qui la fait profiter des grands exemples, & la porte souvent au-dessus de ce qu'elle admire.

La *jalousie* au contraire est un mouvement violent, & comme un aveu contraire du mérite qui est hors d'elle : elle va même jusques à nier la vertu dans les sujets où elle existe, ou, forcée de la reconnoître, elle lui refuse les éloges ou lui envie les récompenses : passion stérile, qui laisse l'homme dans l'état où elle le trouve; qui le remplit de lui-même, de l'idée de sa réputation; qui le rend froid & sec sur les actions ou sur les ouvrages d'autrui; qui fait qu'il s'étonne de voir dans le monde d'autres talents que les siens, où d'autres hommes avec les mêmes talents dont il se pique : vice honteux, qui, par son excès, rentre toujours dans la vanité & dans la présomption; & qui ne persuade pas tant, à celui qui en est blessé, qu'il a plus d'esprit & de mérite que les autres, qu'il lui fait croire qu'il a lui seul de l'esprit & du mérite (*a*).

L'*émulation* & la jalousie ne se rencontrent guere que dans les personnes de même art, de mêmes talents & de même condition. Les plus vils artisans sont les plus sujets à la *jalousie*. Ceux qui font profession des arts libéraux ou des belles-lettres, les Peintres, les Musiciens, les Orateurs, les Poëtes, tous ceux qui se mêlent d'écrire, ne devroient être capables que d'*émulation*. (*La Bruyere*, Caract. ch. ix.)

* Au fond, la basse *jalousie* n'a rien de commun avec l'*émulation* si nécessaire aux talents : la

---

(*a*) Tout ceci n'étoit qu'une période dans l'original; j'ai osé en faire plusieurs, afin de rendre la distinction plus claire, & de mieux adapter ce morceau aux autres articles rassemblés ici. (B.)

première en est le poison, celle-ci en est l'aliment ; & elle est également glorieuse à ceux qui en sont animés, & à ceux qui en sont l'objet. (M. *Bergier*, Disc. qui a remporté le prix d'Eloquence à Besançon en 1763, *Part. II, page* 23.)

50. ENVIER. PORTER ENVIE.

C'est également desirer avec une sorte de chagrin ce qui est en la possession d'un autre ; mais ces deux expressions donnent à cette passion des tournures différentes ; on *envie* les choses, & l'on *porte envie* aux personnes.

Voiture, dans une de ses lettres à M. Costar, s'exprime de cette sorte : « Moi qui, en toute autre occasion, me réjouis de vos avantages plus que des miens propres, & qui ne vous *envie* pas votre esprit, votre science, ni votre réputation ; je vous *porte envie* d'avoir été huit jours avec M. de Balzac «. (*Bouhours*, Rem. nouv. *Tome I.*)

51. DISPUTE. ALTERCATION. CONTESTATION. DÉBAT.

Dispute se dit ordinairement d'une conversation entre deux personnes qui different d'avis sur une même matière ; & elle se nomme *altercation*, lorsqu'il s'y mêle de l'aigreur. *Contestation* se dit d'une *dispute* entre plusieurs personnes, ou entre deux personnes considérables, sur un objet important, ou entre deux particuliers pour une affaire judiciaire. *Débat* est une *contestation* tumultueuse entre plusieurs personnes.

La *dispute* ne doit jamais dégénérer en *altercation*. Les Rois de France & d'Angleterre sont en *contestation* sur tel article d'un traité. Il y a eu, au Concile de Trente, de grandes *contestations* sur la résidence. Pierre & Jacques sont en *contestation* sur les limites de leurs terres. Le Parlement d'Angleterre est sujet à de grands *débats* (*a*). (*Encycl. IV*, 112.)

(*a*) Rapprochez cet article des articles 207 & 208 du tome I.

52. CONVENTION. CONSENTEMENT. ACCORD.

* Le second de ces mots désigne la cause & le principe du premier, & le troisieme désigne l'effet. EXEMPLE. Ces deux particuliers, d'un commun *consentement*, ont fait ensemble une *convention*, au moyen de laquelle ils sont d'*accord*. (*Encycl. IV*, 161.)

* La *convention* vient de l'intelligence entre les parties, & détruit l'idée d'éloignement. Le *consentement* suppose un droit & de la liberté, & fait disparoître l'opposition. L'*accord* produit la satisfaction réciproque, & fait cesser les contestations. (B.)

53. APPROBATION. AGRÉMENT. CONSENTEMENT. RATIFICATION. ADHÉSION.

Termes qui énoncent tous le concours de la volonté d'une seconde personne à l'égard de ce qui dépend de la volonté d'une premiere.

Approbation est celui qui a le sens le plus général : il se rapporte également aux opinions de l'esprit & aux actes de la volonté, & peut s'appliquer au présent, au passé & à l'avenir. *Agrément* ne se rapporte qu'aux actes de la volonté, & peut aussi s'appliquer aux trois circonstances du temps. *Consentement* & *ratification* sont deux termes spécifiques, relatifs aux actes de la volonté, mais dont le premier ne s'applique qu'aux actes du présent ou de l'avenir, & le second ne se dit qu'à l'égard des actes du passé. *Adhésion* n'a rapport qu'aux opinions & à la doctrine.

L'*approbation* dépend des lumieres de l'esprit, & suppose un examen préalable. L'*agrément*, le *consentement* & la *ratification* dépendent uniquement de la volonté, & supposent intérêt ou autorité. L'*adhésion* n'est qu'un acte de la volonté, qui fait également abstraction des lumieres de l'esprit & des passions du cœur, quoique la volonté ne puisse jamais y être déterminée que par l'une de ces deux voies.

L'*approbation* simple des Censeurs les plus exacts ne prouve pas qu'ils aient trouvé l'ouvrage bon ; elle certifie seulement qu'ils n'y ont rien vu qui doive en empêcher la publication, & qu'ils ne s'y opposent point. La conduite d'un homme de bien est digne de l'*approbation* & des éloges de ses concitoyens. Quand on a donné son *consentement* à un traité, soit avant qu'on le conclût, soit au moment qu'il se faisoit, ou qu'on y a accédé depuis pour le *ratifier*, on est censé avoir donné son *agrément*, soit aux actes préliminaires qui étoient nécessaires à la conclusion, soit aux actes postérieurs autorisés par les clauses du traité. L'*adhésion* sincere à la doctrine de l'Eglise catholique, est un acte de foi nécessaire pour le salut : au lieu que l'*adhésion* à une doctrine qu'elle réprouve, est un acte de schisme ou d'hérésie incompatible avec le salut (*a*).

(*a*) *Voyez* tome I, art. 154.

54. ENCHAÎNEMENT. ENCHAÎNURE.

Tous deux expriment la liaison de plusieurs choses les unes avec les autres. *Enchaînement* n'a guere d'usage au propre; mais au figuré il s'applique avec grace à toutes les choses qui se succedent, comme si l'une exigeoit l'autre : un *enchaînement* de malheurs, l'*enchaînement* des circonstances, l'*enchaînement* des propositions qui forment un raisonnement, l'*enchaînement* des principes avec les conséquences, &c. Le mot *enchaînure* ne se dit qu'au propre, & ne s'applique qu'aux ouvrages de l'art, dont les parties sont effectivement attachées par une chaîne.

S'il y avoit quelques moyens efficaces pour encourager ces sortes de distinctions, on ne pourroit trop en faire usage : nous avons bien des cas où le mot n'a conservé que le sens figuré, sans avoir été remplacé par un autre pour le sens propre. Tel est le mot *bassesse*, qui ne se dit plus dans le sens propre de *bas*, pour signifier peu de *hauteur* ou d'*élévation* : il se dit des inclinations, des actions, des manieres, de la naissance & du style, pour y désigner quelque chose de vil & de méprisable. (B.)

55. CONNEXION. CONNEXITÉ.

Termes qui énoncent également la liaison de plusieurs objets. Le premier désigne la liaison intellectuelle des objets de notre méditation; le second, la liaison que les qualités existantes dans les objets, indépendamment de nos réflexions, constituent entre ces objets. Ainsi il y aura *connexion* entre des abstraits, & *connexité* entre des concerts : les qualités & les rapports qui font la *connexité*, seront les fondements de la *connexion*, sans quoi notre entendement mettroit dans les choses ce qui n'y est pas : vice opposé à la bonne dialectique. (*Encycl.* III, 889.)

56. CONCLUSION. CONSÉQUENCE.

Ces deux termes sont synonymes, en ce qu'ils désignent également des idées dépendantes de quelques autres idées.

Dans un raisonnement, la *conclusion* est la proposition qui suit de celles qu'on y a employées comme principes, & que l'on nomme PRÉMISSES; la *conséquence* est la liaison de la *conclusion* avec les prémisses.

Une *conclusion* peut être vraie, quoique la *conséquence* soit fausse : il suffit, pour l'une, qu'elle énonce une vérité réelle, & pour l'autre, qu'elle n'ait aucune liaison avec les prémisses. Au contraire, une *conclusion* peut être fausse, quoique la *conséquence* soit vraie : c'est que, d'une part, elle peut énoncer un jugement faux, & de l'autre part, avoir une liaison nécessaire avec les prémisses, dont l'une au moins dans ce cas est elle-même fausse.

Quand la *conclusion* est vraie, & la *conséquence* fausse, on doit nier la *conséquence*, & on le peut sans blesser la vérité de la *conclusion* : c'est qu'alors la négation ne tombe que sur la liaison de cette proposition avec les prémisses. Quand au contraire la *conclusion* est fausse, & la *conséquence* vraie, on peut accorder la *conséquence*, sans admettre la fausseté énoncée dans la *conclusion* : ce qu'on accorde ne tombe alors que sur la liaison de cette proposition avec les prémisses, & non sur la valeur même de la proposition.

Pour

Pour un raisonnement parfait, il faut de la vérité dans toutes les propositions, & une *conséquence* juste entre les prémisses & la *conclusion*. La plus mauvaise espece seroit celle dont la *conclusion* & la *conséquence* seroient également fausses; ce ne seroit pas même un raisonnement.

La *conclusion* d'un ouvrage en est quelquefois la récapitulation ; quelquefois c'est le sommaire d'une doctrine dont l'ouvrage a exposé ou établi les principes. Les diverses propositions qui énoncent cette doctrine fondée sur les principes de l'ouvrage, sans y être expressément comprises, font ce qu'on en appelle les *conséquences*. (B.)

57. CONCLUSION. CONSÉQUENT.

C'est, sous deux noms & sous deux aspects différents, la proposition déduite des prémisses d'un raisonnement. Quand on l'appelle *conclusion*, on la regarde simplement comme postérieure aux prémisses dans lesquelles elle est comprise : quand on l'appelle *conséquent*, on la regarde comme déduite des prémisses, dont elle est une suite nécessaire.

Lorsqu'on admet certains principes, on en tire des *conclusions* absurdes par des raisonnements en bonne forme : alors l'absurdité du *conséquent* retombe sur les prémisses, parce que le faux ne peut avoir avec le vrai aucune liaison nécessaire.

Si le *conséquent* est équivoque, de maniere que dans l'un des sens il soit bien déduit des prémisses & qu'il y tienne, & que dans l'autre il en soit mal déduit faute de liaison, c'est le cas, en termes d'école, de distinguer le *conséquent* : dans le premier membre de la distinction ; on détermine le sens selon lequel la *conclusion* est liée avec les prémisses, & alors on accorde le *conséquent* ; dans le second membre de la distinction, on détermine le sens selon lequel la *conclusion* n'a avec les prémisses aucune liaison, & alors on nie le *conséquent*.

Accorder ou nier le *conséquent*, ce n'est point accorder ou nier la vérité de la *conclusion* prise en soi ; c'est accorder ou nier qu'elle ait avec les prémisses une liaison qui autorise à l'en détruire. (B.)

58. ANCÊTRES. PRÉDÉCESSEURS.

Chacun de ces mots désigne ceux à qui l'on succède dans un certain ordre, & c'est la différence de cet ordre qui fait celle de la signification des deux termes. Le premier est relatif à l'ordre naturel : le second, à l'ordre politique ou social. Nous succédons à nos *ancêtres* par voie de génération ; leur sang coule dans nos veines. Nous succédons à nos *prédécesseurs* par voie de fait & de substitution ; leurs emplois ont passé de leurs mains dans les nôtres.

Les *ancêtres* d'un Roi sont les hommes dont il descend par le sang ; ses *prédécesseurs* sont les Rois qui ont occupé le même trône avant lui. Ainsi les Rois de France depuis Philippe-le-Hardi jusqu'à Henri III, sont les *prédécesseurs* de Henri IV, sans être ses *ancêtres* : les Princes de la maison de Bourbon, en remontant depuis Antoine, Roi de Navarre, jusqu'à Robert, Comte de Clermont en Beauvaisis, fils de S. Louis, sont les *ancêtres* de Henri IV, & non ses *prédécesseurs* sur le trône de France : les Rois depuis S. Louis en remontant jusqu'à Hugues Capet, sont ses *prédécesseurs* & ses *ancêtres*. (B.)

59. BÉNI, E. BÉNIT, TE.

Ce font deux participes différents du verbe *Bénir* ; mais ils ont deux fens différents.

Béni, e, fe dit pour marquer la protection particuliere de Dieu fur une perfonne, fur une famille, fur une ville, fur un royaume ou une nation ; ou pour défigner les louanges affectueufes que l'on donne à Dieu, aux hommes bienfaifants, ou même aux inftruments d'un bienfait. Toutes les nations ont été *bénies* en JESUS-CHRIST. Les Princes qui ne fe croient placés fur le trône que pour faire du bien à l'humanité, font *bénis* de Dieu & des hommes. La fainte Vierge eft *bénie* entre toutes les femmes.

Bénit, te, fe dit pour marquer la bénédiction de l'Eglife, donnée par les Prêtres avec les cérémonies convenables. Du pain *bénit*, un cierge *bénit*, une chapelle *bénite*, une table *bénite*, des drapeaux *bénits*, une Abbeffe *bénite*, &c.

On peut donc dire que *béni* a un fens moral & de louanges ; & *bénit*, un fens légal & de confécration.

Des armes *bénites* avec beaucoup d'appareil dans l'Eglife, ne font pas toujours *bénies* du Ciel fur le champ de bataille. (B.)

60. BÉATIFICATION. CANONISATION.

Ce font deux actes émanés de l'autorité pontificale, par lefquels le Pape déclare qu'une perfonne dont la vie a été exemplaire & accompagnée de miracles, jouit après fe mort du bonheur éternel, & détermine l'efpece de culte qui peut lui être rendu.

Dans l'acte de *béatification*, le Pape ne prononce que comme personne privée, & use seulement de son autorité pour accorder à certaines personnes, à un ordre Religieux, à une communauté, le privilége de rendre au *béatifié* un culte particulier qu'on ne peut regarder comme superstitieux ou répréhensible, dès qu'il est muni du sceau de l'autorité pontificale.

Dans l'acte de *canonisation*, le Pape parle comme Juge après un examen juridique & plusieurs solemnités, prononce *ex cathedrâ* sur l'état du saint, & détermine l'espece de culte qui doit lui être rendu par l'Eglise universelle.

Ainsi le décret de *béatification* est un privilége qui autorise quelques particuliers à déroger aux loix communes de l'Eglise, en pratiquant un culte qui n'est point encore autorisé par la législation générale. La Bulle de *canonisation* est une loi générale, émanée de l'autorité pontificale, & qui concerne tous les fideles. (B.)

61. BEAU. JOLI (*a*).

* Notre langue a plusieurs traités estimés sur le *beau* ; tandis que l'idole à laquelle nos voisins nous accusent de sacrifier sans cesse, n'a point encore trouvé de panégyristes parmi nous ; la plus *jolie* nation du monde n'a presque rien dit encore sur le *joli*.

Si le *beau*, qui nous frappe & nous transporte, est un des plus grands effets de la magnificence de la nature, le *joli* n'est-il pas un de ses plus doux bienfaits ?

La vue de ces astres qui répandent sur nous, par un cours & des regles immuables, leur brillante & féconde lumiere, la voûte immense à

_____

(*a*) *Voyez* tome I, art. 77.

laquelle ils paroissent suspendus, le spectacle sublime des mers, les grands phénomenes, ne portent à l'ame que des idées majestueuses : c'est l'effet naturel du *beau*. Mais qui peut peindre le secret & le doux intérêt qu'inspire le riant aspect d'un tapis émaillé par un souffle de Flore & la main du Printemps ? Que ne dit point aux cœurs sensibles ce bocage simple & sans art, que le ramage de mille amants ailés, que la fraîcheur de l'ombre & l'onde agitée des ruisseaux savent rendre si touchant ? Tel est le charme des graces ; tel est celui du *joli*, qui leur doit toujours sa naissance : nous lui cédons par un penchant dont la douceur nous séduit.

Il faut être de bonne-foi. Notre goût pour le *joli* suppose un peu moins parmi nous de ces ames élevées & tournées aux grandes prétentions de l'héroïsme qui fixent perpétuellement leurs regards sur le *beau*, que de ces ames naturelles, délicates & faciles, à qui la société doit tous ses attraits.

Peut-être les raisons du climat & du gouvernement sont-elles les véritables causes de nos avantages sur les autres nations par rapport au *joli* : cet empire du Nord, enlevé de notre temps à son ancienne barbarie par les soins & le génie du plus grand de ses Rois, pourroit-il arracher de nos mains & la couronne des Graces & la ceinture de Vénus ? Le physique y mettroit trop d'obstacle. Cependant il peut naître dans cet Empire quelque homme inspiré fortement, qui nous dispute un jour la palme du génie, parce que le sublime & le *beau* sont plus indépendants des causes locales.

C'est à l'ame que le *beau* s'adresse ; c'est aux sens que parle le *joli* ; &, s'il est vrai que le plus grand nombre se laisse un peu conduire par eux, c'est delà qu'on verra des regards attachés avec ivresse sur les graces de Trianon, & froidement surpris des beautés courageuses du Louvre.

Le *joli* a son empire séparé de celui du *beau*: celui-ci étonne, éblouit, persuade, entraîne; celui-là séduit, amuse, & se borne à plaire. Ils n'ont qu'une regle commune, c'est celle du vrai. Si le *joli* s'en écarte, il se détruit & devient maniéré, petit ou grotesque: nos arts, nos usages & nos modes, sont aujourd'hui pleins de sa fausse image. (*Encycl.* VIII, 871.

* Il y a des choses qui peuvent être *jolies* ou *belles*; telle est la comédie: il y en a d'autres qui ne peuvent être que *belles*; telle est la tragédie.

Il y a quelquefois plus de mérite à avoir trouvé une *jolie* chose qu'une *belle*. Dans ces occasions, une chose ne mérite le nom de *belle*, que par l'importance de son objet; & une chose n'est appellée *jolie*, que par le peu de conséquence du sien: on ne fait alors attention qu'aux avantages, & l'on perd de vue la difficulté de l'invention.

Il est si vrai que le *beau* emporte souvent une idée de grand, que le même objet que nous avons appellé *beau*, ne nous paroîtroit plus que *joli*, s'il étoit exécuté en petit.

L'esprit est un faiseur de *jolies* choses; mais c'est l'ame qui produit les *belles*. Les traits ingénieux ne sont ordinairement que *jolis*; il y a de la *beauté* par-tout où l'on remarque du sentiment.

Un homme qui dit d'une *belle* chose, qu'elle est *belle*, ne donne pas une grande preuve de discernement : celui qui dit qu'elle est *jolie*, est un sot ou ne s'entend pas ; c'est l'impertinent de Boileau qui dit que *le Corneille est* joli *quelquefois*. (*Encycl.* II, 181.)

62. DIFFORMITÉ. LAIDEUR.

Ces deux mots sont synonymes en ce qu'ils sont également opposés à l'idée de la beauté, quand on les applique à la figure humaine.

La *difformité* est un défaut remarquable dans les proportions ; & la *laideur*, un défaut dans les couleurs ou dans la superficie du visage.

 » Il n'est pas indifférent à l'ame, dit Cicé-
 » ron (*a*), d'être dans un corps disposé & or-
 » ganisé de telle ou de telle façon «. Sur quoi Montaigne s'exprime ainsi : » Cettuy-ci parle
 » d'une *laideur* desnaturée & *difformité* de mem-
 » bres : mais nous appellons *laideur* aussi, une
 » mesavenance au premier regard, qui loge
 » principalement au visage, & nous desgoûte
 » par le teint, une tache, une rude contenan-
 » ce, par quelque cause souvent inexplicable,
 » des membres pourtant bien ordonnez & en-
 » tiers...... Cette *laideur* superficielle, qui est
 » toutefois la plus impérieuse, est de moindre
 » préjudice à l'estat de l'esprit ; & a peu de
 » certitude en l'opinion des hommes. L'autre,
 » qui d'un plus propre nom s'appelle *difformité*,
 » plus substantielle, porte plus volontiers coup
 » jusques au-dedans. Non pas tout soulier de
 » cuir bien lissé, mais tout soulier bien formé,
 » montre l'intérieure forme du pied : comme

―――――――――
(*a*) *Ipsi animi, magni refert quali in corpore locati sint : multa enim è corpore existunt, quæ acuant mentem ; multa, quæ obtundant.* Tusc. I, XXXIII, 80.

» Socrate difoit (*a*) de fa *laideur*, qu'elle en ac-
» cufoit juftement autant en fon ame, s'il ne l'eût
» corrigée par inftitution «. (*b*).

J'ajouterai que *difformité* fe dit de tout défaut dans les proportions convenables à chaque
chofe ; aux bâtiments, aux formes des places,
des jardins, aux tableaux, au ftyle, *&c.* mais
laideur ne fe dit guere que des hommes ou des
meubles.

Dans le moral on dit l'un & l'autre, mais
avec quelque égard aux différences du fens phyfique. Ainfi l'on dit, la *difformité*, & non la *laideur* du vice ; parce que les habitudes vicieufes
détruifent la proportion qui doit être entre nos
inclinations & les principes moraux ; mais on dit
la *laideur* plutôt que la *difformité* du péché ; parce
que les péchés ne font que des taches dans notre
ame, qu'elles ne fuppofent pas une dépravation
auffi fubftantielle que les vices, & qu'elles peuvent s'effacer par la pénitence (B.)

(*a*) *Cùm multa in conventu vitia collegiffet in eum
(Socratem) Zopyrus, qui fe naturam cujufque ex for-
mâ profpicere profitebatur, derifus eft à cæteris, qui
illa in Socrate vitia non agnofcerent : ab ipfo autem
Socrate fublevatus, cùm illa fibi figna, fed ratione a
fe dejecta diceret.* Tufc. IV, XXXVII, 80.

(*b*) Effais de Montaigne, liv. III, ch. XII.

BÊTE. BRUTE. ANIMAL.

Bête fe prend fouvent par oppofition à homme, ainfi on dit : l'homme a une ame, mais quelques Philofophes n'en accordent point aux *bêtes*.

Brute eft un terme de mépris, qui ne s'applique qu'en mauvaife part. Il s'abandonne à

toute la fureur de son penchant, comme la *brute*.

Animal est un terme générique qui convient à tous les êtres organisés vivants. L'*animal* vit, agit, se meurt de lui-même.

Si on considère l'*animal* comme pensant, voulant, agissant, réfléchissant, &c. on restreint sa signification à l'espece humaine : si on le considere comme borné dans toutes les fonctions qui marquent de l'intelligence & de la volonté, & qui semblent lui être communes avec l'espece humaine, on le restreint à la *bête*. Si on considere la *bête* dans son dernier degré de stupidité, & comme affranchie des loix de la raison & de l'honnêteté, selon lesquelles nous devons régler notre conduite, nous l'appellons *brute* (a). (Encycl. II, 214.)

(a) *Voyez* tome I, art. 33.

64. MALHEUREUX. MISÉRABLE.

Le P. Bouhours observe (a) que l'on dit indifféremment, une vie *malheureuse*, une vie *misérable* ; & que, pour dire d'un homme que c'est un méchant homme, on dit indifféremment c'est un *malheureux*, c'est un *misérable*. Ce n'est pas que ces deux mots aient une signification identique, & soient parfaitement synonymes : c'est qu'ils expriment tous deux, quoique sous des aspects différents, une idée qui leur est commune, & la seule à laquelle on fasse attention dans les exemples proposés, c'est l'idée d'une situation fâcheuse & affligeante.

Mais *malheureux* présente directement cette idée fondamentale, & *misérable* n'exprime di-

(a) Rem. nouv. tome I.

rectement que la commisération qui la suppose, comme l'effet suppose la cause.

On peut être *malheureux* par quelques accidents imprévus & fâcheux, sans être réduit pour cela à un état digne de compassion : mais celui qui est *misérable*, est réellement réduit à cet état ; il est excessivement *malheureux*.

Malheureux est donc moins énergique que *misérable* ; & il peut y avoir des cas où, pour parler avec justesse, il ne seroit pas indifférent de dire une vie *malheureuse* ou une vie *misérable*.

Ulysse errant sur toutes les mers, exposé à toutes sortes de périls, essuyant toutes sortes d'aventures fâcheuses, cherchant sans cesse sa chere Ithaque qui sembloit le fuir, menoit alors une vie *malheureuse*.

Philoctete abandonné par les Grecs dans l'isle de Lemnos, en proie à la douleur la plus aiguë, & aux horreurs de l'indigence & de la solitude, y mena pendant plusieurs années une vie *misérable*.

On est *malheureux* au jeu, on n'y est pas *misérable* : mais on peut devenir *misérable* à force d'y être *malheureux*.

On plaint proprement les *malheureux*, & c'est tout ce qu'exige l'humanité : mais on doit assister les *misérables*, ou avoir du moins pitié de leur sort.

Voici deux vers de Racine, où ces deux mots sont employés avec les différences que je viens d'assigner :

Haï, craint, envié, souvent plus misérable
Que tous les malheureux *que mon pouvoir accable.*

Quelquefois ces mots sont employés, non

pas pour caractériser simplement une situation fâcheuse & affligeante, qui est leur signification commune & primitive, mais pour indiquer que l'être auquel on les applique est digne de cette situation : & c'est dans ce second sens que l'on dit d'un méchant, d'un fourbe, d'un homme sans mœurs, sans pudeur, sans aucune élévation d'ame, que c'est un *malheureux* ou un *misérable*; parce qu'en effet il mérite de l'être. Cette seconde acception, qui n'est qu'une extension de la premiere, ne change rien aux différences qui naissent des idées accessoires que l'on y a déjà distinguées, & dont le choix dépend des besoins de l'énergie.

Mais comme il y a bien des choses qui doivent exciter la pitié, sans être soumises aux événements fortuits qui font les *malheureux*, il y a bien des cas où il seroit ridicule d'employer cet adjectif, quoique l'on puisse très-bien y employer celui de *misérable* : il marque alors cette pitié dédaigneuse & méprisante, qui est la juste récompense des prétentions outrées ou chimériques, mais que l'on a quelquefois l'injustice d'affecter pour des choses très-estimables, parce qu'on n'a pas assez de lumieres ou assez d'équité pour les apprécier.

C'est ainsi que l'on dit d'un Ecrivain dont on ne fait point de cas, que c'est un Auteur *misérable*, un *misérable* Poëte, un *misérable* Historien un *misérable* Grammairien ; & de ses écrits, que ce sont de *misérables* rapsodies, un poëme *misérable*, un *misérable* commentaire, &c.

Quand de pareilles imputations sont fondées, appuyées sur des raisons solides, & avouées par le goût, elles sont de mise ; mais, si elles sont dictées par la passion, ou surprises à l'ignorance, elles sont elles-mêmes des propos *misérables*.

& dignes du mépris qu'elles veulent prodiguer (B.)

65. BONHEUR. CHANCE.

Termes relatifs aux événements ou aux circonstances qui ont rendu & qui rendent un homme content de son existence. Mais *bonheur* est plus général que *chance*, il embrasse presque tous ces événements. *Chance* n'a guere de rapport qu'à ceux qui dépendent du hasard pur, ou dont la cause étant tout-à-fait indépendante de nous, a pu & peut agir tout autrement que nous le desirons, sans que nous ayions aucun sujet de nous en plaindre.

On peut nuire ou contribuer à son *bonheur*: la *chance* est hors de notre portée; on ne se rend point *chanceux*, on l'est ou on ne l'est pas. Un homme, qui jouissoit d'une fortune honnête, a pu jouer ou ne pas jouer à pair ou non; mais toutes ses qualités personnelles ne pouvoient augmenter sa *chance*. (*Encycl.* III, 86.)

66. PLAISIR. BONHEUR. FÉLICITÉ.

Ce qu'on appelle *bonheur*, est une idée abstraite composée de quelques idées de *plaisir*; car qui n'a qu'un moment de *plaisir*, n'est point un homme *heureux*; de même qu'un moment de douleur ne fait point un homme malheureux.

Le *plaisir* est plus rapide que le *bonheur*; & le *bonheur* plus passager que la *félicité*. Quand on dit, » je suis *heureux* dans ce moment «, on abuse du mot, & cela veut dire que » j'ai du » *plaisir* «. Quand on a des *plaisirs* un peu répétés, on peut dans cet espace de temps se dire *heureux* : quand ce *bonheur* dure un peu plus, c'est un état de *félicité*. On est quelquefois bien loin d'être *heureux* dans la prospérité, comme un malade dégoûté ne mange rien d'un grand festin préparé pour lui. (*Encycl.* VIII, 194.)

67. FÉLICITÉ. BONHEUR. PROSPÉRITÉ.

La *félicité* est l'état permanent, du moins pour quelque-temps, d'une ame contente; & cet état est bien rare. Le *bonheur* vient du dehors; c'est originairement une *bonne heure*.

Un *bonheur* vient, on a un *bonheur*; mais on ne peut dire, il m'est venu une *félicité*; j'ai eu une *félicité* : & quand on dit, cet homme jouit d'une *félicité* parfaite, *une* alors n'est pas pris numériquement, & signifie seulement qu'on croit que sa *félicité* est parfaite.

On peut avoir un *bonheur* sans être heureux. Un homme a eu le *bonheur* d'échapper à un piége, & n'en est quelquefois que plus malheureux : on ne peut pas dire de lui, qu'il a éprouvé la *félicité*.

Il y a encore de la différence entre un *bonheur* & le *bonheur*, différence que le mot *félicité* n'admet point. Un *bonheur* est un événement heureux. Le *bonheur*, pris indéfiniment, signifie une suite de ces événements.

Le plaisir est un sentiment agréable & passager; le *bonheur* considéré comme sentiment, est une suite de plaisirs : la *prospérité*, une suite d'heureux événements (*a*) : la *félicité*, une jouissance intime de la *prospérité*.

(*a*). On vient de dire que le *bonheur*, pris indéfiniment, est une suite d'événements heureux; & ici, l'on dit absolument la même chose de la *prospérité* ; c'est confondre deux expressions qui doivent avoir des sens différents. *Voyez* tome I, article 81, & en outre, article 82.

Le *bonheur* paroît plutôt le partage des riches, qu'il ne l'est en effet; & la *félicité* est un état dont on parle plus qu'on ne l'éprouve.

Ce dernier mot ne se dit guere en prose au pluriel, par la raison que c'est un état de l'ame, comme *tranquillité*, *sagesse*, *repos*: cependant la poésie, qui s'éleve au-dessus de la prose, permet qu'on dise dans Polieucte:

Ou leurs félicités doivent être infinies.
Que vos félicités, s'il se peut, soient parfaites.

(*Encycl.* VI, 465.)

68. BONNES ACTIONS. BONNES ŒUVRES.

L'un s'étend bien plus loin que l'autre. Nous entendons par *bonnes actions*, tout ce qui se fait par un principe de vertu: nous n'entendons guere par *bonnes œuvres*, que certaines actions particulieres qui regardent la charité du prochain. C'est une *bonne action*, que de se déclarer contre le relâchement des mœurs & de faire la guerre au vice; c'est une *bonne action*, que de résister à une violente tentation de plaisir ou d'intérêt: mais ce n'est pas précisément ce qu'on appelle une *bonne œuvre*. Soulager les malheureux, visiter les malades, consoler les affligés, instruire les ignorants, c'est faire de *bonnes œuvres*; on fait de *bonnes œuvres*, quand on va aux prisons & aux hôpitaux dans un esprit de charité.

Toute *bonne œuvre* est une *bonne action*, mais toute *bonne action* n'est pas une *bonne œuvre*, à parler exactement. (*Bouhours* , Rem. nouv. *Tome II.*)

69. EFFACER. RATURER. RAYER. BIFFER.

Ces mots signifient l'action de faire disparoître de dessus un papier ce qui est adhérent à sa surface. Les trois derniers ne s'appliquent qu'à ce qui est écrit ou imprimé, le premier peut se dire d'autre chose, comme des taches d'encre, &c. *Rayer* est moins fort qu'*effacer* ; & *effacer* que *raturer*.

On *raie* un mot, en passant simplement une ligne dessus ; on l'*efface*, lorsque la ligne passée dessus est assez forte pour empêcher qu'on ne lise ce mot aisément ; on le *rature*, lorsqu'on l'*efface* si absolument qu'on ne peut plus lire, ou même lorsqu'on se sert d'un autre moyen que la plume, comme d'un canif, gratoir, &c.

On se sert plus souvent du mot *rayer* que du mot *effacer*, lorsqu'il est question de plusieurs lignes : on dit aussi qu'un écrit est fort *raturé*, pour dire qu'il est plein de *ratures*, c'est-à-dire de mots *effacés*.

Le mot *rayer* s'emploie en parlant des mots supprimés dans un acte, ou d'un nom qu'on a ôté d'une liste, d'un tableau, &c. Le mot *biffer* est absolument du style d'Arrêt ; on ordonne, en parlant d'un accusé, que son écrou soit *biffé*. Enfin, *effacer* est du style noble, & s'emploie en ce cas au figuré : *effacer* le souvenir, &c. (*Encycl.* V, 403.)

70. ÉCLIPSER. OBSCURCIR.

Ces deux mots ne font synonymes qu'au fens figuré : ils different alors en ce que le premier dit plus que le second. Le faux mérite eft *obfcurci* par le mérite réel, & *éclipfé* par le mérite éminent.

On doit encore obferver que le mot *éclipfe* fignifie un *obfcurciffement* paffager ; au lieu que le mot *éclipfer*, qui en eft dérivé, défigne un *obfcurciffement* total & durable, comme dans ce vers :

Tel brille au fecond rang, qui s'éclipfe *au premier.*

(*Encycl.* V, 298.)

71. ÉCLAIRÉ. CLAIRVOYANT. INSTRUIT. HOMME DE GÉNIE.

Termes relatifs aux lumieres de l'efprit. *Eclairé* fe dit des lumieres acquifes ; *clairvoyant*, des lumieres naturelles : ces deux qualités font entr'elles comme la fcience & la pénétration. Il y a des occafions où toute la pénétration poffible ne fuggere point le parti qu'il convient de prendre ; alors ce n'eft pas affez d'être *clairvoyant*, il faut être *éclairé* : & réciproquement, il y a des circonftances où toute la fcience poffible laiffe dans l'incertitude ; alors ce n'eft pas affez d'être *éclairé*, il faut être *clairvoyant*. Il faut être *éclairé* dans les matieres des faits paffés, des loix prefcrites, & autres femblables, qui ne font point abandonnées à notre conjecture ; il faut être *clairvoyant* dans tous les cas où il s'agit de probabilités, & où la conjecture a lieu. L'homme *éclairé* fait ce qui s'eft fait ; l'homme *clair-*

voyant devine ce qui se fera : l'un a beaucoup lu dans les livres, l'autre fait lire dans les têtes. L'homme *éclairé* se décide par des autorités ; l'homme *clairvoyant*, par des raisons. (*a*).

Il y a cette différence entre l'homme *instruit* & l'homme *éclairé*, que l'homme *instruit* connoît les choses, & que l'homme *éclairé* en sait encore faire une application convenable : mais ils ont de commun que les connoissances acquises sont toujours la base de leur mérite ; sans l'éducation, ils auroient été des hommes fort ordinaires, ce qu'on ne peut pas dire de l'homme *clairvoyant*.

Il y a mille hommes *instruits* pour un homme *éclairé* ; cent hommes *éclairés* pour un homme *clairvoyant* ; & cent hommes *clairvoyants* pour un *homme de génie*.

L'*homme de génie* crée les choses : l'homme *clairvoyant* en déduit des principes : l'homme *éclairé* en fait l'application : l'homme *instruit* n'ignore ni les choses créées, ni les loix qu'on en a déduites, ni les applications qu'on en a faites ; il sait tout, mais il ne produit rien. (*Encycl.* V, 269.)

(*a*) *Voyez* tome I, art. 148.

72. HOMME DE SENS. HOMME DE BON SENS.

Il y a bien de la différence, dans notre langue, entre un *homme de sens* & un *homme de bon sens*. L'*homme de sens* a de la profondeur dans les connoissances, & beaucoup d'exactitude dans le jugement ; c'est un titre dont tout homme peut être flatté. L'*homme de bon sens*, au contraire, passe pour un homme si ordinaire, qu'on croit pouvoir se donner pour tel sans vanité : c'est celui qui a assez de jugement & d'intelligence pour se tirer à son avantage des affaires ordinaires de la société. (*Encycl.* II, 329.)

73. BON SENS. BON GOUT.

* Le *bon sens* & le *bon goût* ne sont qu'une même chose, à les considérer du côté de la faculté. Le *bon sens* est une certaine droiture d'ame qui voit le vrai, le juste, & s'y attache : le *bon goût* est cette même droiture par laquelle l'ame voit le bon & l'approuve.

La différence de ces deux choses ne se tient que du côté des objets. On restreint ordinairement le *bon sens* aux choses plus sensibles ; & le *bon goût*, à des objets plus fins & plus relevés. Ainsi le *bon goût*, pris dans cette idée, n'est autre chose que le *bon sens*, rafiné & exercé sur des objets délicats & relevés ; & le *bon sens* n'est que le *bon goût* restreint aux objets plus sensibles & plus matériels. (*Encycl.* XV, 33.)

* Entre le *bon sens* & le *bon goût*, il y a la différence de la cause à son effet. (*La Bruyere*, Caract. ch. 12.)

74. GOUT. GÉNIE.

* Le *goût* est souvent séparé du *génie*. Le *génie* est un pur don de la nature ; ce qu'il produit est l'ouvrage d'un moment. Le *goût* est l'ouvrage de l'étude & du temps ; il tient à la connoissance d'une multitude de regles ou établies ou supposées ; il fait produire des beautés qui ne sont que de convention.

Pour qu'une chose soit belle selon les regles

du *goût*, il faut qu'elle soit élégante, finie, travaillée, sans le paroître. Pour être de *génie*, il faut quelquefois qu'elle soit négligée, qu'elle ait l'air irrégulier, escarpé, sauvage.

Le sublime & le *génie* brillent dans Shakespear, comme des éclairs dans une longue nuit; & Racine est toujours beau. Homere est plein de *génie*, & Virgile d'élégance.

Les regles & les loix du *goût* donneroient des entraves au *génie*; il les brise pour voler au sublime, au pathétique, au grand. L'amour de ce beau éternel, qui caractérise la nature, la passion de conformer ses tableaux à je ne sais quel modele qu'il a créé, & d'après lequel il a les idées & les sentiments du beau, sont le goût de l'homme de *génie*. (*Encycl.* VII, 382.)

* Le sentiment exquis, des défauts & des beautés dans les arts, constitue le *goût*. La vivacité des sentiments, la grandeur & la force de l'imagination, l'activité de la conception, font le *génie*.

Le *goût* discerne les choses qui doivent exciter des sensations agréables. Le *génie*, par ses productions admirables, fournit des sensations piquantes & imprévues.

Le *goût* se fortifie par l'habitude, par les réflexions, par l'esprit philosophique, par le commerce des gens de *goût*. Quoique le *génie* soit un pur don de la nature, il s'étend par la connoissance des sujets qu'il peut peindre, des beautés dont il peut les embellir, des caracteres, des passions qu'il veut exprimer: tout ce qui excite le mouvement des esprits, favorise, provoque, & échauffe le *génie*. (*Encycl.* VIII, 694.)

73. GÉNIE. GOUT. SAVOIR.

Dans les arts il ne faut pas confondre ces trois termes : ils expriment des choses entiérement différentes, mais qui s'entr'aident & reviennent à l'unité.

Le *génie* est cette pénétration ou cette force d'intelligence, par laquelle un homme saisit vivement une chose faite ou à faire, en arrange en lui-même le plan, puis la réalise au-dehors, & la produit, soit en la faisant comprendre par le discours, soit en la rendant sensible par quelqu'ouvrage de sa main.

Le *goût*, dans les belles-lettres comme en toute autre chose, est le sentiment du beau, l'amour du bon, l'acquiescement à ce qui est bien.

Enfin, le *savoir* est, dans les arts, la recherche exacte des regles que suivent les Artistes, & la comparaison de leur travail avec les loix de la vérité & du bon sens.

Le *génie* vient au monde avec nous. Chacun a un tour d'esprit qui lui est particulier, comme il a un tour de visage qui differe des traits d'autrui. Chacun a sa mesure d'intelligence, & une pente presqu'invincible pour un certain genre de travail plutôt que pour un autre. Le *génie* ne peut guere demeurer oisif, il faut qu'il se déclare.

Il n'en est pas tout-à-fait de même de ce qu'on appelle *goût* : il se peut acquérir. Celui en qui le sentiment du beau est naturellement juste, peut ne le point produire au-dehors, ni l'exercer faute d'occasion. Celui qui en montre le moins, peut l'éveiller ou le voir naître en lui par la culture. Il n'y a personne qui n'acquiere quelque sensibilité & plus ou moins de discernement, par la dextérité d'un bon Maître, par la comparaison fréquente qu'on lui fait faire des bons ouvrages, & par la constante habitude de juger de tout suivant des regles sensées & lumineuses. C'est le *savoir* qui les lui assemble.

Le *savoir* n'est naturellement donné à personne. C'est le fruit du travail & des enquêtes. On acquiert en écoutant les Maîtres, en étudiant les regles que les autres suivent, & en faisant chacun à part ses propres remarques. La science est toute entiere dans l'entendement. Il y a loin d'elle au *goût* : mais le *goût* en est aidé & affermi. La force de celui-ci est dans le sentiment, & dans l'agrément de l'impression que le beau fait peu-à-peu sur nous.

Un homme qui demeuroit froid devant les gravures d'Edelink, de Pesne, & de Sadeler, ou qui voyoit du même œil les estampes historiques de Gérard Audran & les images de Malbouré, peut revenir de son indifférence ou de sa méprise. Quelqu'un lui conseille d'apprendre les principes du dessein ; il profite des lumieres des grands Maîtres, soit en les écoutant, soit en les lisant ; on lui fait toucher au doigt en quoi celui-ci excelle, en quoi cet autre peche ; le bon sens & la raison lui découvrent l'exactitude des bonnes regles, & leur fondement dans la nature ; il les applique à telle & telle gravure, à tel & tel tableau ; le discernement s'affermit par la comparaison du beau avec le médiocre & avec le mauvais ; le plaisir & le sentiment suivent : voilà le *goût* à la suite du *savoir*.

Comme on peut donc enseigner les sciences, on peut aussi donner des leçons de *goût* ; & il n'est point rare de voir un homme, auparavant insensible à la beauté des ouvrages de l'art, devenir par degrés amateur, connoisseur, & bon juge.

Il n'y a que le *génie* qui ne puisse s'acquérir ni s'enseigner ; & , quoiqu'il doive beaucoup à la bonne culture, il ne faut point attendre de riches productions de celui à qui le *génie* manque. C'est aux hommes forts & vigoureux à se présenter aux exercices violents : un tempérament foible en seroit plutôt accablé que servi ; mais il peut être spectateur & juger des coups.

De ces trois facultés, la moins commune est le *génie* : la plus stérile, quand elle est seule, est le *savoir* : la plus desirable de toutes est le *goût* ; parce qu'il met le *savoir* en œuvre, qu'il empêche les écarts ou les chûtes du *génie*, & qu'il est la base de la gloire des Artistes.

Ce qui nous est possible à l'égard du *génie*, est de le faire valoir, ou d'en réparer la modicité par d'autres avantages. On l'aide, en ouvrant partout des écoles où s'enseignent les éléments de chaque science : nous avons beaucoup de secours pour acquérir les regles, dont la connoissance fait le *savoir*. Mais les leçons de *goût* sont moins communes. Cependant les principes du *goût* étant la source des plaisirs de l'esprit, & de la justesse qui se trouve dans les opérations du *génie*, personne ne peut raisonnablement négliger de s'en instruire ; & ils demandent si peu d'efforts pour être entendus, qu'ils doivent naturellement faire partie de la premiere culture. (*M. Pluche*, Mécan. des Langues, *pages* 130—135.)

76. GÉNIE. TALENT (a).

Avec du *talent* on peut être, par exemple, un bon Militaire ; avec du *génie* un bon Militaire devient un grand Général.

C'est quelquefois l'assemblage des *talents*, c'est toujours la perfection de celui que la nature nous a donné, qui décele le *génie*.

On étudie, on cherche son *talent*, souvent on le manque : le *génie* se développe de lui-même.

Le *talent* peut être enfoui, parce qu'il n'a pas des occasions pour éclater ; le *génie* perce malgré tous les obstacles : c'est lui seul qui produit ; le *talent* ne fait guere que mettre en œuvre. (*M. le Comte de Turbin Crissé, Disc. prél. de l'Essai sur l'art de la guerre.*

(a) *Voyez* d'abord tome I, art. 145.

77. GÉNIE. ESPRIT (a).

* Un homme de *génie* ne doit rien aux préceptes ; &, quand il le voudroit, il ne sauroit presque s'en aider : il se passe de modeles ; &, quand on lui en proposeroit, peut-être ne sauroit-il en profiter : il est déterminé par une sorte d'instinct à ce qu'il fait & à la maniere dont il le fait. Voilà Corneille, qui, sans modele, sans guide, trouvant l'art en lui-même, tire la tragédie du chaos où elle étoit parmi nous.

Un homme d'*esprit* étudie l'art : ses réflexions le préservent des fautes où peut conduire un instinct aveugle : il est riche de son propre fonds ; &, avec le secours de l'imitation, maître

(a) *Voyez* tome I, art. 146.

des richesses d'autrui. Voilà Racine, qui, venant après Sophocle, Euripide, Corneille, se forme sur leurs différents caracteres; &, sans être ni copiste ni original, partage la gloire des plus grands originaux.

Il est vrai que le *génie* s'éleve où l'*esprit* ne sauroit atteindre : mais l'*esprit* embrasse au-delà de ce qui appartient au *génie*.

Avec du *génie*, on ne sauroit être, s'il faut ainsi dire, qu'une seule chose. Corneille n'est que Poëte; il ne l'est même que dans ses tragédies, à prendre le mot de POETE dans le sens d'Horace (*a*).

Avec de l'*esprit*, on fera tout ce qu'on voudra, parce que l'*esprit* se plie à tout. Racine a réussi dans le tragique & dans le comique; son discours à l'Académie (*b*) est admirable; ses deux lettres contre Port-Royal, ses petites épigrammes, ses préfaces, ses cantiques, tout est marqué au bon coin.

Ajoutons que le *génie*, dans la force même de l'âge, n'est pas de toutes les heures, & que sur-tout il craint les approches de la vieillesse. Corneille, dans ses meilleures pieces, a d'étranges inégalités, & dans les dernieres, c'est un feu presque éteint.

Au contraire, l'*esprit* ne dépend pas si fort des moments : il n'a presque ni haut ni bas; &, quand il est dans un corps bien sain, plus il s'exerce, moins il s'use. Racine n'a point d'inégalité marquée; & la derniere de ses pieces, ATHALIE, est son chef-d'œuvre.

(*a*) *Ingenium cui sit, cui mens divinior, atque os Magna sonaturum*, I, Sat. IV, 43.

(*b*) Celui qu'il fit à la réception de T. Corneille & de Bergeret; car celui qu'il fit à la sienne n'a point paru.
On

On me dira que Racine n'eſt point parvenu, comme Corneille, juſqu'à une vieilleſſe bien avancée. Je l'avoue ; mais que conclure delà contre ma derniere obſervation ? Car l'âge où Racine produiſit ATHALIE, répond préciſément à l'âge où Corneille produiſit ŒDIPE ; & par conſéquent la vigueur de l'*eſprit* ſubſiſtoit encore toute entiere dans Racine, quand l'activité du *génie* commençoit à décliner dans Corneille.

Mais de tout ce que j'ai dit, il ne s'enſuit pas que Corneille manque d'*eſprit*, ou Racine de *génie*. Ce ſont deux qualités inſéparables dans les grands Poëtes : l'une ſeulement l'emporte dans celui-ci, l'autre dans celui-là. Or, il s'agiſſoit de ſavoir par où Corneille & Racine devoient être caractériſés ; &, après avoir vu ce que les critiques ont penſé ſur ce ſujet, j'en ſuis revenu au mot de M. le Duc de Bourgogne (*a*) ; que Corneille étoit plus homme de *génie* ; Racine, plus homme d'*eſprit*. *M. d'Olivet*, Hiſt. de l'Acad. franc. *Tome. II.*)

* Le *génie* ne peut s'appliquer qu'à des ſciences & à des arts ſublimes ; l'*eſprit* plus léger, voltige indifféremment ſur tout.

L'un n'embraſſe qu'une ſcience, mais il l'approfondit : l'autre veut tout embraſſer, & ne fait qu'effleurer.

L'*eſprit* rend les talents plus brillants, ſans les rendre plus ſolides : le *génie*, avec moins d'application, voit tout, devance l'étude même, & perfectionne les talents. (*M. le Comte de Turpin-Criſſé*, Diſc. prél. de l'*Eſſai ſur l'Art de la Guerre.*)

(*a*) Petit-fils de Louis XIV & pere de Louis XV, mort le 18 Février 1712.

Tome II.

78. OUVRAGE DE L'ESPRIT. OUVRAGE D'ESPRIT.

* Quoique l'esprit ait part à l'un & à l'autre, ce qui fait la synonymie des deux expressions, ce sont pourtant des choses différentes.

Tout ce que les hommes inventent dans les sciences & dans les arts, est un *ouvrage de l'esprit* : les compositions ingénieuses des gens de lettres, soit en prose, soit en vers, sont des *ouvrages d'esprit*.

On entend par *ouvrage de l'esprit*, un ouvrage de la raison & de cette intelligence qui distingue l'homme de la bête : on entend par *ouvrage d'esprit*, un ouvrage de la raison polie, & de cette fine intelligence qui distingue un homme d'un homme. (*Bouhours*. Rem. nouv. Tome I.)

* Les systêmes des regles qui constituent la Logique, la Rhétorique, la Poétique, sont de beaux *ouvrages de l'esprit* : la théorie des sentiments agréables, le Lutrin, la Henriade, Athalie, le Tartufe, sont d'excellents *ouvrages d'esprit*. (B.)

79. PENSÉE. OPÉRATION DE L'ESPRIT. PERCEPTION. SENSATION. CONSCIENCE. IDÉE. NOTION.

Tous ces termes semblent être synonymes, du moins à des esprits superficiels & paresseux, qui les emploient indifféremment dans leur façon de s'expliquer ; mais comme il n'y a point de mots absolument synonymes, & qu'ils ne le sont au plus que par la ressemblance que produit en eux l'idée générale qui leur est commune à tous, je vais marquer leur différence délicate, c'est-à-dire, la maniere dont chacun diversifie une idée principale par l'idée accessoire qui lui constitue un caractere propre & singulier. Cette idée principale qu'énoncent tous ces mots, est celle de la *pensée*, & les idées accessoires qui les distinguent, ensorte qu'ils ne sont point parfaitement synonymes, en sont les diverses nuances.

On peut donc regarder le mot *pensée*, comme celui qui exprime toutes les opérations de l'ame. Ainsi j'appellerai *pensée*, tout ce que l'ame éprouve, soit par des impressions étrangeres, soit par l'usage qu'elle fait de sa réflexion : *opération*, la *pensée* en tant qu'elle est propre à produire quelque changement dans l'ame, & par ce moyen à l'éclairer & à la guider : *perception*, l'impression qui se produit en nous à la présence des objets : *sensation*, cette même impression, en tant qu'elle vient par les sens : *conscience*, la connoissance qu'on en prend : *idée*, la connoissance qu'on en prend comme image : *notion*, toute *idée* qui est notre propre ouvrage.

On ne peut prendre indifféremment l'un pour l'autre, qu'autant qu'on n'a besoin que de l'idée principale qu'ils signifient (*a*). On peut appeler les *idées* simples, indifféremment *perceptions* ou *idées*; mais on ne doit pas les appeller *notions*; parce qu'elles ne sont pas l'ou-

---

(*a*) Si l'on n'a besoin que de l'idée principale commune à tous ces mots, le terme de *pensée* doit être employé exclusivement : en employer un autre, ce seroit se restreindre mal-à-propos à l'espece qu'il caractérise. Le principe de l'Auteur ne tombe donc, comme on le voit par ce qui suit, que sur l'idée principale qui peut être commune à quelques-uns des six autres termes, & non à tous. (B.)

vrages de l'esprit : on ne doit pas dire, la *notion* du blanc ; il faut dire, la *perception* du blanc. Les *notions* à leur tour peuvent être considérées comme *images* : l'on peut par conséquent leur donner le nom d'*idées*, mais jamais celui de *perceptions* ; ce seroit faire entendre qu'elles ne sont pas notre ouvrage : on peut dire, la *notion* de la hardiesse, & non la *perception* de la hardiesse ; ou, si l'on veut faire usage de ce terme, il faut dire, les *perceptions* qui composent la *notion* de la hardiesse. Une chose qu'il faut encore remarquer sur les mots d'*idée* & de *notion*, c'est que le premier signifiant une *perception* considérée comme image, & le second une *idée* que l'esprit a lui-même formée, les *idées* & les *notions* ne peuvent appartenir qu'aux êtres qui sont capables de réflexion ; quant aux bêtes, si tant est qu'elles pensent, & qu'elles ne soient point de purs automates, elles n'ont que des *sensations* & des *perceptions* ; & ce qui n'est pour elles qu'une *perception*, devient *idée* à notre égard, par la réflexion que nous faisons que cette *perception* représente quelque chose. (*Encycl.* XII, 308.)

80. CONSIDÉRATIONS. OBSERVATIONS. RÉFLEXIONS. PENSÉES.

* Tous ces termes désignent également les actions de l'esprit, relativement aux objets qu'il envisage. (B.)

* Le terme de *considération* est d'une signification plus étendue ; il exprime cette action de l'esprit qui envisage un objet sous les différentes faces dont il est composé. Celui d'*observations* sert à exprimer les remarques que l'on fait dans la société ou sur les ouvrages. Le terme de *réflexions* désigne plus particuliérement ce qui regarde les mœurs & la conduite de la vie.

Celui de *pensées* est une expression plus vague, qui marque indistinctement les jugements de l'esprit.

Les *considérations* de M. de Montesquieu sur les causes de la grandeur & de la décadence des Romains, annoncent un génie profond & pénétrant.

Les *observations* de l'Académie françoise sur le Cid font voir beaucoup de sagacité. Les *réflexions* de Tacite & de quelques autres Historiens politiques, sont souvent plus ingénieuses que solides. Les *pensées* de M. de la Rochefoucault sont plus agréables que celles de Paschal; &, quoiqu'à une premiere lecture elles paroissent superficielles, on en trouve d'aussi profondes lorsqu'on les a bien méditées.

Il y a, dans les *considérations* sur les ouvrages d'esprit, des *observations* fréquentes & quelques *réflexions*: l'Auteur souhaite que les *pensées* qu'on y trouve soient aussi justes qu'elles le lui ont paru. (*Avertiss.* des Considérations sur les Ouvrages d'esprit.)

* Les *considérations* supposent de la profondeur, de la pénétration, de l'étendue dans l'esprit, & de la tenue dans ses opérations. Les *observations* exigent de la sagacité pour démêler ce qui est le moins sensible, & du goût pour choisir ce qui est digne d'attention & pour rejetter ce qui n'en mérite point. Les *réflexions*, pour être solides, doivent porter sur des principes sûrs; elles demandent de la finesse, mais sur-tout de la justesse dans les applications. Les *pensées*, étant destinées à devenir la matiere des *considérations*, à faire valoir les *observations*, à nourrir les *réflexions*, supposent dans l'esprit les qualités nécessaires au succès des unes & des autres, selon l'occurrence.

Les *considérations* de M. Duclos sur les mœurs de ce siecle, obtiendront les suffrages de la postérité, comme elles ont mérité ceux de notre âge, par l'importance des *observations* qui leur servent de base ; par le goût de probité qui en caractérise les *réflexions*, & qui en fait presqu'autant de principes précieux dans la Morale ; & par une foule de *pensées* neuves, solides, agréables, & qui supposent dans l'Auteur une étendue de lumieres peu commune (a). (B.)

(a) *Voyez* Tome I, art 313.

81. CRITIQUE. CENSURE.

* *Critique* s'applique aux ouvrages littéraires ; *censure*, aux ouvrages théologiques, ou aux propositions de doctrine, ou aux mœurs. (*Encycl.* IV., 490.)

* Il me semble qu'une *critique* est l'examen raisonné d'un ouvrage, de quelque nature qu'il puisse être ; & qu'une *censure* est la répréhension précise & modifiée de ce qui blesse la vérité ou la loi : ainsi la *critique* peut s'étendre jusqu'aux ouvrages théologiques ; & la *censure* peut tomber sur des ouvrages purement littéraires.

Dire d'un système, qu'il est mal lié ou démenti par l'expérience ; d'un principe de Grammaire, de Poétique, ou de Rhétorique, qu'il est faux ou moins général qu'on ne prétend, c'est *censure* : prouver que la chose est ainsi, c'est *critique*.

Il faut *critiquer* avec goût, & *censurer* avec modération. (B.)

82. ÉLOGE. LOUANGE.

*Ces deux mots expriment également un témoignage honorable, conçu en des termes qui marquent l'estime. (B.)

* Ils different à plusieurs égards l'un de l'autre. *Louange*, au singulier, & précédé de l'article *la*, se prend dans un sens absolu ; *éloge*, au singulier, précédé de l'article *le*, se prend dans un sens relatif. Ainsi l'on dit : la *louange* est quelquefois dangereuse ; l'*éloge* de telle personne est juste, est outré, &c.

Louange, au singulier ne s'emploie guere, ce me semble, avec le mot *une* ; on dit *un éloge* plutôt qu'*une Louange* : du moins *louange*, en ce cas, ne se dit guere que lorsqu'on *loue* quelqu'un d'une maniere détournée & indirecte. EXEMPLE : tel Auteur a donné *une louange* bien fine à son amie (*a*).

Il semble aussi que, lorsqu'il est question des hommes, *éloge* dise plus que *louange*, du moins en ce qu'il suppose plus de titres & de droits pour être loué : on dit de quelqu'un, qu'il a été comblé d'*éloges* lorsqu'il a été loué beaucoup & avec justice ; & d'un autre, qu'il a été accablé de *louanges*, lorsqu'on l'a loué à l'excès ou sans raison (*b*).

Au contraire, en parlant de Dieu, *louange* signifie plus qu'*éloge* ; car on dit les *louanges* de Dieu.

(*a*) Je crois qu'en toute occasion on peut dire : *Une louange*, dès que l'on ajoute une épithete propre à spécifier : *Une louange* fine, délicate, grossiere, directe, indirecte, juste, injuste, déplacée, outrée, &c. Il n'en est pas autrement du mot *éloge*. (B.).

(*b*) Dans ces deux exemples, la différence vient des deux mots *comblé* & *accablé*, & non pas des mots *éloges* & *louanges* : on diroit également : Comblé de *louanges* & accablé d'*éloges* ; on trouve le premier dans le Dictionnaire de l'Académie. La distinction que l'on établit ici, paroît donc nulle ou peu fondée. (B.)

Eloge se dit encore des harangues prononcées ou des ouvrages imprimés à la *louange* de quelqu'un : *éloge* funebre, *éloge* historique, *éloge* académique.

Enfin ces mots different aussi par ceux auxquels on les joint : on dit *faire l'éloge* de quelqu'un, & *chanter les louanges* de Dieu. (*Encycl.* V, 527.)

* Il me semble que *l'éloge* est un témoignage honorable, rendu à quelqu'objet envisagé sous un point de vue particulier ; & que la *louange* est un témoignage honorable, rendu sans restriction.

Voilà pourquoi nous chantons les *louanges* de Dieu, parce que rien n'y est répréhensible ou médiocre ; & que nous donnons des *éloges* aux hommes, parce qu'il y a du choix à faire, & que le bon y est mêlé de mauvais. C'est pour cela aussi que la *louange* est dangereuse pour les hommes, parce qu'elle peut persuader faussement à leur amour-propre qu'ils sont irréprochables à tous égards ; & que les *éloges*, dispensés à propos, sont des avis indirects du choix que l'on fait pour louer (*a*). (B.)

(*a*) *Voyez* Tome I, art. 198 & 199.

83. MOQUERIE. RAILLERIE. PLAISANTERIE.

Ce sont trois manieres de s'expliquer sur quelque sujet, qui tiennent de l'ironie, & qui different entr'elles, tant par le motif qui les fonde que par l'effet qu'elles produisent.

La *moquerie* se prend en mauvaise part ; la *raillerie* peut être prise en bonne ou mauvaise part, selon les circonstances ; la *plaisanterie* en soi ne peut être prise qu'en bonne part.

La *moquerie* est une dérision, qui vient du mépris que l'on a pour quelqu'un ; elle est plus offensante même qu'une injure, qui ne suppose que de la colere. La *raillerie* est une dérision, qui désapprouve simplement, & qui tient plus de la pénétration de l'esprit que de la sévérité du jugement : elle peut être offensante, si elle tend à découvrir ou à exagérer des vices du cœur, à dépriser les qualités de l'esprit auxquelles on a des prétentions ; hors delà, elle peut même être agréable à celui qui en est l'objet. La *plaisanterie* est un badinage fin & délicat sur des objets peu intéressants ; l'effet ne peut en être que de réjouir, pourvu que l'usage en soit modéré.

La *moquerie* est outrageuse : la *raillerie* peut être innocente, obligeante, ou piquante : la *plaisanterie* est agréable, si elle est ingénieuse ; & fade, si elle manque de sel. (B.)

84. ENTENDRE RAILLERIE. ENTENDRE LA RAILLERIE.

* Ces deux expressions ne sont point synonymes ; & peut-être, par cette raison, ne devroient-elles pas trouver place ici : mais elles se ressemblent si fort à l'extérieur, qu'il peut y avoir pour bien des gens autant de danger de prendre l'une pour l'autre, que si elles étoient synonymes en effet. Les différences qui les distinguent peuvent donc conduire au même but, qui est de mettre en état de parler avec justesse. (B.)

* *Entendre raillerie*, c'est prendre bien ce qu'on nous dit, c'est ne s'en point fâcher ; c'est non-seulement savoir souffrir les railleries, mais aussi les détourner avec adresse & les repousser avec esprit. *Entendre la raillerie*, c'est entendre l'art de railler ; comme *entendre* la poésie, c'est *entendre* l'art & le génie des vers. (*Encycl.* XIII, 776.)

* On dit qu'un homme *entend la raillerie*, pour dire qu'il a la facilité, l'art, le talent de bien railler : & qu'il *entend raillerie*, pour dire qu'il ne s'offense point de ce qu'on lui dit en raillant. (*Dict. de l'Acad.* 1762.)

* Il y a des Auteurs si amoureux de leurs pensées, qu'ils n'*entendent* point *raillerie* sur la contradiction, quelque mesurée qu'elle soit ; c'est qu'ils ont écrit pour être loués, & qu'ils jugent qu'ils ont manqué leur coup. Les moins emportés ont quelquefois recours à l'ironie & au sarcasme pour se venger : c'est qu'ils ignorent, sans doute, qu'il faut plus d'esprit & de talent pour bien *entendre la raillerie*, que pour bien défendre une opinion vraie ou vraisemblable. Qu'ils n'écrivent que pour être utiles, ils seront moins contredits, ou ils seront moins sensibles : cela revient au même pour leur amour-propre. (B.)

85. APPLICATION. MÉDITATION. CONTENTION.

Ce sont différents degrés de l'attention que donne l'ame aux objets dont elle s'occupe : de maniere qu'*attention* est le terme générique, & les trois autres énoncent des idées spécifiques.

L'*application* est une attention suivie & sérieuse ; elle est nécessaire pour connoître le tout. La *méditation* est une attention détaillée & réfléchie ; elle est indispensable pour connoître à fond. La *contention* est une attention forte & pénible ; elle est inévitable pour démêler les objets compliqués & pour écarter ou vaincre les difficultés.

L'*application* suppose la volonté de savoir,

elle exige de l'assiduité à l'étude. La *méditation* suppose le désir d'approfondir ; elle exige de l'exactitude dans les détails, & de la justesse dans les comparaisons. La *contention* suppose de la difficulté ou même de l'importance dans la matière ; elle exige une résolution ferme de ne rien ignorer, & du courage pour n'être ni effrayé des difficultés, ni rebuté par la peine.

Le succès de l'*application*, dépend d'une raison saine ; celui de la *méditation*, d'une raison pénétrante & exercée ; celui de la *contention*, d'une raison forte & étendue.

Les jeunes gens, comme les autres, sont capables d'attention ; elle ne suppose ni acquis, ni suite, ni effort : mais la légéreté de leur âge & leur inexpérience les empêchent souvent d'avoir de l'*application* ; l'une, en mettant obstacle à l'assiduité de leur attention ; l'autre, en leur laissant ignorer l'intérêt qu'ils auroient à savoir. L'art des Instituteurs consiste donc à mettre à profit les accès momentanés d'attention que montrent leurs Eleves, à fixer, mais non à forcer la légéreté qui leur est essentielle, à saisir, même à faire naître les occasions de leur faire connoître ou sentir combien il leur seroit avantageux de savoir : si cela ne suffit pas pour les déterminer à l'*application*, il faut recourir à la ruse, & les y amener par des motifs présents d'émulation. S'ils ne s'*appliquent* pas comme on pourroit le faire dans un âge plus avancé, il faut les traiter avec indulgence, mais toutefois sans foiblesse : il ne seroit pas juste de vouloir exiger d'eux des *méditations* profondes, puisqu'elles ne peuvent convenir qu'à des hommes faits, cultivés & exercés. Ce seroit bien pis de les mettre dans le cas de ne pouvoir se tirer de leur tâche qu'à force de *contention* : & malheureusement les Livres élémentaires qu'on leur met dans les mains sont si mal digérés, si peu lumineux, si éloignés des vrais principes ; la plupart des Maîtres qui osent se charger de les instruire, ont si peu d'aptitude pour cette importante fonction, qu'il n'est guere possible que les germes des talents ne se trouvent, ou étouffés dès leur naissance par un trop juste dégoût, ou rendus stériles par des efforts prématurés. (B.)

86. ÉCLAIRCIR. EXPLIQUER. DÉVELOPPER.

* On *éclaircit* ce qui étoit obscur, parce que les idées y étoient mal présentées : on *explique* ce qui étoit difficile à entendre, parce que les idées n'étoient pas assez immédiatement déduites les unes des autres : on *développe* ce qui renferme plusieurs idées réellement exprimées, mais d'une maniere si serrée qu'elles ne peuvent être saisies d'un coup d'œil. (*Encycl*, V. 268.)

* Un Livre qui a besoin d'*éclaircissements* pour être mis à la portée des contemporains qui parlent la même langue, prouve par-là même que l'Auteur possédoit mal ou sa langue ou sa matiere.

Il y a telle proposition qui paroît un paradoxe, parce qu'on n'en voit pas la liaison avec les principes reçus ; vient-elle à être *expliquée*, la chaîne devient si sensible, qu'on est presque honteux de n'avoir pas prévenu l'*explication*.

Une définition bien faite comprend si bien toutes les idées qui constituent l'objet défini, qu'il ne s'agit plus que de la *développer* pour donner de cet objet une connoissance complete & entiere.

Les *éclaircissements* répandent de la clarté, les *explications* facilitent l'intelligence, les *développements* étendent la connoissance.

Dans un Livre élémentaire, il ne faut point d'autres *éclaircissements* que l'application des principes généraux aux exemples & aux cas particuliers : ces principes doivent sortir si évidemment les uns des autres, que toute *explication* devient inutile : l'exposition doit en être faite avec tant de méthode, que les dernieres leçons ne paroissent être & ne soient en effet que des *développements* des premieres. (B.)

87. DÉLIBÉRER. OPINER. VOTER.

Ces trois termes sont consacrés dans le langage des compagnies autorisées pour décider certaines affaires; comme les Tribunaux & Cours de Justice, les Académies, les Chapitres séculiers & réguliers, &c. & ces termes sont tous relatifs à la décision; le degré de relation en fait la différence.

Délibérer, c'est exposer la question, & discuter la question pour & contre : *opiner*, c'est dire son avis & le motiver : *voter*, c'est donner son suffrage quand il ne reste plus qu'à recueillir les voix.

On commence par *délibérer*, afin d'examiner la matiere dans tous les sens & sous tous les aspects : on *opine* ensuite pour rendre compte à la compagnie de la maniere dont on envisage la chose, & des raisons par lesquelles on s'est déterminé à l'avis que l'on propose : on *vote* enfin, pour former la décision à la pluralité des suffrages.

La *délibération* est un préliminaire indispensable pour mettre au fait ceux qui doivent prononcer ; elle exige de l'attention : les *opinions* font une espece de résultat formé dans chaque tête, & qui, étant raisonné, devient une nouvelle source de lumiere & de motifs pour préparer la décision ; cette seconde opération exige du bon sens : enfin, la *votation* est la derniere main que l'on met à la décision, & l'opération qui la conclut & l'autorise ; elle exige de l'équité.

On écoute la *délibération*, on pese les *opinions*, on compte les *voix*. (B.)

88. DÉCIDER. JUGER.

Ces mots désignent en général l'action de prendre son parti sur une opinion douteuse ou réputée telle. Voici les nuances qui les distinguent.

On *décide* une contestation & une question ; on *juge* une personne & un ouvrage. Les particuliers & les Arbitres *décident* ; les Corps & les Magistrats *jugent*. On *décide* quelqu'un à prendre un parti ; on *juge* qu'il en prendra un.

Décider differe aussi de *juger*, en ce que ce dernier désigne simplement l'action de l'esprit, qui prend son parti sur une chose après l'avoir examinée, & qui prend ce parti pour lui seul, souvent même sans le communiquer aux autres ; au lieu que *décider* suppose un avis prononcé, souvent même sans examen. On peut dire en ce sens que les Journalistes *décident*, & que les Connoisseurs *jugent*. (*Encycl.* IV, 668.)

89. DÉCISIONS DES CONCILES. CANONS. DÉCRETS.

Tous les articles déterminés par les Conciles, dans les matieres qui sont de leur jurisdiction, font des *décifions* ; & c'eft un terme général qui renferme fous foi deux efpeces, les *canons* & les *décrets*.

Les *canons* font les *décifions* qui concernent le dogme & la foi : les *décrets* font les *décifions* qui reglent la difcipline eccléfiaftique.

Les *décifions des Conciles* ne font pas toutes également obligatoires. Les *canons*, qui déterminent les articles de foi & qui prononcent fur le dogme, font obligatoires pour tous les fideles, fans exception ni diftinction de perfonnes ou de dignités ; & c'eft en vertu de l'autorité du S. Efprit, dont l'affiftance perpétuelle a été promife à l'Eglife, en même-temps qu'elle a reçu de Jefus-Chrift la commiffion expreffe & le droit exclufif d'enfeigner toutes les nations. Mais les *décrets* des Conciles, même écuméniques, qui regardent la difcipline, n'acquierent force de loi dans un Etat, qu'après avoir été acceptés par le Roi ou le Gouvernement & par les Prélats nationaux, & publiés par l'autorité publique : en les acceptant, le Gouvernement & les Prélats peuvent y mettre telles modifications qui leur paroiffent néceffaires pour le bien de l'Eglife & la confervation des droits de l'Etat.

Le Concile de Trente n'a point été reçu en France : cependant il y eft obfervé pour les *canons*, qui regardent le dogme & la foi ; mais il ne l'eft pas pour les *décrets* qui ftatuent fur la difcipline. (*Encycl.* IV, 716.)

90. JUSTE. ÉQUITABLE.

Ces termes défignent en général la nature de nos devoirs envers les autres. Ce qui diftingue le fens de ces mots, eft l'idée du fondement fur lequel portent ces devoirs.

Ce qui est *juste*, se fait en vertu d'un droit parfait & rigoureux ; l'exécution peut en être exigée par la force, si l'on n'y satisfait pas de bon gré. Ce qui est *équitable*, ne se fait qu'en vertu d'un droit imparfait & non rigoureux ; l'exécution ne peut en être exigée par les voies de la contrainte ; elle est abandonnée à l'honneur & à la conscience de chacun.

Le contrat de louage donne au propriétaire le droit parfait d'exiger du locataire, même par force, le paiement du loyer : il est donc *juste* de le payer, & c'est une injustice d'éluder ou de refuser ce paiement. Le pauvre n'a qu'un droit imparfait à l'aumône qu'il demande, & il ne peut l'exiger par contrainte ; mais le principe de l'égalité naturelle en fait un devoir à la conscience de l'homme riche : il est donc *équitable* de remplir cette obligation ; &, si ce n'est pas une *injustice*, c'est du moins une *iniquité* de s'en dispenser, quand on peut s'en acquitter.

Ce sont les loix positives qui constatent le droit rigoureux, & qui, par conséquent, décident de ce qui est *juste* ou *injuste* : ce sont les principes de la loi naturelle qui constatent le droit moins rigoureux d'après l'égalité naturelle, & qui, par conséquent, décident de ce qui est *équitable* ou *inique*.

La *justice* est donc fondée sur la loi : mais la loi elle-même, pour soumettre les cœurs à l'obéissance, & pour n'être point tyrannique, doit être fondée sur *l'équité*, dont les saines maximes sont éternelles, & doivent être le type de toutes les loix.

Les Arbitres jugent ordinairement plutôt selon les regles de *l'équité*, que selon la rigueur de la *justice* : ils le peuvent, parce que les parties sont libres de se pourvoir devant les Tribunaux, si elles ne veulent pas déférer à la décision arbitrale; ils le doivent, parce qu'ils exercent un ministere de conciliation & de paix, qui suppose toujours des moyens raisonnables.

Les Juges subalternes sont des Juges de rigueur, qui ne doivent s'écarter en rien de la *justice*, parce qu'ils ne sont que les Ministres de la loi. Les Juges des Cours souveraines peuvent juger d'après l'*équité*, lorsque la loi, par quelque raison que ce puisse être, en contredit les maximes; c'est que la portion d'autorité qui leur est confiée par le Législateur, les rend tout-à-la-fois Ministres & interpretes de la loi. (B.)

91. HAMEAU. VILLAGE. BOURG.

Ces trois termes désignent également un assemblage de plusieurs maisons destinées à loger des gens de la campagne.

La privation d'un marché distingue un *village* d'un *bourg*, comme la privation d'une Eglise paroissiale distingue un *hameau* d'un *village*.

Si l'on éleve donc l'une auprès de l'autre quelques maisons rustiques, voilà un *hameau* : ajoutez à ce *hameau* une Eglise paroissiale, c'est un *village* : faites tenir dans ce *village* un marché réglé, vous aurez un *bourg*. (B.)

92. CABARET. TAVERNE. AUBERGE. HOTELLERIE.

Ce sont tous lieux ouverts au public, où chacun, pour son argent, trouve des choses nécessaires à la vie.

Un *cabaret* est un lieu où l'on vend du vin en détail à quiconque en veut, soit pour l'emporter, soit pour le boire dans le lieu même. Ce mot ne préfente que cette idée.

Une *taverne* eſt, ſelon le ſens acceſſoire que l'uſage y a attaché, un *cabaret* où l'on n'a recours que pour y boire à l'excès, & s'y livrer à la crapule.

Une *auberge* eſt un lieu où l'on donne à manger en repas réglé, ſoit à titre de penſion, ſoit à raiſon d'une ſomme convenue par repas.

Une *hôtellerie* eſt un lieu où les voyageurs & les paſſants ſont logés, nourris & couchés pour de l'argent.

Quand on n'a pas du vin en cave, on peut en tirer d'un *cabaret*, c'eſt un dépôt formé par le deſir du gain, pour ſubvenir aux beſoins du public. Mais il n'y a que la canaille qui hante les *tavernes* ; ce ſont comme autant de rendez-vous ouverts à la débauche & aux déſordres qu'elle enfante. Ainſi le mot de *cabaret* n'a rien d'odieux, celui de *taverne* ne ſe prend qu'en mauvaiſe part : auſſi eſt-il employé excluſivement dans les loix, & dans les diſcours publics contre les ivrognes.

Les *auberges* ſont deſtinées à la commodité de ceux qui, ne pouvant ou ne voulant pas avoir les embarras d'un ménage, ſont bien aiſe d'y trouver réglément leurs repas ; & les *hôtelleries*, aux beſoins des étrangers qui paſſent, & qui ſont par-là diſpenſés de porter avec eux des proviſions qui les ſurchargeroient. L'appas du gain détermine la vocation des *aubergiſtes* & des *hôteliers* ; mais l'eſprit ſocial approuve leur commerce, de façon que les étrangers ne ſavent pas bon gré à une nation qui ne leur a point préparé de pareils secours ; ils la jugent moins sociable que les autres. (B.)

93. MAISON. HOTEL. PALAIS. CHATEAU.

Ce sont des édifices également destinés au logement des hommes ; c'est en quoi ces mots sont synonymes. La différence de ces noms vient de celle des états des particuliers qui occupent ces édifices.

Les Bourgeois occupent des *maisons* : les Grands à la ville occupent des *hôtels* : les Rois, les Princes & les Evêques y ont des *palais* : les Seigneurs ont des *châteaux* dans leurs terres. (B.)

94. MAISON DES CHAMPS. MAISON DE. CAMPAGNE.

On nomme ainsi une maison située hors de la ville : mais il y a quelque différence entre les deux expressions.

L'idée des *champs* réveille celle de la culture, parce qu'on ne les a distingués les uns des autres que pour les mettre en valeur ; & l'idée de la *campagne* rappelle l'idée de la ville, à cause de l'opposition de la liberté dont on jouit d'un côté, avec la contrainte où l'on est de l'autre : & quoique l'on dise proverbialement, avoir un œil aux *champs*, & l'autre à la *ville*, pour dire, prendre garde à tout, ce n'est pas une opposition ; ce n'est qu'une différence que l'on veut marquer entre les soins dont on s'occupe, parce qu'en effet les soins de la culture sont bien différents de ceux des affaires que l'on traite à la ville.

Cela posé, une *maison des champs* est une

habitation avec les accessoires nécessaires aux vues économiques qui ont fait construire ou acheter ; comme un verger, un potager, une basse-cour, des écuries pour toutes sortes de bétail, un vivier ; &c. Une *maison de campagne* est une habitation, avec les accessoires nécessaires aux vues de liberté, d'indépendance & de plaisir qui en ont suggéré l'acquisition ; comme avenues, remises, jardins, parterres, bosquets, parc même, &c.

Voilà sur quoi est fondé ce que dit le P. Bouhours (*a*) de ces deux expressions, que la seconde est plus noble que la premiere : c'est qu'une *maison de campagne* convient aux gens de qualité, vu que leur état suppose de l'aisance, & qu'une *maison des champs* convient à la Bourgeoisie, dont l'état semble exiger plus d'économie dans la dépense.

Cependant rien n'empêche qu'on ne puisse parler de la *maison de campagne* d'un Bourgeois, s'il en a une, & de la *maison des champs* d'un Chancelier de France, si sa maison n'est en effet que cela : dans le premier cas, c'est peindre le luxe du petit Bourgeois ; dans le second, c'est caractériser la noble simplicité du Magistrat ; dans tous deux, c'est parler avec justesse & faire justice. (B.)

(*a*) Rem. nouv. tome II.

95. MAISON. LOGIS.

Ce sont deux termes également destinés à marquer l'habitation. Mais le mot de *maison* marque plus particuliérement l'édifice ; celui de *logis* est plus relatif à l'usage.

On *loge* dans une *maison* ; & une *maison* peut

avoir plusieurs corps de *logis*, qui peuvent être occupés par différentes personnes : on peut même établir dans une *maison* autant de *logis* qu'il y a de chambres, pourvu que chaque chambre soit suffisante aux besoins de ceux qu'on y loge. (B.)

96. LOGIS. LOGEMENT.

L'un & l'autre signifient la retraite couverte où l'on établit sa demeure, & sont bien près d'être synonymes parfaitement *indiscernables* (a). Je crois cependant qu'en observant l'usage avec soin, on appercevra ses intentions dans le choix de ses termes.

Logis désigne une retraite suffisante pour établir une demeure ; *logement* annonce de plus une destination personnelle.

En effet, on dit un bon ou un mauvais *logis* ; un *logis* spacieux, commode, grand ou petit, & l'on ne dit pas, mon *logis*, votre *logis*, le *logis* du Concierge ; j'ai un beau *logis* ou un *logis* commode, parce que les adjectifs possessifs & le verbe *avoir* marquent une destination personnelle qu'exclut le mot de *logis*.

Mais le mot de *logement*, qui renferme d'abord la signification de *logis*, & en outre l'idée accessoire d'une destination personnelle, se construit comme le mot *logis*, & s'adapte en outre avec tout ce qui caractérise la destination. Ainsi l'on dit, un bon ou un mauvais *logement* ; un *logement* spacieux, commode,

---

(a) Quoique ce terme manque dans le Dictionnaire de l'Académie, je crois pouvoir l'employer ici comme dogmatique, à l'exemple des Physiciens, qui l'ont adopté dans leur langage, pour caractériser avec plus de précision une idée nouvelle de l'illustre Leibnitz.

grand ou petit : mais on dit encore, mon *logement*, votre *logement*, le *logement* du Concierge, j'ai un beau *logement*, ou un *logement* commode.

Le Maréchal des *logis* est un Officier qui met la craie pour marquer les *logis* qui seront occupés par ceux de la suite de la Cour, & on le nomme ainsi, parce qu'il n'est chargé d'aucune destination personnelle dans cette opération.

Mais l'Officier municipal qui assigne aux troupes, par des billets, les lieux de retraite où chacun doit se rendre, distribue en effet les *logements*, parce que chacun de ces billets détermine une destination personnelle. (B.)

97 HABITATION. MAISON. SÉJOUR. DOMICILE. DEMEURE.

* Une *habitation* est un lieu qu'on habite quand on veut. On a une *maison* dans un endroit qu'on n'habite pas ; un *séjour* dans un endroit qu'on n'habite que par intervalle ; un *domicile* dans un endroit qu'on fixe aux autres comme le lieu de sa résidence ; une *demeure*, par-tout où l'on se propose d'être long-temps.

Après le séjour assez court & assez troublé que nous faisons sur la terre, un tombeau est notre derniere *demeure* (*Encycl.* VIII, 17.)

* Le mot de *maison* désigne le bâtiment destiné à garantir des injures de l'air, des entreprises des méchants, & des attaques des bêtes féroces : une *maison* est grande ou petite, élevée ou basse, vieille ou neuve, faite de pierres ou de briques couverte de tuiles ou de chaume, &c.

Le mot d'*habitation* caractérise l'usage que l'on fait d'une *maison*, relativement à toutes ses dépendances, tant intérieures qu'extérieures ; une *habitation* est commode ou incommode, saine ou mal saine, riante ou triste, &c.

Les mots de *séjour* & de *demeure* sont relatifs au plus ou moins de temps que l'on habite dans un lieu ; le *séjour* est une *habitation* passagere ; la *demeure*, une *habitation* plus durable, l'un & l'autre ne peut être que plus ou moins long : si l'on emploie ces mots avec d'autres épithetes, c'est qu'ils sont mis pour *maison* ou pour *habitation*, n'y ayant alors aucun besoin d'insister sur les idées accessoires, qui différencient ces synonymes.

Le terme de *domicile* ajoute à l'idée d'*habitation* ; celle d'un rapport à la société civile & au gouvernement ; & delà vient que ce terme n'est guere usité que dans le style de pratique (*a*). (B.)

(*a*) *Voyez* tome I, art. 184.

98. CHAPELLE. CHAPELLENIE.

Ces deux termes de Jurisprudence canonique sont synonymes dans deux sens différents.

Dans le premier sens, ils expriment l'un & l'autre un édifice sacré avec autel où l'on dit la Messe. Mais la *chapelle* est une Eglise particuliere, qui n'est ni cathédrale, ni collégiale, ni paroisse, ni abbaye, ni prieuré, ni conventuelle ; édifice isolé, entiérement détaché & séparé de toute autre Eglise : telle est, à Paris, rue Saint-Jacques, la *chapelle* de Saint-Yves. La *chapellenie* est une partie d'une grande Eglise, ayant son autel propre où l'on dit la Messe : telle est, dans l'Eglise paroissiale de Saint-Sulpice, derriere le chœur, celle de la Vierge, remarquable par sa décoration en marbre, & sur-tout par sa belle coupole.

Cette distinction n'a guere lieu que dans le langage des Canonistes ; car, dans l'usage ordinaire, on désigne les deux especes par le nom de *chapelle* : la *chapelle* de la Vierge, la *chapelle* de la communion, *la chapelle* des fonts, &c. Alors les Canonistes, qui se rapprochent du langage commun, donnent à la premiere espece le nom de *chapelle sub dio*, parce que c'est un édifice isolé ; & à la seconde, le nom de *chapelle sub tecto*, parce qu'elle est renfermée sous le toit d'une plus grande Eglise dont elle fait partie. C'est de cet usage vulgaire que naît entre les deux mots *chapelle* & *chapellenie* une nouvelle synonymie, qui porte sur un sens tout différent.

Dans ce second sens, la *chapelle* est l'édifice sacré où il se trouve un autel sur lequel on dit la Messe, soit *sub dio*, soit *sub tecto* : & la *chapellenie* est le bénéfice attaché à la *chapelle*, à la charge de certaines obligations. (B.)

99. DEGRÉ. MARCHE.

* *Degré* s'employoit dans le dernier siecle pour signifier chaque *marche* d'un escalier ; & le mot de *marche* étoit uniquement consacré pour les autels. Nous aurions peut-être bien fait de conserver ces termes distinctifs, qui contribuent toujours à enrichir une langue. (*Encycl.* V. 929.)

* *Degré* est encore aujourd'hui synonyme de *marche*, selon le Dictionnaire de l'Acad. Fr. 1762. Mais je crois que le premier est plus propre

propre à indiquer la hauteur de ces divisions égales de l'escalier, & que le second convient mieux pour marquer le giron de chacune de ces divisions.

Ainsi, les *degrés* sont égaux ou inégaux, selon que les hauteurs en sont égales ou inégales; & les *marches* sont égales ou inégales, selon que les girons en sont également ou inégalement étendus.

On monte les *degrés*, & l'on se tient sur les *marches*. Delà vient que ce dernier mot a paru consacré pour les autels, parce que les Ecclésiastiques qui y servent, se tiennent communément sur les *marches*, & que l'on a peu d'occasion de s'arrêter sur celles de tout autre escalier: mais on dira aussi très-bien que dans telle Eglise l'autel est élevé de six, de dix, de vingt *degrés*, parce qu'il ne s'agit que de l'élévation. (B.)

100. ESCALIER. DEGRÉ. MONTÉE.

* Ces trois mots désignent la même chose, c'est-à-dire, cette partie d'une maison qui sert, par plusieurs marches, à monter aux divers étages d'un bâtiment & à en descendre. Mais *escalier* est aujourd'hui devenu le seul terme d'usage; *degré* ne se dit plus que par les bourgeois; & *montée* par le petit peuple. (*Encycl.* V, 929.)

* C'est peut-être marquer avec assez de justesse l'abus de ces trois mots; mais ce n'est pas en caractériser l'usage. Je crois que l'*escalier* est proprement la partie d'un bâtiment qui sert à monter & descendre; que le *degré* est l'une de ces parties égales de l'*escalier*, qui sont élevées les unes au-dessus des autres pour faire parvenir successivement du bas en haut ou du haut en bas; & que la *montée* est la pente plus ou moins douce de l'*escalier*, ce qui dépend de la hauteur & de la largeur de chacun des *degrés*. (B.)

101. CHANTEUR. CHANTRE.

* Chacun de ces deux termes énonce également un homme qui est chargé par état de chanter : mais on ne dit *chanteur* que pour le chant profane, & l'on dit *chantre* pour le chant d'Eglise.

Un *chanteur* est donc un Acteur de l'opéra qui récite, exécute, joue les rôles, ou qui chante dans les chœurs des tragédies & des ballets mis en musique.

Un *chantre* est un Ecclésiastique ou un Laïque revêtu dans ses fonctions de l'habit ecclésiastique, appointé par un Chapitre pour chanter dans les offices, les récits, les chœurs de musique, &c. & même pour chanter le plain-chant. (*Encycl.* III, 145, 146.)

* *Chantre* se dit encore figurément & poétiquement d'un Poëte : ainsi, on dit, le *chantre* de la Thrace, pour dire Orphée ; le *chantre* thébain, pour dire Pindare. On appelle aussi figurément & poétiquement les rossignols & autres oiseaux, les *chantres* des bois. (*Dict. de l'Acad.* 1762.)

102. CHASTETÉ. CONTINENCE.

* Deux termes également relatifs à l'usage des plaisirs de la chair, mais avec des différences bien marquées.

La *chasteté* est une vertu morale qui prescrit des regles à l'usage de ces plaisirs : la *continence* est une autre vertu qui en interdit absolument l'usage. La *chasteté* étend ses vues sur tout ce qui peut être relatif à l'objet qu'elle se propose de régler : pensées, discours, lectures, attitudes, gestes, choix des aliments, des occupations, des sociétés, du genre de vie par rapport au tempérament, &c. La *continence* n'envisage que la privation actuelle des plaisirs de la chair. (B.)

* Tel est *chaste* qui n'est pas *continent* ; & réciproquement, tel est *continent* qui n'est pas *chaste*. La *chasteté* est de tous les temps, de tous les âges & de tous les états : la *continence* n'est que du célibat.

L'âge rend les vieillards nécessairement *continents* ; il est rare qu'il les rende *chastes*. (*Encycl*. III, 233.)

103. CONCUPISCENCE. CUPIDITÉ. AVIDITÉ. CONVOITISE.

La *concupiscence* est la disposition habituelle de l'ame à desirer les biens & les plaisirs sensibles : la *cupidité* en est un desir violent : l'*avidité* en est un desir insatiable : la *convoitise* en est un desir illicite.

La *concupiscence* est une suite du péché originel, le renoncement à soi-même est le remede que propose l'Evangile contre cette maladie de l'ame. Ce renoncement, aussi inconnu à la Philosophie humaine que l'origine & la nature du mal, dont il est le remede, dispose heureusement le Chrétien à réprimer les emportements de la *cupidité*, à prescrire des bornes raisonnables à l'*avidité*, à détester toutes les injustices de la *convoitise*. (B.)

104. LUXURE. LUBRICITÉ. LASCIVETÉ.

La *luxure* est une habitude ou un penchant criminel, qui porte un sexe vers l'autre avec emportement & sans retenue. La *lubricité* est l'influence sensible de ce penchant sur les mouvements indélibérés, sur la contenance, le geste, &c. La *lasciveté* est la manifestation extérieure de ce penchant par des actes étudiés & prémédités.

Les célibataires *luxurieux* sont les fléaux les plus dangereux pour la société ; ils en alterent tout-à-la-fois le physique & le moral. Fuyez, comme le plus dangereux écueil de la chasteté, la compagnie des personnes qui ont le maintien & le regard *lubrique*, & qui aiment à tenir des propos *lascifs*. (B.)

105. VOLUPTÉ. DÉBAUCHE. CRAPULE.

La *volupté* suppose beaucoup de choix dans les objets, & même de la modération dans la jouissance. La *débauche* suppose le même choix dans les objets, mais nulle modération dans la jouissance. La *crapule* exclut l'un & l'autre. (*Encycl.* IV, 435.)

106. MALICE. MALIGNITÉ. MÉCHANCETÉ.

* Ces mots expriment tous trois une disposition à nuire, contraire par conséquent à cette bienveillance universelle, également recommandée par la loi naturelle & par la religion. (B.)

* Il y a dans la *malice* de la facilité & de la ruse, peu d'audace, point d'atrocité. Le *mali-*

cieux veut faire de petites peines, & non causer de grands malheurs ; quelquefois il veut seulement se donner une sorte de supériorité sur ceux qu'il tourmente : il s'estime de pouvoir le mal, plus qu'il n'a de plaisir à en faire.

Il y a dans la malignité plus de suite, plus de profondeur, plus de dissimulation, plus d'activité que dans la *malice*.

La *malignité* n'est pas aussi dure & aussi atroce que la *méchanceté*, elle fait verser des larmes ; mais elle s'attendriroit peut-être, si elle les voyoit couler.

Le substantif *malignité* a une toute autre force que son adjectif *malin* : on permet aux enfants d'être *malins* ; on ne leur passe la *malignité* en quoi que ce soit, parce que c'est l'état d'une ame qui a perdu l'instinct de la bienveillance, qui desire le malheur de ses semblables, & souvent en jouit. (*Encycl.* IX, 946.)

* On leur passe des *malices*, on va quelquefois jusqu'à les y encourager ; parce que, sans tenir à rien de révoltant, la *malice* suppose une sorte d'esprit dont on peut tirer parti par la suite. Cette sorte d'indulgence est pourtant dangereuse : la ruse que suppose la *malice*, dispose insensiblement à la *malignité*, parce que rien ne coûte à l'amour-propre pour réussir ; & de la *malignité* à la *méchanceté* il y a si peu de distance, qu'il n'est pas difficile de prendre l'une pour l'autre (*a*). (B.)

(*a*) *Voyez* tome I, art. 187.

107. VICE. DÉFAUT. IMPERFECTION.

Ces trois mots désignent en général une qualité répréhensible : avec cette différence, que *vice* marque une mauvaise qualité morale, qui procede de la dépravation ou de la bassesse du cœur; que *défaut* marque une mauvaise qualité de l'esprit ou une mauvaise qualité purement extérieure; & qu'*imperfection* est le diminutif de *défaut*.

La négligence dans le maintien est une *imperfection*; la difformité & la timidité sont des *défauts*; la cruauté & la lâcheté sont des *vices*.

Ces termes different aussi par les différents maux auxquels on les joint sur-tout dans le sens physique ou figuré. EXEMPLES : Souvent une guérison reste dans un état d'*imperfection*, lorsqu'on n'a pas corrigé le *vice* des humeurs ou le *défaut* de fluidité du sang. Le commerce d'un Etat s'affoiblit par l'*imperfection* des manufactures, par le *défaut* d'industrie, & par le *vice* de la constitution (*a*). (*Encycl.* IV, 731.)

(*a*) *Voyez* tome I, art. 242.

108. VICE. DÉFAUT. RIDICULE.

* Les *vices* partent d'une dépravation du cœur; les *défauts* d'un *vice* de tempérament; le *ridicule* d'un *défaut* d'esprit. (*La Bruyere*, *Caract.* ch. 12.)

* Pour entendre la Bruyere, il ne faut considérer ces trois synonymes que dans le rapport commun qu'ils ont à quelqu'imperfection de l'ame; autrement, il seroit en contradiction avec lui-même, puisque les *vices*, qui partent d'une dépravation du cœur, n'ont rien de commun avec ce qu'il appelle *vices* de tempérament : on est criminel par les *vices* du cœur, on est malheureux & à plaindre par ceux du tempérament; les premiers sont inexcusables, parce qu'ils viennent de notre propre perversité; les autres sont irréprochables, parce qu'ils viennent de la nature. (B.)

109. CIRCONSTANCE. CONJONCTURE.

* *Circonstance* est relatif à l'action; *conjoncture* est relatif au moment. La *circonstance* est une des particularités de la chose: la *conjoncture* lui est étrangere; elle n'a de commun avec l'action que la contemporanéité. (*Encycl.* III, 463.)

* Les *conjonctures* seroient, s'il étoit permis de parler ainsi, les *circonstances* du temps; & les *circonstances* seroient les *conjonctures* de la chose.

Celui qui a profondément examiné la chose en elle-même seulement, en connoîtra toutes les *circonstances*, mais il pourra n'en pas connoître toutes les *conjonctures*: il y a même telle *conjoncture* qu'il est impossible à un homme de deviner. Réciproquement, tel homme connoîtra parfaitement les *conjonctures*, qui ne connoîtra pas les *circonstances* (a). (*Ibid.* 875.)

(a) *Voyez* tome I, art. 303.

110. OFFICE. CHARGE.

* Ces deux termes désignent également des titres qui donnent le pouvoir d'exercer quelque fonction publique. (B.)

* On confond souvent *charge* & *office*: & en effet tout *office* est une *charge*, mais toute *charge* n'est pas un *office*. Ainsi les *charges* dans les Parlements sont de véritables *offices*: mais les places d'Echevins, Confuls & autres *charges* municipales, ne font pas des *offices* en titre, quoique ce foient des *charges* ; parce que ceux qui les rempliffent ne les tiennent que pour un temps, fans autre titre que celui de leur élection : au lieu que les *offices* proprement dits font une qualité permanente, & en conféquence font auffi appellés *états*. (*Encycl.* XI, 414.)

III. BIENFAIT. OFFICE. SERVICE.

* Nous recevons un *bienfait* de celui qui pourroit nous négliger fans en être blâmé : nous recevons de bons *offices* de ceux qui auroient eu tort de nous les refufer, quoique nous ne puiffions pas les obliger à nous les rendre ; mais tout ce qu'on fait pour notre utilité ne feroit qu'un fimple *service*, lorfqu'on eft réduit à la néceffité indifpenfable de s'en acquitter : on a pourtant raifon de dire que l'affection avec laquelle on s'acquitte de ce qu'on doit, mérite d'être comptée pour quelque chofe. (*Encycl.* XI, 413.)

* Je crois que ces trois termes doivent être diftingués d'une maniere différente & plus précife. Ils expriment tous quelque acte relatif à l'utilité d'autrui. Le mot *office* n'a point d'autre fignification fous ce point de vue ; c'eft pourquoi il a befoin d'une épithete qui indique s'il eft pris en bonne ou mauvaife part ; & l'on dit, rendre de bons ou de mauvais *offices* : c'eft un *office* d'ami. Les deux autres font toujours pris en bonne part. » Le *bienfait*, dit M. » Duclos (a), eft un acte libre de la part de » fon auteur, quoique celui qui en eft l'objet

_____
(a) Confid. fur les mœurs, ch. 16.

» puisse en être digne «. On peut ajouter, que c'est un bien accordé à celui-ci par le premier. » Un *service* est un secours par lequel on contri-
» bue à faire obtenir quelque bien «.

» Il y a, dit le même Auteur, des *services* de
» plus d'une espèce : une simple parole, un mot
» dit à propos, avec intelligence ou avec coura-
» ge, est quelquefois un *service* signalé, qui exi-
» ge plus de reconnoissance que beaucoup de
» *bienfaits* matériels «. (B.)

112. CIVILITÉ. POLITESSE.

Manieres honnêtes d'agir & de converser avec les autres hommes dans la société. C'est, dit M. Duclos, l'expression ou l'imitation des vertus sociales : c'en est l'expression si elle est vraie, & l'imitation si elle est fausse (*a*).

Etre *poli* dit plus qu'être *civil*. L'homme *poli* est nécessairement *civil*; mais l'homme simplement *civil* n'est pas encore *poli*. La *politesse* suppose la *civilité*, mais elle y ajoute.

La *civilité* est, par rapport aux hommes, ce qu'est le culte public par rapport à Dieu ; un témoignage extérieur & sensible des sentiments intérieurs & cachés : en cela même elle est précieuse ; car affecter des dehors de bienveillance, c'est confesser que la bienveillance devoit être au-dedans.

La *politesse* ajoute à la *civilité* ce que la dévotion ajoute à l'exercice du culte public ; les marques d'une humanité plus affectueuse, plus occupée des autres, plus recherchée.

La *civilité* est un cérémonial qui a ses regles, mais de convention : elles ne peuvent se devi-

(*a*) Consid. sur les mœurs, ch. 3, édit. de 1764.

ner, mais elles sont palpables, pour ainsi dire, & l'attention suffit pour les connoître; elles sont différentes selon les temps, les lieux, les conditions des personnes avec qui l'on traite.

La *politesse*, dit M. l'Abbé Trublet, consiste à ne rien faire, à ne rien dire qui puisse déplaire aux autres; à faire & à dire tout ce qui peut leur plaire; & cela avec des manieres & une façon de s'exprimer qui aient quelque chose de noble, d'aisé, de fin & de délicat. Ceci suppose une culture plus suivie, & des qualités naturelles, ou l'art difficile de les feindre : beaucoup de bonté & de douceur dans le caractere, beaucoup de finesse de sentiment & de délicatesse d'esprit, pour discerner promptement ce qui convient par rapport aux circonstances où l'on se trouve; beaucoup de souplesse dans l'humeur, & une grande facilité d'entrer dans toutes les dispositions, de prendre tous les sentiments qu'exige l'occasion présente, ou du moins de les feindre.

Un homme du peuple, un simple paysan même, peuvent être *civils*; il n'y a qu'un homme du monde qui puisse être *poli*.

La *civilité* n'est point incompatible avec une mauvaise éducation; la *politesse*, au contraire, suppose une éducation excellente, au moins à bien des égards.

La *civilité* trop cérémonieuse est également fatigante & inutile; l'affectation la rend suspecte de fausseté, & les gens éclairés l'ont entiérement bannie. La *politesse* est exempte de cet excès : plus on est *poli*, plus on est aimable; mais il peut aussi arriver, & il n'arrive que trop, que cette *politesse* si aimable n'est que l'art de se passer des vertus sociales qu'elle affecte faussement d'imiter.

» Les Législateurs de la Chine, dit M. de
» Montesquieu (b), voulurent que les hommes
» se respectassent beaucoup, que chacun sentît à
» tous les instants qu'il devoit beaucoup aux au-
» tres, qu'il n'y avoit point de citoyen qui ne
» dépendît à quelque égard d'un autre citoyen :
» ils donnerent donc aux regles de la *civilité* la
» plus grande étendue. Ainsi, chez les peuples
» Chinois, on vit les gens de village observer
» entre eux des cérémonies, comme les gens
» d'une condition relevée : moyen très-propre à
» inspirer la douceur, à maintenir parmi le peu-
» ple la paix & le bon ordre, & à ôter tous les
» vices qui viennent d'un esprit dur. En effet,
» s'affranchir des regles de la *civilité*, n'est-ce
» pas chercher le moyen de mettre ses défauts
» plus à l'aise ? La *civilité* vaut bien mieux à cet
» égard que la *politesse*. La *politesse* flatte les vi-
» ces des autres, & la *civilité* nous empêche de
» mettre les nôtres au jour ; c'est une barriere
» que les hommes mettent entr'eux pour s'empê-
» cher de se corrompre «.

Ceci n'est pourtant vrai que de cette *politesse*
trompeuse, si fort recommandée aux gens du
monde, & qui n'est, selon la remarque de M. Duclos (c), qu'un jargon fade, plein d'expressions
exagérées, aussi vuides de sens que de sentiments.
» La vraie *politesse*, dit M. d'Alembert (d), est
» franche, sans apprêt, sans étude, sans morgue,
» & part du sentiment intérieur de l'égalité na-
» turelle ; elle est la vertu d'une ame simple, no-
» ble & bien née : elle ne consiste réellement qu'à
» mettre à leur aise ceux avec qui l'on se trouve

(b) Esprit des loix, XIX, 16.
(c) Consid. sur les mœurs, ch. 3.
(d) Encyclopédie, V, 416.

» La *civilité* est bien différente ; elle est pleine de
» procédés sans attachement, & d'attention sans
» estime. Aussi ne faut-il jamais confondre la
» *civilité* & la *politesse* ; la premiere est assez
» commune, la seconde extrêmement rare : on
» peut être très-*civil* sans être *poli*, & très-*poli*
» sans être *civil*.

» La véritable *politesse* des Grands, selon M.
» Duclos (*e*), doit être de l'humanité ; celle des
» inférieurs, de la reconnoissance, si les Grands
» la méritent ; celle des égaux, de l'estime & des
» services mutuels..... Qu'on nous inspire dans
» l'éducation l'humanité & la bienfaisance, nous
» aurons la *politesse*, ou nous n'en aurons plus
» besoin : si nous n'avons pas celle qui s'annonce
» par les graces, nous aurons celle qui annonce
» l'honnête homme & le citoyen ; nous n'aurons
» pas besoin de recourir à la fausseté : au lieu
» d'être artificieux pour plaire, il suffira d'être
» bon : au lieu d'être faux pour flatter les foi-
» blesses des autres, il suffira d'être indulgent :
» ceux avec qui l'on aura de tels procédés, n'en
» seront ni énorgueillis ni corrompus ; ils n'en
» seront que reconnoissants & en deviendront
» meilleurs (*f*) «. (B.)

(*e*) Consid. *ubi suprà*.
(*f*) *Voyez* tome I, art. 13.

113. POLI. POLICÉ.

Ces deux termes, également relatifs aux devoirs réciproques des individus dans la société, sont synonymes par cette idée commune : mais les idées accessoires mettent entr'eux une grande différence.

Poli ne suppose que des signes extérieurs de

bienveillance; signes toujours équivoques, & par malheur souvent contradictoires avec les actions. *Policé* suppose des loix qui constatent les devoirs réciproques de la bienveillance commune, & une puissance autorisée à maintenir l'exécution des loix. (B.)

* Les peuples les plus *polis* ne sont pas aussi les plus vertueux : les mœurs simples & sévères ne se trouvent que parmi ceux que la raison & l'équité ont *policés*, & qui n'ont pas encore abusé de l'esprit pour se corrompre.

Les peuples *policés* valent mieux que les peuples *polis*.

Chez les barbares, les loix doivent former les mœurs : chez les peuples *policés*, les mœurs perfectionnent les loix, & quelquefois y suppléent ; une fausse *politesse* les fait oublier. (*M. Duclos*, Considérat. sur les mœurs de ce siecle, *ch.* I, édit. de 1764.)

114. FAROUCHE. SAUVAGE.

On est *farouche* par caractere, *sauvage* par défaut de culture.

Le *farouche* n'est pas sociable ; le *sauvage* n'est pas bien dans la société : le premier ne se plaît pas avec les hommes, parce qu'il les hait ; le second, parce qu'il ne les connoît pas : celui-là voit dans tous les hommes des ennemis : celui-ci n'y a pas encore vu ses semblables : le *farouche* épouvante la société ; le *sauvage* en a peur.

Le *sauvage* n'est qu'un être inculte ; le *farouche* est un être monstrueux : ménagez le *sauvage*, il deviendra *farouche* ; ne heurtez pas le *farouche*, il deviendroit féroce.

Avec une imagination ardente, une ame dure

& inflexible, le *farouche*, à travers son humeur noire, ne voit la société que sous un jour odieux : qu'il ait des vertus ou qu'il n'ait que des vices, il n'apperçoit dans les hommes que leurs vices, il seroit fâché de leur trouver des vertus.

Le *sauvage* n'a pas un caractere déterminé, parce qu'on n'est pas *sauvage* par un vice particulier de l'ame : en général, on peut dire qu'il est craintif, timide, méfiant, &c. peut-être parce que les hommes sont tous naturellement tels.

L'homme *sauvage* est dans la société comme un oiseau dans la voliere, il s'y apprivoise; l'homme *farouche* y est comme la bête féroce dans les fers; il s'en irrite.

Polissez le *sauvage*, adoucissez le *farouche* : polissez le *sauvage*, en le familiarisant avec le monde : adoucissez le *farouche*, en lui insinuant subtilement des sentiments plus favorables à l'humanité.

Pour engager le *sauvage* à vivre avec les hommes, prenez les moments où il s'ennuie de lui-même; pour donner au *farouche* meilleure opinion des mêmes hommes, saisissez l'instant où il jouit de leurs bienfaits, & où il sent les avantages de leur commerce.

Dès que le *sauvage* pourra tenir le pied dans la société, il s'y jettera à corps perdu : ce ne sera qu'en s'y enfonçant insensiblement, que le *farouche* parviendra à la supporter.

Les peuples *sauvages* ne sont pas tous *farouches* : il y a des peuples *farouches* parmi les peuples policés. (*M. l'Abbé Roubaud*, Merc. de Fr. Oct. II. vol. 1759.)

115. COMPLAIRE. PLAIRE.

Ces deux verbes expriment tous deux des actions agréables à ceux qui en sont l'objet.

Complaire, c'est s'accommoder au sentiment, au goût, à l'humeur de quelqu'un, acquiescer à ce qu'il souhaite, dans la vue de lui être agréable. *Plaire*, c'est effectivement être agréable, à force de déférence & d'attention.

Le premier est donc un moyen pour parvenir au second; & l'on peut dire que quiconque sait *complaire* avec dignité, peut hardiment espérer de *plaire*. (B.)

116. MANIERES. FAÇONS (a).

* Les *manieres* & les *façons* sont des actions ou mouvements extérieurs, destinés à marquer les dispositions intérieures de l'ame. (B.)

* Les *manieres* sont l'expression des mœurs de la nation; les *façons* sont une charge des *manieres*, ou des *manieres* plus recherchées dans quelques individus. Les *manieres* deviennent *façons* quand elles sont affectées; les *façons* sont des *manieres* qui ne sont point générales, & qui sont propres à un certain caractere particulier, d'ordinaire petit & vain. (*Encycl.* X, 36.)

* Les *manieres* expriment les mœurs avec vérité: les *façons* les expriment faussement, ou ne les expriment point du tout.

Il est sage de se défier de quiconque ose, pour de légers intérêts, se mettre au-dessus des *manieres* nationales, parce qu'il est à craindre que, pour un intérêt plus grand, il ne se mette au-dessus des mœurs.

(a) *Voyez* tome I, art. 21.

Il est également sage de ne prendre aucune confiance en celui qui a trop de *façons* à lui ; parce que c'est une affectation insidieuse, qui peut servir de voile à de mauvaises mœurs, & qui au moins déguise les véritables. (B.)

117. MAINTIEN. CONTENANCE.

Ces deux termes sont également destinés à exprimer l'habitude extérieure de tout le corps, relativement à quelques vues ; & c'est la différence de ces vues qui distingue ces deux synonymes.

Le *maintien* est le même pour tous les états, & ne varie qu'à raison des circonstances. La *contenance* varie aussi selon les circonstances, mais chaque état a la sienne.

Le *maintien* est pour marquer des égards aux autres hommes ; il est bon quand il est honnête. La *contenance* est pour en imposer aux autres hommes ; elle est bonne quand elle annonce ce qu'elle doit annoncer dans l'occasion : celle du Prêtre doit être grave, modeste, recueillie : celle du Magistrat, grave & sérieuse : celle du Militaire, fiere & délibérée, &c. D'où il suit qu'il ne faut avoir de la *contenance* que quand on est en exercice ; mais qu'il faut toujours avoir un *maintien* honnête & décent. Le *maintien* est pour la société ; il est de tous les temps : la *contenance* est pour la représentation, hors delà c'est pédantisme.

Le *maintien* séant marque de l'éducation, & même du jugement ; il décele quelquefois des vices ; il ne faut pas trop compter sur les vertus qu'il semble annoncer, il prouve plus en mal qu'en bien. La *contenance* indique, selon les conjonctures, de l'assurance, de la fermeté, de l'usage, de la présence d'esprit, de l'aisance, du courage, &c. & marque qu'on a vraiment ces dispositions, soit dans le cœur, soit dans l'esprit : mais elle est souvent un masque imposteur. Il y a une infinité de bonnes *contenances*, parce qu'il y a des états différents, & que les positions varient : mais il n'y a qu'un bon *maintien*, parce que l'honnêteté civile est une & invariable. (*Encycl.* IV, 111, IX, 882.) (B.)

118. DÉGOUTANT. FASTIDIEUX.

On qualifie ainsi tout ce qui cause une sorte de répugnance.

Dégoûtant va plus au corps qu'à l'esprit. *Fastidieux*, au contraire, va plus à l'esprit qu'au corps. Ce qui est *dégoûtant* cause de l'aversion ; ce qui est *fastidieux* cause de l'ennui.

Un homme est *dégoûtant*, s'il est d'une laideur extraordinaire, s'il est crasseux, si son visage ou ses mains sont cicatrisées, infectées de dartres ou d'une espece de lepre, s'il se gratte indécemment, s'il mange avidement & mal-proprement, si ses habits sont en lambeaux, couverts de taches ou même d'ordures, s'il sent mauvais ; je veux dire qu'une seule de ces conditions le rend *dégoûtant* ; car qui les réunit toutes, est horrible.

On appelle *fastidieux*, celui qui veut faire le plaisant mal-à-propos, qui rit le premier, qui parle trop, qui dit des choses frivoles, & qui s'applaudit de ses sottises ; en un mot, un homme ennuyeux, importun, fatigant par ses discours, par ses manieres ou par ses actions.

Le blanc & le rouge dont les femmes croient s'embellir, ne sert à la fin qu'à les rendre dé-

goûtantes, & les minauderies, où elles mettent quelquefois tant d'art, les rendent *fastidieuses*.

Quelquefois on se sert de *dégoûtant* avec relation à ce qui concerne l'esprit : alors il conserve encore quelque chose de sa premiere destination, en ce qu'il s'applique aux idées, qui sont comme le corps de la pensée; & *fastidieux* s'applique en ce cas à l'expression.

Les idées des choses qui sont *dégoûtantes* par elles-mêmes, le sont aussi, & rendent *dégoûtants* les ouvrages qui en sont chargés. L'afféterie, le précieux, quelquefois même le trop d'esprit, ne servent qu'à rendre *fastidieux* des écrits que l'on croyoit rendre intéressants. (B.)

119. DON. PRÉSENT.

Ces deux mots signifient ce qu'on donne à quelqu'un sans y être obligé. Le *présent* est moins considérable que le *don*, & se fait à des personnes moins considérables, excepté dans un cas dont nous parlerons tout-à-l'heure.

Ainsi, on dira d'un Prince qu'il a fait *don* de ses Etats à un autre, & non qu'il lui en a fait *présent*. Par la même raison, un Prince fait à ses sujets des *présents*; & les sujets font quelquefois des *dons* au Prince, comme les *dons* gratuits du Clergé & des Etats. Les Princes se font des *présents* les uns aux autres par leurs Ambassadeurs. Deux personnes se font par contrat un *don* mutuel de leurs biens.

On dit au figuré, le *don* des langues, le *don* des larmes, &c. & en général tout ce qui vient de Dieu s'appelle *don* de Dieu : c'est une exception à la regle ci-dessus (*a*).

(*a*) Ceci même me feroit croire que la premiere & principale différence du *don* & du *présent* consiste en ce que le *présent* est moins considérable que le *don*. L'Auteur reconnoît que les Princes se font des *présents* les uns aux autres ; ainsi la seconde qualité qu'il attribue au *présent* d'être fait à des personnes moins considérables, ne lui est point essentielle. Les biens dont on nous accorde le domaine entier, dont nous faisons usage sans les détruire, & qui sont immeubles, sont, je crois, les véritables objets du *don* ; on en transporte la propriété sans les déplacer. Les biens qui se détériorent par l'usage, & qui sont mobiliers, sont les objets du *présent*; on les déplace pour en transporter la propriété. (B.)

On dit des talents de l'esprit & du corps, qu'ils sont un *don* de la nature ; & des biens de la terre, qu'ils en sont des *présents*. On dit, les *dons* de Cérès & de Pomone, & les *présents* de Flore ; parce que les premiers sont de nécessité plus absolue, & les autres de pur agrément (*b*). (*Encycl.* V, 36.)

(*b*) *Voyez* tome I, art. 212.

120. CONFÉRER. DÉFÉRER.

On dit l'un & l'autre en parlant des dignités & des honneurs que l'on donne. *Conférer* est un acte d'autorité ; c'est l'exercice du droit dont on jouit. *Déférer* est un acte d'honnêteté ; c'est une préférence que l'on accorde au mérite.

Quand la conjuration de Catilina fut éventée, les Romains, convaincus du mérite de Cicéron, & du besoin qu'ils avoient alors de ses lumieres & de son zele, lui *déférerent* unanimement le Consulat : ils ne firent que le *conférer* à Antoine. (B.)

121. PRIER. SUPPLIER.

C'est demander avec ardeur & avec soumission à ceux qui sont en état d'accorder ce que l'on desire.

Supplier est beaucoup plus respectueux que *prier*, & marque dans celui qui demande, un desir plus vif & un besoin plus urgent d'obtenir : nous *prions* nos égaux & nos amis de nous rendre quelque service ; nous *supplions* le Roi & les personnes constituées en dignité, de nous accorder quelque grace, ou de nous rendre justice.

En parlant des Grands, ou en leur adressant la parole, on doit également se servir de *supplier* ; j'ai *supplié* le Roi de, &c. Sire, je *supplie* Votre Majesté de, &c. Mais, s'il s'agit de Dieu, on ne dit que *prier* en parlant de lui, & l'on peut dire *prier* ou *supplier* en lui adressant la parole : Je *prie* Dieu que cela soit ; mon Dieu, je vous *prie* d'avoir pitié de moi ; Je vous *supplie*, ô mon Dieu, d'avoir pitié de moi : le degré d'ardeur décide le choix entre ces deux dernieres phrases.

D'où vient cette différence par rapport à Dieu & aux Grands de la terre ? Car l'usage même, que l'on donne ordinairement pour derniere raison, a aussi les siennes. Ne seroit-ce pas parce que la supériorité des Grands étant accidentelle, & en quelque sorte précaire, vu les droits imprescriptibles de l'égalité naturelle, on ne doit se permettre aucune expression qui puisse leur rappeller trop clairement ces droits, & donner quelque atteinte à leur prééminence ? Au contraire, la grandeur de Dieu est si incontestable, que le choix des expressions ne doit plus tomber que sur nos besoins ; & elle est si supérieure à notre néant, que les différences de nos façons de parler sont nulles à son égard.

Au reste, il faut remarquer encore que l'on dit *prier* Dieu, sans autre addition ; mais on ne peut dire, *supplier* le Roi, sans ajouter de quoi on le *supplie*. *Prier* Dieu est un devoir indispensable, & dont l'objet est constant. *Supplier* le Roi ou les Grands est un acte accidentel, & dont l'objet doit être déterminé. (B.)

122. PRIER DE DÎNER. PRIER A DÎNER. INVITER A DÎNER.

Ces trois phrases, qui semblent d'abord signifier la même chose, parce qu'en effet il y a un sens fondamental qui leur est commun, ont pourtant des différences qu'il ne faut pas confondre.

Prier, en général, suppose moins d'appareil qu'*inviter* ; & *prier de dîner* en suppose moins que *prier à dîner*.

Prier marque plus de familiarité, & *inviter*, plus de considération. *Prier de dîner* est un terme de rencontre & d'occasion ; & *prier à dîner* marque un dessein prémédité.

Si quelqu'un, avec qui je puis prendre un ton familier, se trouve chez moi à l'heure du dîner, & que je lui propose d'y rester pour faire ce repas avec moi tel qu'il a été préparé pour moi, je le *prie de dîner*. Si je vais exprès, ou si j'envoie chez lui, pour l'engager à venir dîner chez moi ; alors je le *prie à dîner*, & je dois ajouter quelque chose à l'ordinaire. Mais, si je fais la même démarche à l'égard de quelqu'un à qui je dois plus de considération, je l'*invite à dîner*, & ma table doit avoir une augmentation marquée.

Quand on *prie de dîner*, c'est sans apprêt ; quand on *prie à dîner*, l'apprêt ne doit être qu'un meilleur ordinaire ; mais, quand on *invite à dîner*, l'apprêt doit sentir la cérémonie. (B.)

123. RESPECT. ÉGARDS. CONSIDÉRATION. DÉFÉRENCE.

Termes qui désignent en général l'attention & la retenue dont on doit user dans les procédés à l'égard de quelqu'un.

On a du *respect* pour l'autorité, des *égards* pour la foiblesse, de la *considération* pour la naissance, de la *déférence* pour un avis. On doit du *respect* à soi-même, des *égards* à ses égaux, de la *considération* à ses supérieurs, de la *déférence* à ses amis. Le malheur mérite du *respect* ; le repentir, des *égards* ; les grandes places, de la *considération* ; les prieres, de la *déférence*.

On dit, j'ai du *respect*, des *égards*, de la *déférence* pour M. un tel ; & on dit passivement, M. un tel a beaucoup de *considération* (a). (*Encycl.* IV, 43.)

(a) Le mot de *considération* est pris ici, & dans la suite de l'article, en un sens passif, ainsi qu'en convient l'Auteur ; c'est pourquoi j'ai cru devoir supprimer cette suite, puisque le mot cesse d'être synonyme avec les autres : mais on le compare avec celui de *réputation*, & c'est la matiere du commencement de l'article 125. Dans l'ENCYCLOPÉDIE, le tout devoit être ensemble ; la forme de l'ouvrage l'exigeoit : l'objet de celui-ci exige le contraire (B.)

124. ÉGARDS. MÉNAGEMENTS. ATTENTIONS. CIRCONSPECTION.

Ces mots désignent en général la retenue qu'on doit avoir dans ses procédés. Les *égards* sont l'effet de la justice ; les *ménagements*, de l'intérêt ; les *attentions*, de la reconnoissance ou de l'amitié ; la *circonspection*, de la prudence.

On doit avoir des *égards* pour les honnêtes gens, des *ménagements* pour ceux de qui on a besoin, des *attentions* pour ses parents & ses amis, de la *circonspection* avec ceux avec qui l'on traite.

Les *égards* supposent, dans ceux pour qui on les a, des qualités réelles ; les *ménagements*, de la puissance ou de la foiblesse ; les *attentions*, des liens qui les attachent à nous, la *circonspection*, des motifs particuliers ou généraux de s'en défier (a). (*Encycl.* V, 415.

(a) Il est bon de rapprocher cet article de l'article 115 du Tome I.

125. CONSIDÉRATION. RÉPUTATION.

* Il ne faut point confondre la *considération* avec la *réputation* : celle-ci est en général le fruit des talents ou du savoir-faire ; celle-là est attachée à la place, au crédit, aux richesses, ou en général au besoin qu'on a de ceux à qui on l'accorde. L'abscence ou l'éloignement, loin d'affoiblir la *réputation*, lui est souvent utile ; la *considération*, au contraire, est toute extérieure, & semble attachée à la présence.

Un Ministre incapable de sa place, a plus de *considération* & plus de *réputation*, qu'un homme de lettres ou qu'un Artiste célebre. Un homme de lettres riche & sot, a plus de *considération* & moins de *réputation* qu'un homme de mérite pauvre.

Corneille avoit de la *réputation*, comme Auteur de Cinna ; & Chapelain, de la *considération*, comme distributeur des graces de Colbert. Newton avoit de la *réputation*, comme inventeur dans les sciences, & de la *considéra-*

tion, comme Directeur de la monnoie. (*Encycl.* IV, 43.)

* Voici, selon madame de Lambert, la différence d'idées que donnent ces deux mots.

La *considération* vient de l'effet que nos qualités personnelles font sur les autres : si ce sont des qualités grandes & élevées, elles excitent l'admiration, si ce sont des qualités aimables & liantes, elles font naître le sentiment de l'amitié.

L'on jouit mieux de la *considération* que de la *réputation*. L'une est plus près de nous, & l'autre s'en éloigne : quoique plus grande, celle-ci se fait moins sentir, & se convertit rarement en une possession réelle.

Nous obtenons la *considération* de ceux qui nous approchent ; & la *réputation*, de ceux qui ne nous connoissent pas. Le mérite nous assure l'estime des honnêtes gens, & notre étoile, celle du public.

La *considération* est le revenu du mérite de toute la vie ; & la *réputation* est souvent donnée à une action faite au hasard ; elle est plus dépendante de la fortune. Savoir profiter de l'occasion qu'elle nous présente, une action brillante, une victoire, toute cela est à la merci de la renommée : elle se charge des actions éclatantes ; mais en les étendant & les célébrant, elle les éloigne de nous.

La *considération*, qui tient aux qualités personnelles, est moins étendue ; mais, comme elle porte sur ce qui nous entoure, la jouissance en est plus sensible & plus répétée ; elle tient plus aux mœurs que la *réputation*, qui quelquefois n'est due qu'à des vices d'usage bien placés & bien préparés, ou d'autres fois même à des cris heureux & illustres.

La

La *considération* rend moins, parce qu'elle tient à des qualités moins brillantes; mais aussi la *réputation* s'use, & a besoin d'être renouvellée. (*Encycl.* XIV, 161.)

126. RÉPUTATION. CÉLÉBRITÉ. RENOMMÉE. CONSIDÉRATION.

Le desir d'occuper une place dans l'opinion des hommes a donné naissance à la *réputation*, à la *célébrité*, à la *renommée*; ressorts puissants de la société, qui partent du même principe, mais dont les moyens & les effets ne sont pas totalement les mêmes.

Plusieurs moyens servent également à la *réputation* & à la *renommée*, & ne different que par les degrés; d'autres sont inclusivement propres à l'un ou à l'autre.

Une *réputation* honnête est à la portée du commun des hommes; on l'obtient par les vertus sociales & la pratique constante de ses devoirs: cette espèce de *réputation* n'est à la vérité ni étendue ni brillante, mais elle est souvent la plus utile pour le bonheur.

L'esprit, les talents, le génie procurent la *célébrité*; c'est le premier pas vers la *renommée*, qui n'en differe que par plus d'étendue; mais les avantages en sont peut-être moins réels que ceux d'une bonne *réputation*.

Deux sortes d'hommes sont faits pour la *renommée*. Les premiers qui se rendent illustres par eux-mêmes, y ont droit: les autres, qui sont les Princes, y sont assujettis; ils ne peuvent échapper à la *renommée*. On remarque également dans la multitude celui qui est plus grand que les autres, & celui qui est placé sur un lieu plus élevé: on distingue en même-temps si la supériorité de l'un & de l'autre vient de la personne ou du lieu où elle est placée. Tels sont le rapport & la différence qui se trouvent entre les grands hommes & les Princes qui ne sont que Princes.

Les qualités qui sont uniquement propres à la *renommée*, s'annoncent avec éclat : telles sont les qualités des hommes d'état, destinés à faire la gloire, le bonheur ou le malheur des peuples, soit par les armes, soit dans le gouvernement. Les grands talents, les dons du génie, procurent autant ou plus de *renommée* que les qualités de l'homme d'état, & ordinairement transmettent un nom à une postérité plus reculée.

Quelques-uns des talents qui font la *renommée*, seroient inutiles & quelquefois dangereux dans la vie privée. Tel a été un héros, qui, s'il fût né dans l'obscurité, n'eût été qu'un brigand, & au lieu d'un triomphe n'eût mérité qu'un supplice. Il y a eu dans tous les genres des grands hommes, qui, s'ils ne le fussent pas devenus, faute de quelques circonstances, n'auroient jamais pu être autre chose, & auroient paru incapables de tout.

La *réputation* & la *renommée* peuvent être fort différentes & subsister ensemble.

Un homme d'état ne doit rien négliger pour sa *réputation* ; mais il ne doit compter que sur la *renommée*, qui peut seule le justifier contre ceux qui attaquent sa *réputation* : il en est comptable au monde, & non pas à des particuliers intéressés, aveugles ou téméraires.

Ce n'est pas qu'on ne puisse mériter à la fois une grande *renommée* & une mauvaise *réputation* ; mais la *renommée* portant principalement sur des faits connus, est ordinairement mieux fondée que la *réputation* dont les principes peuvent être équivoques. La *renommée* est assez constante & uniforme ; la *réputation* ne l'est presque jamais.

Ce qui peut consoler les grands hommes sur les injustices qu'on fait à leur *réputation*, ne doit pas la leur faire sacrifier légérement à la *renommée*, parce qu'elles se prêtent réciproquement beaucoup d'éclat. Quand on fait le sacrifice de la *réputation* par une circonstance forcée de son état, c'est un malheur qui doit se faire sentir, & qui exige tout le courage que peut inspirer l'amour du bien public. Ce seroit aimer bien généreusement l'humanité, que de la servir au mépris de la *réputation* : ou ce seroit trop mépriser les hommes, que de ne tenir aucun compte de leurs jugements ; & dans ce cas les serviroit-on ? Quand le sacrifice de la *réputation* & la *renommée* n'est pas forcé par le devoir, c'est une grande folie ; parce qu'on jouit réellement plus de sa *réputation* que de sa *renommée*.

On ne jouit en effet de l'amitié, de l'estime, du respect & de la *considération*, que de la part de ceux dont on est entouré : il est donc plus avantageux que la *réputation* soit honnête, que si elle n'étoit qu'étendue & brillante. La *renommée* n'est, dans bien des occasions, qu'un hommage rendu aux syllabes d'un nom.

Si l'on réduisoit la *célébrité* à sa valeur réelle, on lui feroit perdre bien des sectateurs. La *réputation* la plus étendue est toujours très-bornée ; la *renommée* même n'est jamais universelle. A prendre les hommes numériquement, combien y en a-t-il à qui le nom d'Alexandre n'est jamais parvenu ? Ce nombre surpasse, sans aucune proportion, ceux qui savent qu'il a été le conquérant de l'Asie. Combien y avoit-il d'hommes qui ignoroient l'existence de Kouli-kam, dans le temps qu'il changeoit une partie de la face de la terre ? Elle a des bornes assez étroites, & la *renommée* peut toujours s'étendre sans jamais y atteindre. Quel caractere de foiblesse, que de pouvoir croître continuellement sans atteindre à un terme limité !

On se flatte du moins que l'admiration des hommes instruits doit dédommager de l'ignorance des autres. Mais le propre de la *renommée* est de compter, de multiplier les voix, & non pas de les apprécier.

Cependant plusieurs ne plaignent ni travaux ni peines, uniquement pour être connus : ils veulent qu'on parle d'eux, qu'on en soit occupé ; ils aiment mieux être malheureux qu'ignorés. Celui dont les malheurs attirent l'attention est à demi consolé.

Quand le desir de la *célébrité* n'est qu'un sentiment, il peut être, suivant son objet, honnête pour celui qui l'éprouve, & utile à la société. Mais, si c'est une manie, elle est bientôt injuste, artificieuse, & avilissante par les manœuvres qu'elle emploie : l'orgueil fait faire autant de bassesses que l'intérêt. Voilà ce qui produit tant de *réputations* usurpées & peu solides.

Rien ne rendroit plus indifférent sur la *réputation*, que de voir comment elle s'établit souvent, se détruit, se varie, & quels sont les auteurs de ces révolutions.

Il arrive souvent que le public est étonné de certaines *réputations* qu'il a faites : il en cherche la cause ; &, ne pouvant la découvrir, parce qu'elle n'existe pas, il n'en conçoit que plus d'admiration & de respect pour le fantôme qu'il a créé. Ces *réputations* ressemblent aux fortunes qui, sans fonds réels, portent sur le crédit, & n'en sont que plus brillantes.

Comme le public fait des *réputations* par caprice, des particuliers en usurpent par manége ou par une sorte d'impudence, qu'on ne doit pas même honorer du nom d'amour-propre.

On entreprend de dessein formé de faire une *réputation*, & l'on en vient à bout. Quelque brillante que soit une telle *réputation*, il n'y a quelquefois que celui qui en est le sujet qui en soit la dupe : ceux qui l'ont créée savent à quoi s'en tenir ; quoiqu'il y en ait aussi qui finissent par respecter leur propre ouvrage.

D'autres, frappés du contraste de la personne & de sa *réputation*, ne trouvant rien qui justifie l'opinion publique, n'osent manifester leur sentiment propre : ils acquiescent au préjugé par timidité, complaisance ou intérêt ; de sorte qu'il n'est pas rare d'entendre quantité de gens répéter le même propos, qu'ils désavouent tous intérieurement.

Les *réputations* usurpées qui produisent le plus d'illusion, ont toujours un côté ridicule, qui devroit empêcher d'en être fort flatté. Cependant on voit quelquefois employer les mêmes manœuvres par ceux qui auroient assez de mérite pour s'en passer. Quand le mérite sert de base à la *réputation*, c'est une grande mal-adresse que d'y joindre l'artifice, parce qu'il nuit plus à la *réputation* méritée, qu'il ne sert à celle qu'on ambitionne. Une sorte d'indifférence sur son propre mérite est le plus sûr appui de la *réputation* ; on ne doit pas affecter d'ouvrir les yeux de ceux que la lumiere éblouit. La modestie est le seul éclat qu'il soit permis d'ajouter à la gloire.

Si les *réputations* se forment & se détruisent avec facilité, il n'est pas étonnant qu'elles varient, & soient souvent contradictoires dans la même personne. Tel a une *réputation* dans un lieu, qui dans un autre en a une toute différente ; il a celle qu'il mérite le moins, & on lui refuse celle à laquelle il a le plus de droit. On en voit des exemples dans tous les ordres.

Ces faux jugements ne partent pas toujours de la malignité : les hommes font beaucoup d'injustices sans méchanceté, par légéreté, précipitation, sottise, témérité, imprudence. Les décisions hasardées avec le plus de confiance, font le plus d'impression. Eh ! qui sont ceux qui jouissent du droit de prononcer ? Des gens qui, à force de braver le mépris, viennent à bout de se faire respecter & de donner le ton ; qui n'ont que des opinions, & jamais de sentiments ; qui en changent, les quittent & les reprennent, sans le savoir ni s'en douter ; ou qui sont opiniâtres sans être constants. Voilà cependant les Juges des *réputations* : voilà ceux dont on méprise le sentiment, & dont on recherche le suffrage ; ceux qui procurent la *considération*, sans en avoir eux-mêmes aucune.

La *considération* est différente de la *célébrité* ; la *renommée* même ne la donne pas toujours, & l'on peut en avoir sans en imposer par un grand éclat.

La *considération* est un sentiment d'estime mêlé d'une sorte de respect personnel qu'un homme inspire en sa faveur. On en peut jouir également parmi ses inférieurs, ses égaux, & ses supérieurs en rang & en naissance. On peut, dans un rang élevé, ou avec une naissance illustre, avec un esprit supérieur ou des talents distingués; on peut même avec de la vertu, si elle est seule & dénuée de tous les autres avantages, être sans *considération*. On peut en avoir avec un esprit borné, ou malgré l'obscurité de la naissance ou de l'état.

La *considération* ne suit pas nécessairement le grand homme : l'homme de mérite y a toujours droit ; & l'homme de mérite est celui qui, ayant toutes les qualités & tous les avantages de son état, ne les ternit par aucun endroit.

Pour donner enfin une idée plus précise de la *considération*, on l'obtient par la réunion du mérite, de la décence, du respect pour soi-même ; par le pouvoir connu d'obliger & de nuire, & par l'usage éclairé qu'on fait du premier, en s'abstenant de l'autre.

On doit conclure de l'analyse que nous venons de faire, & de la discussion dans laquelle nous sommes entrés, que la *renommée* est le prix des talents supérieurs, soutenus de grands efforts dont l'effet s'étend sur les hommes en général ou du moins sur une nation ; que la *réputation* a moins d'étendue que la *renommée*, & quelquefois d'autres principes ; que la *réputation* usurpée n'est jamais sûre ; que la plus honnête est toujours la plus utile ; & que chacun peut aspirer à la *considération* de son état (*a*). *M. Duclos*, Consid. sur les mœurs de ce siecle, ch. V, édit. de 1764.

(*a*) *Voyez* tome I, art. 190.

127. CONFISEUR. CONFITURIER.

Tous deux ont rapport aux confitures, le *Confiseur* les fait, le *Confiturier* les vend.

Un homme nécessaire dans l'office d'une grande maifon eſt un habile *confifeur* ; il ne feroit ni bienféant, ni fûr, ni bien entendu de recourir fans ceſſe à un *confiturier*. (B.)

128. ÉCHANGER. TROQUER. PERMUTER. (*a*).

Ces trois mots défignent l'action de donner une chofe pour une autre, pourvu que l'une des deux chofes données ne foit pas de l'argent; car en ce cas il y a vente ou achat.

On *échange* les ratifications d'un traité ; on *troque* des marchandifes ; on *permute* des bénéfices.

Echanger eſt du ſtyle noble; *troquer* du ſtyle ordinaire & familier ; *permuter*, du ſtyle du Palais. (*Encyl*. V, 230.)

(*a*) *Voyez* tome I, art. 206.

129. FERMETÉ. ENTÊTEMENT. OPINIATRETÉ. (*a*).

* Chacun de ces mots exprime une perſévérance inébranlable dans le parti qu'on a pris, c'eſt ce qui les rend fynonymes ; mais des idées acceſſoires les différencient les uns des autres (B).

* 1°. Il ne faut pas confondre la *fermeté* avec l'*entêtement*. L'homme *ferme* foutient & exécute avec vigueur ce qu'il croit vrai & conforme à fon devoir, après avoir mûrement pefé les raifons pour & contre : l'*entêté* n'examine rien ; fon opinion fait fa loi.

2°. L'*opiniâtreté* ne diffère de l'*entêtement* que du plus au moins. On peut réduire un

(*a*) *Voyez* tome I, art. 67.

entêté, en flattant son amour-propre ; jamais un *opiniâtre*, il est inflexible & arrêté dans ses sentiments. D'où il suit que l'*entêtement*, comme l'*opiniâtreté*, sont des vices du cœur ou de l'esprit, quelquefois aussi d'une mauvaise méthode de raisonner. (*Encycl. XVII*, 770.)

* On est *ferme* dans ses résolutions, c'est le fruit de la sagesse ; *entêté* de ses prétentions, c'est un effet de la vanité ; *opiniâtre* dans ses sentiments, c'est une suite de l'amour-propre qui fait que l'on s'identifie avec ses propres pensées. (B.)

130. FERMETÉ. CONSTANCE.

La *fermeté* est le courage de suivre ses desseins & sa raison ; & la *constance* est une persévérance dans ses goûts. L'homme *ferme* résiste à la séduction, aux forces étrangeres, à lui-même : l'homme *constant* n'est point ému par de nouveaux objets, & il suit le même penchant qui l'entraîne toujours également. On peut être *constant* en condamnant soi-même sa *constance* ; celui-là seul est *ferme*, que la crainte des disgraces, de la douleur, de la mort même, l'espérance de la gloire, de la fortune ou des plaisirs, ne peuvent écarter du parti qu'il a jugé le plus raisonnable & le plus honnête.

Dans les difficultés & les obstacles, l'homme *ferme* est soutenu par son courage & conduit par sa raison ; il va toujours au même but : l'homme *constant* est conduit par son cœur ; il a toujours les mêmes besoins.

On peut être *constant* avec une ame pusillanime, un esprit borné : mais la *fermeté* ne peut être que dans un caractere plein de force, d'élévation & de raison.

La légéreté & la facilité font oppofées à la *conftance* ; la fragilité & la foibleffe font oppofées à la *fermeté* (*a*). (*Encycl. VI*, 527.)

(*a*) L'Auteur anonyme de cet article n'a pas fait attention au fuivant, qui eft de M. d'Alembert, ou ne l'a pas connu. Ce n'eft pas qu'il n'ait pu comparer la *fermeté* feule à la *conftance* ; car *inébranlable* & *inflexible* font comme des efpeces de l'adjectif *ferme*. Mais il n'auroit pas oppofé la *légéreté* & la *facilité* à la *conftance*, ni la *fragilité* & la *foibleffe* à la *fermeté* : ces quatre efpeces auroient dû le ramener aux quatre de l'article fuivant : la *légéreté* fait qu'on n'eft pas *conftant* : la *foibleffe*, qu'on n'eft pas *ferme* : la *fragilité*, qu'on n'eft pas *inébranlable* : & la *facilité*, qu'on n'eft pas *inflexible*. *Voyez* tome I, art. 68. (B.)

131. CONSTANT. FERME. INÉBRANLABLE. INFLEXIBLE.

Ces mots défignent en général la qualité d'une ame que les circonftances ne font point changer de difpofition. Les trois derniers ajoutent au premier une idée de courage, avec ces nuances différentes, que *ferme* défigne un courage qui ne s'abat point ; *inébranlable*, un courage qui réfifte aux obftacles ; & *inflexible*, un courage qui ne s'amollit point.

Un homme de bien eft *conftant* dans l'amitié, *ferme* dans les malheurs ; &, lorfqu'il s'agit de la juftice, *inébranlable* aux menaces & *inflexible* aux prieres. (*Encycl. IV*, 58.)

132. CONTINUER. PERSÉVÉRER. PERSISTER.

Ces verbes indiquent tous trois un état de tenue dans la maniere d'agir : le premier, fans aucune autre addition ; & les deux autres, avec des idées acceffoires qui les diftinguent du premier & entr'eux.

Continuer, c'est simplement faire comme on a fait jusques-là. *Persévérer*, c'est *continuer* sans vouloir changer. *Persister*, c'est *persévérer* avec constance ou opiniâtreté. Ainsi, *persister* dit plus que *persévérer*, & *persévérer* plus que *continuer*.

On *continue* par habitude ; on *persévere* par réflexion ; on *persiste* par attachement.

L'homme le plus estimable n'est pas celui qui, après avoir contracté l'heureuse habitude de la vertu, *continue* de la pratiquer ; tant qu'il n'est soutenu que par l'habitude, il peut encore être séduit par des raisonnements captieux, ébranlé par de mauvais exemples, détourné de la bonne voie par une passion violente : il y a beaucoup plus à compter sur celui qui, connoissant les fondements & les avantages de la vertu, l'horreur & les dangers du vice, *persévere* en connoissance de cause à faire le bien & à fuir le mal : mais le comble du mérite, c'est d'y *persister* nonobstant la fougue des passions, & malgré les persécutions des méchants. (B.)

133. CONTINUER. POURSUIVRE.

C'est ajouter à ce qui est commencé, dans l'intention d'arriver à la fin & de faire un tout complet : le premier de ces deux mots ne dit rien de plus ; mais le second suppose que les additions faites au commencement sont dans les mêmes vues, ont les mêmes qualités, & se font de la même tenue.

Ainsi, l'on peut *continuer* l'ouvrage d'autrui, parce qu'il ne faut qu'y ajouter ce qui pourroit y manquer : mais il n'y a que celui qui l'a commencé qui puisse le *poursuivre* ; parce qu'un autre ne peut avoir ni toutes ses vues ni les mêmes vues, que chacun a son faire distingué de tout autre, & qu'il y a interruption dès que l'ouvrage passe dans des mains différentes.

Continuer, marque simplement la suite du premier travail : *Poursuivre*, marque, avec la suite, une volonté déterminée & suivie d'arriver à la fin.

Quand un discours est commencé, s'il vient à être interrompu ; & que celui qui le prononce ait pris part à l'interruption, ou que, sans cela, elle ait été longue, il le reprend pour *continuer* : s'il ne donne ou s'il affecte de ne donner aucune attention à l'interruption, il *poursuit*, parce qu'alors l'interruption est nulle par rapport à celui qui parle, & qu'il tend à la fin nonobstant l'interruption.

On *continue* son voyage après avoir séjourné dans une Ville, dans une Cour étrangere : on le *poursuit* nonobstant les dangers de la route, les difficultés des chemins, & les incommodités de la saison.

Quand on a commencé, il faut *continuer* ; autrement, on court les risques de passer ou pour étourdi ou pour inconstant. Quand on a bien commencé, il faut *poursuivre*, pour ne pas se priver du succès qui est dû au début. (B.)

134. CONTINUATION. SUITE.

Termes qui désignent la liaison & le rapport d'une chose avec ce qui la précede.

On donne la *continuation* de l'ouvrage d'un autre, & la *suite* du sien. On dit, la *continuation* d'une vente, & la *suite* d'un procès. On *continue* ce qui n'est pas achevé : on donne une *suite* à ce qui l'est. (*Encycl. IV*, 115.)

153. CONTINU. CONTINUEL.

Ces deux termes désignent l'un & l'autre une tenue suivie ; c'est le sens général qui les rend synonymes : voici en quoi ils différent.

Ce qui est *continu* n'est pas divisé ; ce qui est *continuel* n'est pas interrompu. Ainsi, la chose est *continue* par la tenue de sa constitution ; elle est *continuelle* par la tenue de sa durée.

Le cliquet d'un moulin en mouvement fait un bruit *continuel*, parce qu'il est le même sans interruption tant que le moulin tourne : mais ce bruit n'est pas *continu*, parce qu'il est composé de retours périodiques séparés par des intervalles de silence ; il est divisé (*a*). (B.)

(*a*) Comparez cet article avec l'article 166 du tome I.

136. LEVER UN PLAN. FAIRE UN PLAN.

Lever un plan & *faire un plan*, sont deux opérations très-distinctes.

On *leve un plan* en travaillant sur le terrein ; c'est-à-dire, en prenant des angles & en mesurant des lignes, dont on écrit les dimensions, dans un registre, afin de s'en ressouvenir pour *faire le plan*.

Faire un plan, c'est tracer en petit, sur du papier, du carton, ou toute autre matiere semblable, les angles & les lignes déterminées sur le terrein dont on a levé le plan ; de maniere que la figure tracée sur la carte, ou décrite sur le papier, soit tout-à-fait semblable à celle du terrein, & possede en petit, quant à ses dimensions, tout ce que l'autre contient en grand. (*Encycl.* IX, 443.)

137. ÉBAUCHE. ESQUISSE.

*Termes techniques, qui annoncent l'un & l'autre quelque chose de préliminaire & d'imparfait, qui tend à l'exécution d'un ouvrage. (B.)

*L'*ébauche* est la premiere forme qu'on a donnée à un ouvrage : l'*esquisse* n'est qu'un modele incorrect de l'ouvrage même qu'on a tracé légérement, qui ne contient que l'esprit de l'ouvrage qu'on se propose d'exécuter, & qui ne montre aux connoisseurs que la pensée de l'Ouvrier.

Donnez à l'*esquisse* toute la perfection possible, & vous en ferez un modele achevé : donnez à l'*ébauche* toute la perfection possible, & l'ouvrage même sera fini.

Ainsi, quand on dit d'un tableau, j'en ai vu l'*esquisse*, on fait entendre qu'on en a vu le premier trait au crayon, que le peintre avoit jetté sur le papier ; & quand on dit : j'en ai vu l'*ébauche*, on fait entendre qu'on a vu le commencement de son exécution en couleur, que le Peintre avoit formé sur la toile.

D'ailleurs, le mot d'*esquisse* ne s'emploie guere que dans les arts où l'on parle du modele de l'ouvrage ; au lieu que celui d'*ébauche* est plus général, puisqu'il est applicable à tout ouvrage commencé, & qui doit s'avancer de l'état d'*ébauche* à celui de perfection.

Esquisse dit toujours moins qu'*ébauche*, quoiqu'il soit peut-être moins facile de juger de l'ouvrage sur l'*ébauche* que sur l'*esquisse*. (*Encycl.* V, 212.)

138. SERMENT. VŒU.

* Ce sont deux actes religieux, qui supposent également une promesse faite sous les yeux de Dieu & avec invocation de son saint nom : c'est du moins l'aspect commun sous lequel on doit envisager ces deux mots, quand on les considere comme synonymes; mais alors même ils ont des différences qu'il est nécessaire de remarquer. (B.)

* Tout *serment*, proprement ainsi nommé, se rapporte principalement & directement à quelque homme auquel on le fait. C'est à l'homme qu'on s'engage par-là : on prend seulement Dieu à témoin de ce à quoi on s'engage, & l'on se soumet aux effets de sa vengeance, si l'on vient à violer la promesse qu'on a faite; supposé que l'engagement par lui-même n'ait rien qui le rendît illicite ou nul, s'il eût été contracté sans l'interposition du *serment*.

Mais le *vœu* est un engagement où l'on entre directement envers Dieu; & un engagement volontaire, par lequel on s'impose à soi-même, de son pur mouvement, la nécessité de faire certaines choses auxquelles, sans cela, on n'auroit pas été tenu, au moins précisément & déterminément; car, si l'on y étoit déjà indispensablement obligé, il n'est pas besoin de s'y engager; le *vœu* ne fait alors que rendre l'obligation plus forte & la violation du devoir plus criminelle, comme le manque de foi, accompagné de parjure, en devient plus odieux & plus digne de punition, même de la part des hommes.

Comme le *serment* est un lien accessoire, qui suppose toujours la validité de l'engagement auquel on l'ajoute, pour rendre les hommes envers qui l'on s'engage plus certains de notre bonne foi : dès qu'il ne s'y trouve aucun vice qui rende cet engagement nul ou illicite, cela suffit pour être assuré que Dieu veut bien être pris à témoin de l'accomplissement de la promesse ; parce qu'on sait certainement que l'obligation de tenir sa parole est fondée sur une des maximes évidentes de la loi naturelle, dont il est l'Auteur.

Mais quand il s'agit d'un *vœu*, par lequel on s'engage directement envers Dieu, à certaines choses auxquelles on n'étoit point obligé d'ailleurs, la nature de ces choses n'ayant rien par elle-même qui nous rende certains qu'il veut bien accepter l'engagement, il faut, ou qu'il nous donne à connoître sa volonté par quelque voie extraordinaire, ou que l'on ait là-dessus des présomptions très-raisonnables, fondées sur ce qui convient aux perfections de cet Etre souverain. (*Encycl.* XV, 99.)

* Nulle Puissance sur la terre ne peut délier les Sujets du *serment* de fidélité qu'ils ont prêté à un Prince, si ce n'est le Prince même qui l'a reçu. Tout *vœu* contraire à celui de la loi naturelle ou d'une loi positive, est moins un *vœu* qu'un sacrilége.

„ Les Israélites, dit M. Fleuri, étoient fort „ religieux à observer leurs *vœux* & leurs *ser-* „ *ments*. Pour les *vœux*, l'exemple de Jephté „ n'est que trop fort : pour les *serments*, Josué „ garda la promesse qu'il avoit faite aux Gabao- „ nites, quoiqu'elle fût fondée sur une trompe- „ rie manifeste. „ (B.)

139. RÉALISER. EFFECTUER. EXÉCUTER.

C'est accomplir ce qui avoit été envisagé d'avance ; mais chacun de ces verbes énonce cet accomplissement sous des points de vue différents.

Réaliser, c'est accomplir ce que des apparences ont donné lieu d'espérer. *Effectuer*, c'est accomplir ce que des promesses formelles ont donné droit d'attendre. *Exécuter*, c'est accomplir une chose conformément au plan que l'on s'en est formé auparavant.

Ainsi *réaliser* a rapport aux apparences ; *effectuer*, à quelqu'engagement ; & *exécuter* à un dessein.

On ne *réalise* guere, dans le monde, la bienveillance dont on affecte si fort de donner de vaines démonstrations : la bonne-foi y est si rare, qu'on y est réduit à encourager, par des éloges, ceux qui ont assez de droiture pour *effectuer* les engagements qu'ils ont contractés : il semble qu'il y ait un projet universel d'anéantir toute probité, & que l'on travaille à l'envi à l'*exécuter*. (B.)

140. CONTENTEMENT. SATISFACTION.

* Ces deux termes désignent en général la tranquillité de l'ame par rapport à l'objet de ses desirs. (B.)

* Le *contentement* est plus dans le cœur ; la *satisfaction* est plus dans les passions. Le premier est un sentiment qui rend toujours l'ame tranquille. Le second est un succès qui jette quelquefois l'ame dans le trouble (quoiqu'elle n'ait plus d'inquiétude sur ce qu'elle desiroit.)

Un homme inquiet, craintif, n'est jamais *content*; un homme possédé d'avarice ou d'ambition, n'est jamais *satisfait* (*a*).

Il n'est guere possible à un homme éclairé, d'être *satisfait* de son travail, quoiqu'il soit *content* du choix du sujet.

Callimaque, qui tailloit le marbre avec une délicatesse admirable, étoit *content* du cas singulier qu'on faisoit de ses ouvrages, tandis que lui-même n'en étoit jamais *satisfait*.

On est *content* lorsqu'on ne souhaite plus, quoiqu'on ne soit pas toujours *satisfait* lorsqu'on a obtenu ce qu'on souhaitoit (*b*).

Combien de fois arrive-t-il qu'on n'est pas *content* après s'être *satisfait* ? Vérité qui peut être d'un grand usage en Morale. (*Encycl.* IV, III.)

* En effet, il n'arrive presque jamais que l'on soit *content*, après avoir obtenu la *satisfaction* la plus entiere d'une injure. On desire d'acquérir un bien; enfin, il arrive qu'on est *satisfait*, mais on n'est pas *content* : il auroit été plus heureux d'être *content* que *satisfait*;

_____

(*a*) Je crois qu'au contraire l'homme inquiet n'est jamais *satisfait*, parce qu'il souhaite toujours plus de sécurité : & que l'homme possédé de quelque passion n'est jamais *content*, parce qu'il ne cesse jamais de souhaiter, même quand ses premiers desirs sont remplis & *satisfaits* : du moins cela est conforme aux notions de l'Abbé Girard, (tome I, 160), que l'Auteur de cet article approuve expressément. (B.)

(*b*) Selon M. Girard (*ibid.*), on est *satisfait* quand on a obtenu ce qu'on souhaitoit, quoiqu'on puisse n'être pas *content*; & l'Encyclopédiste va lui-même en faire la remarque. (B.)

car, comme dit le proverbe, *contentement passe richesse* (c). (B.)

(c) *Voyez* tome I, art. 159, 160. Celui-ci en est tiré en partie.

141. MÉCONTENTS. MAL-INTENTIONNÉS.

Les uns & les autres sont opposés aux vues du Gouvernement : la différence vient des motifs qui les poussent, & des moyens qu'ils emploient.

Les *mécontents* ne sont pas satisfaits du Gouvernement, du Ministere, de l'Administration des affaires ; ils desirent qu'on y fasse quelque changement. Les *mal-intentionnés* ne sont pas satisfaits de leur propre situation, & pensent à s'en procurer une qui soit à leur gré.

Il y a des *mécontents* dans les temps de troubles ; parce que la tempête fait aisément perdre la tête à un Pilote qui n'a pas assez d'expérience & de lumiere, & que la manœuvre peut en souffrir. Il y a des *mal-intentionnés* dans tous les temps ; parce que dans tous les temps il y a des passions, & que les passions sont toujours injustes.

Les *mécontents* ne sont pas toujours blâmables, parce qu'il n'est jamais blâmable de voir & de sentir ; c'est le manque de respect ou la révolte qui les rend criminels. Il est rare que les *mal-intentionnés* soient excusables ; parce que leur mauvaise intention est criminelle en soi, que souvent leur motif secret est orgueil ou injustice, & que presque toujours ils se couvrent du voile odieux de la dissimulation & de l'hypocrisie.

Quand on pousse à bout des *mécontents* modérés, en rejettant avec hauteur leurs repréſentations les plus raiſonnables, & en les puniſſant de ce qu'ils ont été trop clairvoyants ou trop ſenſibles, on riſque de les aſſocier aux *mal-intentionnés*, & de prêter à ceux-ci des prétextes qui leur manquoient. (B.)

* A juger équitablement d'Helvidius, il n'étoit que *mécontent*; on voulut le faire paſſer pour *mal-intentionné*. Ces deux diſpoſitions ont un air de reſſemblance, qui fait que la calomnie les confond preſque toujours avec ſuccès. (*M. l'Abbé de la Bléterie*, Note 2, ſur la *Vie d'Agricola*, par Tacite).

142. MAL-CONTENT. MÉCONTENT.

Tous deux ſignifient *qui n'eſt pas ſatisfait*, mais avec quelques différences qu'il eſt eſſentiel d'obſerver.

Il me ſemble que l'on eſt *mal-content*, quand on n'eſt pas auſſi ſatisfait que l'on avoit droit de l'attendre; & que l'on eſt *mécontent*, quand on n'a reçu aucune ſatisfaction.

Delà vient que *mal-content*, ainſi que l'obſerve l'Académie dans ſon Dictionnaire, ſe dit plus particuliérement du ſupérieur à l'égard de l'inférieur; parce que l'inférieur eſt cenſé du moins avoir fait quelque choſe pour la ſatisfaction du ſupérieur: au contraire, *mécontent* ſe dira plutôt de l'inférieur à l'égard du ſupérieur par une raiſon contraire. Ainſi un Prince peut être *mal-content* des ſervices de quelqu'un de ſes ſujets; un pere, de l'application de ſon fils; un maître, des progrès de ſon éleve; un citoyen, du travail d'un ouvrier, &c. Un ſujet au contraire peut être *mécontent* des paſſe-droits que lui fait le Prince; un fils, de la prédilection trop marquée de son pere pour un autre de ses enfants ; un éleve, de la négligence ou de l'impéritie de son maître ; un ouvrier, du salaire que l'on a donné à son travail.

Mal-content & *mécontent* ayant un sens passif, il faut appliquer dans des sens contraires les verbes *contenter mal* & *mécontenter*, qui ont le sens actif : ainsi les inférieurs *contentent mal* les supérieurs ; & les supérieurs *mécontentent* les inférieurs.

Mal-content exige toujours un complément avec la préposition *de* ; & ce complément exprime ce qui auroit dû donner une entiere satisfaction. *Mécontent* peut s'employer d'une maniere absolue & sans complément.

Delà vient qu'il se prend quelquefois substantivement, dans le sens que l'article précédent a expliqué ; & dans cette acception il ne se dit qu'au pluriel. Mais *mal-content* ne peut jamais se prendre substantivement, quoique le P. Bouhours ait écrit : " C'est la coutume des *mal-contents* de se plaindre ". C'est dans cet Ecrivain une véritable faute, qui vient de ce qu'on n'avoit pas encore de son temps démêlé les justes différences des deux termes dont il s'agit ; comme on peut le voir par ce qu'il en dit lui-même au *Tome I* de ses Remarques nouvelles sur la langue françoise. (B.)

143. TAUX. TAXE. TAXATIONS.

L'idée commune qui fonde la synonymie de ces trois mots, est celle de la détermination établie de quelque valeur pécuniaire.

Le *taux* est cette valeur même : la *taxe* est le réglement qui la détermine : les *taxations* sont certains droits fixes attribués à quelques

Officiers qui ont le maniement des deniers du Roi.

On ne dit que *taux*, quand il s'agit du denier auquel les intérêts de l'argent font fixés par l'Ordonnance, parce que la cupidité ne pense pas tant à l'autorité déterminante, qu'à ses propres intérêts.

On dit assez indifféremment *taux ou taxe*, en parlant du prix établi pour la vente des denrées, ou de la somme fixée que doit payer un contribuable ; mais ce n'est que dans le cas où il n'est pas plus nécessaire de faire attention à la valeur déterminée, qu'à l'autorité déterminante : car un contribuable qui voudroit représenter qu'il ne peut payer ce qu'on exige de lui, faute de proportion avec ses facultés, devroit dire que son *taux* est trop haut ; &, s'il vouloit dire que les impositeurs ne l'ont pas traité dans la proportion des autres contribuables, il devroit dire que la *taxe* est trop forte.

On ne dit que *taxe*, s'il s'agit du réglement judiciaire pour fixer certains frais qui ont été faits à la poursuite d'un procès ou d'une imposition en deniers sur des personnes en certains cas : c'est que l'on a alors plus d'égard à l'autorité de la justice, qui constate le droit, ou à celle du Prince, qui est plus marquée qu'à l'ordinaire.

On dit quelquefois *taxation* au singulier, pour signifier l'opération de la taxe. (B.)

144. DÉCIME. DÉCIMES. DIME.

Ces mots désignent également une contribution payable par les possesseurs des biens, & qui étoient originairement de la dixieme partie des fruits.

Décime, au singulier, c'est la dixieme partie des revenus eccléfiastiques, qui étoit levée extraordinairement pour quelque affaire jugée importante à la religion ou à l'état.

Décimes, au pluriel, est ce que les bénéficiers paient annuellement au Roi sur les revenus de leurs bénéfices, sans aucune analogie déterminée entre les revenus & la contribution.

Dîme est la portion des fruits des biens laïques, donnée annuellement à l'Eglise par les fideles, ou aux Seigneurs par leurs Vassaux. Quoique le mot semble indiquer la dixieme partie, ce n'est pourtant le taux des *dîmes* qu'en un petit nombre d'endroits ; il varie d'un lieu à un autre, & il n'y a d'uniformité que dans la quotité annuelle de chaque paroisse. (B.)

145. REGLE. MODELE.

L'un & l'autre ont pour objet de diriger, mais en diverses manieres. La *regle* prescrit ce qu'il faut faire ; le *modele* le montre tout fait : on doit suivre l'un & imiter l'autre.

La *regle* parle à l'esprit, elle l'éclaire, elle lui fait connoître ce qui doit se faire ; mais elle est froide & sans force. Le *modele* échauffe l'ame, la met en mouvement, fait disparoître toutes les difficultés, anéantit tous les prétextes.

On trouve dans les écrits d'Aristote, de Longin, de Denys d'Halicarnasse, de Cicéron, de Quintilien, & de plusieurs modernes, d'excellentes *regles* sur l'éloquence : mais elles seront infructueuses ou bien peu utiles pour former des Orateurs, si l'on ne s'attache à l'étude des grands *modeles*, comme Démosthene & Cicéron, Bossuet & Fléchier, Bourdaloue & Massillon, d'Aguesseau & Cochin.

Les Philosophes nous prescrivent des *regles* de conduite qui sont admirables, si l'on veut, & pleines de sagesse : mais ils ne gagneront rien, s'ils s'en tiennent à la théorie ; il faut qu'ils aient recours à l'histoire, qui, en nous proposant de grands & d'illustres *modeles*, nous soumet aux *regles* par l'imitation.

Les loix sont des *regles* déterminées par l'autorité du Législateur ; les *modeles* montrent des exemples qui justifient les *regles*, & qui condamnent les réfractaires. Ainsi, l'on peut appliquer ici à la *regle* & au *modele*, ce que Rousseau a dit de la *loi* & de l'*exemple* (a).

<blockquote>
Contre une *loi* qui nous gêne
La nature se déchaîne,
Et cherche à se révolter ;
Mais l'*exemple* nous entraîne,
Et nous force à l'imiter.
</blockquote>

» Il y a des endroits, dit le P. Bouhours (b), » où l'on peut employer également les deux mots » de *regle* ou de *modele* : par exemple, on peut » dire, la vie de N. S. est la *regle* des Chrétiens, » ou le *modele* des Chrétiens «.

Cela se peut dire, sans doute ; mais ce ne sont pas moins deux expressions différentes par la forme & par le sens : la premiere signifie que de la vie de N. S. nous pouvons conclure quelles sont les véritables *regles* de la vie Chrétienne ; la seconde, que dans la vie de N. S. nous trouvons un *modele* qui nous porte à nous conformer aux *regles* de la vie chrétienne, & qui nous en montre la maniere. La premiere expression est, pour ainsi dire, de pure théorie ; la se-

---

(a) Ode à l'Impératrice Amélie.

(b) Rem. nouv. tome I.

conde eſt de pratique : ainſi il y a encore un choix qui dépend des circonſtances, & qui n'échappera pas au bon goût. (B.)

146. RÉGLÉ. RÉGULIER.

Ces deux adjectifs marquent un rapport aux regles ; mais ce ſont des rapports différents, & les regles n'y ſont pas enviſagées ſous les mêmes points de vue.

Ce qui eſt *réglé* eſt aſſujetti à une regle quelconque, uniforme ou variable, bonne ou mauvaiſe. Ce qui eſt *régulier* eſt conforme à une regle uniforme & louable.

Le mouvement de la lune eſt *réglé*, puiſqu'il eſt ſoumis à des retours périodiques égaux : mais il n'eſt pas *régulier*, parce qu'il n'eſt pas uniforme dans la même période.

Toutes les actions des Chrétiens ſont *réglées* par l'Evangile ; mais elles ne ſont pas toutes *régulieres*, parce qu'elles ne ſont pas toutes conformes à ces regles ſacrées.

Il me ſemble qu'en parlant de la vie, de la conduite, des mœurs, le mot de *réglé* dit autre choſe que celui de *régulier*. Une vie *réglée* peut s'entendre au phyſique ou au moral ; au phyſique, c'eſt une vie aſſujettie à une regle ſuggérée par des vues de ſanté ou d'économie ; au moral, c'eſt une vie extérieurement conforme aux regles de la morale que le monde même exige : mais une vie *réguliere* eſt conforme aux principes de morale & aux maximes de la religion. C'eſt à-peu-près la même différence, en parlant de la conduite & des mœurs.

On dit d'une femme, qu'elle eſt *réglée*, dans un ſens purement phyſique, pour dire que le retour périodique des menſtrues eſt exact. C'eſt pourquoi, dans le sens moral, on dit qu'elle est *réguliere*, pour dire qu'elle garde toutes les bienséances qu'exige la vertu : ce mot alors n'a aucun trait à la religion ; » ce n'est pas une » femme dévote, dit le P. Bouhours (*a*). *Ré-* » *guliere* dit moins que dévote ; & les femmes » que nous appelons *régulieres* ne sont la plupart » que de vertueuses païennes ; elles ont beaucoup » de vertu & très-peu de dévotion «.

Hors de la morale, ce qui est *réglé* étoit originairement libre, & n'est soumis à une regle que par un choix libre & par convention ; c'est ainsi qu'il faut l'entendre d'une dispute *réglée*, d'un ordinaire *réglé*, d'un commerce *réglé*, d'un temps *réglé*, &c. ou bien il s'agit d'une regle établie par le fait, & dont il est difficile ou impossible de rendre raison, comme quand on parle d'une fievre *réglée*. Mais tout ce qui est *régulier* doit être conforme à la regle, & tend au vicieux dès qu'il s'y soustrait ; tels sont un bâtiment, un discours, un poëme, une construction, une procédure, &c. (B.)

(*a*) Rem. nouv. tome I.

147. RÉGLÉMENT. RÉGULIÉREMENT.

Quand on ne veut marquer que la persévérance à faire toujours de la même maniere, ces deux adverbes sont synonymes & se prennent indifféremment l'un pour l'autre : ainsi l'on peut dire d'un homme de cabinet, qu'il étudie *réglément* ou *réguliérement* huit heures par jour ; que tous les jours il se leve *réglément* ou *réguliérement* à cinq heures, &c.

Mais il y a des circonstances où l'on ne doit pas prendre l'un pour l'autre. *Réglément* veut dire alors d'une maniere égale, que l'on peut regarder comme regle, & qui femble foumife à une regle ; *régulièrement* veut dire, d'une maniere conforme à une regle réelle, ou aux regles en général.

Réglément indique de la précifion, & fuppofe de la fageffe & de l'ordre ; *régulièrement* défigne de l'attention, & fuppofe de la foumiffion & l'obéiffance.

Vivre *réglément* eft un moyen affuré de ménager tout-à-la fois fa bourfe & fa fanté. Vivre *régulièrement* eft le moyen le plus efficace d'affurer fon bonheur dans ce monde & dans l'autre. (B.)

148. RELACHE. RELACHEMENT.

C'eft l'interruption, l'intermiffion, la difcontinuation d'un premier état : mais quelques idées acceffoires ajoutées à ce premier fonds, la fynonymie difparoît.

Relâche fe prend toujours en bonne part ; c'eft la difcontinuation de quelque exercice pénible, foit pour le corps, foit pour l'efprit : *relâchement*, employé feul, fe prend en mauvaife part ; c'eft la diminution de l'activité dans le travail ou dans quelque exercice, ou de la régularité dans ce qui concerne les mœurs ou la piété.

Il eft néceffaire que par intervalles l'efprit & le corps prennent du *relâche* : il fert à ranimer les forces. En fait de mœurs & de difcipline, le moindre *relâchement* eft dangereux : il fait mieux fentir le poids de la regle, & ne manque guere de la rendre odieufe.

Le *relâche* eft un foulagement, qui prépare à de nouveaux travaux : le *relâchement* dans ce qui concerne la piété, la discipline ou les mœurs, est une infraction qui en amene d'autres, & conduit au désordre. Mais, par rapport au travail, le *relâchement* ne tire pas toujours à si grande conséquence ; & l'on peut se le permettre quelquefois jusqu'à certain point, quand on n'a pas le loisir de se donner entiérement *relâche* (a). (B.)

(a) *Voyez* tome I, art. 392.

149. DÉROGATION. ABROGATION.

Ce sont deux actions législatives également opposées à l'autorité d'une loi, mais chacune à sa maniere. La *dérogation* laisse subsister la loi antérieure ; l'*abrogation* l'annulle absolument. La loi *dérogeante* ne donne atteinte à l'ancienne que d'une maniere indirecte & imparfaite : indirecte, en ce qu'elle en confirme l'existence & l'autorité par l'acte même qui la suspend ; imparfaite, en ce qu'elle ne la contrarie que dans quelques points où l'une seroit incompatible avec l'autre. La loi qui *abroge* est directement & pleinement opposée à l'ancienne : directement, parce qu'elle est faite expressément pour l'annuller ; pleinement, parce qu'elle l'anéantit dans tous ses points.

Il n'y a que le Législateur qui puisse *déroger* aux loix anciennes, ou les *abroger*. Les *dérogations* fréquentes prouvent, ou le vice de l'ancienne législation, ou l'abus actuel de la puissance législative. L'*abrogation* est quelquefois indispensable, quand les mœurs de la nation ou les intérêts de l'état sont changés.

L'usage des clauses *dérogatoires* dans les testaments a été *abrogé* par la nouvelle Ordonnance qui concerne ces actes. (B.)

150. CONTRAVENTION. DÉSOBÉISSANCE.

Ces termes défignent en général l'action de s'écarter d'une chofe qui eft commandée.

La *contravention* eft aux chofes ; la *défobéiffance*, aux perfonnes. La *contravention* à un réglement eft une *défobéiffance* au Souverain. (*Encycl.* IV, 127.)

151. VIOL. VIOLEMENT. VIOLATION.

Ces termes expriment tous trois l'infraction de quelque devoir confidérable : c'eft la différence des objets violés qui fait celle des termes.

Le *viol* eft le crime de celui qui attente par force à la pudicité d'une fille ou d'une femme. *Violement* ne fe dit que de l'infraction de ce qu'on doit obferver, & ce mot exige toujours un complément qui faffe connoître la nature du devoir qui eft tranfgreffé. *Violation* fe dit plus fpécialement des chofes facrées ou très-refpectables, quand elles font comme profanées.

Quand les mœurs d'une nation font corrompues, au point que le *violement* des bienféances fait partie des manieres reçues, & que l'impudicité ofe fe permettre impunément la *violation* publique des lieux faints, on ne fauroit plus répondre que le *viol* n'y fera pas bientôt traité comme une pure galanterie. (B.)

152. LICITE. PERMIS.

On peut faire l'un & l'autre : ce qui eft *licite*, parce qu'aucune loi ne l'a déclaré mauvais ; ce qui eft *permis*, parce qu'une loi expreffe l'a autorifé.

Ce qui est *licite*, tant que la loi n'a rien prononcé de contraire, est indifférent en soi : ce qui est permis, avant que la loi s'expliquât, étoit mauvais en vertu d'une autre loi antérieure.

Ce qui cesse d'être *licite*, devient *illicite*; & ces deux termes ont un rapport plus marqué à l'usage que l'on doit faire de sa liberté : ils caractérisent les objets de nos devoirs. Ce qui cesse d'être *permis*, devient *défendu*; & ces termes ont un rapport plus marqué à l'empire de la loi : ils caractérisent notre dépendance.

L'usage de la viande est *licite* en soi : mais l'Eglise l'ayant *défendu* pour certains jours de l'année, il n'est *permis* alors qu'à ceux qui, sur de justes motifs, sont dispensés de l'abstinence par l'autorité de l'Eglise même ; il est *illicite* pour tous les autres. (B.)

153. DÉFENDU. PROHIBÉ.

Ces deux mots désignent en général une chose qu'il n'est pas permis de faire, en conséquence d'un ordre ou d'une loi positive. Ils different en ce que *prohibé* ne se dit guere que des choses qui sont *défendues* par une loi humaine & de police.

La fornication est *défendue*; & la contrebande *prohibée*. (*Encycl.* IV, 735.)

154. SUBREPTICE. OBREPTICE.

Quoique ces mots soient des termes de palais & de chancellerie, ils sont cependant d'un usage si fréquent & si commun, qu'il ne sauroit être hors de propos de les faire connoître ici. Ils servent l'un & l'autre à caractériser des graces obtenues par surprise, ou de la puissance ecclésiastique, ou de la puissance séculiere, ou des Magistrats dispensateurs de la justice.

La surprise suppose que ceux qui ont accordé la grace n'ont pas eu les lumieres nécessaires pour se décider avec équité, & que les personnes qui l'ont solicitée y ont mis obstacle, ce qui peut se faire de deux façons. La premiere est lorsqu'on avance comme vraie une chose fausse, & alors il y a *subreption*: la seconde est lorsqu'on supprime dans son exposé une vérité qui empêcheroit l'effet de la demande, & alors il y a *obreption*.

Un titre *obreptice* peut avoir été obtenu de bonne-foi, mais il manque néanmoins de solidité; il ne donne pas un droit réel. Un titre *subreptice* a été obtenu de mauvaise foi; &, loin de donner un droit réel, il est sujet à l'animadversion du collateur. Un titre *obreptice* & *subreptice* tout-à-la fois, a les caracteres les plus certains de réprobation; & l'*obreption* même peut justement être soupçonnée d'aussi mauvaise foi que la *subreption*.

155. RÉFORMATION, RÉFORME.

L'idée objective commune à ces deux mots, est celle d'un rétablissement dans l'ancienne forme ou dans une meilleure forme.

La *réformation* est l'opération qui procure ce rétablissement; la *réforme* en est le résultat, ou le rétablissement même.

Ceux qui sont chargés de travailler à la *réformation* des mœurs, ne doivent s'attendre à réussir qu'autant qu'ils commenceront par vivre eux-mêmes dans la *réforme*.

Il n'est pas douteux qu'une bonne *réforme* dans le systême de l'institution publique ne

produisît de très-grands biens pour l'état &
pour les citoyens : mais la réformation n'en doit
être confiée à aucun ordre de l'état exclusivement, & encore moins à aucun particulier ;
chacun ne voit que pour soi, & il faut voir
pour tous (*a*). (B.)

(*a*) *Voyez* tome I, art. 359.

156. SON DE VOIX. TON DE VOIX.

Ces deux expressions, synonymes en ce qu'elles expriment les affections caractéristiques de
la voix, ont entr'elles des différences considérables.

On reconnoît les personnes au *son de* leur
voix, comme on distingue une flûte, un fifre,
un hautbois, une vielle, un violon, & tout
autre instrument de musique, au son déterminé
par sa construction : on distingue les diverses
affections de l'ame d'une personne qui parle avec
intelligence ou avec feu, par la diversité des
tons de voix, comme on distingue sur un même
instrument les différents airs, les mesures, les modes, & autres variétés nécessaires.

Le *son de voix* est donc déterminé par la
constitution physique de l'organe ; il est doux
ou rude, agréable ou désagréable, grêle ou vigoureux. Le *ton de voix* est une inflexion déterminée par les affections intérieures que l'on
veut peindre ; il est, selon l'occurrence, élevé
ou bas, impérieux ou soumis, fier ou humble,
vif ou froid, sérieux ou ironique, grave ou ba-
din, triste ou gai, lamentable ou plaisant,
&c. (B.)

157. BAILLEMENT. HIATUS.

M. du Marsais, à l'article *bâillement* de l'Encyclopédie, paroît avoir regardé ces deux mots comme entièrement synonymes : mais je suis persuadé qu'ils sont dans le cas de tous les autres synonymes ; & qu'avec l'idée commune de l'émission consécutive de plusieurs voix simples (*a*) non articulées, ils désignent des idées accessoires différentes, qui caractérisent chacun de ces mots en particulier.

Je crois donc que *bâillement* exprime particuliérement l'état de la bouche pendant l'émission de ces voix consécutives, & que le mot *hiatus* exprime l'espèce de cacophonie qui en résulte : ensorte que l'on peut dire que l'*hiatus* est l'effet du *bâillement*.

Le *bâillement* est pénible pour celui qui parle ; l'*hiatus* est désagréable pour celui qui écoute, à moins qu'il ne soit autorisé par l'usage, ou placé à propos comme les ombres dans un tableau, la théorie du *bâillement* appartient à l'Anatomie ; celle de l'*hiatus* est du ressort de la Grammaire. (B. *Encycl.* VIII, 399.)

(*a*) On entend ici par *voix* simple, cette espèce de sons que l'écriture représente par des *voyelles* ; car il est nécessaire de nommer différemment les signes & les choses signifiées.

158. CONVERSATION. ENTRETIEN.

Ces deux mots désignent en général un discours mutuel entre deux ou plusieurs personnes : mais avec cette différence, que *conversation* se dit en général de quelque discours mutuel que ce puisse être ; au lieu qu'*entretien* se dit d'un discours mutuel qui roule sur quelque objet déterminé. Ainsi on dit qu'un homme est de bonne *conversation*, pour dire qu'il parle bien des différents objets sur lesquels on lui donne lieu de parler ; on ne dit point qu'il est d'un bon *entretien*.

Entretien se dit de supérieur à inférieur : on ne dit point d'un sujet qu'il a eu une *conversation* avec le Roi, on dit qu'il a eu un *entretien* : on se sert aussi du mot d'*entretien*, quand le discours roule sur une matiere importante. On dit, par exemple, ces deux Princes ont eu ensemble un *entretien* sur les moyens de faire la paix entr'eux.

Entretien se dit pour l'ordinaire des discours mutuels imprimés, à moins que le sujet n'en soit pas sérieux ; alors on se sert du mot de *conversation* : on dit, les *entretiens* de Cicéron sur la nature des Dieux, & la *conversation* du P. Canaye avec le Maréchal d'Hocquincourt.

Lorsque plusieurs personnes, sur-tout au nombre de plus de deux, sont rassemblées & parlent entr'elles, on dit qu'elles sont en *conversation*, & non pas en *entretien*. (*Encyclopédie* IV, 265.)

159. CONVERSATION. ENTRETIEN. COLLOQUE. DIALOGUE.

Ces quatre mots désignent également un discours lié entre plusieurs personnes qui y ont chacune leur partie.

Le mot de *conversation* désigne des discours entre gens égaux ou à-peu-près égaux, sur toutes les matieres que présente le hasard. Le mot d'*entretien* marque des discours sur des matieres sérieuses, choisies exprès pour être discutées,

& par conséquent entre des personnes dont quelqu'une a assez de lumieres ou d'autorité pour décider. Le mot de *colloque* caractérise particuliérement les discours prémédités sur des matieres de doctrine & de controverse, & conséquemment entre des personnes instruites & autorisées par les partis opposés. Le terme de *dialogue* est général, peut également s'appliquer aux trois especes que l'on vient de définir, & indique spécialement la maniere dont s'exécutent les différentes parties du discours lié.

La liberté & l'aisance doivent régner dans les *conversations*. Les *entretiens* doivent être intéressants, & ne perdre jamais de vue la décence. Les *colloques* sont inutiles, si les parties ne s'entendent pas; & font plus de mal que de bien, si l'on ne procede pas de bonne-foi: le fameux *colloque* de Poissy fut également répréhensible par ces deux points. Les *dialogues* ne peuvent plaire, qu'autant que les différentes parties du discours sont assorties aux personnes, à leurs passions, à leurs intérêts, à leurs lumieres, & aux autres circonstances, qui, en concourant à établir la scene, doivent en même-temps y distinguer nettement chaque acteur.

Dans les sociétés de liaison & de plaisir, on tient des *conversations* plus ou moins agréables, selon que la compagnie est plus ou moins bien composée. Dans les assemblées académiques, on a des *entretiens* plus ou moins utiles, selon que la matiere est plus ou moins intéressante, que les membres en sont plus ou moins instruits, & qu'ils parlent avec plus ou moins de netteté. Dans les temps de trouble & de division, il est bien dangereux de consentir à des *colloques*, parce que souvent ils ne servent que de prétextes aux brouillons pour procurer leurs intérêts personnels, aux dépens de la vérité qu'ils trahissent & de la tranquillité publique qu'ils sacrifient, & que c'est à coup sûr un moyen de plus pour ranimer la fermentation, par le rapprochement & le choc des opinions contraires. Le *dialogue* doit être aisé, enjoué, & sans apprêt dans les *conversations* ; sérieux, grave, & suivi dans les *entretiens* ; clair, raisonné, travaillé, & éloquent même & pathétique dans les *colloques*. (B.)

160. ÉPITRE. LETTRE.

Ces deux mots, synonymes par l'idée commune qu'ils expriment, ne diffèrent que par les applications différentes qu'on en fait.

1°. *Lettre* se dit généralement de toutes celles qu'on écrit d'ordinaire, sur-tout en prose ; & de celles qui ont été écrites par des Auteurs modernes, ou dans les langues vivantes : ainsi l'on dit, les *lettres* de Balzac, de Voiture, de madame de Sévigné, écrites en françois ; les *lettres* du Cardinal d'Ossat, du Cardinal Bentivoglio, de Fra-Paolo Sarpi, écrites en italien ; les *lettres* de Guévara, d'Antonio Pérez, en espagnol ; les *lettres* de Grotius, de Muret, du Cardinal Bessarion, de Jacques Bongars, en latin, &c.

Epître, au contraire, se dit en parlant des *lettres* écrites par les anciens, dont les langues sont mortes : ainsi l'on dit, les *épîtres* de Cicéron, de Sénèque, de Pline. Il est pourtant vrai que les Traducteurs modernes ont dit *Lettres*, en parlant de celles de Pline & de Cicéron. Le mot d'*épîtres* est consacré sur-tout aux écrits de ce genre qui nous viennent des Apôtres ; les *épîtres* de S. Paul, de S. Jacques, de

S. Pierre, de S. Jean, de S. Jude : & l'on dit aussi, l'*épître* de la Messe, pour marquer la lecture qui s'y fait de quelque morceau de ces *épîtres* apostoliques, ou même, par extension, de quelque livre que ce soit de l'ancien testament.

2°. Dans le style moderne, on donne généralement le nom de *lettres* à toutes celles que l'on écrit en prose, de quelque matiere qu'elles traitent, & avec quelque étendue qu'elles soient écrites ; il ne faut en excepter de celles que l'on met à la tête des livres pour les dédier, & que l'on nomme *épîtres* dédicatoires. Mais on donne le nom d'*épîtres* aux *lettres* écrites en vers, qui ont le caractere de celles d'Horace : ainsi l'on dit, les *épîtres* de Despréaux, de Rousseau.

Tout ce qui peut faire la matiere d'un discours en forme, peut aussi faire la matiere d'une *lettre* ; celui qui l'écrit doit donc, proportion gardée, se proposer, ainsi que l'Orateur, d'instruire, de toucher, & de plaire. Il y a des *lettres* de pur raisonnement ; d'autres, de sentiment ; d'autres, de simple agrément : les premieres exigent un style simple ; les secondes, un style pathétique ; les dernieres, un style fleuri : toutes demandent du naturel.

Il faut croire, dit un Auteur moderne, que l'estime & l'amitié ont inventé l'*épître* dédicatoire ; mais la bassesse & l'intérêt en ont bien avili l'usage.

On attache aujourd'hui, à l'*épître* en vers, l'idée de la réflexion & du travail ; & on ne lui permet point les négligences de la *lettre*. L'*épître*, comme la *lettre*, n'a point de style déterminé : elle prend le ton de son sujet, & s'éleve ou s'abaisse, suivant le caractere des personnes. (B.)

161. LAMENTATION. PLAINTE.

* Ce font également des expreffions de la fenfibilité de l'ame ; c'eft en cela que confifte l'idée commune. (B.)

* La *lamentation* eft une *plainte* forte & continuée. La *plainte* s'exprime par le difcours ; les gémiffements accompagnent la *lamentation*.

On fe *lamente*, dans la douleur ; on fe *plaint* du malheur.

L'homme qui fe *plaint*, demande juftice ; celui qui fe *lamente*, implore la pitié. (*Encycl.* IX, 228.)

162. CRI. CLAMEUR.

Le dernier de ces mots ajoute à l'autre une idée de ridicule par fon objet ou par fon excès.

Le fage refpecte le *cri* public, & méprife les *clameurs* des fots. (*Encycl.* IV, 461.)

163. DÉCRIER. DÉCRÉDITER.

* Tous deux bleffent la confidération dont jouiffoit l'objet fur qui tombe cette attaque. (B.)

* Le premier va directement à l'honneur ; le fecond, au crédit.

On *décrie* une femme, en difant d'elle des chofes qui la font paffer pour une perfonne peu réguliere. On *décrédite* un homme d'affaires, en publiant qu'il eft ruiné.

On *décrédite* un Ambaffadeur, en difant qu'il n'a pas des pouvoirs abfolus : on le *décrie*, en difant que c'eft un homme fans foi & fans parole.

Le commun du monde fe donne la liberté de *décrier* la conduite de ceux qui gouvernent. Si ce qu'on dit de nous eft faux, auffi-tôt que nous

nous en piquerons, nous le ferons croire véritable : le mépris de tels discours les *décrédite*. (*Bouhours*, Rem. nouv. *Tome II.*)

* La jalousie & l'esprit de parti ont souvent *décrié* les personnes, pour venir plus aisément à bout de *décréditer* leurs opinions. (B.)

164. MAL PARLER. PARLER MAL.

Ces deux expressions, toutes deux usitées, & composées des mêmes mots, ne sont pourtant pas synonymes : & elles peuvent servir à prouver, qu'on ne doit pas se flatter aisément de connoître toutes les finesses d'une langue.

Mal parler tombe sur les choses que l'on dit ; & *parler mal*, sur la maniere de les dire : le premier est contre la Morale ; & le second, contre la Grammaire.

C'est *mal parler* que de dire des paroles offensantes, sur-tout à ceux à qui l'on doit du respect, de tenir des propos inconsidérés, déplacés, qui peuvent nuire ou à celui qui les tient, ou à ceux dont on parle. C'est *parler mal*, que d'employer une expression d'usage ; d'user de termes équivoques de construire d'une maniere embarrassée, obscure, ou à contre-sens ; d'affecter des figures gigantesques, en parlant de choses communes ou médiocres, de choquer la quantité, en faisant longues les syllabes qui doivent être breves, ou breves celles qui doivent être longues.

Ceux qui aiment à parler beaucoup, sont sujets à *mal parler* ; c'est une maxime du sage (*a*).

(*a*) *In multi loquio non deerit peccatum.* Prov. X, 19. *Qui multis utitur verbis, lædet animam suam.* Ecclef. XX, 8.

Si l'on n'a point étudié les principes de sa langue dans les meilleurs ouvrages, & si l'on n'en a pas remarqué les usages dans la lecture des meilleurs Ecrivains & dans la conversation des personnes les mieux élevées, il est impossible de n'être pas souvent dans le cas de *parler mal*.

Il ne faut ni *mal parler* des absents, ni *parler mal* devant les savants.

Au reste, cette distinction n'a lieu qu'avec l'infinitif & dans les temps composés du verbe *parler*; on ne pourroit pas dire, *il mal parle*, *il mal parloit*; &, si l'on vouloit éviter l'équivoque, il faudroit prendre un tour & dire, par exemple, il ose *mal parler*, il se donnoit la liberté de *mal parler*. (B.)

165. ORAISON. DISCOURS.

M. l'abbé Girard a composé ces mots comme synonymes dans le langage des Rhéteurs (a); ici nous les considérerons dans le langage des Grammairiens : ils y signifient également l'énonciation des pensées par la parole, & c'est en quoi ils y sont synonymes. Voici en quoi ils y différent.

Dans le *discours* on envisage sur-tout l'analogie & la ressemblance de l'énonciation avec la pensée énoncée : dans l'*oraison* l'on fait plus attention, à la matiere physique de l'énonciation, & aux signes vocaux qui y sont employés. Ainsi, lorsque l'on dit en françois, *Dieu est éternel*; en latin, *æternus est Deus*; en italien, *eterno è Iddio*; c'est toujours le même *discours*, parce que c'est toujours la même pensée énon-

_____
(a) *Voyez* tome I, art. 224.

cée par la parole, & rendue avec la même fidélité : mais *l'oraison* est différente dans chaque énonciation, parce que les signes vocaux de l'une sont différents des signes vocaux de l'autre. Si l'on dit en françois, *par où dois-je sortir de ce trouble fatal ?* ou bien, *de ce trouble fatal par où dois-je sortir ?* C'est encore le même *discours*, parce que c'est l'énonciation fidelle de la même pensée : mais, quoique les mêmes signes vocaux soient employés dans les deux phrases, ce n'est pourtant pas tout-à-fait la même *oraison*; parce que l'ensemble physique de l'énonciation n'est pas le même de part & d'autre, l'ordre est différent.

Le *discours* est donc plus intellectuel : ses parties sont les mêmes que celles de la pensée; le sujet, l'attribut, & les divers compléments nécessaires aux vues de l'énonciation. Il est du ressort de la Logique.

L'*oraison* est plus matérielle : ses parties sont les différentes especes de mots ; le nom, le pronom, l'adjectif, le verbe, la préposition, l'adverbe, la conjonction, & l'interjection. Le méchanisme en est soumis aux loix de la Grammaire.

Le *discours* s'adresse à l'esprit, parce qu'il lui présente des idées. Ce qui le caractérise, c'est le *style* qui le rend précis ou diffus, élevé ou rampant, facile ou embarrassé, vif ou froid, &c.

L'*oraison* est pour l'imagination, parce qu'elle représente d'une maniere matérielle & sensible. Ce qui la caractérise, c'est la *diction* qui la rend correcte ou incorrecte, claire ou obscure, harmonieuse ou mal sonnante, &c. (a).

(a) *Voyez* l'art. 170.

L'étymologie peut servir à confirmer cette distinction entre *discours* & *oraison*. Le mot *discours* vient d'un mot latin (*a*), qui signifie littéralement *courir de l'un à l'autre* ; & en effet, l'analyse de la pensée, qui est l'objet du discours, montre l'une après l'autre les idées partielles, & passe en quelque maniere de l'une à l'autre. Le mot *oraison* vient d'un autre mot latin (*b*), qui signifie littéralement *action de la bouche* ; & la bouche est l'instrument organique du matériel de la parole. (B.)

(*a*) *Discours*, en latin *discursus*, vient de *discurrere*, (courir de place en place.)

(*b*) *Oraison* vient immédiatement du latin *oratio*, formé d'*oratum*, supin, d'*orare*; & *orare* a une premiere origine dans le génitif *oris* du nom *os* (bouche) : *orare* (faire usage de la bouche pour parler.)

166. MOT. TERME.

On peut employer également l'un ou l'autre, pour marquer une totalité de sons devenue par usage, pour ceux qui l'entendent, le signe d'une idée totale. Mais, s'il s'agissoit de s'énoncer avec un certain degré de précision, il faudroit observer les différences qui tiennent à diverses idées accessoires.

Mot me paroît principalement relatif au matériel, ou à la signification formelle qui constitue l'espece : *terme* se rapporte plutôt à la signification objective qui détermine l'idée, ou aux différents sens dont elle est susceptible.

Leurrer, par exemple, est un *mot* de deux syllabes ; voilà ce qui en concerne le matériel : & par rapport à la signification formelle, ce *mot* est un verbe au présent de l'infinitif. Si l'on veut parler de la signification objective dans le sens propre, LEURRER est un *terme* de fauconnerie, & dans le sens figuré, où nous l'employons au lieu de TROMPER par de fausses apparences, c'est un *terme* métaphorique. Ce seroit parler sans justesse & confondre les nuances, que de dire que LEURRER est un *terme* de deux syllabes, & que ce *terme* est à l'infinitif : ou bien que LEURRER, dans le sens propre, est un *mot* de fauconnerie ; ou, dans le sens figuré, un *mot* métaphorique.

On dit, *terme* d'art, terme de Palais, *terme* de Géométrie, &c. pour désigner certains *mots* qui ne sont usités que dans le langage propre des arts, du Palais, de la Géométrie, &c. ou dont le sens propre n'est usité que dans ce langage, & sert de fondement à un sens figuré dans le langage ordinaire & commun.

Les *mots* sont grands ou petits, d'une prononciation facile ou embarrassée, harmonieux ou rudes, déclinables ou indéclinables, simples ou composés, primitifs ou dérivés, naturels ou étrangers, usités ou barbares, noms, pronoms, adjectifs, &c. tout cela tient au matériel du signe, ou à la maniere dont il signifie. Les *termes* sont sublimes ou bas, énergiques ou foibles, propres ou impropres, honnêtes ou déshonnêtes, clairs ou obscurs, précis ou équivoques, &c. tout cela tient aux idées de la signification objective.

Ce ne seroit pas la multitude des *mots* qui prouveroit la richesse d'une langue, s'il y en avoit beaucoup qui fussent entiérement synonymes : la richesse vient plutôt de la multitude des *termes*, diversifiés par les idées accessoires de la signification objective.

L'harmonie du discours dépend sur-tout du choix & de l'assortiment des mots ; le mérite principal du style dépend du choix & de l'ensemble des *termes* (*a*). (B.)

(*a*) Tome I, art. 84.

167. TERMES PROPRES. PROPRES TERMES.

Les uns & les autres sont ceux qui conviennent à la circonstance pour laquelle on les emploie.

Les *termes propres* sont ceux que l'usage a consacrés pour rendre précisément les idées que l'on veut exprimer. Les *propres termes* sont ceux mêmes qui ont été employés par la personne que l'on fait parler, ou par l'Ecrivain que l'on cite.

La justesse dans le langage, exige que l'on choisisse scrupuleusement les *termes propres*; c'est à quoi peut servir l'étude des différences délicates qui distinguent les synonymes. La confiance dans les citations dépend de la fidélité que l'on a à rapporter les *propres termes* des livres ou des actes que l'on allegue. (B.)

168. DICTIONNAIRE. VOCABULAIRE. GLOSSAIRE.

Ils signifient en général tout ouvrage où un grand nombre de mots sont rangés suivant un certain ordre, pour les retrouver plus facilement lorsqu'on en a besoin. Mais il y a cette différence.

1°. Que *vocabulaire* & *glossaire* ne s'appliquent qu'à de purs *dictionnaires* de mots; au lieu que *dictionnaire* en général comprend, non-seulement les *dictionnaires* des langues, mais encore les *dictionnaires* historiques, & ceux de sciences & d'arts.

2°. Que dans un *vocabulaire*, les mots peuvent n'être pas distribués par ordre alphabétique, & peuvent même n'être pas expliqués. Par exemple, si on vouloit faire un ouvrage qui contînt tous les termes d'une science ou d'un art, rapportés à différents titres généraux, dans un ordre différent de l'ordre alphabétique, & dans la vue de faire seulement l'énumération de ces termes sans les expliquer, ce seroit un *vocabulaire* (*a*). C'en seroit même encore un, à proprement parler, si l'ouvrage étoit par ordre alphabétique & avec explication des termes, pourvu que l'explication fût très-courte, presque toujours en un seul mot, & non raisonnée (*b*).

3°. A l'égard du mot de *glossaire*, il ne s'applique guere qu'aux *dictionnaires* de mots peu connus, barbares, ou surannés. Tel est le *glossaire* du savant M. Ducange, *ad Scriptores mediæ & infimæ latinitatis* (*c*), & le *glossaire* du même Auteur pour la langue Grecque. (*Encycl.* IV, 969.)

(*a*) L'*Indiculus universalis* du P. Pommey, Jésuite, dont il me semble qu'on n'a pas fait assez d'usage dans l'enseignement public, est un *vocabulaire* de cette espece, dont on peut dire que les termes sont disposés dans un ordre cathégorique. (B.)

(*b*) Le *dictionnaire* d'ortographe du Prote de Poitiers, est, dans ce sens, un vrai *vocabulaire*; mais ce *dictionnaire* énorme, annoncé par souscription, & dont on promet dix-huit ou vingt volumes, ne doit pas être nommé *vocabulaire*, puisqu'il entre dans des détails qui portent un article jusqu'à dix & douze pages. (B.)

(*c*) M. l'Abbé Carpentier vient de donner à ce bon ouvrage un supplément également savant & utile. (B).

169. LANGAGE. LANGUE. IDIOME. DIALECTE. PATOIS. JARGON.

Ce qu'il y a de commun entre ces termes, c'est qu'ils marquent tous trois la maniere d'exprimer les pensées, c'est par-là qu'ils sont synonymes ; voici les différences par où ils cessent de l'être.

Le mot de *langage* est le plus général, & il ne comprend dans sa signification, que l'idée qui lui est commune avec tous les autres, celle de la maniere d'exprimer les pensées, sans aucune autre détermination ; ensorte que l'on donne le nom de *langage* à tout ce qui fait ou paroît faire connoître les pensées ; delà vient que l'on dit même, le *langage* des yeux, un *langage* par signes tel que celui des muets du sérail ; le geste est un *langage* muet.

Les autres mots ajoutent à cette idée générale & commune, celle du moyen dont on se sert pour rendre sensible l'expression des pensées, chacun de ses termes suppose que la parole est le moyen, & par conséquent que le *langage* est oral. C'est par cette nouvelle idée qu'ils different tous du mot *langage* : mais, puisqu'elle leur est commune, ils sont encore à cet égard synonymes entr'eux, & il faut chercher les idées accessoires qui les distinguent.

Une *langue* est la totalité des usages propres d'une Nation pour exprimer les pensées par la parole. Tout est usage dans les *langues* ; le matériel & la signification des mots, l'analogie & l'anomalie des terminaisons, la servitude ou la liberté des constructions, le purisme ou le barbarisme des ensemble. Les mots en sont consignés dans les dictionnaires ; l'analogie en est exposée dans les Grammaires particulieres de chacune.

Si dans le *langage* oral d'une Nation, on ne considere que l'expression des pensées par la parole, d'après les principes généraux & communs à tous les hommes, le nom de *langue* exprime parfaitement cette idée. Mais, si l'on veut encore y ajouter les vues particulieres à cette Nation, & les tours singuliers qu'elles occasionnent nécessairement dans sa maniere de parler, le terme d'*idiôme* est alors celui qui convient le mieux à cette idée moins générale & plus restreinte. Delà vient que l'on donne le nom d'*idiotismes* aux tours d'élocution qui sont propres à un *idiôme* : c'est dans cette propriété que consistent les finesses & les délicatesses de chacun ; & on ne peut les apprendre que par la fréquentation des honnêtes gens de chaque Nation, ou par la lecture assidue & réfléchie de ses meilleurs écrivains.

Si une *langue* est parlée par une Nation composée de plusieurs Peuples égaux, & dont les Etats sont indépendants les uns des autres, tels qu'étoient anciennement les Grecs, & tels que sont aujourd'hui les Italiens & les Allemands; avec l'usage général des mêmes mots & de la même syntaxe, chaque peuple peut avoir des usages propres sur la prononciation ou la déclinaison des mêmes mots : ces usages subalternes, également légitimes à cause de l'égalité des Etats où ils sont autorisés, constituent les *dialectes* de la *langue* nationale.

Si, comme les Romains autrefois & comme les François aujourd'hui, la Nation est une par rapport au Gouvernement, il ne peut y avoir dans sa maniere de parler qu'un usage légitime, celui de la Cour & des gens de lettres à qui elle doit des encouragements. Tout autre usage qui s'en écarte dans la prononciation, dans les terminaisons, ou de quelque autre façon que ce puisse être, ne fait ni une *langue* ou un *idiôme* à part, ni un *dialecte* de la *langue* nationale : c'est un *patois* abandonné à la populace des Provinces ; & chaque Province a le sien.

Un *jargon* est un *langage* particulier aux gens de certains états vils, comme les gueux & les filous de toute espece ; ou c'est un composé de façons de parler, qui tiennent à quelque défaut dominant de l'esprit ou du cœur, comme il arrive aux petits-maîtres, aux coquettes, &c. Le mot de *jargon* fait donc toujours naître une idée de mépris, qui ne se trouve point à la suite des termes précédents ; &, si on l'emploie quelquefois pour désigner quelque *langage* bien autorisé, c'est alors pour marquer le cas que l'on en fait dans le moment, plutôt que celui qu'il en faut faire dans tous les temps.

Le *langage* se sert de tout pour manifester les pensées. Les *langues* n'emploient que la parole. Les *idiômes* se sont approprié exclusivement certaines façons de parler, qui rendent difficile la traduction des pensées de l'un en l'autre. Les *dialectes* produisent dans la *langue* nationale des variétés qui nuisent quelquefois à l'intelligence, mais qui sont ordinairement favorables à l'harmonie. Les expressions propres des *patois*, sont des restes de l'ancien *langage* national, qui, bien examinés, peuvent servir à en retrouver les origines. La question que j'ai entendu faire si souvent, si le françois est une *langue*, ou un *jargon*, me paroît presque un crime de leze-majesté nationale. (B.)

170. ÉLOCUTION. DICTION. STYLE.

* Ces trois termes servent à exprimer la maniere dont les idées sont rendues ; avec cette différence,

férence que les deux derniers sont restreints à la maniere de rendre les idées, abstraction faite des idées ; & le premier renferme les idées & la maniere de les rendre.

Le *style* a plus de rapport à l'Auteur, *diction* à l'ouvrage, & l'*élocution* à l'art oratoire. On dit d'un Auteur qu'il a un bon *style*, pour faire entendre qu'il possede l'art de rendre ses idées : d'un ouvrage que la *diction* en est bonne, pour exprimer qu'il écrit d'une maniere convenable à son genre : d'un Orateur qu'il a une belle *élocution*, pour signifier qu'il écrit bien.

On peut dire de Balzac qu'il a un bon *style*, mais que sa *diction* n'est pas assez conforme au genre qu'il a traité, & qu'enfin son *élocution* n'est pas toujours celle qui convient à l'éloquence. (*Consid. sur les Ouv. d'esprit.*)

* Il me semble qu'à partir même des notions que l'on a posées ici comme fondamentales, le terme d'*élocution* est générique ; les deux autres sont spécifiques, & caractérisent l'expression par les deux points de vue différents que l'on va marquer. (B.)

* *Diction* ne se dit proprement que des qualités générales & grammaticales du discours ; & ces qualités sont au nombre de deux, la correction & la clarté. Elles sont indispensables dans quelqu'ouvrage que ce puisse être, soit d'éloquence, soit de tout autre genre : l'étude de la langue & l'habitude d'écrire les donnent presqu'infailliblement, quand on cherche de bonne foi à les acquérir.

Style, au contraire, se dit des qualités du discours, plus particuliers, plus difficiles & plus rares, qui marquent le génie & le talent de celui qui écrit ou qui parle : telles sont la propriété des termes, l'élégance, la facilité, la précision, l'élévation, la noblesse, l'harmonie, la convenance avec le sujet, &c.

Nous n'ignorons pas néanmoins que les mots *style* & *diction* se prennent souvent l'un pour l'autre, sur-tout par les Auteurs qui ne s'expriment pas sur ce sujet avec une exactitude rigoureuse : mais la distinction que nous venons d'établir, ne nous paroît pas moins réelle. (*Encycl.* V, 520.)

* Le *style* de la Bruyere, plein de tours admirables & d'expressions heureuses & nouvelles, seroit un parfait modele en cette partie de l'art, s'il en avoit toujours respecté assez les bornes, & si, pour vouloir être trop énergique, il ne sortoit pas quelquefois du naturel. C'est ainsi qu'en juge M. l'Abbé d'Olivet, dans son Histoire de l'Académie françoise ; & j'ose ajouter que, quant à la *diction*, il s'y trouve quelquefois des tours incorrects & nuisibles à la clarté. Mais ce jugement n'empêche pas qu'on ne doive regarder les caracteres du Théophraste moderne comme un livre excellent, même en ce qui concerne l'*élocution*, & indépendamment du fond, qui est très-précieux. (B.)

171. TRADUCTION. VERSION.

On entend également par ces deux mots, la copie qui se fait dans une langue, d'un discours premiérement énoncé dans une autre ; comme d'hébreu en grec, de grec en latin, de latin en françois, &c. Mais l'usage ordinaire nous indique que ces deux mots different entr'eux par quelques idées accessoires, puisque l'on emploie l'un en bien des cas où l'on ne pourroit pas se servir de l'autre. On dit, en parlant des saintes Ecritures : la *version* des Septante, la *version* vulgate ; & l'on ne diroit pas de même : la *traduction* des Septante, la *traduction* vulgate : on dit au contraire que Vaugelas a fait une excellente *traduction* de Quinte-Curce, & l'on ne pourroit pas dire qu'il en a fait une excellente *version*.

M. l'Abbé Girard croit (*a*) que les *traductions* font en langue moderne ; & les *versions*, en langue ancienne : il n'y voit point d'autre différence. Pour moi, je crois que celle-là même est fausse : puisque l'on trouve, par exemple, dans Cicéron, de bonnes *traductions* latines de quelques morceaux de Platon ; & que l'on fait faire aux jeunes étudiants des *versions* du grec & du latin dans leur langue maternelle.

Il me semble que la *version* est plus littérale, plus attachée aux procédés propres de la langue originale, & plus asservie dans ses moyens aux vues de la construction analytique ; & que la *traduction* est plus occupée du fond des pensées, plus attentive à les présenter sous la forme qui peut leur convenir dans la langue nouvelle, & plus assujettie dans ses expressions aux tours & aux idiotismes dans cette langue.

La *version* littérale trouve ses lumieres dans la marche invariable de la construction analytique, qui sert à lui faire remarquer les idiotismes de la langue originale & à lui en donner l'intelligence, en remplissant ou indiquant le remplissage des vuides de l'ellipse, en supprimant ou expliquant les redondances du pléonasme, en ramenant ou rappellant à la rectitude de l'ordre naturel les écarts de la construction usuelle.

La *traduction* ajoute, aux découvertes de la *version* littérale, le tour propre du génie de la

_____
(*a*) *Voyez* tome I, art. 349.

langue dans laquelle elle prétend s'expliquer : elle n'emploie les secours analytiques, que comme des moyens qui font entendre la pensée ; mais elle doit la rendre, cette pensée, comme on la rendroit dans le second idiome, si on l'avoit conçue de soi-même sans la puiser dans une langue étrangere.

La *version* ne doit être que fidelle & claire. La *traduction* doit avoir de plus de la facilité, de la convenance, de la correction, & le ton propre à la chose conformément au génie du nouvel idiome.

L'art de la *traduction* suppose nécessairement celui de la *version* ; & c'est pour cela que les premiers essais de *traductions* que l'on fait faire aux enfants dans les colléges, du grec ou du latin en françois, sont très-bien nommés des *versions*.

Dans les *versions* latines, grecques, syriaques, arabes, &c. de l'Ecriture-Sainte, les Auteurs ont tâché, par respect pour le texte sacré, de le suivre littéralement, & de mettre en quelque sorte l'hébreu même à la portée du vulgaire, sous les simples apparences du latin, du grec, du syriaque, de l'arabe, &c. mais il n'y a point proprement de *traduction*, parce que ce n'étoit pas l'intention des Auteurs de rapprocher l'hébraïsme du génie de la langue dans laquelle ils écrivoient.

Nous pourrions donc avoir en françois *version* & *traduction* du même texte, selon la maniere dont on le rendroit dans notre langue : & en voici la preuve sur le verset 19 du premier chapitre de l'Evangile, selon S. Jean.

« Les Juifs lui envoyerent de Jerusalem des » Prêtres & des Lévites, afin qu'ils l'interrogeas- » sent : qui es-tu «? Voilà la *version*, où l'hébraïsme pur se montre d'une maniere évidente dans cette interrogation directe.

Adoptons le tour de notre langue à la même pensée, & disons : " Les Juifs lui envoyerent " de Jerusalem des Prêtres & des Lévites pour sa- " voir de lui qui il étoit : " & nous aurions une *traduction.* (*Encycl.* XVI, 510.)

172. CORRECTION. EXACTITUDE.

* Ces deux termes également relatifs à la maniere de parler ou d'écrire, y désignent également quelque chose de soigné & de régulier.

La *correction* consiste dans l'observation scrupuleuse des regles de la grammaire & des usages de la langue. L'*exactitude* dépend de l'exposition fidelle de toutes les idées nécessaires au but que l'on se propose. (B.)

* La *correction* tombe sur les mots & les phrases : l'*exactitude*, sur les faits & les choses.

L'Auteur qui a écrit le plus *correctement*, traduit mot à mot de sa langue dans une autre, pourroit y être très-*incorrect* ; ce qui est écrit *exactement* dans une langue, rendu fidélement, est *exact* dans toutes les langues : la *correction* naît des regles qui sont de convention, & variables d'une langue à l'autre, même d'un temps à l'autre dans la même langue ; l'*exactitude* naît de la vérité, qui est une & absolue. (*Encycl.* IV, 271.)

173. CLARTÉ. PERSPICUITÉ.

Ce sont deux qualités qui contribuent également à rendre un discours intelligible ; mais chacune a son caractere propre.

La *clarté* tient aux choses mêmes que l'on traite ; elle naît de la distinction des idées. La *perspicuité* dépend de la maniere dont on s'exprime ; elle naît des bonnes qualités du style.

Considérez votre objet sous toutes les faces ; écartez-en les nuages, l'obscurité, séparez-le de tous les autres objets qui l'environnent, qui lui ressemblent, qui lui sont analogues ; examinez-en toutes les parties, toutes les relations ; considérez-le sans prévention, sans préjugés : alors vous serez en état d'en parler avec *clarté*.

Ce que l'on conçoit bien s'énonce clairement (*a*).

Si vous parlez votre langue dans toute sa pureté, si vous recherchez la propriété des termes, si vous mettez de la netteté dans vos constructions, si vous savez rendre vos tours pittoresques : soyez sûr que votre expression aura cette *perspicuité* desirable, que Quintilien regarde comme la premiere & la plus importante qualité du discours (*b*).

La *chaire* est ennemie du phébus & du galimatias ; la *perspicuité* écarte les tours amphibologiques, les expressions louches, les phrases équivoques. (N.)

(*a*) Boileau, *Art. poét.* I, 153.
(*b*) *Nobis prima sit virtus* perspicuitas, *propria verba, rectus ordo, non in longum dilata conclusio ; nihil neque desit neque superfluat. Ita sermo & doctis probabilis & planus imperitis erit.* Instit. orat. VIII, 2.
Oratio vero, cujus summa virtus est perspicuitas, *quam sit vitiosa, si egeat interprete.* Ibid. I, 6.

174. ÉNERGIE. FORCE.

Nous ne considérons ici ces mots qu'en tant

qu'ils s'appliquent au discours ; car dans d'autres cas, leur différence saute aux yeux.

Il semble qu'*énergie* dit encore plus que *force*, & qu'*énergie* s'applique principalement aux discours qui peignent, & au caractere du style. On peut dire d'un Orateur, qu'il joint la *force* du raisonnement à l'*énergie* des expressions. On dit aussi une peinture *énergique*, & des images *fortes*. (*Encycl.* V, 651.)

175. DISERT. ÉLOQUENT.

* Ces deux termes caractérisent également un discours d'apparat. Le discours *disert* est facile, clair, pur, élégant & même brillant ; mais il est foible & sans feu : le discours *éloquent* est vif, animé, persuasif, touchant ; il émeut, il éleve l'ame, il la maîtrise.

Ces épithetes se donnent également aux personnes, & pour les mêmes raisons. Supposez à un homme *disert* du nerf dans l'expression, de l'élévation dans les pensées, de la chaleur dans les mouvements, vous en ferez un homme *éloquent*. (B.)

* M. Cureau de la Chambre, Curé de Saint-Barthélemi, avoit la mémoire prompte à retenir quand il apprenoit par cœur ; mais lente à lui rendre ses mots quand il déclamoit : ainsi sa prononciation étoit sans force & sans grace. Mais ce défaut n'avoit lieu que dans ses discours d'apparat. Hors delà & pour les prônes qu'il faisoit dans son Eglise, il ne s'assujettissoit point à sa mémoire : après s'être rempli du sujet qu'il vouloit traiter, il se livroit à son talent, qui étoit admirable pour le pathétique ; un cœur facile à s'émouvoir lui fournissoit abondamment ces grandes figures, ces tours animés qui sont les armes de la persuasion. Quand donc il récitoit un discours fait à loisir, on l'admiroit froidement, il n'y étoit que *disert*; & quand il faisoit un prône sur le champ, on étoit prêt d'en venir aux larmes, il y étoit *éloquent* (*a*). (*M. d'Olivet*, Histoire de l'Acad. Fr. *tome II.*)

(*a*) *Voyez* tome I, art. 223.

176. PRÉCIS. SUCCINCT. CONCIS (*a*).

C'est ainsi que l'on qualifie un discours où il n'entre que ce qu'il faut; mais il y a des nuances qui différencient l'usage de ces termes.

Le *précis* & le *succinct* regardent les idées; le *précis* rejette celles qui sont étrangeres, & n'admet que celles qui tiennent au sujet; le *succinct* se débarrasse des idées inutiles, & ne choisit que celles qui sont essentielles au but.

Le *concis* est relatif à l'expression; il rejette les mots superflus, évite les circonlocutions inutiles, & ne fait usage que des termes les plus propres & les plus énergiques.

L'opposé du *précis* est le prolixe; l'opposé du *succinct* est l'étendu; l'opposé du *concis* est le diffus.

On peut dire du *succinct* & du *précis*, ce que Quintilien disoit de Démosthene & de Cicéron: ʺOn ne peut rien ôter au premier, on ne peut ʺrien ajouter au second (*b*)ʺ. Si l'on retranche du *succinct*, on devient obscur; si l'on ajoute au *précis*, on devient prolixe: au contraire, en ajoutant au *succinct*, on ne fait que l'étendre; en retranchant du *précis*, on le ramene au *succinct*. Mais on ne peut ni ajouter ni retrancher au

(*a*) *Voyez* tome I, art. 96.
(*b*) *Illi nihil detrahi potest; huic nihil adjici.* Instit. orat. X, 1.

concis : si vous en retranchez, vous devenez obscur & vous fatiguez ; si vous y ajoutez, vous devenez diffus & vous ennuyez. (B.)

177. NAIF. NATUREL.

Ce sont deux adjectifs également propres à qualifier les pensées & les expressions qui tiennent à la nature du sujet que l'on traite.

Ce qui est *naïf* naît du sujet & en sort sans effort : c'est l'opposé du réfléchi, & c'est le sentiment seul qui l'inspire aux bons esprits. Ce qui est *naturel* appartient aussi au sujet, mais il n'éclôt que par la réflexion ; il n'est opposé qu'au recherché, & c'est à la finesse de l'esprit qu'il est donné d'en reconnoître les bornes.

Tel que cette aimable rougeur qui, tout-à-coup & sans le consentement de la volonté, trahit les mouvements secrets d'une ame ingenue, le *naïf* échappe à un génie éclairé par un esprit juste & guidé par une sensibilité fine & délicate : mais il ne doit rien à l'art ; il ne peut être ni commandé ni retenu." On diroit qu'une pensée
» *naturelle* devroit venir à tout le monde, dit le
» P. Bouhours (*a*) ; on l'avoit, ce semble, dans
» la tête avant que de la lire : elle paroît aisée
» à trouver, & ne coûte rien dès qu'on la ren-
» contre ; elle vient encore moins de l'esprit de
» celui qui pense, que de la chose dont on parle.
» Toute pensée *naïve* est *naturelle* ; mais toute
» pensée *naturelle* n'est pas *naïve*. ". (B.)

(*a*) Maniere de bien penser, Dialogue II.

188. NAIVETÉ. CANDEUR. INGÉNUITÉ.

La *naïveté* est l'expression la plus simple &

la plus naturelle d'une idée, dont le fond peut être fin & délicat ; & cette expression simple a tant de grace & d'autant plus de mérite, qu'elle est le chef-d'œuvre de l'art dans ceux à qui elle n'est pas naturelle.

La *candeur* est le sentiment intérieur de la pureté de son ame, qui empêche de penser qu'on ait rien à dissimuler.

L'*ingénuité* peut être une suite de la sottise, quand elle n'est pas l'effet de l'inexpérience : mais la *naïveté* n'est souvent que l'ignorance des choses de convention, faciles à apprendre & bonnes à dédaigner ; & la *candeur* est la première marque d'une belle ame (*a*). (*M. Duclos*, Consid. sur les mœurs de ce siecle, *chap.* xiij. édit. de 1764.)

(*a*) *Voyez* tome I, art. 341.

179. UNE NAIVETÉ. LA NAIVETÉ.

Ce qu'on appelle *une naïveté* est une pensée, un trait d'imagination, un sentiment qui nous échappe malgré nous, & qui peut quelquefois nous faire tort à nous-mêmes. C'est l'expression de la légéreté, de la vivacité, de l'ignorance, de l'imprudence, de l'imbécillité, souvent de tout cela à la fois. Telle est la réponse de la femme à son mari agonisant, qui lui désignoit un autre mari : » Prends un tel, il te convient, » crois-moi «. *Hélas!* dit la femme, *j'y songeois*.

La *naïveté* consiste dans je ne sais quel air simple & ingénu, mais spirituel & raisonnable, tel qu'est celui d'un villageois de bon sens, ou d'un enfant qui a de l'esprit : elle fait les charmes du discours. Tel est le ton de ce madrigal admirable d'un Poëte assez peu estimé d'ailleurs :

> Vous n'écrivez que pour écrire,
> C'est pour vous un amusement ;
> Moi qui vous aime tendrement,
> Je n'écris que pour vous le dire.

Dans *une naïveté*, il n'y a ni réflexion, ni travail, ni étude ; elle échappe comme elle se présente. Il y a de tout cela dans *la naïveté* ; elle suppose qu'on a examiné, comparé, choisi ; mais le travail ne paroît pas.

Une naïveté ne convient qu'à un sot qui parle sans être sûr de ce qu'il dit. *La naïveté* ne peut appartenir qu'aux grands génies, aux vrais talents, aux hommes supérieurs. (B.)

180. GALIMATIAS. PHÉBUS.

* Ce sont des façons de parler qui, à force d'affectation, répandent de l'embarras & de l'obscurité dans le discours. Quelle différence y a-t-il entre l'un & l'autre ? (B.)

* Le *galimatias* est un discours embrouillé & confus, qui semble dire quelque chose & ne dit rien. Parler *phébus*, c'est exprimer avec des termes trop figurés & trop recherchés, ce qui doit être dit plus simplement. (*Dictionnaire de l'Acad.*)

* Le *galimatias* renferme une obscurité profonde, & n'a de soi-même nul sens raisonnable.

Le *phébus* n'est pas si obscur, & a un brillant qui signifie ou semble signifier quelque chose : le soleil y entre d'ordinaire : & c'est peut-être ce qui, en notre langue, a donné lieu au nom de *phébus*.

Ce n'est pas que quelquefois le *phébus* ne

devienne obscur, jusqu'à n'être pas entendu; mais alors le *galimatias* s'y joint, ce ne sont que brillants & que ténebres de tous côtés. (*Bouhours*. Man. de bien penser, *Dialogue* IV.)

* Tous ceux qui veulent parler de ce qu'ils n'entendent point, ne peuvent pas manquer de donner dans le *galimatias* ; parce qu'on ne peut rendre d'une maniere nette, claire & distincte, que des idées nettes, précises & conçues distinctement.

Ceux qui, sans avoir étudié les grands Maîtres de l'art ni approfondi le goût de la nature, prétendent se distinguer par une éducation brillante, sont en grand danger de ne se distinguer que par le *phébus* ; parce qu'il est naturel qu'ils jugent du mérite de leur expression par ce qu'elle leur a coûté, & qu'elle leur coûte d'autant plus, qu'elle s'éloigne plus de la nature.

Il est aisé, d'après ces notions, de dire pourquoi il se trouve tant de *galimatias* dans les compositions de la plupart de nos jeunes Réthoriciens, & tant de *phébus* dans plusieurs discours de nos jeunes Orateurs : c'est qu'on exige des uns qu'ils parlent avant d'avoir appris à penser (*a*), & que les autres veulent recueillir les fruits de l'éloquence avant de s'y être formés d'après les grands modeles (*b*). (B.)

(*a*) *Dicendi enim virtus, nisi, ei qui dicit, ea quæ dicit percepta sint, exstare non potest.* Cic. orat. I, XI, 48.

(*b*) *Neque enim dubitari potest quin artis pars magna contineatur imitatione.* Quintil. X, 2.

181. LOUCHE. ÉQUIVOQUE. AMPHIBOLOGIQUE.

Ces trois mots désignent également un défaut de netteté qui vient d'un double sens, & c'est en quoi ils sont synonymes ; mais ils indiquent ce défaut de diverses manieres qui les différencient.

Ce qui rend une phrase *louche*, vient de la disposition particuliere des mots qui la composent, lorsque les mots semblent au premier aspect avoir un certain rapport, quoique véritablement ils en aient un autre : c'est ainsi que les personnes *louches* paroissent regarder d'un côté pendant qu'elles regardent d'un autre. Si, en parlant d'Alexandre, on disoit : *Germanicus a égalé sa vertu, & son bonheur n'a jamais eu de pareil* ; ce seroit, selon la *Rem.* 119. de Vaugelas, une phrase *louche*, parce que la conjonction *&* semble réunir *sa vertu & son bonheur* comme compléments du même verbe *a égalé*, au lieu que *son bonheur* est le sujet d'une seconde proposition réunie à la premiere par la conjonction.

„ Je sais bien, continue Vaugelas, en parlant
„ de ce vice d'élocution, & son observation doit
„ être adoptée : je sais bien qu'il y aura assez
„ de gens qui nommeront ceci un scrupule, &
„ non pas une faute ; parce que la lecture de
„ toute la période fait entendre le sens, & ne
„ permet pas d'en douter. Mais toujours il ne
„ peuvent pas nier que le lecteur & l'auditeur
„ n'y soient trompés d'abord ; &, quoiqu'ils ne
„ le soient pas long-temps, il est certain qu'ils
„ ne sont pas bien-aises de l'avoir été, & que
„ naturellement on n'aime pas à se méprendre :

» enfin, c'est une imperfection qu'il faut éviter,
» pour petite qu'elle soit, s'il est vrai qu'il
» faille toujours faire les choses de la façon la
» plus parfaite qu'il se peut, sur-tout lorsqu'en
» matiere de langage il s'agit de la clarté de l'ex-
» pression «.

L'Académie, dans son observation sur cette *Rem.* 119, ne trouve point condamnable la phrase de Vaugelas, parce que l'attribut *n'a jamais eu de pareil*, vient immédiatement après *son bonheur*, qui en est le sujet. Elle ne trouve la phrase vicieuse & *lourde*, que quand le sujet de la seconde proposition est éloigné de son verbe par un grand nombre de mots, comme : *Je condamne sa paresse, & les fautes que sa nonchalance lui fait faire en beaucoup d'occasions, m'ont toujours paru inexcusables.* Cette derniere phrase est bien plus vicieuse que la premiere ; mais, si l'on ne veut regarder que comme un scrupule la difficulté de Vaugelas, au moins faut-il convenir que c'est un scrupule bien fondé.

Ce qui rend une phrase *équivoque*, vient de l'indétermination essentielle à certains mots, lorsqu'ils sont employés de maniere que l'application actuelle n'en est pas fixée avec assez de précision.

Tels sont les mots conjonctifs, *qui*, *que*, *dont* ; parce que, n'ayant par eux-mêmes ni nombre ni genre déterminé, la relation en devient nécessairement douteuse, pour le peu qu'ils ne tiennent pas immédiatement à leur antécédent. Delà naît l'*équivoque* de cette phrase : *Il faut imiter l'obéissance du Sauveur, qui a commencé sa vie & l'a terminée* : le mot *qui* semble se rapporter à *Sauveur*, tandis que la raison exige qu'il se rapporte à l'obéissance.

Tels sont encore les pronoms de la troisieme personne, *il*, *elle*, *lui*, *ils*, *eux*, *elles*, *leur*; les mots démonstratifs *celui*, *celle*, *ceux*, *celles*; & les mots *le*, *la*, *les*, quand ils ne sont pas immédiatement avant un nom; parce que tous les objets dont on parle étant de la troisieme personne, dès qu'il y a dans le même discours plusieurs noms du même genre & du même nombre, il doit y avoir incertitude sur la relation de ces mots indéterminés, si l'on n'a soin de rendre cette relation bien sensible par quelques-uns de ces moyens, qui ne manquent guere à ceux qui savent écrire. Delà l'*équivoque* de cette phrase citée dans la *Rem.* 549 de Vaugelas : *Je vois bien que de trouver de la recommandation aux paroles, c'est chose que mal-aisément je puis espérer de ma fortune; voilà pourquoi je la cherche aux effets.* » Ce *la*, dit Vau- » gelas, est *équivoque*; car, selon le sens, il se » rapporte à *recommandation*, & selon la cons- » truction des paroles, il se rapporte à *fortune*, » qui est le substantif le plus proche; & il con- » vient à *fortune* aussi-bien qu'à *recommanda-* » *tion* «. Delà encore l'*équivoque* de cette phrase : *il estimoit le Duc, & dit qu'il étoit vivement touché de ce refus*; on ne sait à qui se rapporte *il étoit touché*, si c'est au Duc ou à celui qui l'estimoit.

Tels sont enfin les adjectifs possessifs, *son*, *sa*, *ses*, *leur sien*; parce que la troisieme personne déterminée à laquelle ils doivent se rapporter, peut être incertaine à leur égard comme à l'égard des pronoms personnels, & pour la même raison. Delà l'*équivoque* de cette phrase ; *Lisias promit à son pere de n'abandonner jamais ses amis*: s'agit-il des amis de Lisias, ou de ceux de son pere ?

Toute phrase *louche* ou *équivoque* est, par-là même, *amphibologique*. Ce dernier terme est plus général, & comprend sous soi les deux premiers, comme le genre comprend les especes. Toute expression susceptible de deux sens différents, est *amphibologique*, selon la force du terme; & c'est tout ce qu'il signifie: les deux autres ajoutent à cette idée principale l'indication des causes qui doublent le sens.

De quelque maniere qu'une phrase soit *amphibologique*, elle a l'espece de vice la plus condamnable, puisqu'elle peche contre la netteté, qui est, selon Quintilien & suivant la raison, la premiere qualité du discours: il faut donc corriger ce qui est *louche*, en rectifiant la construction, & éclaircir ce qui est *équivoque*, en déterminant d'un maniere bien précise l'application des termes généraux (*a*). (B.)

(*a*) *Voyez* tome I, art. 228.

182. ININTELLIGIBLE. INCONCEVABLE. INCOMPRÉHENSIBLE.

Ces trois termes marquent également ce qui n'est pas à la portée de l'intelligence humaine; mais ils le marquent avec des nuances différentes.

Inintelligible se dit par rapport à l'expression. *Inconcevable*, par rapport à l'imagination. *Incompréhensible*, par rapport à la nature de l'esprit humain.

Ce qui est *inintelligible* est vicieux, il faut l'éviter: ce qui est *inconcevable* est surprenant, il faut s'en défier: ce qui est *incompréhensible* est sublime, il faut le respecter.

Les Athées font si peu fondés dans le malheureux parti qu'ils ont pris, que, dès qu'on les presse de rendre compte de leurs opinions, ils ne tiennent que des propos vagues & *inintelligibles*. Nonobstant l'obscurité de leurs systêmes & les inconséquences de leurs principes, il est *inconcevable* combien ils séduisent de jeunes gens, à la faveur de quelques plaisanteries ingénieuses & de beaucoup d'impudence : comme si toutes les raisons devoient disparoître devant l'effronterie, & comme si la nature, dans laquelle ils affectent de se retrancher, n'avoit pas elle-même des mystères aussi *incompréhensibles* que ceux de la révélation. (B.)

183. DOUTEUX. INCERTAIN. IRRÉSOLU.

* Ces trois termes marquent également l'état de suspension ou d'équilibre dans lequel se trouve l'ame à l'égard des objets qui fixent son attention.

Le *doute* vient de l'insuffisance des preuves, ou de l'égalité de vraisemblance entre les preuves pour & contre ; l'*incertitude*, du défaut des lumieres nécessaires pour se décider ; & l'*irrésolution*, du défaut des motifs d'intérêt, ou de l'égalité des motifs opposés.

Le *doute* produit l'*incertitude* ; & tous deux concernent l'esprit, qui a besoin d'être éclairé : l'*irrésolution* concerne le cœur, qui a besoin d'être touché. (B.)

* *Douteux* ne se dit que des choses ; *incertain* se dit des choses & des personnes ; *irrésolu* ne se dit que des personnes ; il marque de plus une disposition habituelle, & tient au caractere.

Le sage doit être *incertain* à l'égard des opinions *douteuses*, & ne doit jamais être *irrésolu* dans sa conduite. On dit d'un fait légérement avancé, qu'il est *douteux* & d'un bonheur légérement espéré, qu'il est *incertain* : ainsi *incertain* se rapporte à l'avenir, & *douteux*, au passé ou au présent (a). (*Encycl.* V, 90.)

(a) *Voyez* tome I, art. 229.

184. IRRÉSOLU. INDÉCIS.

On est *irrésolu* dans les matieres où l'on se détermine par goût, par sentiment : on est *indécis* dans celles où l'on se décide par raison & après une discussion.

Une ame peu sensible, peu élastique, indolente, pusillanime, sera *irrésolue* : un esprit lent, timide & peu subtil, sera *indécis*.

Dans l'*irrésolution*, l'ame n'est affectée d'aucun objet assez fortement pour se porter vers lui de préférence : dans l'*indécision*, l'esprit ne voit dans aucun objet des motifs assez puissants pour fixer son choix.

L'*indécis* balance entre les différents partis, sans pencher vers l'un plus que vers l'autre : l'*irrésolu* flotte d'un parti à l'autre, sans s'arrêter définitivement à aucun.

L'*irrésolu* ne peut vaincre son indifférence, l'*indécis* n'ose porter un jugement.

L'*irrésolu* hésite sur ce qu'il fera : l'*indécis*, sur ce qu'il doit faire.

L'*irrésolu* n'est pas fait pour des professions dans lesquelles on est fréquemment obligé de se porter subitement à l'action, de partir, pour ainsi dire, de la main, comme dans les armes. L'*indécis* n'est pas propre à réussir dans tout ce qui demande que l'on fasse sur le champ des combinaifons rapides, & que l'on juge fur le coup d'œil & fur de fimples probabilités, comme dans les jeux de commerce.

On eft quelquefois *décidé* fur la bonté d'un parti, fans être *réfolu* à le fuivre ; & quelquefois on eft *réfolu* à fuivre un parti, fans être *décidé* fur fa bonté.

Nous aimons la hardieffe de l'homme *réfolu* ; & nous plaignons l'*irréfolu*, que la pufillanimité inquiete : nous fommes choqués de la vaine préfomption de l'homme *décidé* ; & nous méprifons l'*indécis*, qu'une puérile défiance de foi-même arrête.

L'*irréfolu* aime qu'on le tire de fon *irréfolution* ; il fent que c'eft foibleffe, il fe condamne : l'*indécis* réfifte au contraire quand on veut le retirer de fon *indécifion* ; il la prend fouvent pour prudence, il s'en applaudit.

Il faut exciter, piquer, aiguillonner, entraîner l'*irréfolu* ; il faut éclairer, inftruire, preffer, convaincre l'*indécis*.

Pour déterminer l'*indécis*, il faut avoir de l'autorité fur fon efprit : pour déterminer l'*irréfolu*, il faut avoir un certain empire fur fon ame.

Il eft plus difficile de mener l'*indécis* que l'*irréfolu* : il feroit peut-être moins aifé de corriger l'*irréfolu* que l'*indécis*.

Le terme d'*indécis* peut être appliqué aux chofes : l'épithete d'*irréfolu* ne convient qu'aux perfonnes, (*M. l'Abbé Roubaud*, Merc. de Fr. *Oct*. II *vol*. 1759.)

195. IRRÉSOLUTION. INCERTITUDE. PERPLEXITÉ.

L'*irréfolution* eft une timidité à entreprendre ; l'*incertitude*, une *irréfolution* à croire ; la *perplexité*, une *irréfolution* inquiete. (*Connoiff. de l'efprit humain*, page 121.)

186. COSMOGONIE. COSMOGRAPHIE. COSMOLOGIE.

* Si l'exactitude dans les fciences eft de premiere néceffité , on doit regarder du même œil la précifion dans les termes qui leur font propres , & la juftefſe dans le langage didactique. Cette remarque fuffit pour juftifier l'affociation que je fais des fynonymes de cet article, avec les autres qui rempliffent cet ouvrage. Mais , fi l'on penfe que l'efprit philofophique, qui gagne de jour en jour , met le langage commun dans le cas d'emprunter des expreffions de celui des fciences & des arts ; fi l'on prend garde que l'un des plus fûrs moyens de perfectionner & de fixer la langue , c'eft d'en bien déterminer tous les ufages, foit généraux , foit particuliers ; fi l'on regarde cette édition , conformément à mes vues, comme un effai qui peut fervir à élever ce monument à la gloire nationale , on trouvera peut-être que j'aurois pu & dû expliquer un plus grand nombre de termes didactiques. (B.)

* La *cofmogonie* eft la fcience de la formation de l'univers. La *cofmographie* eft la fcience qui enfeigne la conftruction, la figure , la difpofition & le rapport de toutes les parties qui compofent l'univers. La *cofmologie* eft proprement une phyfique générale & raifonnée , qui , fans entrer dans les détails trop circonftanciés des faits, examine du côté métaphyfique les réfultats de ces faits mêmes , fait voir l'analogie & l'union qu'ils ont entr'eux , &

tâche par-là de découvrir une partie des loix générales par lesquelles l'univers est gouverné (*a*).

La *cosmogonie* raisonne sur l'état véritable du monde dans le temps de sa formation ; la *cosmographie* expose dans toutes ses parties & ses relations l'état actuel de l'univers tout formé ; & la *cosmologie* raisonne sur cet état actuel & permanent. La premiere est conjecturale ; la seconde, purement historique ; & la troisieme, expérimentale.

De quelque maniere qu'on imagine la formation du monde, on ne doit jamais s'écarter de deux grands principes : 1°. celui de la création ; car il est clair que la matiere ne pouvant se donner l'existence à elle-même, il faut qu'elle l'ait reçue. 2°. Celui d'une Intelligence suprême, qui a présidé non-seulement à la création, mais encore à l'arrangement des parties de la matiere en vertu duquel ce monde s'est formé. Ces deux principes une fois posés, on peut donner carriere aux conjectures philosophiques ; avec cette attention pourtant de ne point s'écarter, dans le système de *cosmogonie* qu'on suivra, de celui que la Genese nous indique que Dieu a suivi dans la formation des différentes parties du monde.

La *cosmographie*, dans sa définition générale, embrasse, comme l'on voit, tout ce qui est de l'objet de la physique. Cependant on a restreint ce mot dans l'usage à désigner la partie de la physique qui s'occupe du système général du

(*a*) Ces trois mots ont pour racine commune le nom grec *cosmo* (monde). Ajoutez-y *geinomai* (je nais) pour le premier ; *grapho* (je décris) pour le second, & *logos* (discours ; raisonnement) pour le troisieme : voilà les trois étymologies completes. (B.)

monde. En ce sens, la *cosmographie* a deux parties : l'astronomie, qui fait connoître la structure des cieux & la disposition des astres, & la géographie, qui a pour objet la description de la terre.

La *cosmologie* est la science du monde ou de l'univers considéré en général, en tant qu'il est un être composé, & pourtant simple par l'union & l'harmonie de ses parties ; un tout qui est gouverné par une Intelligence suprême, & dont les ressorts sont combinés, mis en jeu, & modifiés par cette Intelligence. L'utilité principale que nous devons retirer de la *cosmologie*, c'est de nous élever, par les loix générales de la nature, à la connoissance de son Auteur, dont la sagesse a établi ces loix, nous en a laissé voir ce qu'il nous étoit nécessaire d'en connoître pour notre utilité ou pour notre amusement, & nous a caché le reste pour nous apprendre à douter. (*Encycl.* IV, 292, 293, 294.)

* Les livres II & III de l'histoire du ciel de M. Pluche, qui occupent presque tout le second tome de cet Ouvrage, comprennent des idées très-saines & des principes excellents de *cosmogonie*. L'ouvrage le plus convenable au commun des lecteurs sur la *cosmographie*, est l'usage des globes par Bion. M. de Maupertuis donna, il y a quelques années, un essai de *cosmologie*, qui paroît fait d'après les vrais principes, mais qui excita pourtant une dispute très-vive. (B.)

187. DURÉE. TEMPS.

Ces mots different en ce que la *durée* se rapporte aux choses ; & le *temps*, aux personnes. On dit, la *durée* d'une action, & le *temps* qu'on met à la faire.

La *durée* a aussi rapport au commencement & à la fin de quelque chose, & désigne l'espace écoulé entre le commencement & cette fin; & le *temps* désigne seulement quelque partie de cet espace, ou désigne cet espace d'une maniere vague. Ainsi on dit, en parlant d'un Prince, que la *durée* de son regne a été de tant d'années, & qu'il est arrivé tel événement pendant le *temps* de son regne; que la *durée* de son regne a été courte, & que le *temps* en a été heureux pour ses Sujets. (*Encycl.* V, 170.)

188. DIURNE. QUOTIDIEN. JOURNALIER.

Ces trois mots désignent tous un rapport à tous les jours, mais sous des aspects assez différents pour ne devoir pas être confondus.

Ce qui est *diurne* revient réguliérement chaque jour, & en occupe toute la *durée*, soit qu'on entende par-là une révolution entiere de vingt-quatre heures, soit qu'on ne désigne que la partie de cette révolution que le soleil ou tout autre étoile est sur l'horison.

Ce qui est *quotidien* revient chaque jour, mais sans en occuper toute la durée, & sans autre régularité que celle du retour.

Ce qui est *journalier* se répete comme les jours, mais varie de même; il peut en occuper ou n'en pas occuper toute la durée.

Diurne est un terme didactique, parce qu'il n'appartient qu'aux sciences rigoureuses d'apprécier les objets avec l'exactitude que comporte la signification totale de ce mot. Ainsi l'on dit en astronomie, la révolution *diurne* de la terre, pour désigner sa révolution autour de son axe en vingt-quatre heures. Arc *diurne*, pour désigner l'arc que le soleil, la lune ou les étoiles décrivent ou paroissent décrire chaque jour entre leur lever & leur coucher.

Quotidien est un terme du langage commun, mais consacré à caractériser ce qui ne manque pas de recommencer chaque jour, quoiqu'accidentellement. C'est pour cela que dans l'oraison dominicale il est mieux de dire, notre pain *quotidien*, que de dire, notre pain de chaque jour ; parce que nos besoins, soit temporels, soit spirituels, renaissent en effet tous les jours. » Et pour marque, dit le P. Bouhours (*a*), que » pain *quotidien* est une expression consacrée, » c'est qu'elle a passé en proverbe, pour expri- » mer une chose ordinaire ; c'est, dit-on, son » pain *quotidien* «. On appelle aussi fievre *quotidienne*, une espece de fievre intermittente, qui vient & cesse tous les jours, & est suivie de quelques heures d'intermission.

Journalier appartient absolument au langage commun, & s'applique à toutes les autres choses qui se répètent tous les jours avec des variations accidentelles. Ainsi l'on dit, l'expérience *journaliere*, des occupations *journalieres*, un travail *journalier*, pour marquer une expérience, des occupations, un travail, qui recommencent chaque jour ; & l'on ne pourroit pas y employer les termes de *diurne* ou de *quotidien*, qui excluroient l'idée de variation. Cette idée est si propre au mot *journalier*, qu'il s'emploie même pour la marquer uniquement ; & nous disons, une humeur *journaliere*, les armes sont *journalieres*, pour dire, une humeur changeante; les armes sont sujettes à des variations. Quel-

_____

(*a*) Rem. nouv. sur la langue franç. tome I.

quefois

quefois on dit *journalier* pour *diurne*, parce que l'on fait abstraction de la régularité ; le mouvement *journalier* du ciel : mais on ne peut jamais dire *journalier* pour *quotidien*.

Le P. Bouhours traite de bizarreries difficiles à expliquer, ces distinctions dont il me semble que je viens de rendre raison. Combien de fois les Grammairiens ont-ils regardé comme des caprices déraisonnables de l'usage, des expressions très-fines dont ils n'appercevoient pas le fondement ? L'usage est plus éclairé qu'on ne pense. (B.)

189. JOUR. JOURNÉE.

Il me semble qu'il en est de la synonymie de ces deux termes, comme de celle d'*an* & *année* (*a*).

Le *jour* est un élément naturel du temps, comme l'*an* en est un élément déterminé. Delà vient que l'on se sert du mot *jour* pour marquer une époque, ainsi que pour déterminer l'étendue d'une durée. De même que l'on fait abstraction de l'étendue des points élémentaires, on envisage aussi le *jour* sans attention à sa durée.

La *journée* est envisagée au contraire comme une durée déterminée & divisible en plusieurs parties, à laquelle on rapporte les événements qui peuvent s'y rencontrer. Delà vient que l'on qualifie la *journée* par les événements mêmes qui en remplissent la durée.

La semaine est composée de sept *jours* ; le mois ordinaire de trente *jours* ; & l'année de trois cents soixante-cinq *jours*. On désigne la vie entiere par la pluralité de ses éléments : nous avons

_____
(*a*) Tome I, art. 300.

Tome II.   K

vu de nos *jours* de grands événements : quand on a paſſé ſes beaux *jours* dans l'oiſiveté ou dans la débauche, on eſt preſque aſſuré de paſſer ſes vieux *jours* dans la miſere ou dans la douleur.

La *journée* (*a*) eſt l'eſpace de temps qui s'écoule depuis l'heure où l'on ſe leve juſqu'à l'heure où l'on ſe couche. Quand le temps eſt ſerein & doux, il fait une belle *journée*. Une *journée* eſt heureuſe ou malheureuſe, agréable ou triſte, à raiſon des événements qui s'y paſſent. La *journée* de Malplaquet fut fâcheuſe pour la France; celle de Fontenoi fut glorieuſe. On donne auſſi le nom de *journée* au travail que l'on fait dans le cours d'une *journée*, & ſouvent au ſalaire même de ce travail.

Le mot de *jour* ſe prend quelquefois pour la clarté du ſoleil quand il eſt ſur l'horiſon, & quelquefois pour les ouvertures pratiquées dans un bâtiment à deſſein d'y introduire cette clarté : dans aucun de ces deux ſens, *jour* n'eſt ſynonyme à *journée* ; & les exemples qui ne ſe prêteroient point aux diſtinctions que l'on vient d'aſſigner, rentreroient à coup ſûr dans l'un des deux, ſoit proprement, ſoit figurément. (B.)

(*a*) Dict. de l'Acad. 1762.

190. SURFACE. SUPERFICIE.

C'eſt le dehors, la partie extérieure & ſenſible des corps : telle eſt l'idée commune qui rend ces deux mots ſynonymes. Ils le ſont même par leur compoſition matérielle, puiſque par-là l'un & l'autre ſignifient *la face de deſſus* : la ſeule différence qui les diſtingue à cet égard, c'est que le mot *surface* est composé de deux mots françois ; & le mot *superficie* est fait des deux mots latins correspondants, ce qui lui donne un air un peu plus savant.

On dit *surface*, quand on ne veut parler que de ce qui est extérieur & visible, sans aucun égard à ce qui ne paroît point : on dit *superficie*, quand on a dessein de mettre ce qui paroît au-dehors en opposition avec ce qui ne paroît pas.

De tous les animaux qui couvrent la *surface* de la terre, il n'y a que l'homme qui soit capable de connoître toutes les propriétés de ce globe ; & entre les hommes, la plupart n'en apperçoivent que la *superficie* ; il n'y a que l'œil perçant d'un petit nombre de Philosophes, qui sache en pénétrer l'intérieur.

Cette distinction passe de même au sens figuré, & delà vient que l'on dit de ces esprits vains, qui, pour se faire valoir en parlant de tout, font des excursions légeres dans tous les genres de connoissances sans en approfondir aucun, qu'ils ne savent que la *superficie* des choses, qu'ils n'en ont que des notions *superficielles*. (B.)

191. LISIERE. BANDE. BARRE.

Ces trois termes peuvent être considérés comme synonymes ; car ils désignent une idée générale qui leur est commune ; beaucoup de longueur sur peu de largeur & d'épaisseur : mais ils sont différenciés par des idées accessoires. La *lisiere* est une longueur sur peu de largeur prise ou levée sur les extrémités d'une piece ou d'un tout. La *bande* est une longueur sur peu de largeur & d'épaisseur, qui est prise dans la piece, ou qui même n'en a jamais fait partie. La *barre* est une piece ou même un tout qui a beaucoup de longueur sur peu de largeur avec quelque épaisseur, & qui peut faire résistance. Ainsi l'on dit : la *lisiere* d'une province, d'un drap, d'une toile ; une *bande* de toile, d'étoffe, de papier ; une *barre* de bois ou de fer. (*Encycl.* II, 57.)

192. COULEUR. COLORIS.

Les *couleurs* sont les impressions particulieres que fait sur l'œil la lumiere réfléchie par les diverses surfaces des corps : ce sont elles qui rendent sensibles à la vue les objets qui composent l'univers. Le *coloris* est l'effet qui résulte de l'ensemble & de l'assortiment des *couleurs* naturelles de chaque objet, relativement à sa position à l'égard de la lumiere, des corps environnants, & de l'œil du spectateur : c'est le *coloris* qui distingue la nature & la situation de chaque objet.

Il y a sept *couleurs* primitives : le rouge, l'oranger, le jaune, le verd, le bleu, l'indigo, le violet ; & chacune de ces *couleurs* a ses nuances. Les *couleurs* primitives en peintures sont différentes de celles-là ; & les autres, ainsi que leurs nuances, se composent du mélange des primitives : c'est une opération physique. Mais l'art du *coloris*, c'est-à-dire, l'art d'imiter les *couleurs* des objets naturels, relativement à tous les aspects de leur position, ne peut être que le résultat de beaucoup de lumieres acquises & d'un goût exquis.

Colorer, c'est rendre un objet sensible par une *couleur* déterminée : *colorier*, c'est donner à chaque objet le *coloris* qui lui convient. On *colore* une liqueur ; on *colorie* un tableau. (B.)

193. ÉLARGISSEMENT. ÉLARGISSURE.

Tous deux annoncent une augmentation de largeur ; mais le premier a rapport à la largeur de l'espace ; & le second à celle de la matiere.

Ainsi, *élargissement* se dit de tout ce qui devient plus spacieux, plus étendu en largeur ; d'un canal, d'une riviere, d'un cours, d'une promenade, d'un jardin, d'une maison, d'un chemin. *Elargissure* se dit de ce qui est ajouté pour élargir, & ne se dit que des meubles & des vêtements ; d'un rideau, d'une portiere, d'un drap, d'une chemise, d'une camisole, d'une veste, d'une robe, &c. (B.)

194. PREMIER. PRIMITIF.

Si l'on conçoit une suite de plusieurs êtres qui se succedent dans un certain espace de temps ou d'étendue, celui de ces êtres qui est à la tête de cette suite, qui la commence, est celui que l'on appelle pour cela même *primitif* : les idées accessoires qui différencient ces deux mots en font disparoître la synonymie.

Premier se dit en parlant de plusieurs êtres réels ou abstraits entiérement distingués les uns des autres, mais que l'on envisage seulement comme appartenants à la même suite. *Primitif* se dit en parlant des différents états successifs d'un même être.

L'enchaînement des révolutions occasionnées par les événements & préparées par les passions, ramene enfin Rome à son gouvernement *primitif* qui étoit monarchique. Depuis qu'elle eut chassé les Rois, jusqu'au temps où elle fut asservie par les Empereurs, elle fut gouvernée par deux chefs fous le nom de *Confuls*, dont l'autorité fuprême étoit annuelle : les deux *premiers* furent L. Junius-Brutus, & L. Tarquinius-Collatinus.

La langue que parloient Adam & Eve, eft la *premiere* de toutes les langues ; &, fi les différents idiomes qui diftinguent les nations ne font que différentes formes de cette langue, elle eft auffi la langue *primitive* du genre-humain ; on peut appuyer cette opinion par bien des preuves.

Si l'on ne comparoît que les mœurs des *premiers* Chrétiens avec les nôtres, & la difcipline rigoureufe de l'Eglife *primitive* avec l'indulgence que l'Eglife d'aujourd'hui eft forcée d'avoir, on feroit tenté de croire que nous n'avons pas confervé la religion des *premiers* fiecles : & c'eft par ce fophifme que les novateurs ont féduit les peuples, en leur cachant ou leur déguifant les preuves invincibles de l'immortalité de la doctrine *primitive*, & de l'indéfectibilité de l'Eglife qui en eft dépofitaire. (B.)

195. FÉCOND. FERTILE.

* *Fécond* eft le fynonyme de *fertile*, quand il s'agit de la culture des terres : on peut dire également, un terrein *fécond* & *fertile*, *fertilifer* & *féconder* un champ. La maxime qu'il n'y a point de fynonymes, veut dire feulement qu'on ne fe peut fervir des mêmes mots dans toutes les occafions. Ainfi, une femelle, de quelque efpece qu'elle foit, n'eft point *fertile* ; elle eft *féconde*. On *féconde* des œufs, on ne les *fertilife* pas. La nature n'eft pas *fertile*, elle eft *féconde*.

Ces deux expressions sont quelquefois également employées au figuré & au propre. Un esprit est *fertile* ou *fécond* en grandes idées.

Cependant les nuances sont si délicates qu'on dit un Orateur *fécond*, & non pas un Orateur *fertile* : *fécondité* & non *fertilité* de paroles : cette méthode, ce principe, ce sujet est d'une grande *fécondité*, & non pas d'une grande *fertilité*. La raison en est qu'un principe, un sujet, une méthode, produisent des idées qui naissent les unes des autres comme des êtres successivement enfantés, ce qui a rapport à la génération.

Bienheureux Scudéri, dont la *fertile* plume.

Le mot *fertile* est là bien placé, parce que cette plume s'exerçoit, se répandoit sur toutes sortes de sujets. Le mot *fécond* convient plus au génie qu'à la plume. Il y a des temps *féconds* en crimes, & non pas *fertiles* en crimes. (*Encycl.* VI, 463.)

* Au propre & au figuré, ces deux mots expriment une abondante production : mais il semble que la *fécondité* vienne de la nature, & que la *fertilité* tienne plus de l'art. La chaleur du soleil, la pluie du ciel *fécondent* la terre ; le labour, les engrais la *fertilisent*. Un esprit heureusement né peut être *fécond* en grandes idées ; un esprit naturellement moins *fécond*, peut devenir *fertile* par une culture bien entendue, par une étude approfondie, par un travail assidu.

Toutes les différences admises par l'usage dans l'emploi de ces deux mots, tiennent plus ou moins à cette distinction. (B.)

196. SUBSISTANCE. SUBSTANCE.

* Ces deux termes ont également rapport à la nourriture & à l'entretien de la vie. (B.)

* Le premier de ces mots veut dire proprement ce qui sert à nourrir, à entretenir, à faire subsister, de quelque part qu'on le reçoive. Le second signifie tout le bien qu'on a pour subsister étroitement, ce qui est absolument nécessaire pour pouvoir se nourrir & pour pouvoir vivre.

Les ordres mendiants trouvent aisément leur *subsistance*, mais combien de pauvres honteux qui consument dans la douleur leur *subsistance* & leurs jours!

Combien de partisans qui s'engraissent de la pure *substance* du peuple, & qui mangent en un jour la *subsistance* de cent familles (*a*)! (Encycl. XV, 582.)

(*a*) Tome I, art. 235.

197. RENAISSANCE. RÉGÉNÉRATION.

L'un & l'autre marquent une nouvelle existence, mais sous des aspects différents.

Renaissance ne s'emploie qu'au figuré, & se dit du renouvellement d'une chose, comme si, après avoir cessé, elle naissoit une seconde fois. *Régénération* s'emploie au propre & au figuré: au propre, il se dit, dans les traités de chirurgie, pour la reproduction de la substance perdue; au figuré, c'est un terme consacré à la religion, où il marque une nouvelle vie.

Depuis la *renaissance* des Lettres en Europe, la rusticité des barbares qui l'avoient inondée, a fait place à des mœurs plus polies & plus douces ; mais on y eft encore auffi entêté qu'eux-mêmes de leurs abfurdes préjugés.

Dans les parties molles de l'animal il ne fe fait aucune *régénération*, & l'opinion contraire a été funefte aux progrès de l'art : mais il y a des exemples de *régénération* d'os dans des fujets jeunes, & qui n'avoient pas encore pris tout leur accroiffement.

Dans le langage de la religion, la *régénération* s'entend de la naiffance fpirituelle que nous recevons au Baptême, & de la nouvelle vie qui fuivra la réfurrection générale. La premiere *régénération* nous rend enfants de Dieu, nous accorde l'innocence, & nous donne droit à l'héritage de la vie éternelle (*a*) : la feconde *régénération*, la réfurrection, nous fait entrer en poffeffion de cet héritage (*b*). (B.)

(*a*) *Salvos nos fecit per lavacrum regenerationis renovationis Spiritus Sancti.* Ep. ad Tit. III, 5.

(*b*) C'eft en ce fens que J.C. dit à fes Apôtres : *In regeneratione, cùm federit filius hominis in fede majeftatis fuæ ; fedebitis & vos fuper fedes duodecim, judicantes duodecim tribus Ifraël.* Matth. XIX, 28.

198. VIBRATION. OSCILLATION.

Chez tous les Phyficiens, ces deux termes font fynonymes, & avec raifon, puifqu'ils expriment tous deux le mouvement alternatif ou réciproque qui revient fur lui-même : mais il y a une différence, prife de la différence des caufes qui produifent ce mouvement.

Je conçois donc plus particuliérement par *vibration*, tout mouvement alternatif ou réciproque fur lui-même, dont la caufe réfide uniquement dans l'élafticité : tels font les mouvements des cordes *vibrantes*, & des parties internes de tout corps fonore en général ; tels font auffi les balanciers des montres qui font leurs *vibrations* en vertu de l'élafticité des refforts fpiraux qu'on leur applique.

J'entends au contraire par *ofcillation*, tout mouvement alternatif ou réciproque fur lui-même, dont la caufe réfide uniquement dans la pefanteur ou gravitation : tels font les mouvements des ondes, & tous ceux des corps fufpendus, d'où dérive la théorie des pendules.

Le mouvement de *vibration* mefure les fons ; celui d'*ofcillation* mefure les temps. Les cloches, par exemple, font des *vibrations* & des *ofcillations* : les premiers dérivent du corps qui frappe & comprime la cloche en vertu de fon élafticité, ce qui la rend ovale alternativement & produit les fons; les fecondes font déterminées par le mouvement total de la cloche qui eft en proie à la gravitation, ce qui détermine les intervalles des temps entre les fons. Refte à voir fi le fon d'une cloche n'eft pas d'autant plus étendu, que les temps des *ofcillations* font plus près de coïncider avec les temps des *vibrations* (*Encycl.* XVII, 850.)

199. LOURD. PESANT.

M. l'Abbé Girard a déjà comparé ces termes (a), en prenant l'un dans le fens propre, & l'autre dans le fens figuré. Mais on peut les comparer en les prenant tous deux ou dans le fens primitif ou dans le fens figuré.

(a) Tome I, art. 110.)

Dans le premier sens, tout corps est pesant, parce que la *pesanteur* est la tendance générale des corps vers le centre ; mais on ne peut appeller *lourds* que ceux qui ont une *pesanteur* considérable, relativement ou à leur masse ou à la force qu'on y oppose. Le léger n'est l'opposé que du *lourd*, & ce n'est que par extension que quelquefois on l'oppose au *pesant*.

Différents hommes porteront des charges plus ou moins *pesantes*, à raison de la différence de leurs forces ; mais un homme foible trouvera trop *lourd* un fardeau qui ne paroît à un homme vigoureux qu'une charge légere.

Dans le sens figuré, & quand il s'agit de l'esprit, il me semble que le mot de *lourd* enchérit encore sur celui de *pesant* ; que l'esprit *pesant* conçoit avec peine, avance lentement & fait peu de progrès, & que l'esprit *lourd* ne conçoit rien, n'avance point & ne fait aucun progrès.

La médiocrité est l'appanage des esprits *pesants*, mais on peut en tirer quelque parti : la stupidité est le caractere des esprits *lourds*, on n'en peut rien tirer. (B.)

200. TRANSPORT. TRANSLATION. TRANSPORTER. TRANSFÉRER.

Tous ces mots désignent un changement de lieu ou de temps. *Transporter* & *transport* sont plus propres à marquer spécialement le terme du changement, sans rien marquer par eux-mêmes de l'état précédent de la chose *transportée* : au contraire, *transférer* & *translation* ajoutent à l'idée du changement, celle d'une sorte de consistance de la chose *transférée* dans le premier état d'où elle sort.

Ainsi l'on dit *transporter* des meubles, des marchandises, de l'argent, des troupes, de l'artillerie, d'un lieu à un autre; qu'un Commissaire, un Juge se *transporte* sur le lieu du délit; qu'on fait *transport* de ses droits à un autre : parce que dans tous ces cas on n'envisage que le lieu où se rendent les choses *transportées*, ou la personne à qui sont remis les droits qu'on abandonne.

Mais on dit *transférer* un prisonnier du Châtelet à la Conciergerie, un corps mort d'un cimetiere dans un autre, des reliques d'une châsse ou d'une Eglise dans une autre, une Jurisdiction d'une ville dans une autre, pour marquer que les objets *transférés* résidoient auparavant de droit ou de nécessité dans les lieux d'où on les tire : c'est pour la même raison que l'on dit, la *translation* d'un Evêque, d'un Concile, d'un Siége, d'un Empire, d'une Fête, &c.

Quand on *transfere* un magasin de marchandises précieuses, il faut tâcher de les *transporter* sans les gâter.

Constantin n'eut pas plutôt *transféré* le Siége de l'Empire de Rome à Constantinople, que tous les Grands abandônnerent l'Italie pour se *transporter* en Orient. (B.)

201. ÉBULLITION. EFFERVESCENCE. FERMENTATION.

* Ce sont trois termes techniques qui ne sont point entiérement synonymes, quoiqu'on les confonde aisément. M. Homber est un des premiers qui en a expliqué la différence, & qui en a fait l'exacte distinction. (*Encycl.* V, 216.)

L'*ébullition* est le mouvement que prend

un liquide qui bout sur le feu; & il se dit, en Chymie, de deux matieres qui, en se pénétrant, font paroître des bulles d'air.

L'*effervescence* est le mouvement qui s'excite dans une liqueur dans laquelle il se fait une combinaison de substances, telles que des acides qui se mêlent & produisent ordinairement de la chaleur.

La *fermentation* est le mouvement interne qui s'excite de lui-même dans un liquide, par lequel ses parties se décomposent pour former un nouveau corps.

L'eau qui bout est en *ébullition* ; le fer dans l'eau forte fait *effervescence* ; & la biere est en *fermentation*. (*Dict. de l'Acad.*) sous ces trois mots.

* La raison pour quoi on a confondu ces trois actions sous le nom de *fermentation*, est que les *fermentations* s'échauffent ordinairement, en quoi elles ressemblent aux *effervescences*; & qu'elles sont presque toujours accompagnées de quelque gonflement, en quoi elles ressemblent aux *ébullitions*. (*Encycl.* V, 217.)

* Le mot *ébullition* s'emploie dans un autre sens physique, pour désigner cette maladie qui cause sur la peau des élevures ou taches rouges. C'est une métaphore fondée sur la ressemblance de ces élevures de la peau avec les bulles qui paroissent à la surface d'un liquide qui est en *ébullition*.

Les mots *effervescence* & *fermentation* s'emploient aussi dans un sens figuré, mais en passant du physique au moral. L'*effervescence* se dit du zele subit & général des esprits pour quelque objet déterminé, vers lequel ils se portent avec une espece de chaleur. La *fermentation* se dit de la division des esprits & des prétentions opposées des partis.

Il en est au moral comme au physique ; l'effervescence des esprits peut être sans *fermentation*; mais il n'y a point de *fermentation* dans les esprits sans quelque *effervescence*.

Depuis quelques années il s'est élevé dans les esprits, au sujet de l'agriculture & du commerce, une sorte d'*effervescence*, qui a fait naître des sociétés littéraires uniquement occupées de ces grands objets, & qui apparemment produira d'heureux effets pour l'humanité.

Les divisions, en matiere de religion, occasionnent presque toujours quelque *fermentation* dans les esprits ; &, si l'hypocrisie voile les véritables vues des partis, la *fermentation* peut produire les plus grands maux. (B.)

202. SOMME. SOMMEIL.

* L'un & l'autre expriment cet état d'assoupissement & d'inaction, qui ,.

.... quand l'homme accablé sent de son foible corps
Les organes vaincus, sans force & sans ressorts,
Vient par un calme heureux secourir la nature,
Et lui porter l'oubli des peines qu'elle endure (*a*).

Il y a quelquefois de la différence entre ces deux mots. (B.)

* *Somme* signifie toujours le dormir, ou l'espace du temps qu'on dort. *Sommeil* se prend quelquefois pour l'envie de dormir.

On est pressé du *sommeil* en été après le repas ; on dort d'un profond *somme* après une grande fatigue.

Sommeil a beaucoup plus d'usage & d'éten-

(*a*) Henriade, chant VII.

due que *somme*. (*Encycl.* XV ,- 330.)

* Le *sommeil* exprime proprement l'état de l'animal pendant l'assoupissement naturel de tous ses sens; c'est pourquoi on en fait usage avec tous les mots qui peuvent être relatifs à un état, à une situation. Etre enseveli dans le *sommeil* ; troubler, rompre, interrompre, respecter le *sommeil* de quelqu'un ; un long, un profond *sommeil* ; un *sommeil* tranquille, doux, paisible, inquiet, fâcheux ; la mort est un *sommeil* de fer, l'oubli de la religion est un *sommeil* funeste.

Le *somme* signifie principalement le temps que dure l'assoupissement naturel, & le présente en quelque sorte comme un acte de la vie humaine; c'est pourquoi l'on s'en sert avec les termes qui se rapportent aux actes, & il ne se dit guere qu'en parlant de l'homme : un bon *somme*, un *somme* léger, le premier *somme* : on dit, faire un *somme*, un petit *somme* ; & l'on ne diroit pas de même, faire un *sommeil*. (B.)

203. ÉVEILLER. RÉVEILLER.

* Ces deux verbes, dans le propre, & quand il s'agit du sommeil, se confondent assez souvent, & nos meilleurs Ecrivains ne les distinguent pas trop.

Après y avoir fait réflexion, il m'a semblé qu'on pouvoit mettre quelque différence entre *éveiller* & *réveiller* : que le premier se dit proprement par rapport à une heure réglée ; le second, par rapport à un temps extraordinaire. Je m'explique.

Un homme qui a coutume de se lever à cinq heures du matin, & qui ne veut pas dormir

davantage, dira à ses gens : " Ne manquez pas
" de m'*éveiller* à cinq heures ". Au contraire,
une personne qui a en tête une affaire importante, & qui attend quelques nouvelles avec impatience, dira en se couchant : S'il vient des let-
" tres cette nuit, qu'on ne manque pas de me
" *réveiller* ".

 Réveiller emporte quelque chose d'irrégulier &
de subit, ou une affaire qui survient tout-à-coup,
ou un bruit qu'on n'a pas accoutumé d'entendre.
(*Bouhours*, Rem. nouv. *Tome II.*)

 * *Eveiller* suppose une heure réglée, ou une
cessation spontanée du *sommeil*. (B.)

 * Selon ces deux regles, *éveiller* & *réveiller*
sont bien dans les exemples suivants : " Il est
" agréable de s'*éveiller* de soi-même, lorsque le
" corps a pris tout le repos qu'il lui faut. L'Amiral s'étoit couché tard, & son premier sommeil
" duroit encore, lorsque son valet-de-chambre le
" *réveilla*, & lui dit, qu'il y avoit à la porte des
" personnes masquées qui demandoient à lui par-
" ler ".

 Ces exemples, dis-je, me semblent corrects ;
mais je doute que ceux-ci le soient : " Il est fâ-
" cheux d'être *éveillé* par le bruit ; Joseph étant
" *réveillé* fit ce que l'Ange du Seigneur lui avoit
" ordonné ". Car un bruit fait qu'on se *réveille* ;
& un songe, qui n'a rien de triste ni d'affreux,
n'empêche pas qu'on ne s'*éveille* (a). (*Bouhours*,
ibid.)

(a) *Voyez* tome I, art. 237.

204. CHANCIR. MOISIR.

Termes qui expriment tous deux un changement à la surface de certains corps, qu'une fermentation intérieure dispose à la corruption. *Chancir* se dit des premiers signes de ce changement : *moisir* se dit du changement entier.

Une confiture est *chancie*, lorsqu'elle est couverte d'une pellicule blanchâtre : elle est *moisie*, quand il s'éleve, de cette pellicule blanchâtre, une efflorescence en mousse blanchâtre ou verdâtre.

Un pâté, un jambon, qui se *chancissent*, doivent être mangés promptement ; cette *chancissure* se manifeste par quelques bouquets d'efflorescence blanchâtre semés çà & là à la surface. Il y a des fromages pour lesquels la *moisissure* est un titre de recommandation ; on les dit alors PERSILLÉS, à cause de la couleur des bouquets de *moisissure* dont ils sont parsemés. (B.)

205. PERMÉABLE. PÉNÉTRABLE.

Ces deux termes appartiennent au langage didactique de la Physique, & se disent de tout corps dont l'existence n'excluroit pas la co-existence d'un autre corps dans le même espace ; mais ils s'entendent dans des sens différents.

Un corps est *perméable*, lorsque ses pores sont capables de laisser le passage à quelqu'autre corps ; c'est ainsi qu'un corps transparent est *perméable* à la lumiere.

Un corps seroit *pénétrable*, si le même espace qu'il occuperoit tout entier, pouvoit encore admettre un autre corps sans déplacer le premier.

Il est aisé de voir que la *pénétrabilité* est une qualité purement hypothétique, imaginée par le péripatétisme, pour ne pas rester court sur des phénomenes crus trop légérement ou trop difficiles à expliquer ; elle implique contradiction. Les corps sont *perméables* à d'autres corps ; cela est attesté en mille manieres par les faits naturels & par les expériences de l'art : mais les corps sont *impénétrables* les uns à l'égard des autres. (B.)

206. NUE. NUÉE. NUAGE.

Tous ces mots se disent des vapeurs qui s'élèvent en l'air, & qui ordinairement, après s'y être condensées, retombent en pluie. Cependant il est bien des cas où la justesse ne permet pas d'employer indifféremment l'un pour l'autre.

Il semble que *nue* marque plus particuliérement les vapeurs les plus élevées ; que *nuée* désigne mieux une grande quantité de vapeurs étendues dans l'air & promettant de l'orage ; & que *nuage* soit plus propre à caractériser un amas de vapeurs fort condensées.

Ainsi l'idée de *nue* fait penser à l'élévation ; celle de *nuée*, à la quantité & à l'orage ; & celle de *nuage*, à l'obscurité.

On dit donc d'un oiseau, qu'il se perd dans les *nues*, pour dire qu'il s'éleve fort haut dans la région de l'air ; qu'une *nuée* s'étend vers la droite, pour marquer ce qui est exposé aux accidents dont elle menace ; & qu'un *nuage* ne tardera point à crever, pour indiquer qu'il est extraordinairement condensé & noir.

Ces idées accessoires deviennent presque les principales dans le sens figuré.

On dit élever quelqu'un jusqu'aux *nues*, pour dire, le louer excessivement : faire sauter quelqu'un aux *nues*, pour dire, l'impatienter, faire qu'il s'emporte : tomber des *nues*, pour dire, être extrêmement surpris & étonné, ou quelquefois embarrassé, comme on l'est quand on tombe de haut : un homme tombé des *nues*, pour désigner un homme qui n'est connu ni avoué de personne sur la terre : se perdre dans les *nues*, en parlant de quelqu'un qui, dans ses discours & dans ses raisonnements, s'éleve de maniere à faire perdre aux autres, & à perdre lui-même de vue le sujet qu'il traite ou ce qu'il a entrepris de prouver. On voit dominer dans toutes ces phrases l'idée d'élévation, celle des vapeurs a disparu ; & dans tous ces cas on ne pourroit se servir ni de *nuée* ni de *nuage*, qui ne réveilleroient point l'idée d'élévation que l'on envisage principalement.

On dit figurément qu'une *nuée* se forme & ne tardera pas à éclater, pour faire entendre qu'une entreprise, un complot, une conspiration, un projet de punition ou de vengeance se prépare & n'est pas loin de se manifester par des effets frappants : & l'on dit, une *nuée* d'hommes, d'oiseaux, d'animaux, pour une troupe considérable des uns ou des autres. On voit dominer ici l'idée de la quantité ou de quelque chose de sinistre.

Enfin, l'on dit, un *nuage* de poussiere, pour marquer l'obscurcissement de l'air par la quantité de poussiere qui y est élevée : avoir un *nuage* devant les yeux, pour désigner quelque chose que ce soit qui empêche de voir distinctement : & plus figurément encore, on appelle *nuages*, les doutes, les incertitudes, & les ignorances de l'esprit humain. Ici c'est l'idée d'obscurité qui est principalement envisagée. (B.)

207. MONT. MONTAGNE.

Ces deux mots annoncent également l'idée d'une masse considérable de terre ou de roche, fort élevée au-dessus du reste de la surface de la terre.

Il me semble que *mont* désigne une masse détachée de toute autre pareille, soit physiquement, soit idéalement : & que *montagne* ne présente que l'idée générale & commune, sans aucun égard à cette distinction.

Delà vient que, pour caractériser individuellement quelque masse de cette espece, on se sert de *mont* ; parce que distinguer les individus, c'est, du moins par la pensée, les séparer des individus de même espece, s'ils n'en sont même séparés physiquement : ainsi l'on dit, le *mont* Olympe, le *mont* Liban, le *mont* Sinaï, le *mont* Parnasse, le *mont* S. Gothard, le *mont* S. Bernard, le *mont* Jura, le *mont* Cénis, le *mont* Etna, le *mont* Vésuve, &c.

Mais dès que l'on n'envisage aucune distinction individuelle, on ne parle que de *montagnes* : on monte ou l'on descend une *montagne* ; une *montagne* est plus ou moins élevée, plus ou moins escarpée ; la cime, la descente, le pied d'une *montagne* ; une chaîne de *montagnes*.

On dit les *montagnes* des Alpes, & les *monts* Pyrénées : dans la premiere phrase, la préposition *de*, distingue le nom propre *Alpes* du nom appellatif *montagnes*, afin de conserver à celui-ci le sens général ; dans la seconde, les deux noms sont rapprochés & mis en concordance, & c'est pour cela que l'on dit *monts*. C'est par la même regle que l'on dit, le *mont* Sinaï, & la *montagne* de Sinaï ; le *mont* Thabor, &

la *montagne* du Thabor ; le *mont* Parnaſſe, & la *montagne* du Parnaſſe ; le *mont* Apennin, & les *montagnes* de l'Apennin, *&c.* On en peut faire une regle générale, qui n'a point encore été obſervée.

Promettre *monts* & merveilles, promettre des *monts* d'or, courir par *monts* & par vaux, ſont des phraſes qui ne ſe prêteroient peut-être pas trop aux diſtinctions que l'on vient d'aſſigner : rien n'empêche qu'on ne les regarde comme des exceptions ; mais ce ſont les ſeules. (B.)

208. TUYAU. TUBE.

Ces mots ſont ſynonymes, en ce qu'on déſigne par l'un & par l'autre un cylindre creux en dedans, qui ſert à donner paſſage à l'air ou à tout autre fluide.

Ce qui les diſtingue, c'eſt que le premier ſe dit des cylindres préparés par la nature pour l'économie animale, ou par l'art, pour les ſervices de la ſociété, & le ſecond ne ſe dit guere que de ceux dont on ſe ſert pour faire des obſervations & des expériences en phyſique, en aſtronomie, en anatomie.

Ainſi l'on appelle *tuyau*, les tiges cylindriques des plumes des oiſeaux ; celle du bled, du chanvre & des autres plantes qui ont la tige creuſe ; les canaux cylindriques de fer, de plomb, de bois, de terre cuite, ou autres matieres, que l'on emploie à la conduite des eaux, des immondices, de la fumée, *&c.* ceux d'étain ou de fer-blanc qui ſervent à la conſtruction des orgues, des ſerinettes, *&c.*

Mais on appelle *tubes*, les *tuyaux* dont on conſtruit les thermometres, les barometres, & autres, qui servent aux expériences sur l'air & les autres fluides, ceux des lunettes à longue vue, des télescopes, &c. (B.)

209. CLYSTERE. LAVEMENT. REMEDE.

Ces trois termes, synonymes en médecine & en pharmacie, ne sont point arrangés ici au hasard; ils le sont selon l'ordre chronologique de leur succession dans la langue.

Il y a long-temps que *clystere* ne se dit plus. *Lavement* lui a succédé; &, sous le regne de Louis XIV, l'Abbé de S. Cyran le mettoit déjà au rang des mots déshonnêtes qu'il reprochoit au P. Garasse. On a substitué de nos jours le terme de *remede* à celui de *lavement*: *remede* est équivoque, mais c'est par cette raison même qu'il est honnête.

Clystere n'a plus lieu que dans le burlesque, & *lavement*, que dans les Auteurs de médecine: dans le langage ordinaire, on ne doit dire que *remede*. (*Encycl.* III, 553.)

210. SAIN. SALUBRE. SALUTAIRE.

Ces trois mots ne peuvent être considérés comme synonymes, qu'autant qu'on les applique aux choses qui intéressent la santé: à moins que par figure on ne les transporte à d'autres objets considérés sous un point de vue analogue: mais *salubre* ne se dit que dans le sens propre.

Les choses *saines* ne nuisent point; les choses *salubres* font du bien; les choses *salutaires* sauvent de quelque danger, de quelque mal, de quelque dommage: ainsi ces trois mots sont en gradation.

Il est de l'intérêt du gouvernement que les lieux destinés à l'éducation publique soient dans une situation *saine*; que les aliments de la jeunesse soient plutôt *salubres* que délicats, & qu'on n'épargne rien pour administrer aux enfants, dans leurs maladies, les remedes les plus *salutaires*.

Mais ce qu'il y a de plus important, c'est qu'on leur inspire la doctrine la plus *saine*, en ce qui concerne la religion & les mœurs; & que, sur ce qui constitue leurs devoirs envers Dieu, envers la patrie, envers les différentes classes d'hommes, ils ne voient que les meilleurs exemples, & ne reçoivent que les instructions les plus *salutaires*. (B.)

211. POISON. VENIN.

On désigne par-là certaines choses qui peuvent attaquer les principes de la vie par quelque qualité maligne; c'est le sens propre & primitif: dans le sens figuré, on le dit des choses qui tendent à ruiner les principes de la religion, de la morale, de la subordination politique, de la société, ou de l'honnêteté civile.

Poison, dans le sens propre, se dit des plantes ou des préparations dont l'usage est dangereux pour la vie : *venin* se dit spécialement du suc de ces plantes, ou de certaine liqueur qui sort du corps de quelques animaux.

La ciguë est un *poison* ; le suc qu'on en exprime en est le *venin*.

Le sublimé est un poison violent ; il renferme un *venin* corrosif, qui donne la mort avec des douleurs cruelles.

Tout *poison* produit son effet par le *venin* qu'il renferme : mais on ne peut pas dire qu'il y ait *poison* par-tout où il y a du *venin* ; & jamais on ne dira, par exemple, le *poison* de la vipere ou du scorpion.

Le mot de *poison* suppose une contexture naturelle ou artificielle dans les parties propres à contenir & à cacher le *venin* qui s'y trouve : & le mot de *venin* désigne plus particuliérement le suc ou la liqueur qui attaque les principes de la vie.

C'est avec cette différence que ces deux termes s'emploient dans le sens figuré : & il faut peut-être ajouter que le terme de *poison* y désigne une malignité préparée avec art, ou cachée du moins sous des apparences trompeuses ; au lieu que le terme de *venin* ne réveille que l'idée de malignité subtile & dangereuse, sans aucune attention aux apparences extérieures.

Certains Philosophes modernes affectent de répandre dans leurs écrits un *poison* d'autant plus séduisant, qu'ils font continuellement l'éloge de l'humanité, de la raison, de l'équité, des loix : mais aux yeux de la saine raison, qu'ils outragent en l'invoquant, rien n'est plus subtil que le *venin* de cette audacieuse philosophie, qui attaque en effet les fondements de la société même. (B.)

212. VENIMEUX. VENÉNEUX.

M. Ménage ne vouloit que *venimeux*, & rejettoit *vénéneux*. Dans l'Encyclopédie on les donne presque comme des synonymes parfaits, dont le choix est assez indifférent. Mais il est certain, 1°. que les deux mots sont autorisés par l'usage, nonobstant la décision de Ménage. 2°. Qu'il ne sauroit y avoir une synonymie aussi entiere qu'on la suppose entre ces deux termes dans l'Encyclopédie.

Ils signifient l'un & l'autre, qui a du venin.

Mais, selon l'Académie, *venimeux* ne se dit proprement que des animaux, ou des choses qui sont infectées du venin de quelque animal; & *vénéneux* ne se dit que des plantes. Ainsi le scorpion & la vipere sont des animaux *venimeux*, & le suc de la ciguë est *vénéneux*.

Si l'on passe au sens figuré, *venimeux* sera très-propre à caractériser tout ce qui peut produire un grand mal sans en avoir des apparences bien marquées: *vénéneux* pourra s'appliquer aux choses dont on envisagera la fécondité comme dangereuse: c'est dans les deux cas suivre le sens propre autant qu'il est possible; les animaux *venimeux* faisant le mal par eux-mêmes, & les plantes *vénéneuses* perpétuant par leur fécondité naturelle les causes du mal qu'elles peuvent faire.

Il peut se trouver dans un ouvrage utile à beaucoup d'égards, des principes *vénéneux*, contre lesquels il faut prémunir les lectures ou par des préparations ou par la suppression totale de ces principes. Mais il faut rejetter, sans ménagement, ces écrits séduisants par le coloris, dont les Auteurs ont affecté de couvrir la doctrine *venimeuse* qu'ils y établissent. (B.)

213. ALLÉGIR. AMENUISER. AIGUISER.

Termes communs à presque tous les arts méchaniques. *Allégir* & *amenuiser* se disent généralement de la diminution qui se fait dans tous les sens au volume d'un corps: avec cette différence qu'*allégir* se dit des grosses pieces comme des petites, & qu'*amenuiser* ne se dit guere que des petites. On *allégit* un arbre ou une planche, en ôtant par-tout de son épaisseur, mais on n'*amenuise* que la planche & non pas l'arbre.

Aiguiser ne se dit que des bords ou du bout : des bords, quand on les met à tranchant sur une meule : du bout, quand on le rend aigu par la lime, le marteau, ou le tranchant, selon la matière & la destination du corps. On *aiguise* un rasoir, une épingle, un pieu, un bâton.

On *allégit* en diminuant sur toutes les faces un corps considérable : on en *amenuise* un petit en le diminuant davantage par une seule face : on l'*aiguise* par les extrémités. Ainsi on *allégit* une poutre, on *amenuise* une voliche, on *aiguise* un couteau par l'un de ses bords, un gratoir par les deux, une épée par la pointe, un bâton par le bout ou par les deux bouts. (*Encycl.* I, 356.)

214. ATTÉNUER. BROYER. PULVÉRISER.

Le premier se dit des fluides condensés, coagulés ; les deux autres, des solides : dans l'un & l'autre cas, on divise en molécules les petites, & l'on augmente les surfaces. La différence qu'il y a entre *broyer* & *pulvériser*, c'est que *broyer* marque l'action, & que *pulvériser* en marque l'effet.

Il faut fondre & dissoudre pour *atténuer* ; il faut agir avec force pour *broyer* ; & il faut *broyer* pour *pulvériser*. (*Encycl.* I, 843.)

215. CONSOMMER. CONSUMER.

Plusieurs de nos Ecrivains ont confondu ces deux termes, quoiqu'ils aient des significations très-différentes. » Ce qui a donné lieu à cette

» erreur, si je ne me trompe, dit M. de Vau-
» gelas (*a*), est que l'un & l'autre emporte avec
» soi le sens & la signification d'ACHEVER; &
» ainsi ils ont cru que ce n'étoit qu'une même
» chose. Il y a pourtant une étrange différence
» entre ces deux sortes d'ACHEVER : car *consu-*
» *mer* acheve en détruisant & anéantissant le
» sujet ; & *consommer* acheve en le mettant dans
» sa derniere perfection & son accomplissement
» entier (*b*) ".

Un homme *consommé* dans les sciences n'a certainement pas *consumé* tout son temps dans l'inaction ou dans des frivolités.

Quand on commence par *consumer* son patrimoine dans la débauche, on ne doit pas espérer de *consommer* jamais un établissement honorable.

Il est nécessaire, pour *consommer* le sacrifice de la messe, que le Prêtre *consume* les espèces consacrées. (B.)

(*a*) Rem. 257.

(*b*) Thomas Corneille, dans sa note sur cette remarque, dit que *consommation* est d'usage dans les différentes significations de *consommer* & de *consumer* ; & la même chose est répétée dans L'ENCYC. IV, 109. Cela n'est vrai, comme l'observe le Dictionnaire de l'Académie (1762), que pour désigner le grand usage qui se fait de certaines choses, de certaines denrées, comme de bois, de bled, de vins, de sels, de fourages : hors delà, le verbe *consumer* produit *comsomption*, pour signifier DESTRUCTION. Ainsi l'on dit, La *consommation* du sacrifice, pour l'entier accomplissement ; & la *consomption* de l'hostie, pour la déglutition. (B.)

216. VERSER. RÉPANDRE.

Ces deux verbes, dans leur sens propre & primitif, marquent également le transport d'une liqueur par effusion hors du vase qui la contenoit. Ce qui les différencie, c'est que *verser* ne marque que ce transport par effusion, sans rien indiquer de ce que devient la liqueur; & que *répandre* y ajoute, par idée accessoire, que la liqueur n'est plus en corps, que les éléments en sont épars: tous deux énoncent effusion, mais le second y joint l'idée accessoire de dispersion.

Delà vient, comme le remarque l'Académie (a), que *verser* se dit d'une liqueur que l'on épanche à dessein dans un vase, & *répandre* se dit d'une liqueur qu'on laisse tomber sans le vouloir. Ainsi on dit, *verser* du vin dans un verre, non pas *répandre* du vin dans un verre: & on dit à un homme qui porte un vase plein de quelque liqueur: prenez garde de *répandre*, & non pas, prenez garde de *verser*: on ne craint pas alors la transfusion de la liqueur, qui se feroit en la *versant* dans un autre vase; on en craint la perte, qui seroit infaillible, si on la *répandoit*.

Les mêmes nuances subsistent dans le sens figuré. *Verser* l'argent à pleines mains, est une expression qui désigne simplement le transport que l'on fait à d'autres de beaucoup d'argent que l'on possédoit; elle peut marquer la libéralité ou la prodigalité. *Répandre* l'argent à pleines mains, est une expression qui ajoute à la précédente l'idée accessoire d'une distribution, d'un partage; elle peut marquer des vues d'intérêt ou d'économie.

Dieu *verse* ses graces avec abondance sur ses élus; & il les *répand* comme il lui plaît, selon les vues de sa miséricorde.

A l'égard du sang & des larmes, on dit in-

(a) Dictionnaire, 1762, au mot RÉPANDRE.

différemment *verser* ou *répandre*, parce que l'idée de l'effusion, qui est commune à ces deux mots, est la seule que l'on veuille rendre sensible, & qu'il est indifférent de marquer ou de ne pas marquer expressément la dispersion du sang ou des larmes, puisque la simple effusion dit tout ce qu'on a besoin de dire.

Mais à l'égard de tout ce qui s'étend dans un grand espace, en différents points, en différents lieux, en différents temps, on ne peut dire que *répandre*, dans le sens figuré comme dans le sens propre.

Le soleil *répand* la lumiere dans toute l'étendue de sa sphere. Les fleurs *répandent* dans l'air environnant un parfum délicieux. Un fleuve qui déborde, *répand* ses eaux dans la campagne. Un Général *répand* ses troupes dans les villages.

Une opinion, une doctrine, une héréfie, un bruit, une nouvelle, se *répandent* en gagnant de proche en proche. Un Auteur *répand* dans son ouvrage des principes, des maximes louables ou répréhensibles ; de la clarté, de l'agrément, de l'enjouement, &c. (B.)

217. COULER. ROULER. GLISSER.

* Ces mots expriment tous trois un mouvement de translation successif & continu ; mais ils ont chacun leur différence distinctive, qui les empêche d'être confondus & pris l'un pour l'autre. (B.)

* *Couler* marque le mouvement de tous les fluides, & même de tous les corps solides réduits en poudre impalpable. *Rouler*, c'est se mouvoir en tournant sur soi-même. *Glisser*, c'est se mouvoir en conservant la même surfa-

ce appliquée au corps sur lequel on se meut. (*Encycl. IV, 326.*)

* Ces mots s'emploient aussi métaphoriquement avec analogie à des différences toutes pareilles.

Couler se dit ainsi du temps, pour marquer par comparaison combien ses parties se suivent de près & disparoissent rapidement : d'une période, d'un vers, d'un discours entier, pour indiquer qu'il ne s'y trouve rien de rude ni qui blesse l'oreille ; que les parties en sont bien liées & se succedent naturellement, comme les eaux d'un ruisseau *coulent* d'une maniere naturelle & agréable sur un fond uni & d'une pente uniforme & douce.

Rouler se dit de toute action qui se répete souvent sur le même objet, de même qu'un corps *roulant* appuie souvent sur les mêmes points de sa circonférence. Ainsi on *roule* de grands desseins dans sa tête, lorsqu'on en réfléchit souvent les parties : un livre *roule* sur une matiere, lorsqu'il envisage les parties sous plusieurs aspects.

Glisser, sert à marquer ce qui se fait légérement & sans insister, ou ce qui se fait avec adresse & d'une maniere imperceptible. Quand on instruit la multitude, il faut *glisser* sur les points qui seroient plus propres à faire naître des difficultés que des lumieres ; on ne sauroit apporter trop de soin pour empêcher qu'il ne se *glisse* parmi le peuple des opinions erronnées ou séditieuses. L'image est sensible : un corps qui *glisse* sur un autre, y passe rapidement, légérement, & presqu'imperceptiblement, si la pente est favorable. (B.)

218. ÉLOIGNER. ÉCARTER. METTRE A L'ÉCART.

Ces trois verbes ont rapport à l'action par laquelle on cherche à faire disparoître quelque chose de sa vue, ou à en détourner son attention.

Éloigner est plus fort qu'*écarter*. Un Prince doit *éloigner* de soi les traîtres, & en *écarter* les flatteurs.

Écarter est plus fort que *mettre à l'écart*. On *écarte* ce dont on veut se débarrasser pour toujours : on *met à l'écart* ce qu'on veut ou qu'on peut reprendre ensuite. Un Juge doit *écarter* toute prévention, & *mettre à l'écart* tout sentiment personnel. (*Encycl. V*, 221.)

219. PROMPTITUDE. CÉLÉRITÉ. VITESSE. DILIGENCE.

La synonymie de ces termes consiste en ce que primitivement ils énoncent tous un mouvement expéditif.

La *promptitude* fait commencer aussi-tôt ; la *célérité* fait agir de suite ; la *vitesse* emploie tous les moments avec activité ; la *diligence* choisit les voies les plus courtes & les moyens les plus efficaces.

La *promptitude* exclut les délais ; la *célérité* ne souffre point d'interruption ; la *vitesse* est ennemie de la lenteur ; la *diligence* met tout à profit & fuit les longueurs.

Il faut obliger avec *promptitude*, faire ses affaires avec *célérité*, courir avec *vitesse* au secours des malheureux, & travailler avec *diligence* à sa propre perfection (*a*). (B.)

(*a*) *Voyez* tome I, art. 420.

220. COURAGE. BRAVOURE. VALEUR.

* Chacun de ces trois termes annonce cette grandeur & cette force d'ame, que les événements ne troublent point, & qui fait face avec fermeté à tous les accidents. (B.)

* Le mot *vaillance* paroît d'abord devoir être compris dans ce parallele : mais dans le fait, c'est un mot qui a vieilli & que *valeur* a remplacé ; son harmonie & son nombre le font cependant employer encore dans la poésie.

Le *courage* est dans tous les événements de la vie ; la *bravoure* n'est qu'à la guerre ; la *valeur*, par-tout où il y a un péril à affronter & de la gloire à acquérir.

Après avoir monté vingt fois le premier à l'assaut, le *brave* peut trembler dans une forêt battue de l'orage, fuir à la vue d'un phosphore enflammé, ou craindre les esprits ; le *courage* ne croit point à ces rêves de la superstition & de l'ignorance ; la *valeur* peut croire aux revenants, mais alors elle se bat contre le fantôme.

La *bravoure* se contente de vaincre l'obstacle qui lui est offert ; le *courage* raisonne les moyens de le détruire ; la *valeur* le cherche, & son élan le brise, s'il est possible.

La *bravoure* veut être guidée ; le *courage* fait commander, & même obéir ; la *valeur* fait combattre.

Le *brave* blessé s'énorgueillit de l'être ; le *courageux* rassemble les forces que lui laisse encore sa blessure, pour servir sa patrie : le *valeureux* songe moins à la vie qu'il va perdre, qu'à la gloire qui lui échappe.

La *bravoure* victorieuse fait retentir l'arène

de ses cris guerriers ; le *courage* triomphant oublie son succès pour profiter de ses avantages ; la *valeur* couronnée soupire après un nouveau combat.

Une défaite peut ébranler la *bravoure* ; le *courage* fait vaincre & être vaincu sans être défait ; un échec désole la *valeur* sans la décourager.

L'exemple influe sur la *bravoure* ; plus d'un Soldat n'est devenu *brave* qu'en prenant le nom de Grenadier : l'exemple ne rend point *valeureux*, quand on ne l'est pas ; mais les témoins doublent la *valeur* : le *courage* n'a besoin ni de témoins ni d'exemples.

L'amour de la patrie & la santé rendent *brave* ; les réflexions, les connoissances, la philosophie, le malheur, & plus encore la voix d'une conscience pure, rendent *courageux* ; la vanité noble & l'espoir de la gloire produisent la *valeur*.

Les trois cents Lacédémoniens de Termopiles, celui même qui échappa, furent *braves*: Socrate buvant la ciguë, Regulus retournant à Carthage, Titus s'arrachant des bras de Bérénice en pleurs, ou pardonnant à Sextus, furent *courageux* : Hercule terrassant les monstres, Persée délivrant Andromede, Achille courant aux remparts de Troye sûr d'y périr, étonnerent les siecles passés par leur *valeur*.

De nos jours, que l'on parcoure les fastes trop mal conservés & cent fois trop peu publiés de nos régiments, l'on trouvera de dignes rivaux des *braves* de Lacédémone : Turenne & Carinat furent *courageux* : Condé fut *valeureux* & l'est encore.

Enfin l'on peut conclure que la *bravoure* est le devoir du Soldat ; le *courage*, la vertu du

L 5

Sage & du héros; la *valeur*, celle du vrai Chevalier. (*Encycl.* XVI, 820.)

221. VALEUR. COURAGE.

Le *valeureux* peut manquer de *courage*; le *courageux* est toujours maître d'avoir de la *valeur*.

La *valeur* sert au guerrier qui va combattre; le *courage*, à tous les êtres qui, jouissant de l'existence, sont sujets à toutes les calamités qui l'accompagnent.

Que vous serviroit la *valeur*, amant que l'on a trahi, pere éploré que le sort prive d'un fils, pere plus à plaindre dont le fils n'est pas vertueux? O fils désolé! qui allez être sans pere & sans mere, ami dont l'ami craint la vérité; ô vieillards qui allez mourir; infortunés, c'est du *courage* que vous avez besoin!

Contre les passions que peut la *valeur* sans *courage*? Elle est leur esclave, & le *courage* est leur maître.

La *valeur* outragée se venge avec éclat, tandis que le *courage* pardonne en silence.

Près d'une maîtresse perfide le *courage* combat l'amour, tandis que la *valeur* combat le rival.

La *valeur* brave les horreurs de la mort; le *courage*, plus grand, brave la mort & la vie. (*Encycl.* XVI, 820.)

222. COURAGE. BRAVOURE.

Le *courage* paroît plus propre au Général & à tous ceux qui commandent; la *bravoure* est plus nécessaire au Soldat & à tout ce qui reçoit des ordres.

La *bravoure* est dans le sang, le *courage* est dans l'ame : la premiere est une espece d'instinct, le second est une vertu ; l'une est un mouvement presque machinal, l'autre est un sentiment noble & sublime.

On est *brave* à telle heure & selon les circonstances ; on a du *courage* à tous les instants & dans toutes les occasions.

La *bravoure* est d'autant plus impétueuse, qu'elle est moins réfléchie ; le *courage* est d'autant plus intrépide, qu'il est mieux raisonné.

L'impulsion de l'exemple, l'aveuglement sur le danger, la fureur du combat, inspirent la *bravoure* ; l'amour de son devoir, le desir de la gloire, le zele pour la patrie & pour son Roi, animent le *courage*.

Le *courage* tient plus de la raison ; la *bravoure* est plus du tempérament.

La *bravoure* est essentielle dans le moment d'une action ; mais le *courage* doit être durable dans tout le cours d'une campagne.

La *bravoure* est comme involontaire, & ne dépend point de nous ; au lieu que le *courage* peut bien être persuadé & s'acquérir par l'éducation.

Cicéron se précautionnant contre la haine de Catilina, manquoit sans doute de *bravoure* ; mais certainement il avoit de l'élévation & de la force d'ame, ce qui n'est autre chose que du *courage*, lorsque, dévoilant sous les yeux du Sénat la conjuration de ce traître, il désignoit tous les complices. (*M. le Comte de Turpin de Crissé*, Disc. prél. de *l'Essai sur l'art de la guerre*.) (*a*).

(*a*) *Voyez*, sur ces trois articles, tome I, art. 121.

223. STOICIEN. STOIQUE.

On donna le nom de *Stoïciens* aux disciples & aux sectateurs de Zénon, d'un nom grec qui signifie portique, parce que Zénon donnoit ses leçons sous le portique d'Athenes : ainsi la philosophie *stoïcienne* signifie littéralement la philosophie du portique. Cet adjectif étoit suffisant pour qualifier tout ce qui pouvoit avoir rapport à la secte philosophique de Zénon : mais elle avoit des principes de morale, qui la distinguoient des autres par une grande austérité, & qui inspiroient un courage extraordinaire : sans être de cette secte, & même sans la connoître, quelques hommes ont quelquefois donné des exemples d'une vertu aussi austere & d'un courage aussi inébranlable ; ils n'étoient pas *stoïciens*, mais ils leur ressembloient ; ils étoient *stoïques*.

Stoïcien signifie donc, appartenant à la secte philosophique de Zénon ; & *stoïque* veut dire, conforme aux maximes de cette secte. *Stoïcien* va proprement à l'esprit, & à la doctrine ; *stoïque*, à l'humeur & à la conduite.

Des maximes *stoïciennes* sont celles que Zénon ou ses disciples ont enseignées ; les ouvrages de Séneque en sont pleins, & en tirent leur principal mérite. Des maximes *stoïques* sont celles qui persuadent un attachement inviolable à la vertu la plus rigide & le mépris de toute autre chose, indépendamment des leçons du portique ; telles sont tant de belles maximes répandues dans le Télémaque.

Une vertu *stoïque* est une vertu courageuse & inébranlable : une vertu *stoïcienne* pourroit bien n'être qu'un masque de pure représentation ; car il n'y a eu , dans aucune école , autant d'hypocrites que dans celle de Zénon. Panétius, l'un de ses disciples, plus attaché à la pratique qu'aux dogmes de la philosophie, étoit plus *stoïque* que *stoïcien*.

On a cité plusieurs exemples, où ces mots sont employés indistinctement dans l'un ou l'autre de ces sens ; & Ménage a presque voulu en conclure qu'ils étoient entiérement synonymes. Ces exemples prouvent seulement de deux choses l'une : ou qu'il étoit inutile dans ces exemples d'insister sur ce qui différencie ces mots ; ou que les Auteurs chez qui on les a pris, n'ont pas fait assez d'attention à ce que la justesse & la précision exigeoient d'eux. (*Bouhours*, Rem. nouv. *Tome I.*) (B.)

224. HÉROS. GRAND HOMME.

* L'un & l'autre ont des qualités brillantes, qui excitent l'admiration des autres hommes, & qui peuvent avoir une grande influence sur le bien public : mais l'un est bien différent de l'autre. (B.)

* Il semble que le *héros* est d'un seul métier, qui est celui de la guerre ; & que le *grand homme* est de tous les métiers, ou de la robe, ou de l'épée, ou du cabinet, ou de la cour : l'un & l'autre mis ensemble ne pesent pas un homme de bien.

Dans la guerre, la distinction entre le *héros* & le *grand homme* est délicate : toutes les vertus militaires font l'un & l'autre. Il semble néanmoins que le premier soit jeune, entreprenant, d'une haute valeur, ferme dans les périls, intrépide ; que l'autre excelle par un grand sens, par une vaste prévoyance, par une haute capacité, & par une longue expérience. Peut-être qu'Alexandre n'étoit qu'un *héros*, & que César étoit un *grand homme*. (*La Bruyere*, Caract. ch. 2.)

* Le terme de *héros*, dans son origine, étoit consacré à celui qui réunissoit les vertus guerrieres aux vertus morales & politiques, qui soutenoit les revers avec constance, & qui affrontoit les périls avec fermeté. L'*héroïsme* supposoit le *grand homme*. Dans la signification qu'on donne à ce mot aujourd'hui, il semble n'être uniquement consacré qu'aux guerriers qui portent au plus haut degré les talents & les vertus militaires ; vertus qui souvent, aux yeux de la sagesse, ne sont que des crimes heureux qui ont usurpé le nom de vertus, au lieu de celui de qualités.

On définit un *héros*, un homme ferme contre les difficultés, intrépide dans le péril, & très-vaillant dans les combats ; qualités qui tiennent plus du tempérament & d'une certaine conformation des organes, que de la noblesse de l'ame. Le *grand homme* est bien autre chose : il joint aux talents & au génie la plupart des vertus morales ; il n'a dans sa conduite que de beaux & de nobles motifs ; il n'envisage que le bien public, la gloire de son Prince, la prospérité de l'Etat, & le bonheur des Peuples. Le nom de César donne l'idée d'un *héros* (a) ; ce-

(a) Voici sur César un jugement différent de celui de La Bruyere ; & je le crois meilleur. Il est vrai qu'il y a de la différence entre César & Alexandre : mais ce qu'il en faut conclure, c'est qu'Alexandre étoit moins *héros* que César, ou que peut-être il ne l'étoit point du tout. La plupart des *héros* sont comme certains tableaux : pour les estimer, il ne faut pas les regarder de trop près. Au reste, La Bruyere ne considéroit l'homme sous ces deux aspects, que par rapport à la guerre ; ici, c'est par rapport à l'humanité. (B.)

lui de Trajan, de Marc-Aurelle, ou d'Alfrede, nous préfente *un grand homme*; Titus réunifloit les qualités du *héros* & celle du *grand homme*.

Le titre de *héros* dépend du fuccès, celui de *grand homme* n'en dépend pas toujours : fon principe eft la vertu, qui eft inébranlable dans la profpérité comme dans les malheurs. Le titre de *héros* ne peut convenir qu'aux guerriers : mais il n'eft point d'état qui ne puiffe prétendre au titre fublime de *grand homme*; le *héros* y a même plus de droit qu'un autre.

Enfin, l'humanité, la douceur, le patriotifme, réunis aux talents, font les vertus d'un *grand homme*; la bravoure, le courage, fouvent la témérité, la connoiffance de l'art de la guerre, & le génie militaire, caractérifent davantage le *héros*; mais le parfait *héros* eft celui qui joint à toute la capacité & à toute la valeur d'un grand Capitaine, un amour & un defir fincere de la félicité publique. (*Encycl.* VIII, 182.)

225. VASTE. GRAND.

M. de S. Evremond a fait une differtation pour prouver que *vafte* défigne toujours un défaut : voici comment il fe trouva engagé à écrire fur ce fujet en 1667. Quelqu'un ayant dit, en louant le Cardinal de Richelieu, qu'il avoit l'efprit *vafte*, fans y ajouter d'autre épithete, M. de S. Evremond foutint que cette expreffion n'étoit pas jufte ; qu'efprit *vafte* fe prenoit en bonne ou en mauvaife part, felon les circonftances qui s'y trouvoient jointes ; qu'un efprit *vafte*, merveilleux, pénétrant, marquoit une capacité admirable, & qu'au contraire, un efprit *vafte* & démefuré étoit un efprit qui se perdoit en des pensées vagues, en de vaines idées, en des desseins trop grands & peu proportionnés aux moyens qui nous peuvent faire réussir. Madame de Mazarin, la belle Hortense, prit parti contre M. de S. Évremond; &, après avoir long-temps disputé, ils convinrent de s'en rapporter à MM. de l'Académie.

M. l'Abbé de S. Réal se chargea de faire la consultation, & l'Académie polie décida en faveur de madame de Mazarin. M. de S. Evremond s'étoit déjà condamné lui-même avant que cette décision arrivât; mais, quand il l'eut vue, il déclara que son désaveu n'étoit point sincere; que c'étoit un pur effet de docilité & un assujettissement volontaire de ses sentimens à ceux de madame de Mazarin; mais que, quant à l'Académie, il ne lui devoit de la soumission que pour la vérité.

Là-dessus il reprit non-seulement l'opinion qu'il avoit d'abord défendue, mais il nia absolument que *vaste* seul pût jamais être une louange vraie : il soutint que le *grand* étoit une perfection dans les esprits, le *vaste*, un vice; que l'étendue juste & réglée faisoit le *grand*, & que la grandeur démesurée faisoit le *vaste*; qu'enfin la signification la plus ordinaire du *vastus* des latins, c'est trop spacieux, trop étendu, démesuré.

Je crois pour moi qu'il avoit à-peu-près raison en tous points. Je vois du moins que *vastus homo*, dans Cicéron, est un colosse, un homme d'une taille trop grande; & dans Sallaste, *vastus animus* est un esprit immodéré, qui porte trop loin ses vues & ses espérances. (*Encycl.* XVI, 857.)

226. MALTRAITER. TRAITER MAL.

Traiter signifie agir avec quelqu'un de telle ou telle maniere ; d'où vient que *maltraiter* & *traiter mal* défignent également une maniere d'agir qui ne fauroit convenir à celui qui en eft l'objet. Mais la différence de conftruction en met une grande dans le fens.

Maltraiter fignifie faire outrage à quelqu'un, foit de paroles, foit de coups de main. *Traiter mal*, fignifie faire mauvaife chere à quelqu'un, ou n'en pas ufer avec lui à fon gré.

Un homme violent & groffier *maltraite* ceux qui ont affaire à lui : un homme avare & mefquin *traite mal* ceux qu'il eft forcé d'inviter à manger.

Il eft bon d'obferver que, dans les temps compofés du verbe *traiter mal*, le génie de notre langue exige que l'adverbe *mal* paffe avant le fupin ou le participe *traité*, ce qui femble le rapprocher du verbe *maltraiter* : mais alors la différence des fens que l'on vient d'indiquer doit toujours fubfifter, & elle fe remarque jufques dans l'orthographe ; *maltraité*, en un feul mot, vient de *maltraiter* ; *mal traité*, en deux mots, vient de *traiter mal*.

Tel qui a été *mal traité* au jeu, n'avoit que cette reffource pour n'être pas *maltraité* à l'audience du Grand contre qui il a joué. (B.)

227. VAINCU. BATTU. DÉFAIT.

Ces termes s'appliquent en général à une armée qui a eu du deffous dans une action. Voici les nuances qui les diftinguent.

Une armée eft *vaincue*, quand elle perd le

champ de bataille. Elle est *battue*, quand elle le perd avec un échec considérable, c'est-à-dire en laissant beaucoup de morts & de prisonniers. Elle est défaite, lorsque cet échec va au point que l'armée est dissipée, ou tellement affoiblie, qu'elle ne puisse plus tenir la campagne.

On a dit de plusieurs Généraux, qu'ils avoient été *vaincus* sans avoir été *défaits*, parce que le lendemain de la perte d'une bataille, ils étoient en état d'en donner une nouvelle.

On peut aussi observer que les mots *vaincu* & *défait* ne s'appliquent qu'à des armées ou à de grands corps ; ainsi on ne dit point d'un détachement, qu'il a été *défait* ou *vaincu* ; on dit qu'il a été *battu*. (*Encycl.* IV, 731.)

228. DÉFAITE. DÉROUTE.

Ces mots désignent la perte d'une bataille faite par une armée ; avec cette différence, que *déroute* ajoute à *défaite*, & désigne une armée qui fuit en désordre, & qui est totalement dissipée. (*Encycl.* IV, 731.)

229. DÉMOLIR. RASER. DÉMANTELER. DÉTRUIRE.

C'est abattre un édifice, de maniere pourtant que chacun de ces mots ajoute à cette idée principale qui leur est commune, une idée accessoire propre & distinctive.

On *démolit* par économie, pour tirer partie des matériaux & de l'emplacement, ou pour réédifier : on *rase* par punition, afin de laisser subsister un monument de la vindicte publique : on *démantelle* par précaution, pour mettre une place hors de défense : on *détruit* dans toutes sortes de vues & par toutes sortes de moyens, pour ne pas laisser subsister.

Un particulier fait *démolir* ; la Justice fait *raser* ; un Général fait *démanteler* une place qu'il a prise, & pour cela il en fait *détruire* les murailles & les fortifications. (B.)

230. DÉBRIS. DÉCOMBRES. RUINES.

Ces trois mots signifient en général les restes dispersés (*a*) d'une chose détruite, avec cette différence, que les deux premiers ne s'appliquent qu'aux édifices, & que le troisieme suppose même que l'édifice ou les édifices détruits soient considérables. On dit, les *débris* d'un vaisseau, les *décombres* d'un bâtiment, les *ruines* d'un palais ou d'une ville.

Décombres ne se dit jamais qu'au propre : *débris* & *ruines* se disent souvent au figuré ; mais *ruine*, en ce cas, s'emploie plus souvent au singulier qu'au pluriel. Ainsi l'on dit, les *débris* d'une fortune brillante : la *ruine* d'un particulier, de l'état, de la religion, du commerce : on dit aussi quelquefois, en parlant de la vieillesse d'une femme qui a été belle, que son visage offre encore de belles *ruines*. (*Encycl.* IV, 658.)

(*a*) Il me semble que l'idée de *dispersion* est de trop dans cette définition : les *débris* d'un vaisseau, les *décombres* d'un bâtiment, les *ruines* d'un palais, peuvent être rassemblés sans changer de nom. (B.)

231. DÉCADENCE. RUINE.

Ces deux mots different en ce que le premier prépare le second, qui en est ordinairement l'effet. EXEMPLE. La *décadence* de l'Empire romain depuis Théodose, annonçoit sa *ruine* totale.

On dit aussi des arts, qu'ils tombent en *décadence*; & d'une maison, qu'elle tombe en *ruine*. (*Encycl.* IV, 659.)

232. COURSIER. CHEVAL. ROSSE.

* Ce sont trois mots qui servent à réveiller l'idée de cet animal domestique, qui est si utile à l'homme : en voici les différences.

Le nom de *cheval* est le nom simple de l'espece, sans aucune autre idée accessoire : le mot de *coursier* renferme l'idée d'un *cheval* courageux & brillant ; & celui de *rosse* ne présente que l'idée d'un *cheval* vieux & usé, ou d'une nature chétive.

Coursier & *rosse* peuvent se passer tous deux d'épithete ; mais *cheval* en a absolument besoin, pour distinguer un *cheval* d'un autre. (*Consid. sur les Ouvr. d'esprit*, p. 62.)

* La poésie se proposant de peindre la belle nature, est en droit & en possession de préférer le terme de *coursier* pour parler d'un *cheval* de monture, ou des *chevaux* d'un char. Le mot de *cheval* au pluriel, ainsi que dans la prose, y désigne ordinairement les cavaliers. Mais le mot de *rosse* n'est de mise que dans le style familier ou dans le burlesque, à cause de l'idée d'abjection, qui est inséparable de celle de l'inutilité. (B.)

233. CRÉDIT. FAVEUR.

L'un & l'autre de ces mots expriment l'usage que l'on fait de la puissance d'autrui, & marquent par conséquent une sorte d'infériorité, du moins relativement à la puissance qu'on emploie.

Ce qui distingue ces deux termes, c'est la fin que l'on se propose en réclamant la puissance. Obtenir un service pour autrui, c'est *crédit*; l'obtenir pour soi-même, ce n'est que *faveur*. (*M. Duclos*, Consid. sur les mœurs de ce siecle, *ch.* VII, *édit.* 1764.)

234. GRAVE. SÉRIEUX.

* Un homme *grave* n'est pas celui qui ne rit jamais, c'est celui qui ne choque point les bienséances de son état, de son âge & de son caractere. L'homme qui dit constamment la vérité par haine du mensonge; un Ecrivain qui s'appuie toujours sur la raison; un Prêtre ou un Magistrat attaché aux devoirs austeres de leur profession; un Citoyen obscur, mais dont les mœurs sont pures & sagement réglées, sont des personnages *graves*: si leur conduite est éclairée & leurs discours judicieux, leur témoignage & leur exemple auront toujours du poids.

L'homme *sérieux* est différent de l'homme *grave*; témoin Dom Quichotte, qui médite & raisonne *sérieusement* ses folles entreprises & ses aventures périlleuses. Un Prédicateur qui annonce des vérités terribles sous des images ridicules, ou qui explique des mysteres par des comparaisons impertinentes, n'est qu'un bouffon *sérieux*. (*Encycl.* XVII, 798.)

* Le *grave* est au *sérieux* ce que le plaisant est à l'enjoué: il y a un degré de plus, & ce degré est considérable.

On peut être *sérieux* par humeur, & même faute d'idées. On est *grave* par bienséance, ou par l'importance des idées qui donnent de la gravité (a). (*Encycl.* VII, 865.

(a) *Voyez* tome I, art. 112.

235. DÉCENCE. DIGNITÉ. GRAVITÉ.

* Ces trois termes désignent également les égards qui reglent la conduite, & déterminent le maintien. (B.)

* Ils different entr'eux, en ce que la *décence* renferme les égards que l'on doit au Public : la *dignité*, ceux qu'on doit à sa place ; & la *gravité*, ceux qu'on se doit à soi-même. (*Encyclopédie*, XVII, 799.)

236. ÉLECTION. CHOIX.

Ces deux termes ont été comparés par M. l'Abbé Girard (*a*), en tant qu'ils marquent l'action de se déterminer pour un sujet plutôt que pour tout autre.

Quelquefois ils se rapportent au sujet sur qui est tombée la détermination. Ce qui les distingue alors, selon le P. Bouhours (*b*), c'est qu'*élection* se dit d'ordinaire dans une signification passive ; & *choix*, dans une signification active : l'*élection* d'un tel, marque celui qui a été élu ; le *choix* d'un tel, marque celui qui choisit.

Après la mort d'Auxence, Archevêque de Milan, les Evêques & le reste du Clergé s'assemblerent pour lui nommer un successeur ; & le Peuple, dont le consentement étoit requis, y fut appellé. Les Ariens nommoient un homme de leur secte ; les Catholiques en vouloient un de leur communion. La dispute alloit devenir une sédition, lorsqu'Ambroise, Gouverneur de la Province & de la Ville, averti de ce désordre,

---

(*a*) Tome I, art. 371.
(*b*) Rem. nouv. tome I.

vint à l'Eglise pour l'empêcher. L'assemblée s'étant réunie tout-d'un-coup, demanda Ambroise pour son Pasteur. Il eut beau représenter que le *choix* d'un Evêque devoit se faire par un mouvement du Saint-Esprit, & non par un caprice populaire, il fut nommé; & l'Empereur Valentinien, jugeant qu'on ne pouvoit donner trop d'autorité à un homme de bien, agréa & confirma son *élection*.

L'*élection* en quelque sorte miraculeuse d'Ambroise, pour le gouvernement de l'Eglise de Milan, justifia le *choix* que le Prince en avoit fait pour gouverner la Province.

237. DÉCOUVERTE. INVENTION.

* On peut nommer ainsi en général tout ce qui se trouve de nouveau dans les arts & dans les sciences. Cependant on n'applique guere le nom de *découverte*, & on ne doit même l'appliquer qu'à ce qui est non-seulement nouveau, mais en même-temps curieux, utile ou difficile à trouver, & qui par conséquent a un certain degré d'importance. On appelle seulement *invention*, ce que l'on trouve de nouveau, & qui n'a pas l'un de ces trois caracteres d'importance. (*Encycl.* IV, 705.)

* Il me semble aussi que l'idée de la *découverte* tient plus de la science, & que celle de l'*invention* tient plus de l'art. Une *découverte* étend la sphere de nos connoissances; une *invention* ajoute aux secours dont nous avons besoin. Comme les principes des sciences portent nécessairement sur des faits qui les établissent, & qui n'en sont que des cas particuliers, une *découverte* peut être due au hasard; mais une *in-*

vention ne peut être que le résultat d'une recherche expresse (*a*). (B.)

(*a*) *Voyez* tome I, art. 263.

238. DÉCOUVRIR. TROUVER.

Ces mots signifient en général, acquérir par soi-même la connoissance d'une chose qui est cachée aux autres (*a*). Voici les nuances qui les distinguent.

En cherchant à *découvrir*, en matiere de science, ce qu'on cherche, on *trouve* souvent ce qu'on ne cherchoit pas. Nous *découvrons* ce qui est hors de nous ; nous trouvons ce qui n'est proprement que dans notre entendement, & qui dépend uniquement de lui : ainsi on *découvre* un phénomene de Physique, on *trouve* la solution d'une difficulté.

Trouver se dit aussi de ce que plusieurs personnes cherchent ; & *découvrir*, de celles qui ne sont cherchées que par un seul. C'est pour cela qu'on dit, *trouver* la pierre philosophale, les longitudes, le mouvement perpétuel, & non pas, les *découvrir* : on ne peut dire en ce sens, que Newton a *trouvé* le systême du monde, & qu'il a *découvert* la gravitation universelle ; parce que le systême du monde a été cherché par tous les Philosophes, & que la gravi-

(*a*) C'est une tradition qu'on ne sauroit plus révoquer en doute, que Paschal *découvrit* ou *trouva*, à l'âge de douze ans, les propriétés du cercle & des triangles, & les premiers éléments de la Géométrie, qui d'ailleurs n'étoient cachés à personne. Je crois, en effet, qu'il suffit, pour assurer le mérite d'une *découverte* que la chose ait été cachée auparavant à celui qui l'a *trouvée* ; l'état des autres à cet égard n'y peut rien faire. (B.)

tation

tation est le moyen particulier dont Newton s'est servi pour y parvenir.

Découvrir se dit aussi lorsque ce que l'on cherche a beaucoup d'importance, & *trouver*, lorsque l'importance est moindre. Ainsi, en mathématique & dans les autres sciences, on doit se servir du mot de *découvrir*, lorsqu'il est question de propositions & de méthodes générales ; & du mot *trouver*, lorsqu'il est question de propositions & de méthodes particulieres, dont l'usage est moins étendu.

On dit aussi : tel navigateur a *découvert* un tel pays, & il y a *trouvé* des habitants. (*Encycl.* IV, 706.

239. IMAGINER. S'IMAGINER.

L'identité du verbe peut induire en erreur bien des gens sur le choix de ces deux termes, qui ont cependant des différences considérables, tant par rapport aux sens que par rapport à la syntaxe.

Imaginer, c'est former quelque chose dans son esprit ; c'est en quelque sorte créer une idée, en être l'inventeur.

S'imaginer, c'est tantôt se représenter dans l'esprit, tantôt croire & se persuader quelque chose.

Imaginer ne peut jamais avoir pour complément immédiat qu'un nom ; mais *s'imaginer* peut être suivi immédiatement d'un nom, d'un infinitif, & d'une proposition incidente.

Celui qui *imagina* les premiers caracteres de l'alphabet, a bien des droits sur la reconnoissance du genre-humain.

Les esprits inquiets *s'imaginent* d'ordinaire les choses tout autrement qu'elles ne sont.

Tome II. M

La plupart des Ecrivains polémiques *s'imaginent* avoir bien humilié leurs adversaires, lorsqu'ils ont dit beaucoup d'injures : c'est une méprise grossiere ; ils se sont avilis eux-mêmes.

On *s'imagine* qu'on aura quelque jour le temps de penser à la mort ; &, sur cette fausse assurance, on passe sa vie sans y penser. (B.)

240. PRÉOCCUPATION. PRÉVENTION. PRÉJUGÉ.

* Tous ces termes expriment une disposition intérieure, opposée à la connoissance certaine de la vérité. La *préoccupation* & la *prévention* sont des dispositions qui empêchent l'esprit d'acquérir les connoissances nécessaires pour juger réguliérement des choses : avec cette différence, que la *préoccupation* est dans le cœur, & qu'elle le rend injuste ; au lieu que la *prévention* est dans l'esprit, & qu'elle l'aveugle. Le *préjugé* est un jugement porté précipitamment sur quelque objet, après un exercice insuffisant des facultés intellectuelles.

Il semble que l'amour-propre soit le premier principe de la *préoccupation* : un homme *préoccupé* ne connoît rien de si vrai que ses idées, rien de si solide que ses systêmes, rien de si raisonnable que ses goûts, rien de si juste que de satisfaire ses passions, rien de si équitable que de sacrifier tout à ses intérêts. La paresse semble être le premier principe de la *prévention* : il est trop pénible pour un paresseux, d'examiner par lui-même & de ne se décider que d'après des réflexions trop lentes ; il aime mieux se déterminer par l'autorité de ses maîtres, par l'approbation des personnes qui font un certain bruit dans le monde, par les usages que la coutume a autorisés, par les habitudes que l'éducation lui a fait prendre. Les *préjugés* naissent de l'une de ces deux sources : les uns viennent de trop de confiance en ses propres lumieres, ce sont des effets de la *préoccupation* ; les autres viennent de trop de confiance aux lumieres d'autrui, ce sont des effets de la *prévention* : ces deux dispositions se fortifient ensuite par les *préjugés* mêmes qu'elles ont fait naître ; & l'on voit enfin la *préoccupation* dégénérer en brutalité, & la *prévention* en opiniâtreté.

Il est nécessaire d'être en garde contre les décisions de l'amour-propre, pour ne pas se *préoccuper* injustement. Il est sage de suspendre son jugement sur les insinuations du dehors, pour ne pas se laisser *prévenir* aveuglément. Il est raisonnable d'examiner mûrement, pour ne pas se remplir l'esprit de *préjugés* dont on a ensuite bien de la peine à se détromper, ou dont on ne se détrompe jamais. (B.)

* La *préoccupation* se décele d'une maniere bien sensible dans les personnes à qui il suffit qu'une opinion soit populaire pour qu'ils la rejettent. Les opinions singulieres ont seules le privilége de captiver leurs esprits, soit que l'amour de la nouveauté ait pour eux des appas invincibles ; soit que leur esprit, d'ailleurs éclairé, ait été la dupe de leur cœur corrompu ; soit que l'irréligion soit l'unique moyen qu'ils aient de percer la foule, de distinguer & de sortir de l'obscurité à laquelle ils paroissent condamnés. Ce que la nature leur refuse en talents, l'orgueil le leur rend en impiété. Ils méritent qu'on les méprise assez, pour leur laisser cette estime flétrissante qu'ils ambitionnent comme leur plus beau titre, d'hommes singuliers. (*Encycl.* XIII, 295.)

* Un homme sujet à se laisser *prévenir*, s'il ose remplir une dignité ou séculiere ou ecclésiastique, est un aveugle qui veut peindre, un muet qui s'est chargé d'une harangue, un sourd qui juge d'une symphonie. Foibles images, & qui n'expriment qu'imparfaitement la misere de la *prévention* ! Il faut ajouter qu'elle est un mal désespéré, incurable, qui infecte tous ceux qui approchent du malade; qui fait déserter les égaux, les inférieurs, les parents, les amis, jusqu'aux médecins : ils sont bien éloignés de le guérir, s'ils ne peuvent le faire convenir de sa maladie ni des remedes, qui seroient d'écouter, de douter, de s'informer & de s'éclaircir. Les flatteurs, les fourbes, les calomniateurs, ceux qui ne délient leur langue que pour le mensonge & l'intérêt, sont les charlatans en qui ils se confient, & qui lui font avaler tout ce qu'il leur plaît : ce sont eux aussi qui l'empoisonnent & qui le tuent. (*La Bruyere*, Caract. c. 12.)

* Ces *préjugés*, dit Bacon, l'homme du monde qui a le plus médité sur ce sujet, sont autant de spectres & de fantômes qu'un mauvais génie envoya sur la terre pour tourmenter les hommes : mais c'est une espece de contagion, qui, comme toutes les maladies épidémiques, s'attache surtout aux peuples, aux femmes, aux enfants, aux vieillards, & qui ne cede qu'à la force de l'âge & de la raison. (*Encycl.* XIII, 284.)

241. CONVICTION. PERSUASION.

Ces deux mots expriment l'un & l'autre l'acquiescement de l'esprit à ce qui lui a été présenté comme vrai, avec l'idée accessoire d'une cause qui a déterminé cet acquiescement.

La *conviction* est un acquiescement fondé sur des preuves d'une évidence irrésistible & victorieuse. La *persuasion* est un acquiescement fondé sur des preuves moins évidentes, quoique vraisemblables ; mais plus propres à déterminer en intéressant le cœur, qu'en éclairant réellement l'esprit.

La *conviction* est l'effet de l'évidence qui ne trompe jamais ; ainsi ce dont on est *convaincu* ne peut être faux. La *persuasion* est l'effet des preuves morales, qui peuvent tromper ; ainsi l'on peut être *persuadé* de bonne foi d'une erreur très-réelle : ce qui doit disposer tous les hommes, en ce qui les concerne, à ne pas trop abonder dans leur sens, & à ne dédaigner aucun éclaircissement, quelque fortement qu'ils soient *persuadés* de la vérité de leurs opinions, & en ce qui concerne les autres, à ne pas conclure des erreurs qu'ils ont adoptées, qu'ils soient de mauvaise foi, & que l'égarement de leur esprit ne vienne que de la perversité de leur cœur.

Dans la république romaine, où il y avoit peu de loix, & où les Juges étoient souvent pris au hasard, il suffisoit presque toujours de les *persuader* ; dans notre barreau, il faut les *convaincre* : ce qui prouve, pour le dire en passant, que notre rhétorique ne doit pas être calquée sans restriction sur celle des anciens.

La *conviction* n'est pas susceptible de plus ou de moins, parce que c'est l'effet nécessaire de l'évidence, qui n'admet elle-même ni plus ni moins. La *persuasion* au contraire peut être plus ou moins forte, parce qu'elle dépend de causes plus ou moins multipliées, plus ou moins lumineuses, plus ou moins efficaces.

Un raisonnement exact & rigoureux opere la *conviction* sur les esprits droits. L'éloquence & l'art peuvent opérer la *persuasion* dans les ames sensibles. » Les ames sensibles, dit M. Duclos (*a*), » ont un avantage pour la société ; c'est d'être » *persuadées* des vérités dont l'esprit n'est que » *convaincu* : la *conviction* n'est souvent que pas- » sive ; la *persuasion* est active, & il n'y a de » ressort que ce qui fait agir «. (B.)

(*a*) Considérations sur les mœurs de ce siecle, ch. IV, édit. de 1764.

242. MÉMOIRE. SOUVENIR. RESSOU-VENIR. RÉMINISCENCE.

Ces quatre mots expriment également l'attention renouvellée de l'esprit à des idées qu'il a déja apperçues. Mais la différence des points de vue accessoires qu'ils ajoutent à cette idée commune, assigne à ces mots des caracteres distinctifs, qui n'échappent point à la justesse des bons Ecrivains, dans le temps même qu'ils s'en doutent le moins.

La *mémoire* & le *souvenir* expriment une attention libre de l'esprit à des idées qu'il n'a point oubliées, quoiqu'il ait discontinué de s'en occuper : les idées avoient fait des impressions durables ; on y jette par choix un nouveau coup d'œil ; c'est une action de l'ame.

Le *ressouvenir* & la *réminiscence* expriment une attention fortuite à des idées que l'esprit avoit entiérement oubliées & perdues de vue ; ces idées n'avoient fait qu'une impression légere, qui avoit été étouffée ou totalement effacée par de plus fortes ou de plus récentes ; elles se présentent d'elles-mêmes ou du moins sans aucun concours de notre part ; c'est un événement où l'ame est purement passive.

On se rappelle donc la *mémoire* ou le *souvenir* des choses, quand on veut ; cela dépend uniquement de la liberté de l'ame. Mais la *mémoire* ne concerne que les idées de l'esprit ; c'est l'acte d'une faculté subordonnée à l'intelligence, elle sert à l'éclairer : au lieu que le *souvenir* regarde les idées qui intéressent le cœur ; c'est l'acte d'une faculté nécessaire à la sensibilité, elle sert à l'échauffer.

C'est dans ce sens que l'Auteur du *Pere de famille* a écrit (*a*) : « rapportez tout au dernier » moment, à ce moment où la *mémoire* des faits » les plus éclatants ne vaudra pas le *souvenir* » d'un verre d'eau présenté par humanité à celui » qui avoit soif ». On peut dire aussi, dans le même sens, qu'une ame bienfaisante ne conserve aucun *souvenir* de l'ingratitude de ceux à qui elle a fait du bien ; ce seroit se déchirer elle-même, & détruire son penchant favori : cependant elle en garde la *mémoire*, pour apprendre à faire le bien ; c'est le plus précieux & le plus négligé de tous les arts.

On a le *ressouvenir* ou la *réminiscence* des choses quand on peut ; cela tient à des causes indépendantes de notre liberté. Mais le *ressouvenir* ramene tout-à-la-fois les idées effacées & la conviction de leur préexistence ; l'esprit les reconnoît au lieu que la *réminiscence* ne fait que réveiller les idées anciennes, sans rappeller aucune trace de cette préexistence ; l'esprit croit les connoître pour la premiere fois.

L'attention que nous donnons à certaines idées, soit par notre choix, soit par quelque

(*a*) Epître dédicatoire.

autre cause, nous porte souvent vers des idées toutes différentes, qui tiennent aux premieres par des liens délicats & quelquefois même imperceptibles, s'il n'y a entre ces idées que la liaison accidentelle qui peut venir de notre maniere de voir, ou si cette liaison est encore sensible, nonobstant les autres liens qui peuvent les attacher l'une à l'autre : nous avons alors, par les unes, le *ressouvenir* des autres; nous reconnoissons les premieres traces. Mais, si la liaison que notre ancienne maniere de voir a mise entre ces idées, n'a pas fait sur nous une impression sensible, & que nous n'y distinguions que le lien apparent de l'analogie, nous pouvons n'avoir alors des idées postérieures qu'une *réminiscence*, jouir sans scrupule du plaisir de l'invention, & être même plagiaires de bonne foi ; c'est un piége où maints Auteurs ont été pris. (B. *Encycl.* X, 326.)

243. CROYANCE. FOI.

* Ces deux mots different en ce que le dernier se prend quelquefois solidairement, & désigne alors la persuasion où l'on est des mysteres de la religion. La *croyance* des vérités révélées constitue la *foi*.

Ils different aussi par les mots auxquels on les joint. Les choses auxquelles le peuple ajoute *foi* ne méritent pas toujours que le sage leur donne sa *croyance*. (*Encycl.* IV, 516.)

* Ces mots signifient tous deux une persuasion fondée sur quelque motif, & j'ajouterois volontiers une troisieme différence aux deux qui viennent d'être assignées : c'est que la *croyance* est une persuasion déterminée par quelque motif que ce puisse être, évident ou non évident, & que la *foi* est une persuasion déterminée par la seule autorité de celui qui a parlé. Delà vient que l'on peut dire que le peuple ajoute *foi* à mille fables dont il a la tête remplie, parce qu'il n'en est persuadé que sur la parole de ceux qui les lui ont contées : mais on ne peut pas dire qu'un Païen qui, déterminé par les raisons naturelles, est persuadé de l'existence de Dieu, ait la *foi* de cette existence, parce que sa persuasion n'est pas déterminée par l'autorité de la révélation. (B.)

244. MÉFIANCE. DÉFIANCE.

* Ce sont deux dispositions de l'ame qui ôtent la confiance & détruisent la sécurité. (B.)

* La *méfiance* est une crainte habituelle d'être trompé. La *défiance* est un doute que les qualités qui nous seroient utiles ou agréables soient dans les hommes, ou dans les choses, ou en nous-mêmes.

La *méfiance* est l'instinct du caractere timide & pervers. La *défiance* est l'effet de l'expérience & de la réflexion.

Le *méfiant* juge des hommes par lui-même & les craint. Le *défiant* en pense mal & en attend peu.

On naît *méfiant*. Pour être *défiant*, il suffit de penser, d'observer & d'avoir vécu.

On se *méfie* du caractere & des intentions d'un homme. On se *défie* de son esprit & de ses talents. (*Encycl.* X. 301.)

245. DÉFENDRE. SOUTENIR. PROTÉGER.

Ces trois mots signifient en général l'action

de mettre quelqu'un ou quelque chose à couvert du mal qu'on lui fait ou qui peut lui arriver.

On *défend* ce qui est attaqué ; on *soutient* ce qui peut l'être ; on *protege* ce qui a besoin d'être encouragé.

Un Roi sage & puissant doit *protéger* le commerce dans ses Etats, le *soutenir* contre les étrangers, & le *défendre* contre ses ennemis. On dit *défendre* une cause, *soutenir* une entreprise, *protéger* les sciences & les arts. On est *protégé* par ses supérieurs ; on peut être *défendu* & *soutenu* par ses égaux. On est *protégé* par les autres ; on peut se *défendre* & se *soutenir* par soi-même.

Protéger suppose de la puissance & ne demande point d'action ; *défendre* & *soutenir* en demandent ; mais le premier suppose une action plus marquée.

Un petit Etat, en temps de guerre, est ou *défendu* ouvertement, ou secrétement *soutenu* par un plus grand, qui se contente de le *protéger* en temps de paix. (*Encycl.* IV, 734.)

246. JUSTIFIER. DÉFENDRE.

L'un & l'autre veut dire travailler à établir l'innocence ou le droit de quelqu'un. En voici les différences.

Justifier suppose le bon droit, ou au moins le succès. *Défendre* suppose seulement le désir de réussir.

Cicéron *défendit* Milon, mais il ne put parvenir à le *justifier*. L'innocence a rarement besoin de se *défendre*, le temps la *justifie* presque toujours. (*Encycl.* IV, 734.)

247. DÉLICAT. DÉLIÉ.

* Une idée de finesse & d'habileté semble constituer le fond commun de ces deux termes, qui ont d'ailleurs leurs différences caractéristiques. (B.)

* Une pensée est *délicate*, lorsque les idées en sont liées entr'elles par des rapports peu communs, qu'on n'apperçoit pas d'abord, quoiqu'ils ne soient point éloignés; qui causent une surprise agréable; qui réveillent adroitement des idées accessoires & secretes de vertu, d'honnêteté, de bienveillance, de volupté, de plaisir. Une expression est *délicate*, lorsqu'elle rend l'idée clairement, mais qu'elle est empruntée par métaphore d'objets écartés, que nous voyons avec surprise & plaisir rapprochés tout-d'un-coup avec habileté. (*Encycl.* IV, 743.)

* Un esprit *délié* est un esprit propre aux affaires épineuses, fertile en expédients, insinuant, fin, souple, caché. Un discours *délié* est celui dont on ne démêle pas du premier coup d'œil l'artifice & la fin.

Il ne faut pas confondre le *délié* avec le *délicat* : les gens *délicats* sont assez souvent *déliés*; mais les gens *déliés* sont rarement *délicats*.

Répandez sur un discours *délié* la nuance du sentiment, & vous le rendrez *délicat* : supposez à celui qui tient un discours *délicat* quelque vue intéressée & secrete, & vous en ferez à l'instant un homme *délié*. (*Encycl.* IV, 174.)

* Le *délicat* tient toujours à d'heureuses dispositions, n'a que des effets agréables, & plaît toujours : le *délié* tient à des dispositions indifférentes en soi, peut avoir de bons & de mauvais effets, & offense souvent. La sensibilité de l'ame produit le *délicat* : la finesse de l'esprit, la souplesse, l'artifice amenent le *délié*. Le mot *délicat* ne peut se prendre qu'en bonne part; celui de *délié* se prend en bonne & en mauvaise part, selon les circonstances. (B.)

248. SUBTILITÉ. D'ESPRIT. DÉLICATESSE.

* Ce sont deux termes fort différents : on dira d'un Scholastique grand chicaneur, qu'il a de la *subtilité*, mais non pas de la *délicatesse*. La *subtilité* s'accorde quelquefois avec l'extravagance, & les Casuistes relâchés n'en sont qu'une trop bonne preuve. Mais pour la *délicatesse* de l'esprit, la *délicatesse* des pensées, elle ne s'accorde qu'avec le bon sens & la raison ; il seroit difficile de la bien définir ; elle est de la nature de ces choses qui se comprennent mieux qu'elles ne s'expriment : c'est sans doute pour cela que le P. Bouhours, après avoir si bien expliqué ce que c'est qu'un morceau *délicat*, dit que, si on lui demande ce que c'est qu'une pensée *délicate*, il ne sait où prendre des termes pour s'expliquer. (*Andry de Boisregard*, Réfl. sur l'usage prés. de la langue franç. tome *I*.)

* Le P. Bouhours s'explique cependant un peu plus loin. » Une pensée, dit-il, où il y a
» de la *délicatesse*, a cela de propre, qu'elle est
» renfermée en peu de paroles, & que le sens
» qu'elle contient n'est pas si visible ni si marqué : il semble d'abord qu'elle le cache en
» partie, afin qu'on le cherche & qu'on le devine ; ou du moins elle le laisse seulement entrevoir, pour nous donner le plaisir de le dé-

» couvrir tout-à-fait quand nous avons de l'ef-
» prit. Car, comme il faut avoir de bons yeux &
» employer même ceux de l'art, je veux dire les
» lunettes & les microscopes, pour bien voir les
» chef-d'œuvres de la nature, il n'appartient
» qu'aux personnes intelligentes & éclairées de
» pénétrer tout le sens d'une pensée *délicate*. Ce
» petit mystere est comme l'ame de la *délicatesse*
» des pensées ; ensorte que celles qui n'ont rien
» de mystérieux ni dans le fond ni dans le tour,
» & qui se montrent tout entieres à la premiere
» vue, ne sont pas *délicates* proprement, quel-
» que spirituelles qu'elles soient d'ailleurs «.
(Bouhours, Maniere de bien penser, *Dialog.* II,
p. 215. *édit.* de 1691.

249. FINESSE. DÉLICATESSE. (a).

La *finesse* dans les ouvrages d'esprit, comme
dans la conversation, consiste dans l'art de ne
pas exprimer directement sa pensée ; mais de la
laisser aisément appercevoir : c'est une énigme,
dont les gens d'esprit devinent tout-d'un-coup
le mot. La *finesse* differe de la *délicatesse*.

La *finesse* s'étend également aux choses piquantes & agréables, au blâme & à la louange même,
aux choses mêmes indécentes, couvertes d'un
voile à travers lequel on les voit sans rougir. On
dit des choses hardies avec *finesse*. La *délicatesse*
exprime des sentiments doux & agréables, des
louanges fines.

Ainsi, la *finesse* convient plus à l'épigramme ;
la *délicatesse* au madrigal. Il entre de la *délicatesse* dans les jalousies des amants ; il n'y
entre point de *finesse*. Les louanges que don-

(a) *Voyez* d'abord tome I, art. 250.

noit Despréaux à Louis XIV, ne sont pas toujours également *délicates*; ses satyres ne sont pas toujours assez *fines*.

Un Chancelier offrant un jour sa protection au Parlement, le premier Président se tournant vers sa Compagnie: *Messieurs*, dit-il, *remercions M. le Chancelier; il nous donne plus que nous ne lui demandons*. C'est-là une répartie très-*fine*.

Quand Iphigénie, dans Racine, a reçu l'ordre de son pere de ne plus revoir Achille, elle s'écrie: *Dieux plus doux, vous n'aviez demandé que ma vie!* Le véritable caractere de ce vers est plutôt la *délicatesse* que la *finesse*. (*Encycl.* VI, 816.)

250. FINESSE. PÉNÉTRATION. DÉLICATESSE. SAGACITÉ.

* La *finesse* est la faculté d'appercevoir, dans les rapports superficiels des circonstances & des choses, les facettes presque insensibles qui se répondent, les points indivisibles qui se touchent, les fils déliés qui s'entrelacent & s'unissent.

La *finesse* differe de la *pénétration*, en ce que la *pénétration* fait voir en grand, & la *finesse* en petit détail. L'homme *pénétrant* voit loin; l'homme *fin* voit clair, mais de près: ces deux facultés peuvent se comparer au télescope & au microscope.

Un homme *pénétrant* voyant Brutus immobile & pensif devant la statue de Caton, & combinant le caractere de Caton, celui de Brutus, l'état de Rome, le rang usurpé par César, le mécontentement des Citoyens, &c. auroit pu dire: » Brutus médite quelque chose d'extraordinaire. «

Un homme *fin* auroit dit : » Voilà Brutus qui » s'admire dans l'un de ces caracteres : «, & auroit fait une épigramme sur la vanité de Brutus.

Un *fin* Courtisan, voyant le désavantage du camp de M. de Turenne, auroit fait semblant de ne pas s'en appercevoir ; un grenadier *pénétrant* néglige de travailler aux retranchements, & répond au Général : » Je vous connois, nous ne » coucherons pas ici. «

La *finesse* ne peut suivre la *pénétration*, mais quelquefois aussi elle lui échappe. Un homme profond est *impénétrable* à un homme qui n'est que *fin* ; car celui-ci, ne combine que les superficies, mais l'homme profond est quelquefois surpris par l'homme *fin* ; sa vue hardie, vaste & rapide, dédaigne ou néglige d'appercevoir les petits moyens ; c'est Hercule qui court, & qu'un insecte pique au talon.

La *délicatesse* est la *finesse* du sentiment, qui ne réfléchit point ; c'est une perception vive & rapide du résultat des combinaisons. Si la *délicatesse* est jointe à beaucoup de sensibilité, elle ressemble encore plus à la *sagacité* qu'à la *finesse*.

La *sagacité* diffère de la *finesse*, 1°. en ce qu'elle est dans le tact de l'esprit, comme la *délicatesse* est dans le tact de l'ame ; 2°. En ce que la *finesse* est superficielle, & la *sagacité* pénétrante : ce n'est point une *pénétration* progressive : c'est une *pénétration* soudaine, qui franchit le milieu des idées & touche au but dès le premier pas. C'est le coup d'œil du grand Condé. Bossuet l'appelle ILLUMINATION ; elle ressemble en effet à l'illumination dans les grandes choses. (*Encycl.* VI, 816.)

* La *finesse* imagine souvent au lieu de voir : à force de supposer, elle se trompe : la *pénétra-*

tion voit : & la *sagacité* va jusqu'à prévoir (*a*). (*Consid. sur les mœurs*, ch. xiij, édit. de 1764.)

(*a*) M. Duclos envisage ici ces mots sous un aspect un peu différent : mais il n'est point opposé au premier ; on peut aisément concilier l'un avec l'autre. (B.)

251. FINESSE. RUSE. ASTUCE. PERFIDIE.

La *ruse* se distingue de la *finesse*, en ce qu'elle emploie la fausseté. La *ruse* exige la *finesse* pour s'envelopper plus adroitement & pour rendre plus subtils les piéges de l'artifice & du mensonge. La *finesse* ne sert quelquefois qu'à découvrir & à rompre ces piéges ; car la *ruse* est toujours offensive, & la *finesse* peut ne pas l'être. Un honnête homme peut être *fin*, mais il ne peut être *rusé*. Du reste, il est si facile & si dangereux de passer de l'un à l'autre, que peu d'honnêtes-gens se piquent d'être *fins* : le bon homme & le grand homme ont cela de commun, qu'ils ne peuvent se résoudre à l'être.

L'*astuce* est une *finesse* pratique dans le mal, mais en petit : c'est la *finesse* qui nuit ou qui veut nuire. Dans l'*astuce*, la *finesse* est jointe à la méchanceté, comme à la fausseté dans la *ruse*. Ce mot qui n'est plus d'usage, a pourtant sa nuance ; il mériteroit d'être conservé (*a*).

La *perfidie* suppose plus que de la *finesse* ; c'est une fausseté noire & profonde, qui emploie des moyens plus puissants, qui meut des ressorts plus cachés que l'*astuce* & la *ruse*. Celles-ci, pour être dirigées, n'ont besoin que de la *finesse*, &

(*a*) On le trouve encore dans le Dictionnaire de l'Académie 1762, sans aucune remarque qui le condamne ; & ce que l'on en dit ici peut contribuer à le conserver, comme le souhaite l'Auteur. (B.)

la *finesse* suffit pour leur échapper : mais, pour observer & démasquer la *perfidie*, il faut la pénétration même. La *perfidie* est un abus de la confiance, fondée sur des garants inévitables, tels que l'humanité, la bonne-foi, l'autorité des loix, la reconnoissance, l'amitié, les droits du sang, &c. plus ces droits sont sacrés, plus la confiance est tranquille & plus par conséquent la *perfidie* est à couvert. On se défie moins d'un citoyen que d'un étranger, d'un ami que d'un concitoyen, &c. ainsi par degrés la *perfidie* est plus atroce, à mesure que la confiance violée étoit mieux établie.

Nous observons ces synonymes, moins pour prévenir l'abus des termes dans la langue, que pour faire sentir l'abus des idées dans les mœurs : car il n'est pas sans exemple qu'un *perfide*, qui a surpris ou arraché un secret pour le trahir, s'applaudisse d'avoir été *fin* (*a*). (*Encycl.* VI, 816.)

(*a*) *Voyez* tome I, art. 6.

252. INFIDELE. PERFIDE.

* Une femme *infidelle*, si elle est connue pour telle de la personne intéressée, n'est qu'*infidelle* : s'il la croit fidelle, elle est *perfide*. (*La Bruyere*, Caract. *ch.* 3.)

* D'après cela on peut conclure que l'*infidélité* est un simple manque de foi, un simple violement des promesses qu'on avoit faites ; & que la *perfidie* ajoute à cela le vernis imposteur d'une *fidélité* constante.

L'*infidélité* peut n'être qu'une foiblesse ; la *perfidie* est un crime réfléchi. (B.)

253. DÉSERTEUR. TRANSFUGE.

Ces deux termes désignent également un Soldat qui abandonne sans congé le service auquel il est engagé ; mais le terme de *transfuge* ajoute à celui de *déserteur* l'idée accessoire de passer au service des ennemis.

Il n'y a point de doute qu'un *transfuge* ne soit bien plus criminel & plus punissable qu'un simple *déserteur* ; celui-ci n'est qu'infidele, & le premier est traître : aussi le code militaire, excessif peut-être dans la mesure des peines qu'il prononce contre ces deux crimes, les a du moins proportionnées avec équité. (B.)

254. S'ÉVADER. S'ÉCHAPPER. S'ENFUIR.

* Ces mots different, en ce que *s'évader* se fait en secret ; *s'échapper* suppose qu'on a déjà été pris, ou qu'on est prêt de l'être ; *s'enfuir* ne suppose aucune de ces conditions.

On *s'évade* d'une prison, on *s'échappe* des mains de quelqu'un, on *s'enfuit* après une bataille perdue. (*Encycl.* V, 231.)

* Il faut de l'adresse & du bonheur pour *s'évader*, de la présence d'esprit & de la force pour *s'échapper*, de l'agilité & de la vigueur pour *s'enfuir*. (B.)

255. ÊTRE ÉCHAPPÉ. AVOIR ÉCHAPPÉ.

* Ces deux expressions, que l'on pourroit croire synonymes, ne le sont nullement. *Etre échappé* a un sens bien différent de celui d'*avoir échappé* : le premier désigne une chose faite par inadvertence ; le second, une chose non faite par inadvertence ou par oubli.

Ce mot m'est échappé, c'est-à-dire, *j'ai prononcé ce mot sans y prendre garde.*

Ce que je voulois vous dire m'a échappé, c'est-à-dire, *j'ai oublié de vous le dire* ; ou dans un autre sens, *j'ai oublié ce que je voulois dire.* (*Encycl.* V, 231.)

* Ce n'est que relativement à la mémoire ou à l'attention, que ces deux expressions ont une différence si marquée : car dans le sens propre on dit indifféremment, selon le Dictionnaire de l'Académie de 1762, *le cerf a échappé*, ou *est échappé aux chiens*.

Je crois néanmoins que dans ce cas là même il y a un choix à faire : que quand on dit, *le cerf a échappé aux chiens*, c'est pour faire entendre que les chiens ne l'ont point atteint ou apperçu ; & que quand on dit, *le cerf est échappé aux chiens*, c'est pour faire entendre que les chiens l'ont vu & serré de près, mais qu'il s'est tiré du péril par agilité ou autrement. (B.)

256. SAGESSE. VERTU.

* Ces deux termes, également relatifs à la conduite de la vie, sont synonymes sous ce point de vue, parce qu'ils indiquent l'un & l'autre le principe d'une conduite louable ; mais ils ont des différences bien marquées.

La *sagesse* suppose dans l'esprit des lumieres naturelles ou acquises ; son objet est de diriger l'homme par les meilleures voies. La *vertu* suppose dans le cœur, par tempérament ou par réflexion, du penchant pour le bien moral & de l'éloignement pour le mal : son objet est de soumettre les passions aux loix.

La *sagesse* est comme un fanal qui montre la meilleure voie dès qu'on lui propose un but ; mais par elle-même elle n'en a point, & les méchants ont leur *sagesse* comme les bons. La vertu a un but marqué par les loix, & elle y tend invariablement, par quelque voie qu'elle soit forcée d'y aller. (B.)

* La *sagesse* consiste à se rendre attentif à ses véritables & solides intérêts, à les démêler d'avec ce qui n'en a que l'apparence, à choisir bien, & à se soutenir dans des choix éclairés. La *vertu* va plus loin : elle a à cœur le bien de la société ; elle lui sacrifie dans le besoin ses propres avantages ; elle sent la beauté & le prix de ce sacrifice, & par-là ne balance point de le faire quand il le faut. (*Encycl.* XIV, 496.)

257. PROBITÉ. VERTU. HONNEUR.

* On entend également par ces trois termes, l'heureuse habitude de fuir le mal & de faire le bien. (B.)

* On n'entend parler que de *probité*, de *vertu* & d'*honneur*; mais tous ceux qui emploient ces expressions en ont-ils des idées uniformes ? Tâchons de les distinguer.

Le premier devoir de la *probité* est l'observation des loix : mais qui n'auroit que la *probité* qu'elles exigent, & ne s'abstiendroit que de ce qu'elles punissent, seroit encore assez malhonnête homme. Les hommes venant à se polir & s'éclairer, ceux dont l'ame étoit la plus honnête ont suppléé aux loix par la morale, en établissant, par une convention tacite, des procédés auxquels l'usage a donné force de loi parmi les honnêtes gens, & qui sont le supplément des loix positives. Il n'y a point à la vérité de punition prononcée contre les infracteurs, mais elle n'en est pas moins réelle ; le mépris & la honte en font le châtiment, & c'est le plus sensible pour ceux qui sont dignes de le ressentir; l'opinion publique, qui exerce la justice à cet égard, y met des proportions exactes, & fait des distinctions très-fines.

On juge les hommes sur leur état, leur éducation, leur situation, leurs lumieres. Il semble qu'on soit convenu des différentes especes de *probités*, qu'on ne soit obligé qu'à celle de son état, qu'on ne puisse avoir que celle de son esprit. On est plus sévere à l'égard de ceux qui, étant exposés en vue, peuvent servir d'exemple, que sur ceux qui sont dans l'obscurité. Moins on exige d'un homme dont on devroit beaucoup prétendre, plus on lui fait injure: en fait de procédés, on est bien près du mépris quand on a droit à l'indulgence.

Pour éclaircir enfin ce qui regarde la *probité*, il s'agit de savoir si l'obéissance aux loix & la pratique des procédés d'usage suffisent pour constituer l'honnête homme. On verra, si l'on y réfléchit, que cela n'est pas encore suffisant pour la parfaite *probité*. En effet, avec un cœur dur, un esprit malin, un caractere féroce & des sentiments, par intérêt, par orgueil, ou par crainte, on peut avoir cette *probité* qui met à couvert de tout reproche de la part des hommes. Mais il y a un Juge plus éclairé, plus sévere & plus juste que les loix & les mœurs, c'est le sentiment intérieur, qu'on appelle la conscience: la conscience parle à tous les hommes qui ne se sont pas, à force de dépravation, rendus indignes de l'entendre.

Doit-on regarder comme innocent, un trait de satyre ou même de plaisanterie de la part d'un supérieur, qui porte quelquefois un coup irréparable à celui qui en est l'objet; un secours gratuit refusé par négligence à celui dont le sort en dépend ; tant d'autres fautes, que tout le monde sent & qu'on s'interdit si peu ? Voilà cependant ce qu'une *probité* exacte doit s'interdire, & dont la conscience est le juge infaillible. Cette connoissance fait la mesure de nos obligations ; nous sommes tenus à l'égard d'autrui, de tout ce qu'à sa place nous serions en droit de prétendre. Les hommes ont encore droit d'attendre de nous, non-seulement ce qu'ils regardent avec raison comme juste, mais ce que nous regardons nous-mêmes comme tel, quoique les autres ne l'aient ni exigé ni prévu : notre propre conscience fait l'étendue de leurs droits sur nous. Plus on a de lumieres, plus on a de devoirs à remplir.

Il y a un autre principe d'intelligence sur ce sujet, supérieur à l'esprit même ; c'est la sensibilité d'ame qui donne une sorte de sagacité sur les choses honnêtes, & va plus loin que la pénétration de l'esprit seul. On pourroit dire que le cœur a des idées qui lui sont propres. Qu'il y a d'idées inaccessibles à ceux qui ont le sentiment froid ! L'esprit seul peut & doit faire l'homme de *probité* ; la sensibilité prépare l'homme *vertueux*. Je vais m'expliquer.

Tout ce que les loix exigent, ce que les mœurs recommandent, ce que la conscience inspire, se trouve renfermé dans cet axiome si connu & si peu développé : ” Ne faites point à ” autrui ce que vous ne voudriez pas qui vous ” fût fait “. L'observation exacte & précise de cette maxime fait la *probité*. ” Faites à autrui ce ” que vous voudriez qui vous fût fait “. Voilà la *vertu*.

La fidélité aux loix, aux mœurs & à la conscience, qui ne sont guere que prohibitives, fait l'exacte *probité* : la *vertu*, supérieure à la *probité*, exige qu'on fasse le bien & y détermine. La *probité* défend, il faut obéir : la *vertu* commande ; mais l'obéissance est libre, à moins que la *vertu* n'emprunte la voie de la religion. On estime la *probité* ; on respecte la *vertu*. La *probité* consiste presque dans l'inaction ; la *vertu* agit. On doit de la reconnoissance à la *vertu* : on pourroit s'en dispenser à l'égard de la *probité* ; parce qu'un homme éclairé, n'eût-il que son intérêt pour objet, n'a pas, pour y parvenir, de moyen plus sûr que la *probité*.

En distinguant la *vertu* & la *probité*, en observant la différence de leur nature, il est encore nécessaire, pour connoître le prix de l'une & de l'autre, de faire attention aux circonstances. Il y a tel homme dont la *probité* mérite plus d'éloges que la *vertu* d'un autre. Ne doit-on attendre que les mêmes actions de ceux qui ont des moyens si différents ? Un homme, au sein de l'opulence, n'aura-t-il que les devoirs, les obligations de celui qui est assiégé par tous les besoins ? Cela ne seroit pas juste. La *probité* est la *vertu* des pauvres ; la *vertu* doit être la *probité* des riches.

On rapporte quelquefois à la *vertu* des actions où elle a peu de part. Un service offert par vanité ou rendu par foiblesse, fait peu d'honneur à la *vertu*. D'un autre côté, on loue & on doit louer les actes de *probité* où l'on sent un principe de *vertu*. Un homme remet un dépôt dont il avoit seul le secret ; il n'a fait que son devoir, puisque le contraire seroit un crime ; cependant son action lui fait honneur & doit lui en faire : on juge que celui qui ne fait pas le mal dans certaines circonstances, est capable de faire le bien ; dans un acte simple de *probité*, c'est la *vertu* qu'on loue.

Les éloges qu'on donne à de certaines *probités*, à de certaines *vertus*, ne font que le blâme du commun des hommes : cependant on ne doit pas les refuser ; il ne faut pas rechercher avec trop de sévérité le principe des actions, quand elles tendent au bien de la société.

Outre la *vertu* & la *probité*, qui doivent être les principes de nos actions, il y en a un troisieme, très-digne d'être examiné : c'est l'*honneur*. Il est différent de la *probité* : peut-être ne l'est-il pas de la *vertu* ; mais il lui donne de l'éclat, & me paroît être une qualité de plus.

L'homme de *probité* se conduit par éducation, par habitude, par intérêt, ou crainte. L'homme *vertueux* agit avec bonté. L'homme d'*honneur* pense & sent avec noblesse : ce n'est pas aux loix qu'il obéit, ce n'est pas la réflexion, encore moins l'imitation qui le dirigent ; il pense, parle & agit avec une sorte de hauteur, & semble être son propre législateur à lui-même.

L'*honneur* est l'instinct de la *vertu*, & il en fait le courage. Il n'examine point : il agit sans feinte, même sans prudence, & ne connoît point cette timidité ou cette fausse honte qui étouffe tant de *vertus* dans les ames foibles ; car les caracteres foibles ont le double inconvénient de ne pouvoir se répondre de leurs *vertus*, & de servir d'instruments aux vices de tous ceux qui les gouvernent.

Quoique l'*honneur* soit une qualité naturelle, il se développe par l'éducation, se soutient par les principes, & se fortifie par les exemples. On ne sauroit donc trop en réveiller les idées, en réchauffer le sentiment, en relever les avantages & la gloire, & attaquer tout ce qui peut y porter atteinte.

Le relâchement des mœurs n'empêche pas qu'on ne vante beaucoup l'*honneur* & la *vertu*: ceux qui en ont le moins, savent combien il leur importe que les autres en aient. On auroit rougi autrefois d'avancer de certaines maximes, si on les eût contredites par ses actions ; les discours formoient un préjugé favorable sur les sentiments : aujourd'hui les discours tirent si peu à conséquence, qu'on pourroit quelquefois dire d'un homme qu'il a de la *probité*, quoiqu'il en fasse l'éloge.

On prétend qu'il a régné autrefois parmi nous un fanatisme d'*honneur*, & l'on rapporte cette heureuse manie à un siecle encore barbare. Il seroit à desirer qu'elle se renouvellât de nos jours ; les lumieres que nous avons acquises serviroient à régler cet enjouement, sans le refroidir. D'ailleurs on ne doit pas craindre l'excès en cette matiere : la *probité* a ses limites, & pour le commun des hommes c'est beaucoup que de les atteindre ; mais la *vertu* & l'*honneur* peuvent s'étendre & s'élever à l'infini, on peut toujours en reculer les bornes, on ne les passe jamais. (*M. Duclos*, Consid. sur les mœurs de ce siecle, ch. iv, édit. de 1764.)

258. DÉSHONNÊTE. MALHONNÊTE.

Il ne faut pas confondre ces deux mots ; ils ont des significations toutes différentes. *Déshonnête* est contre la pureté ; *malhonnête* est contre la civilité, & quelquefois contre la bonne foi, contre la droiture. Des pensées, des paroles *déshonnêtes*, sont des pensées, des paroles qui blessent la chasteté & la pureté. Des actions, des manieres *malhonnêtes*, sont des actions, des manieres qui choquent les bienséances du monde, l'usage des honnêtes-gens, la probité naturelle, & qui sont d'une personne peu polie & peu raisonnable.

Un procédé *déshonnête* seroit mal dit, s'il ne s'agissoit pas de pureté; il faudroit dire, un procédé *malhonnête*. Ce ne seroit pas non plus bien parler que de dire, une parole *malhonnête* pour une parole sale; & quelques-uns de nos Ecrivains qui disent en ce sens-là des chansons *malhonnêtes*, ne sont pas à suivre: il faut se servir, dans ces rencontres, du mot de *déshonnête*.

Déshonnête au reste ne se dit guere que des choses: on ne dit guere, une femme *déshonnête*, un homme *déshonnête*; pour dire, une femme ou un homme impudique.

Malhonnête se dit également des personnes & des choses. Il est difficile, a-t-on dit, qu'un *malhonnête* homme soit bon Historien. On oublie plus aisément une réponse grossiere, quoique *malhonnête* & désobligeante d'ailleurs, qu'une répartie fine & piquante.

Il faut dire à-peu-près la même chose de *déshonnêteté* & *malhonnêteté*, que de *déshonnête* & *malhonnête*; avec cette différence que *malhonnêteté* & *déshonnêteté* se disent des personnes comme des choses.

Il faut encore remarquer que, comme *déshonnête* & *malhonnête* sont opposés à *honnête*, qui signifie tout-à-la-fois une personne chaste & une personne polie, *déshonnêteté* & *malhonnêteté* le sont à *honnêteté*, qui a aussi deux significations. Car de même que nous disons d'une personne qu'elle est fort *honnête*, pour marquer sa régularité ou sa politesse, nous exprimons l'un ou l'autre par le mot d'*honnêteté*. (*Bouhours*, Rem. nouv. *Tome II, page 86.*)

259. HOMME DE BIEN. HOMME D'HONNEUR. HONNÊTE-HOMME.

Il me semble que *l'homme de bien* est celui qui satisfait exactement aux préceptes de la religion ; *l'homme d'honneur*, celui qui suit rigoureusement les loix & les usages de la société ; & *l'honnête-homme*, celui qui ne perd de vue, dans aucune de ses actions, les principes de l'équité naturelle.

L'homme de bien fait des aumônes ; *l'homme d'honneur* ne manque point à sa promesse ; *l'honnête-homme* rend la justice, même à son ennemi. *L'honnête-homme* est de tout pays ; *l'homme de bien* & *l'homme d'honneur* ne doivent point faire des choses que *l'honnête-homme* ne se permet pas. (*Encycl.* II, 244.)

260. HABILE HOMME. HONNÊTE-HOMME. HOMME DE BIEN.

* Je ne doute point que beaucoup de Lecteurs ne soient choqués de voir l'expression d'*habile homme*, présentée ici comme synonyme des deux autres : ceux-ci s'en offenseront, parce que la sincérité de leur probité ne leur permet pas d'imaginer que d'autres hommes n'en aient que le masque ; ceux-là, parce qu'ils ne voudroient pas même que l'on soupçonnât un pareil déguisement, ni qu'on les examinât de trop près. Il est pourtant vrai que l'un des plus grands observateurs des mœurs a vu, dans celles de notre nation, ces expressions, si éloignées en apparence & selon leur sens primitif, près de se confondre & de n'avoir plus que le même sens. Ecoutons-le. (B.)

* L'*honnête-homme* tient le milieu entre l'*habile homme* & l'*homme de bien*, quoique dans une distance inégale de ces deux extrêmes. La distance qu'il y a de l'*honnête-homme* à l'*habile homme* s'affoiblit de jour à autre, & est sur le point de disparoître.

L'*habile homme* est celui qui cache ses passions, qui entend ses intérêts, qui y sacrifie beaucoup de choses, qui a su acquérir du bien ou en conserver.

L'*honnête-homme* est celui qui ne vole pas sur les grands chemins & qui ne tue personne, dont les vices enfin ne sont pas scandaleux.

On connoît assez qu'un *homme de bien* est *honnête-homme* : mais il est plaisant d'imaginer que tout *honnête-homme* n'est pas *homme de bien*. L'*homme de bien* est celui qui n'est ni un saint ni un dévot, & qui s'est peiné à n'avoir que de la vertu. (*La Bruyere*, Caract. ch. xij.)

* L'*habile homme* de M. de la Bruyere, désigné par un nom un peu plus adouci, est celui que l'on appelle un GALANT HOMME : c'est tout ce que peut opérer le traité du vrai mérite. Le faux Panage ne peut raisonnablement se flatter que sa morale puisse faire quelque chose de mieux qu'un *honnête-homme*. M. de la Bruyere, plus profond que ces deux Ecrivains, plus pur dans ses principes, & plus éclairé dans ses intentions, ira peut-être jusqu'à faire un *homme de bien*.

L'Evangile fait des hommes meilleurs que tous ceux-là : il réprouve les vertus feintes du GALANT HOMME ou de l'*habile homme* ; il exige quelque chose de plus pur & de plus délicat que les vertus faciles de l'*honnête-homme* qui ne suit que la morale captieuse du trop commode Panage ; il donne des motifs plus nobles & plus sûrs aux vertus réelles de l'*homme de bien*. Il n'y a que la religion qui purifie & qui affermisse les vertus humaines. (B.)

261. HABILE. CAPABLE.

Habile en général signifie plus que capable, soit qu'on parle d'un Général, ou d'un Savant ou d'un Juge. Un homme peut avoir lu tout ce qu'on a écrit sur la guerre, & même l'avoir vue, sans être *habile* à la faire : il peut être *capable* de commander ; mais pour acquérir le nom d'*habile* Général, il faut qu'il ait commandé plus d'une fois avec succès. Un Juge peut savoir toutes les loix, sans être *habile* à les appliquer. Le Savant peut n'être *habile* ni à écrire ni à enseigner.

L'*habile* homme est donc celui qui fait un grand usage de ce qu'il sait. Le *capable* peut, & l'*habile* exécute (*a*). (*Encycl.* VIII, 6)

(*a*) *Voyez* tome I, art. 8.

262. SAVANT. HABILE.

A considérer les choses de près, ces deux termes n'ont pas le même sens. La différence consiste en ce que le mot de *savant* homme marque seulement une mémoire remplie de beaucoup de choses apprises par le moyen de l'étude & du travail : au lieu que le mot d'*habile* homme enchérit sur cela ; il suppose cette science, & ajoute un génie élevé, un esprit solide, un jugement profond, un discernement étendu.

Un homme né avec un esprit médiocre, peut devenir *savant* par l'étude & par le travail, mais non pas *habile* homme, parce qu'il trouvera bien dans les livres de quoi remplir sa mémoire, mais non pas de quoi élever la bassesse de son génie & fortifier la foiblesse de son jugement (*a*). (*Andry de Boisregard*, Réfl. sur l'usage préf. de la langue franç. tome I.)

(*a*) *Voyez* tome I, art. 9.

263. INSUFFISANCE. INCAPACITÉ. INAPTITUDE.

On désigne par ces mots le manque des dispositions nécessaires pour réussir dans ce qu'on se propose, mais avec des différences.

L'*insuffisance* vient du défaut de proportion entre les moyens & la fin; l'*incapacité*, de la privation des moyens; & l'*inaptitude*, de l'impossibilité d'acquérir aucun moyen.

On peut souvent suppléer à l'*insuffisance*; on peut quelquefois réparer l'*incapacité*; mais l'*inaptitude* est sans remede.

C'est une faute que d'engager les jeunes gens dans les fonctions du ministere ecclésiastique, quand on connoît leur *insuffisance*; c'est un crime que de les y porter quand on connoît leur *incapacité*; c'est un mépris sacrilége de la religion, que de les y forcer par la raison même de leur *inaptitude*: rien de plus commun néanmoins que ces vocations scandaleuses à un état qui exige les dispositions les plus grandes, les plus décidées, & les plus saintes. (B.)

264. MAL-ADRESSE. MAL-HABILETÉ.

L'un & l'autre expriment un défaut d'aptitude pour réussir. Mais il y a entre ces deux termes une différence : c'eſt que la *mal-adreſſe* ſe dit, dans le ſens propre, du peu d'aptitude aux exercices du corps; & que la *mal-habileté* ne ſe dit que du manque d'aptitude aux fonctions de l'eſprit.

Un joueur de billard eſt *mal-adroit*; un Négociateur eſt *mal-habile*.

Comme nous aimons aſſez à rendre ſenſibles les idées intellectuelles, par des métaphores tirées des choſes corporelles, on nomme quelquefois au figuré *mal-adreſſe*, le manque d'intelligence & de capacité pour les opérations qui dépendent des vues de l'eſprit : mais il n'y a pas réciprocité; & l'on ne nommera jamais *mal-habileté*, le défaut d'aptitude aux exercices corporels.

On peut donc conclure qu'un Négociateur eſt *mal-adroit*; mais on ne dira pas qu'un joueur de billard ſoit *mal-habile*. (B.)

265. ÉRUDIT. DOCTE. SAVANT.

Ces trois termes ſont ſynonymes en ce qu'ils ſuppoſent des connoiſſances acquiſes par l'étude.

L'*érudit* & le *docte* ſavent des faits dans tous les genres de littérature : l'*érudit* en ſait beaucoup, le *docte* les ſait bien. Le *docte* & le *ſavant* connoiſſent avec intelligence : le *docte* connoît des faits de littérature, qu'il ſait appliquer; le *ſavant* connoît des principes, dont il ſait tirer les conſéquences.

Une bonne mémoire & de la patience dans l'étude ſuffiſent pour former un *érudit* : ajoutez-y de l'intelligence & de la réflexion, vous aurez un homme *docte* : appliquez celui-ci à des matieres de ſpéculation & de ſciences,

& donnez-lui de la pénétration, vous en ferez un *savant*.

Si l'on peut employer indifféremment les termes d'*érudit* & de *docte*, c'est lorsqu'on ne veut indiquer que l'objet du savoir, sans rien dire de la maniere dont on sait. Si les termes de *docte* & de *savant* peuvent être pris l'un pour l'autre, c'est lorsqu'on ne veut désigner que la maniere intelligente & raisonnée dont ils savent, & que l'on fait abstraction de l'objet du savoir. Mais les termes d'*érudit* & de *savant* ne peuvent jamais se mettre l'un pour l'autre, parce qu'ils different en tout point, & par l'objet & par la maniere : cette différence est si grande, que *savant* est toujours un éloge ; au lieu que l'on dit quelquefois, par une sorte de mépris, qu'un homme n'est qu'un *érudit*.

Ces trois termes se disent des personnes ; mais il n'y a que *docte* & *savant* qui se disent des Ouvrages.

On dit d'un livre qui contient beaucoup de faits de littérature & grand nombre de citations, non pas qu'il est *érudit*, mais qu'il est rempli d'*érudition*. On dit, un *docte* commentaire, pour marquer que l'*érudition* y est employée avec discrétion & avec intelligence. Un Ouvrage est *savant*, quand on y traite les grands principes des sciences rigoureuses, ou qu'on les y emploie pour la fin particuliere que l'on se propose (*a*). (B.)

(*a*) *Voyez* tome I, art. 9.

266. DOCTE. DOCTEUR.

* Être *docte*, c'est être véritablement savant & habile : être *docteur*, c'est non-seulement être habile homme, mais avoir donné de sa science certaines preuves, par lesquelles ont ait obtenu ce titre.

Il faut néanmoins avouer que depuis quelques années on a mis une autre différence entre ces deux mots, & qu'aujourd'hui le mot de *docteur* est fort au-dessous de celui de *docte* : ce qui est venu de ce que dans un grand nombre d'habiles gens qui avoient ce degré, quelques-uns, ne soutenant pas leur nom par leur science, se sont trouvés *docteurs* sans être *doctes*. Cela a suffi pour ravaler un titre si beau : car c'est un vice qu'on ne guérira jamais, de juger du particulier au général, dans les choses désavantageuses. (*Andry de Boisregard.* Réfl. sur l'usage prés. de la langue fr. *Tome I.*)

* Delà vient la distinction plaisante que donne peut-être trop sérieusement La Bruyere. (B.)

* Un homme à la Cour & souvent à la Ville, qui a un long manteau de soie ou de drap de Hollande, une ceinture large & placée haut sur l'estomac, le soulier de maroquin, la calotte de même d'un beau grain, un collet bien fait & bien empesé, les cheveux arrangés, & le teint vermeil; qui, avec cela, se souvient de quelques distinctions méthaphysiques, explique ce que c'est que la lumiere de gloire, & sait précisément comment l'on voit Dieu : cela s'appelle un *Docteur*. Une personne humble, qui est ensevelie dans le cabinet, qui a médité, cherché, consulté, confronté, lu ou écrit pendant toute sa vie, est un homme *docte*. (*La Bruyere.* Caract. ch. ij.)

267. ÉCRIVAIN. AUTEUR.

Ces deux mots s'appliquent aux gens de

res qui donnent au public des ouvrages de leur composition. Le premier ne se dit que de ceux qui ont donné des ouvrages de belles lettres, ou du moins il ne se dit que par rapport au style. Le second s'applique à tout genre d'écrire indifféremment, il a plus de rapport au fond de l'ouvrage qu'à la forme : de plus, il peut se joindre par la particule *de* aux noms des ouvrages.

Racine, M. de Voltaire, sont d'excellents *Ecrivains*; Corneille est un excellent *Auteur*. Descartes & Newton sont des *Auteurs* célèbres : l'*Auteur* de la Recherche de la vérité est un *Ecrivain* du premier ordre. (*Encycl. V*, 372.)

268. ÉCRITEAU. ÉPIGRAPHE. INSCRIPTION.

* Il y a de la différence entre ces trois mots. L'*écriteau* n'est qu'un morceau de papier ou de carton sur lequel on écrit quelque chose en grosses lettres, pour donner un avis au Public. L'*inscription* se grave sur la pierre, sur le marbre, sur des colonnes, sur un mausolée, sur une médaille, ou sur quelqu'autre monument public, pour conserver la mémoire d'une chose ou d'une personne. (*Encycl. V*, 357.) * L'*épigraphe* est une Sentence courte, placée au bas d'une Estampe ou à la tête d'un Livre, pour en désigner le sujet ou l'esprit. (B.)

* Les *écriteaux* sont faits pour étiqueter les boîtes des épiciers ou d'autres détailleurs, pour servir d'enseignes aux Maîtres d'Ecritures, &c. les *inscriptions*, pour transmettre l'histoire à la postérité, & les *épigraphes*, pour l'intelligence d'une Estampe ou l'ornement d'un Livre. (*Encycl. V*, 357.)

* Il seroit à souhaiter, comme M. l'Abbé du

Bos l'a fort bien remarqué, que les Peintres, qui ont un grand intérêt à nous faire connoître les personnages dont ils veulent se servir pour nous toucher, accompagnassent toujours leurs Tableaux d'histoire d'une courte *épigraphe*. Les trois quarts des spectateurs, qui sont d'ailleurs très-capables de rendre justice à l'ouvrage, ne sont point assez lettrés pour en deviner le sujet : ces sujets sont souvent pour eux une belle personne qui plaît ; mais qui parle une langue qu'ils n'entendent point ; on s'ennuie bientôt de la regarder, parce que la durée des plaisirs où l'esprit ne prend point de part est bien courte. (*ibid.* 794.) Pour ce qui est des Sentences que l'on met à la tête des livres, ces *épigraphes* ne sont pas toujours justes, & promettent quelquefois plus que l'Auteur ne donne : on ne court jamais de risques à en choisir de modestes. (*Ibid.*)

La célebre Phryné offrit de relever les murailles de Thebes, à condition qu'on gravât à sa gloire cette *inscription* : ALEXANDER DIRUIT, SED MERETRIX PHRYNE FECIT; Alexandre a détruit les murs de Thebes, & la courtisanne Phryné les a rebâtis.

Voilà où le mot *inscription* est à sa place : mais ce n'est pas bien parler que d'avoir employé ce terme dans une des bonnes traductions du nouveau Testament, où l'on s'exprime ainsi : ,, ils marquerent le sujet de la condamnation de ,, Jesus-Christ dans cette *inscription*, qu'ils mi- ,, rent au-dessus de sa tête : CELUI-CI EST LE ,, ROI DES JUIFS ''. Il falloit se servir dans cet endroit du mot *écriteau* au lieu d'*inscription*.

La raison du terme préféré par les traducteurs vient peut-être de ce qu'ils ont considéré l'objet plus que la nature de la chose : ce n'étoit réellement qu'un *écriteau* ; les Juifs traiterent en cette occasion l'innocence même comme le crime (a). (*Ibid.* 357.)

(a) Le P. Bouhours avoit marqué la différence des mots *écriteau* & *inscription*. (Rem. nouv. tome II, pag. 164.) On n'a fait ici que l'étendre, & y ajouter *épigraphe*. (B.)

269. SOI-MÊME. LUI-MÊME.

* *Se sauver*, *se perdre soi-même*, signifie sauver, perdre sa propre personne. Il est inutile de sauver ses biens dans un naufrage, si on ne se sauve soi-même. Que serviroit-il à un homme de gagner tout le monde, & de *se perdre soi-même* ?

Lui-même signifie autre chose. Il s'est sauvé *lui-même*, c'est-à-dire, sans le secours d'autrui. Il s'est *perdu lui-même*, c'est-à-dire, par sa faute, par sa mauvaise conduite.

Dans les phrases où *soi-même* est joint avec les verbes *sauver* & *perdre*, le mot de *soi-même* est complément ou régime de ces verbes. *Il s'est sauvé, il s'est perdu soi-même* ; mais il n'a pas *sauvé* ou *perdu* autre chose.

Dans les phrases où *lui-même* est joint avec ces verbes, *lui-même* est sujet ou en tient lieu. *Il s'est sauvé, il s'est perdu lui-même* ; c'est comme si l'on disoit, *lui-même il s'est sauvé, il s'est perdu*, il est l'auteur de son salut, de sa perte. (*Bouhours*, Rem. nouv. *Tom. II.*)

* Ce que l'on vient de dire de *soi-même* & de *lui-même* joints aux verbes *sauver* & *perdre*, s'étend généralement à tous les verbes actifs après lesquels on peut mettre *soi-même* sans préposition. *Il se loue lui-même*, c'est-à-dire, *lui-même se loue*, & les autres ne le louent peut-être pas. *Il se loue soi-même*, c'est-à-dire, il loue *sa propre personne*, & non pas celle d'une autre. (B).

270. LE, LES, *dans les propositions universelles*.

Il peut se rencontrer des cas où les circonstances déterminent à la totalité des individus les noms appellatifs modifiés par l'article singulier ou pluriel. Mais il n'est pas possible alors que les deux nombres reviennent au même pour le sens, comme le prétendent quelques Grammairiens : il paroît établi sur de trop solides raisons qu'il n'y a point de synonymie exacte dans les langues ; & il est constant qu'un Ecrivain attentif ne dira pas indifféremment, *l'homme est raisonnable*, ou *les hommes sont raisonnables*.

Quand il s'agit de l'universalité des individus, je crois que le singulier de l'article est plus propre à en marquer la totalité physique sans restriction, parce qu'il en fait naturellement naître l'idée par celle de l'unité.

Le pluriel au contraire est plus propre à désigner l'universalité morale : parce que ce nombre avertit naturellement du détail en montrant la pluralité ; & que, le détail n'étant nécessaire que quand l'uniformité manque, le pluriel indique, par une conséquence assez analogue, que l'universalité n'est pas si entiere qu'il ne puisse y avoir des exceptions.

L'usage de l'article singulier *le*, *la*, est donc particuliérement propre aux cas où l'attribut est, comme disent les Philosophes, en matiere nécessaire : l'usage du pluriel *les* suppose au contraire que l'attribut est en matiere contingente.

Ainsi il faut dire, *l'homme est raisonnable*, pour faire entendre que la faculté de raisonner, qui est en effet de l'ordre des choses nécessaires, appartient à toute l'espece humaine & en est un attribut essentiel : c'est comme si l'on disoit : L'animal *homme* est un animal raisonnable exclusivement à toute autre espece du même genre.

Mais on doit dire : *Les hommes* sont raisonnables, si l'on veut parler du bon usage de la raison ; parce que cet attribut est en matiere contingente, & que, dans le détail des individus, plusieurs se trouveroient exceptés de l'universalité.

Par la même raison, il y a de la différence entre ces deux phrases : *L'homme* est mortel, *Les hommes* sont mortels. La premiere annonce la certitude infaillible de la mort ; & c'est une vérité que l'on peut prendre comme principe dans un sermon ou dans un traité de morale. La seconde annonce l'incertitude du moment & de la maniere de la mort ; les uns mourant plutôt, les autres plus tard ; ceux-ci subitement ; ceux-là par une maladie longue : c'est une vérité d'où l'on peut partir dans les traités, pour s'autoriser à prendre dans le moment même les précautions convenables. (B. *Gramm. gén.* livre II, ch. *iij*, art. 2.)

271. TOUT. TOUT LE. TOUS LES.

Quoique le mot *tout* désigne toujours une totalité, il la marque cependant diversement, selon la maniere dont il est construit.

Tout au singulier, & employé sans l'article *le* avant un nom appellatif, est lui-même article universel collectif ; il marque la totalité des individus de l'espece signifiée par le nom, & les fait considérer sous le même aspect & comme susceptibles du même attribut, sans aucune différence distinctive.

Tout au singulier, & suivi de l'article indicatif *le* avant un nom appellatif, est alors un adjectif physique qui exprime la totalité, non des individus de l'espece, mais des parties intégrantes qui constituent l'individu.

Delà vient l'énorme différence de ces deux phrases : *tout homme* est sujet à la mort, & *tout l'homme* est sujet à la mort. La premiere veut dire, qu'il n'y a pas un seul homme qui ne soit sujet à la mort, vérité dont la méditation peut avoir une influence utile sur la conduite des hommes : la seconde signifie qu'il n'y a aucune partie de l'homme qui ne soit sujette à la mort ; erreur dont la croyance pourroit entraîner les plus grands désordres.

Tous au pluriel, & suivi de *les* avant un nom appellatif, reprend la fonction d'article universel collectif, & marque la totalité des individus de l'espece sans exception, comme *tout* sans *le* au singulier : voici la différence qu'il y a alors entre les deux nombres.

Tout, au singulier, marque la totalité physique des individus de l'espece, dans le cas où l'attribut est en matiere nécessaire : & c'est pour cela qu'alors on ne doit pas le joindre à *le*, qui a, comme on vient de le dire dans l'article précédent, la même destination ; il y auroit périssologie, puisqu'il y auroit inutilement double inclination du même point de vue. *Tous les*, au pluriel, marque la totalité physique des individus de l'espece, dans les cas où l'attribut est en matiere contingente. *Les*, on vient de le voir, est alors le signe convenu de la possibilité des exceptions : mais cette possibilité peut exister dans le fait ; &, pour le marquer, quand il est nécessaire, on joint *tous* avec *les* ; afin de déclarer formellement exclues les exceptions que *les* pourroit faire soupçonner.

S'il est question, par exemple, d'un détachement de trois cents hommes, que l'on a d'abord crus enlevés avec leurs équipages, il y aura bien de la différence entre dire, *les Soldats* reparurent, mais *les bagages* ne revinrent pas ; & dire, *tous les Soldats* reparurent, mais *tous les bagages* ne revinrent pas.

Par la premiere phrase, on fait entendre seulement que le gros de la troupe reparut, sans répondre numériquement des trois cents ; & que rien des bagages ne revint, ou du moins qu'il en revint bien peu de chose : par la seconde phrase, on assure sans exception que les trois cents Soldats reparurent, mais on fait entendre qu'il ne revint qu'une partie des bagages. Dans la premiere, on affirme la rentrée de la totalité morale des Soldats, & l'on nie le retour de la totalité morale des bagages : dans la seconde, on affirme la rentrée de la totalité physique des trois cents Soldats, & l'on nie le retour de la totalité physique des bagages. (B. *Gramm. gén.* livre II, ch. iij, art. 2.)

272. LE. TOUT.

Le & *tout*, comme on vient de le dire dans les deux articles précédents, marquent également la totalité physique des individus de l'espece signifiée par le nom appellatif : ils sont donc synonymes à cet égard, & il faut voir quelles sont les différences qui peuvent les distinguer dans l'usage.

Le ne marque la totalité des individus que secondairement & indirectement, parce qu'il désigne primitivement & directement l'espece. *Tout* marque au contraire primitivement & directement la totalité physique des individus, & ne peut désigner l'espece que secondairement & indirectement.

Le marque la totalité des individus, parce que l'espece les comprend tous : *tout* désigne l'espece, parce que la totalité des individus la constitue.

Le choix entre ces deux articles doit donc se régler sur la différence des applications que l'on a à faire de la proposition universelle.

Le doit être préféré, si l'on veut établir un principe général pour en tirer des conséquences également générales. L'*homme* est foible & continuellement exposé à de dangereuses tentations : il a donc un besoin perpétuel de la grace pour ne pas succomber.

Tout est mieux, si l'on veut passer d'un principe général à des conséquences & à des applications particulieres. *Tout homme* est foible, & continuellement exposé à de dangereuses tentations : par quel privilége particulier prétendez-vous donc n'avoir rien à craindre de celles auxquelles vous vous exposez de gaieté de cœur ? (B.)

173. TOUT. CHAQUE.

Ces deux mots désignent également la totalité des individus de l'espece exprimée par le nom appellatif avant lequel on les place. Voilà jusqu'où va la synonymie de ces deux articles.

Mais *tout* suppose uniformité dans le détail, & exclut les exceptions & les différences : *chaque* au contraire suppose & indique nécessairement des différences dans le détail.

Tout homme a des passions ; c'est une suite nécessaire de sa nature. *Chaque homme* a sa passion dominante ; c'est une suite nécessaire de la diversité des tempéramens. (B. *Gramm. gén.* livre II, ch. *iij* , art. 2.)

274. PLUS. DAVANTAGE.

Ces mots sont également comparatifs, & marquent tous deux la supériorité ; c'est en quoi ils sont synonymes : voici en quoi ils different.

Plus s'emploie pour établir explicitement & directement une comparaison : *davantage* en rappelle implicitement l'idée & la renverse : après *plus*, on met ordinairement un *que* qui amene le second terme ou le terme conséquent du rapport énoncé dans la phrase comparative ; après *davantage* on ne doit jamais mettre *que*, parce que le second terme est énoncé auparavant.

Ainsi l'on dira, par une comparaison directe & explicite : les Romains ont *plus* de bonne foi que les Grecs ; l'aîné est *plus* riche que le cadet. Mais dans la comparaison inverse & implicite, il faut dire : les Grecs n'ont guere de bonne foi, les Romains en ont *davantage* ; le cadet est riche, mais l'aîné l'est *davantage*.

Dès que la comparaison est directe, & que le terme conséquent est amené par un *que*, on ne doit pas, quoi qu'en dise le P. Bouhours (*a*), se servir de *davantage*. Ainsi l'on ne doit pas dire, conformément à la décision de cet Ecrivain : Vous avez tort de me reprocher que je suis emporté, je ne le suis pas *davantage* que vous ; il n'y a rien qu'il faille *davantage* éviter, en écrivant, que les équivoques : jamais on ne vous

___
(*a*) Rem. nouv. tome I.

connut *davantage*, que depuis qu'on ne vous voit plus. Il faut dire, dans le premier exemple: Je ne le suis pas *plus* que vous; dans le second, il n'y a rien qu'il faille éviter avec *plus* de soin, que les équivoques: & dans le troisieme, jamais on ne vous connut *mieux* que depuis qu'on ne vous voit plus. (B.)

275. *Croyez-vous* QU'IL LE FERA ? QU'IL LE FASSE ?

Ces deux expressions, selon l'exactitude de notre langue, sont très-différentes, quoique le peuple ait coutume de les confondre.

Quand je dis; *croyez-vous qu'il le fera?* je témoigne par-là que je suis persuadé qu'il ne le fera pas; c'est comme si je disois, est-il possible que vous soyez assez bon pour croire *qu'il le fera?* êtes-vous assez simple pour vous persuader *qu'il le fera?*

Quand je dis au contraire, *croyez-vous qu'il le fasse?* je marque par-là que je doute véritablement s'il le fera; & c'est comme si je disois, je ne sais *s'il le fera*, qu'en pensez-vous, dites-moi là-dessus ce que vous en croyez?

Voilà en quoi consiste la différence de ces deux expressions. Il est inutile d'avertir que ce que j'ai dit du verbe *faire* dans cet exemple, se doit entendre de tous les autres. (*Andry de Boisregard*, réflexions sur l'usage prés. de la langue fr. *Tome* I.)

276. ADVERBE. PHRASE ADVERBIALE.

Quoique l'on dise communément que la *phrase adverbiale* est équivalente à l'*adverbe*, il ne faut pourtant pas croire que les deux locutions soient absolument synonymes, & que la différence de l'une à l'autre ne soit que dans les sons. L'éloignement que toutes les langues ont naturellement pour une synonymie, qui n'enrichiroit un idiome que de sons inutiles à la justesse & à la clarté de l'impression, donne lieu de présumer que la *phrase adverbiale* & l'*adverbe* doivent différer par quelque idée accessoire.

Je serois assez porté à croire que, quand il s'agit de mettre un acte en opposition avec l'habitude, l'*adverbe* est plus propre à marquer l'habitude, & la *phrase adverbiale*, à indiquer l'acte.

Un homme qui se conduit *sagement*, ne peut pas se promettre que toutes ses actions seront faites *avec sagesse*. (B. *Gramm. gén.* liv. II, ch. v. art. 2.)

277. A L'AVEUGLE. AVEUGLÉMENT.

Ces deux expressions, également figurées, marquent également une conduite qui n'est pas dirigée par les lumieres naturelles. Mais la premiere indique un défaut d'intelligence, & la seconde, un abandon des lumieres de la raison.

Qui agit *à l'aveugle* n'est pas éclairé ; qui agit *aveuglément* ne suit pas la lumiere naturelle : le premier ne voit pas, le second ne veut pas voir.

La plupart des jeunes gens qui entrent dans le monde, choisissent leurs amis *à l'aveugle* : si le hasard les sert mal, c'est un premier pas vers la perte ; parce que, livrés *aveuglément* à toutes leurs impulsions, ils en viennent insensiblement jusqu'à se faire un mérite & un point d'honneur de sacrifier l'honneur même, plutôt que de les abandonner.

Soumettre *aveuglément* sa raison aux décisions de la foi, ce n'est pas croire *à l'aveugle*, puisque c'est la raison même qui nous éclaire sur les motifs de crédibilité.

278. EFFECTIVEMENT. EN EFFET.

Ces deux mots different : 1°. en ce que le second est plus d'usage dans le style noble ; & le premier, dans la conversation : 2°. en ce que le premier sert seulement à appuyer une proposition par quelque preuve ; & que le second sert de plus à opposer la réalité à l'apparence. On dit : » Il est vertueux en apparence, & vicieux » *en effet*. (*Encycl.* V, 404.)

279. RAPPORT A. RAPPORT AVEC.

* Une chose a *rapport à* une autre, quand l'une conduit à l'autre ; ou parce qu'elle en dépend, ou parce qu'elle en vient, ou parce qu'elle en fait souvenir, ou pour quelque autre raison : ainsi les Sujets ont *rapport aux* Princes, les effets *aux* causes, les copies *aux* originaux.

Une chose a *rapport avec* une autre chose, quand elle lui est proportionnée, conforme, semblable.

Une copie, en matiere de peinture, a *rapport avec* l'original, si elle lui ressemble & qu'elle en représente tous les traits : mais, bien qu'elle soit imparfaite, elle ne laisse pas d'avoir *rapport à* l'original. (*Bouhours*, Rem. nouv. Tome I.)

* Les actions humaines, quelque *rapport* qu'elles aient *avec* les loix & *avec* les maximes les plus féveres de la morale, ne font bonnes qu'autant qu'elles ont *rapport à* une bonne fin. (B.)

280. FAIRE AIMER DE. FAIRE AIMER A.

On met *de* après *faire aimer*, lorsqu'*aimer* signifie le sentiment affectueux & tendre que l'on a pour quelqu'un, sentiment qui fait les amis ou les amants : mais on se sert de *à*, si *aimer* marque seulement l'attachement & le goût que l'on prend à certaines choses, & le sentiment de plaisir qu'elles donnent.

La politesse, la complaisance, la docilité & la modestie *font aimer* un jeune homme *de* tous ceux qui apperçoivent en lui ces belles qualités.

La religion *fait aimer* les souffrances mêmes *à* ceux dont elle a rempli l'ame de son esprit. (*Andry de Boisregard*, Réflexions sur l'usage prés. de la langue fr. *Tome* I.)

281. CAPITAINE DES GARDES. CAPITAINE AUX GARDES.

Tout le monde connoît la différence de ces deux expressions, & il y a long-temps que Ménage (*a*) l'a donnée ; cependant on ne doit pas l'omettre dans un recueil où l'on assigne les différences synonymes.

Un *Capitaine des gardes* est un homme de qualité qui commande une compagnie des gardes du corps du Roi : un *Capitaine aux gardes* est un Officier qui commande une compagnie du régiment des gardes françoises. (B.)

(*a*) Obferv. I, 124.

282. AVOIR NOUVELLE. AVOIR DES NOUVELLES.

Ces deux phrases, dont la synonymie est assez visible, n'ont pas tout-à-fait le même sens, & en conséquence ne se construisent pas toujours de même.

Avoir nouvelle, c'est apprendre la chose ; on l'ignoroit auparavant. *Avoir des nouvelles*, c'est apprendre des circonstances & des particularités de la chose ; on savoit déjà la chose auparavant, mais on en ignoroit les détails.

Avoir nouvelle se construit avec *de* & un nom, ou bien avec *que* & une proposition incidente, selon que la chose qu'on apprend peut, ou doit s'exprimer par un nom ou par une proposition. C'est ainsi que M. de *Vaugelas* dit dans son Quinte-Curce : ″ Darius *ayant eu nouvelle* ″ *de* la mort de Memnon ; Alexandre *avoit nou-* ″ *velle que* Darius devoit arriver dans cinq ″ jours ″.

Avoir des nouvelles ne peut se construire qu'avec *de* & un nom. C'est ainsi que l'on dit : *avoir des nouvelles* de l'armée, d'une flotte, de quelqu'un.

Nous *avons nouvelle* qu'on a découvert au sud un troisieme continent ; nous y prendrons plus de confiance quand nous en *aurons des nouvelles* plus détaillées. (*Bouhours*, Remarque nouv. *Tome I.*) (B.)

283. CONSEILLER D'HONNEUR. CONSEILLER HONORAIRE.

Le *Conseiller d'honneur* est un Conseiller en titre, à la place duquel est attachée cette qualification ; le *Conseiller honoraire* est un Conseiller qui, après avoir rempli quelque-temps cette charge, a obtenu des lettres de vétérance, & qui conserve les principaux honneurs de la charge sans être tenu d'en remplir les fonctions.

Un *Conseiller d'honneur* est en exercice ; un *Conseiller honoraire* n'y est plus. (B.)

264. TOMBER PAR TERRE. TOMBER A TERRE.

Ces deux expressions ne sont pas aussi indifférentes que l'on croiroit. *Tomber par terre* se dit de ce qui étant déjà à terre tombe de sa hauteur : *tomber à terre*, de ce qui étant élevé au-dessus de terre tombe de haut.

Un homme, par exemple, qui passe dans une rue & qui vient à tomber, *tombe par terre*, & non *à terre* ; car il y est déjà : mais un couvreur à qui le pied manque sur un toît, *tombe à terre*, & non *par terre*.

Un arbre *tombe par terre* ; mais le fruit de l'arbre *tombe à terre*.

» Ils étoient si serrés les uns contre les autres,
» dit M. de Vaugelas (*a*), qu'ils ne pouvoient
» lancer leurs javelots : & , s'ils en lançoient
» quelques-uns, ils se rencontroient & s'entre-
» choquoient en l'air ; de sorte que la plupart
» *tomboient à terre* sans effet «.

» Lors donc que JESUS leur eut dit, c'est
» moi, ils furent renversés & *tomberent par ter-
» re* « (*b*). *Andry de Boisregard*, réflexions sur l'usage prés. de la langue fr. *Tome II*.)

(*a*) Quinte-Curce, liv. III, ch. 2.
(*b*) Trad. du Nouveau-Testament, *Joan.* XVIII. 6.

FRANÇOIS.

285. TOUT-D'UN-COUP. TOUT-A-COUP.

Ces deux phrases adverbiales, employées, indifféremment par plusieurs de nos Ecrivains, n'ont pourtant, si je puis parler ainsi, qu'une synonymie matérielle; & au fond il n'y a pas une seule occasion où l'on puisse mettre l'une pour l'autre, je ne dis pas seulement sans pécher contre la justesse, mais même sans commettre un contre-sens.

Tout-d'un-coup veut dire tout en une fois; *tout-à-coup* signifie soudainement, en un instant, sur le champ.

Ce qui se fait *tout d'un-coup*, ne se fait, ni par degrés, ni à plusieurs fois; ce qui se fait *tout-à-coup*, n'est ni prévu ni attendu.

Tout-d'un-coup, tient plus de l'universalité, & *tout-à-coup*, de la promptitude.

Comme S. Paul étoit sur la route de Damas, où il se rendoit pour exécuter contre les Disciples de J. C. les ordres de la Synagogue, Dieu le frappa *tout-à-coup* d'une lumiere très-vive, qui, l'éblouissant & le renversant par terre, lui ouvrit les yeux de l'ame : & cet homme, qui auparavant ne respiroit que fureur & sang, se trouva *tout-d'un-coup* touché, instruit, éclairé, rempli de zele & de charité. (B.)

286. ALLER A LA RENCONTRE, AU-DEVANT.

On *va à la rencontre*, ou *au-devant* de quelqu'un, dans l'intention d'être plutôt auprès de lui: c'est l'idée commune de ces deux expressions, & voici en quoi elles different.

Tome II. O

On va à *la rencontre* de quelqu'un, uniquement dans l'intention de le joindre plutôt, ou pour lui épargner une partie du chemin : le premier motif est de pure amitié ou de curiosité, & suppose quelqu'égalité ; le second motif est de politesse.

On va *au-devant* de quelqu'un pour l'honorer par cette marque d'empressement ; c'est un acte de déférence & de cérémonie, qui suppose que celui pour qui on le fait est un Grand. (B.)

287. AU CAS. EN CAS.

Ces deux locutions annoncent également une supposition d'événement. Elles different, en ce que la premiere est d'usage, lorsque l'événement supposé s'exprime en une proposition incidente amenée par un *que* ; & la seconde, lorsque l'événement supposé s'exprime par un nom avec la préposition *de*.

Au cas qu'on objecte, contre le systême de Copernic, le passage où Josué commande au soleil de s'arrêter, on doit répondre que l'Ecriture voulant faire des adorateurs & non des Philosophes, & s'adressant aux simples autant & plus qu'aux savants, & aux sages de la terre, elle a dû employer le langage commun, & s'exprimer d'après les préjugés reçus, dès qu'ils ne contredisoient pas les vérités salutaires, & *en cas* de replique, on peut ajouter qu'en supposant le principe du mouvement de tout le tourbillon solaire dans le soleil même, Josué a pu en rigueur commander au soleil de s'arrêter, parce que cela devoit suffire pour suspendre le mouvement circulaire de la terre, de la lune & de tout le reste.

On se permet quelquefois de dire *en cas que*;

le P. Bouhours (*a*) décide que l'on peut dire indifféremment, *au cas qu'il meure*, & *en cas qu'il meure*; & le Dictionnaire de l'Académie semble autoriser cette décision. Cependant elle contredit deux principes également certains. Le premier, auquel cet ouvrage-ci doit sa naissance, & dont il administre les preuves de fait, c'est qu'il n'y a point de synonymes parfaits, comme le seroient les deux locutions dont il s'agit. Le second, c'est que tout *que* qui exige un antécédent, le suppose déterminé individuellement: selon ce principe, on doit dire *au cas que*, c'est à-dire, *au cas auquel cas*; mais on ne doit point dire *en cas que*, parce qu'alors le mot *cas* est mis sans article qui le détermine. (B.)

(*a*) Rem. nouv. tome I.

288. DE COUR. DE LA COUR.

Ces deux expressions, qui servent à qualifier par un rapport à la Cour, ne doivent pas être confondues ni employées indistinctement.

De Cour est un qualificatif qui se prend en mauvaise part & qui désigne, ce qu'il y a ordinairement de vicieux & de répréhensible dans les cours. *De la Cour* ne qualifie qu'en indiquant une relation essentielle à ce qui environne le Prince.

Un homme *de Cour* est un homme souple & adroit, mais faux & artificieux, qui, pour venir à ses fins, met en usage tout ce qui se pratique dans les cours des Princes contre les regles de la probité & de la droiture. Un homme *de la Cour* est simplement un homme attaché auprès du Prince, ou par sa naissance, ou par son emploi, ou par l'état de sa fortune.

Une femme *de la Cour* y est fixée par sa naissance ou par son état : une femme *de Cour* est une femme d'intrigues, qui n'est pas d'ordinaire une fort honnête personne.

Un Page *de la Cour* est un jeune Gentilhomme attaché en cette qualité au service du Prince ou d'un Grand : mais un Page *de Cour* est un effronté, qui ne respecte aucune bienséance.

On appelle proverbialement eau bénite *de Cour*, les vaines promesses, les caresses trompeuses, & les compliments captieux & imposteurs; & amis *de Cour*, des amis sûr qui l'on ne peut guere compter.

Les mœurs *de la Cour* sont bien différentes de celles des provinces; mais ce n'est souvent qu'à l'extérieur, & il n'est pas rare de trouver des vices *de Cour*, jusqu'aux frontieres les plus reculées. (*Bouhours*, Remarq. nouv. *Tome II. B.*)

289. ÊTRE D'HUMEUR. EN HUMEUR.

Chacune de ces phrases signifie être en disposition : avec cette différence; qu'être *d'humeur* se dit plus ordinairement d'une disposition habituelle qui tient de l'inclination, du tempérament, de la constitution naturelle; & qu'être *en humeur* marque toujours une disposition actuelle & passagere.

Ainsi quand on dit, je ne suis pas d'*humeur* à rebuter les gens qui me demandent quelque chose, il n'est pas d'*humeur* à souffrir une insulte, on entend par-là le tempérament, le naturel, une disposition ordinaire & habituelle : mais quand on dit, je ne suis pas *en humeur* d'écrire, de me promener, de faire des visites, on veut dire seulement qu'on n'est pas disposé à tout cela dans le moment qu'on parle. (*Dictionn. de l'Acad. Bouhours*, Remarq. nouv. *Tome I.*)

290. AIMER MIEUX. AIMER PLUS.

L'idée de comparaison & de préférence qui est commune à ces deux phrases, les fait quelquefois confondre comme entiérement synonymes ; cependant elles ont des différences marquées.

Aimer mieux ne marque qu'une préférence d'option, & ne suppose aucun attachement : *aimer plus*, marque une préférence de choix & de goût, & désigne un attachement plus grand.

De deux objets dont on *aime mieux* l'un que l'autre, on préfere le premier pour rejetter le second : mais de deux objets dont on *aime plus* l'un que l'autre, on n'en rejette aucun ; on est attaché à l'un & à l'autre, mais plus à l'un qu'à l'autre.

Une ame honnête & juste *aimeroit mieux* être déshonorée par les calomnies les plus atroces, que de se déshonorer elle-même par la moindre des injustices ; parce qu'elle *aime plus* la justice que son honneur même. (B.)

291. CREUSER. APPROFONDIR.

L'un & l'autre, dans le sens propre, marquent l'opération par laquelle on parvient à l'intérieur des corps, en écartant les parties extérieures qui y font obstacle : mais *approfondir*, c'est *creuser* plus avant, parce que c'est *creuser* encore pour parvenir à donner plus de profondeur à l'excavation.

Dans le sens figuré, il y a entre ces mots la même analogie & la même différence ; ils marquent tous deux l'opération par laquelle on parvient à découvrir ce qu'il y a dans une matiere de plus abstrus, de plus compliqué, de plus caché : mais *creuser* a plus de rapport au travail, & à la progression lente des découvertes ; *approfondir* tient plus du succès, & désigne mieux le terme du travail.

On doit d'autant moins *creuser* les mysteres de la religion, qu'il est impossible de les *approfondir* ; parce qu'il est à craindre que, piquée de l'inutilité de son examen, la raison par orgueil n'aime mieux les juger faux que de les croire incompréhensibles.

J'ai *creusé* autant que j'ai pu les principes généraux du langage : je ne croirai pas ma peine perdue, quand elle ne serviroit qu'à prouver que l'on doit, & que l'on peut les *approfondir*. (B.)

292. CHANGEMENT. VARIATION. VARIÉTÉ.

Termes qui s'appliquent à tout ce qui altere l'identité, soit absolue, soit relative, ou des êtres ou des états.

Le premier marque le passage d'un état à un autre ; le second, le passage rapide par plusieurs états successifs ; le dernier, l'existence de plusieurs individus d'une même espece sous des états en partie semblables, en partie différents, ou d'un même individu sous plusieurs états différents.

Il ne faut qu'avoir passé d'un seul état à un autre pour avoir *changé* ; c'est la succession rapide sous des états différents qui fait la *variation* : la *variété* n'est point dans les actions, elle est dans les êtres ; elle peut être dans un être considéré solidairement, elle peut être entre plusieurs êtres considérés collectivement.

Il n'y a point d'homme si constant dans ses principes, qu'il n'en ait *changé* quelquefois : il n'y a point de Gouvernement qui n'ait eu ses *variations* : il n'y a point d'espece dans la nature qui n'ait une infinité de *variétés* qui l'approchent ou l'éloignent d'une autre espece par des degrés insensibles. Entre ces êtres, si l'on considere les animaux, quelle que soit l'espece d'animal qu'on prenne, quel que soit l'individu de cette espece qu'on examine, on y remarquera une *variété* prodigieuse dans leurs parties, leurs fonctions, leur organisation, &c. (a) (*Encycl. III, 232.*)

(a) *Voyez* tome I, art. 202 & 203.

293. FAUTE. CRIME. FORFAIT. PÉCHÉ. DÉLIT.

* *Faute, crime & forfait* expriment une mauvaise action relativement au degré de méchanceté : la *faute* est moins grave que le *crime* ; le *crime* moins grave que le *forfait*. Le *crime* est la plus grande des *fautes* ; le *forfait* le plus grand des *crimes*.

Les loix n'ont presque point décerné de peines contre les *fautes* ; elles en ont attaché à chaque *crime* ; elles sont quelquefois dans le cas d'en inventer pour punir les *forfaits*.

Il y a des *fautes* plus ou moins graves, des *crimes* plus ou moins grands, des *forfaits* plus ou moins atroces. (*Encycl. VII, 134.*)

* *Péché* & *délit* expriment une mauvaise action relativement à la différence des loix qui sont violées, & de la personne offensée. Le *péché* offense Dieu, parce que c'est une transgression de la loi divine; le *délit* offense la société, parce que c'est une transgression des loix civiles.

Dieu a accordé à l'Eglise le pouvoir de retenir ou de remettre les *péchés*; & aux puissances de la terre, le droit de juger & de punir les *délits*.

Le *péché* & le *délit*, selon le degré de méchanceté, sont des *fautes*, des *crimes* ou des *forfaits*; & la même mauvaise action peut être un *péché* sous un point de vue, & un *délit* sous un autre (*a*). (B.)

(*a*) *Voyez* tome I, art. 241.

294. GÉNÉRAL. UNIVERSEL.

L'un & l'autre envisagent la totalité; c'est le point de réunion qui les rend synonymes, mais ils ont en françois des caracteres distinctifs qui les différencient.

Le *général*, selon le Dictionnaire de l'Académie, est commun à un très-grand nombre; l'*universel* s'étend à tout. Ainsi l'autorité de cette Compagnie confirme les notions établies par l'Abbé GIRARD (*a*).

Le *général* comprend la totalité en gros; l'*universel* en détail. Le premier n'est point incompatible avec des exceptions particulieres; le second les exclut absolument.

Aussi dit-on qu'il n'y a point de regle si *générale* qui ne souffre quelque exception: & l'on regarde comme un principe *universel*, une maxime dont tous les esprits sans exception reconnois-

(*a*) *Voyez* tome I, art. 267.

sent la vérité, dès qu'elle leur est présentée en termes clairs & précis.

C'est une opinion *générale* que les femmes ne sont pas propres aux sciences & aux lettres : Madame Deshoulieres, Madame Dacier, Madame la Marquise du Châtelet, Madame de Grafigny, chacune dans leur genre, sont une exception d'autant plus honorable pour le sexe, qu'elle prouve la possibilité de bien d'autres. C'est un principe *universel*, que les enfants doivent honorer leurs parents : l'intention du Créateur se manifeste sur cela en tant de manieres, qu'il ne peut y avoir aucun cas de dispense.

Dans les sciences, le *général* est opposé au particulier ; l'*universel* à l'individu.

Ainsi la physique *générale* considere les propriétés communes à tous les corps, & n'envisage les propriétés distinctives d'aucun corps particulier que comme des faits qui confirment les vues *générales* : mais qui n'a étudié que la physique *générale*, ne sait pas, à beaucoup près, la physique *universelle* ; les détails particuliers sont inépuisables.

De même la Grammaire *générale* envisage les principes qui sont ou peuvent être communs à toutes les langues, & ne considere les procédés particuliers des unes ou des autres, que comme des faits qui établissent les vues *générales* : mais l'idée d'une Grammaire *universelle* est une idée chimérique ; nul homme ne peut savoir les principes particuliers de tous les idiômes ; &, quand on les sauroit, comment les réuniroit-on en un corps ?

Un étranger toutefois traite de Grammaire prétendue *générale*, l'ouvrage que je publiai en 1767 sous les auspices de l'Académie françoise (*a*) ; & la raison qu'il en donne dans un coin de Table, sans la prouver nulle part, c'est que, pour faire une Grammaire *générale*, il faudroit savoir toutes les langues. Je réponds que c'est confondre le *général* & l'*universel*: qu'Arnaud & Lancelot sont les Auteurs de la Grammaire *générale* & raisonnée de Port-Royal ; que M. Duclos y a joint sans correctif ses remarques philosophiques ; que M. l'Abbé Fromant y a ajouté de même un bon supplément ; que M. Harris a donné en Anglois des Recherches philosophiques sur la Grammaire *générale* ; que ni les uns ni les autres ne savoient toutes les langues ; que néanmoins le Public a honoré leurs Ecrits de son suffrage ; & que j'aime mieux être l'objet que l'Auteur d'une objection qui tombe également sur des Ecrivains si célebres.

Au reste, mon Ouvrage ayant été honoré des éloges des hommes de lettres les plus distingués, & de plusieurs Académies illustres, je puis le regarder comme jouissant d'une approbation *générale*, quoique d'une part les fautes qui peuvent m'y être échappées, & de l'autre les contradictions de quelques antagonistes, m'interdisent l'espérance d'une approbation *universelle*. (B.)

(*a*) Deux volumes *in-*8°, chez BARBOU, rue des Mathurins.

Fin du Tome second.

TABLE ALPHABÉTIQUE.

DES SYNONYMES

CONTENUS DANS LES DEUX VOLUMES.

Le chiffre romain diftingue le Tome, & le chiffre arabique cote l'Article.

A.

ABAISSEMENT. baffeffe.	II.	1
Abaiffer. baiffer.	I.	286
Abandonnement. abdication. renonciation. démiffion. défiftement.	I.	335
Abandonner. délaiffer.	II.	7
Abhorrer. détefter.	I.	271
Abjection. baffeffe.	I.	287
Abjurer. renoncer. renier.	I.	334
Abolir. abroger.	I.	257
Abominable. déteftable. exécrable.	I.	272
Abondamment. copieufement. bien. beaucoup.	I.	399
Aborder. approcher. avoir accès.	I.	1
Aborder. joindre. accofter.	I.	2
Abrégé. fommaire. épitome.	I.	94
Abrogation. dérogation.	II.	149
Abroger. abolir.	I.	257
Abfolution. pardon. rémiffion.	I.	240
Abforber. engloutir.	I.	380
Abftraction. précifion.	I.	98
Abftrait. diftrait.	I.	99

Abyme. précipice. gouffre.	I. 379
Académicien. Académiste.	I. 10
Accepter. recevoir.	I. 293
Accident. aventure. événement.	I. 215
Accident. désastre. malheur.	I. 216
Accompagner. escorter.	I. 297
Accompli. parfait.	I. 91
Accord. convention. consentement.	II. 52
Accorder. concilier.	I. 139
Accorder. raccommoder. réconcilier.	I. 140
Accoter. appuyer.	I. 39
Accoucher. engendrer. enfanter.	I. 382
Accumuler. Amasser.	I. 17
Accusateur. dénonciateur. délateur.	I. 282
Achat. emplette.	I. 309
Achever. finir. terminer.	I. 88
Accoster. aborder. joindre.	I. 2
A couvert. à l'abri.	I. 338
Acre. âpre.	I. 383
Acrimonie. âcreté.	I. 384
Acteur. Comédien.	I. 10
Action. acte.	I. 5
Actions (bonnes). bonnes œuvres.	II. 68
Adhérent. attaché. annexé.	I. 48
Adhérer. tomber d'accord. consentir. acquiescer.	I. 154
Adhésion. approbation. agrément. consentement. ratification.	II. 53
Admettre. recevoir.	I. 292
Administration. conduite. gouvernement. régie. direction.	I. 129
Adorer. honorer. révérer.	I. 195
Adoucir. mitiger.	I. 260
Adresse. habileté. dextérité.	I. 7
Adresse. souplesse. finesse. ruse. artifice.	I. 6
Adulateur. flatteur.	I. 197
Adverbe. phrase adverbiale.	II. 276

Adversaire. antagoniste. ennemi. I. 283
Affable. honnête. civil. poli. gracieux. I. 13
Affectation. afféterie. I. 225
Affecter. se piquer. I. 226
Affectation, inclination. amitié. amour.
   tendresse. I. 29
Affermer. louer. I. 200
Affermir. assurer. I. 42
Afféterie. affectation. I. 225
Affirmer. confirmer. assurer. I. 43
Affliction. chagrin. peine. II. 20
Affliction désolation. douleur. chagrin.
   tristesse. II. 21
Afflictions. croix. peines. I. 217
Affligé. fâché. attristé contristé. mor-
   tifié. I. 218
Affranchir. délivrer. I. 339
Affreux. horrible. effroyable. épouvantable.
    I. 273
Affront. insulte. outrage. avanie. I. 348
Affublé. vêtu. revêtu. I. 361
Afin. pour. I. 412
Agir. faire. I. 4
Agrandir. augmenter. I. 14
Agréable. délectable. I. 11
Agréable. gracieux. I. 12
Agréger. associer. I. 294
Agrément. consentement. permission. I. 155
Agrément. consentement. ratification. ad-
   héssion. approbation. II. 53
Agréments. graces. I. 54
Aider. assister. secourir. I. 337
Aïeux. peres. ancêtres. I. 306
Aiguiser. allégir. amenuiser. II. 213
Aimable. sociable. II. 42
Aimer. chérir. I. 24
Aimer mieux. aimer plus. II. 301

Aimer de. aimer à (faire).	II. 280
Ainsi. c'est pourquoi.	I. 415
Ainsi que. comme. de même que.	I. 416
Air. manieres.	I. 20
Air. mine. physionomie.	I. 19
Ais. planche.	I. 385
Aise. content. ravi.	I. 181
Aisé. facile.	I. 172
Aises. commodités.	I. 162
Ajouter. augmenter.	I. 15
Ajustement. parure.	I. 386
A l'abri. à couvert.	I. 338
A la rencontre. au-devant (aller).	II. 286
A l'aveugle. aveuglément.	II. 277
Aliments. subsistance. nourriture.	I. 235
Alarme. terreur effroi. frayeur. épouvante. crainte. peur. appréhension.	II. 23
Alarmé. effrayé. épouvanté.	II. 24
Allé (être). avoir été.	I. 316
Allégir. amenuiser. aiguiser.	II. 213
Allégorie. parabole.	I. 164
Alléguer. citer.	I. 315
Aller à la rencontre. aller au-devant.	II. 286
Alliance ligue. confédération.	I. 295
Allures. démarches.	I. 317
Almanach. calendrier.	I. 299
Alonger. prolonger. proroger.	I. 387
Altercation. consternation. débat. dispute.	II. 51
Amant. amoureux.	I. 25
Amant. galant.	I. 26
Amasser. accumuler.	I. 17
Ambassadeur. envoyé. député.	I. 388
Ambiguité. double sens. équivoque.	I. 228
Ame foible. cœur foible. esprit foible.	II. 35
Amenuiser. Aiguiser. allégir.	II. 213
Amitié. amour. tendresse. affection. incli-	

nation. I. 29
Amour. amourette. I. 28
Amour. galanterie. I. 27 II. 40
Amour. tendresse. affection. inclination.
  amitié. I. 29
Amoureux. amant. I. 25
Amphibologique. louche. équivoque. II. 181
Amusement. divertissement. réjouissance.
  récréation. II. 19
An. année. I. 300
Analogie. rapport. I. 389
Ancêtres. aïeux. peres. I. 306
Ancêtres. prédécesseurs. II. 58
Ancien. antique. vieux. I. 305
Anciennement. jadis. autrefois. I. 405
Ane. ignorant. I. 31
Anéantir. détruire. I. 256
Anesse. bourrique. I. 32
Animal. bête. I. 33
Animal. bête. brute. II. 63
Animer. encourager. exciter. I. 120
Année. an. I. 300
Annexé. adhérent. attaché. I. 48
Annuller. infirmer. casser. révoquer. I. 158
Antagoniste. ennemi. adversaire. I. 283
Antipathie. répugnance. haine. aversion.
  I. 269
Antique. vieux. ancien. I. 305
Antre. caverne. grotte. I. 357
Appaiser. calmer. I. 262
Apparence. extérieur. dehors. I. 136
Apparition. vision. I. 135
Appercevoir. voir. I. 134
Applaudissement. louange. I. 198
Application. contention. méditation. II. 85
Appliquer. apposer. I. 290
Apocryphe. supposé. I. 108

Appointements. honoraires. gages. I. 194
Apporter. transporter. emporter. porter. I. 376
Apposer. appliquer. I. 390
Aposter. poster. I. 359
Apothéose. déification. I. 333
Appas. charmes. attraits. I. 55
Appât. leurre. piége. embûche. I. 233
Appeller. évoquer. invoquer. I. 311
Appeller. nommer. I. 310
Appétit. faim. I. 236
Apprivoisé. privé. I. 330
Apre. âcre. I. 383
Apprécier. estimer. priser. I. 391
Appréhender. redouter. avoir peur. craindre. I. 179
Appréhension. alarme. terreur. effroi. frayeur. épouvante. crainte. peur. II. 23
Apprendre. étudier. I. 36
Apprendre. instruire. informer. faire savoir. enseigner. I. 38
Apprendre. s'instruire. I. 37
Approbation. agrément. consentement. ratification. adhésion. II. 53
Approcher. avoir accès. aborder. I. 1
Approfondir. creuser. II. 291
Appui. soutien. support. I. 40
Appuyer. accoter. I. 39
Acquiescer. adhérer. tomber d'accord. consentir. I. 154
Arme. armure. I. 41
Arrogant. suffisant. important. II. 3
Artifice. adresse. souplesse. finesse. ruse. I. 6
Assez. suffisamment. I. 397
Assister. secourir. aider. I. 337
Associé. confrere. collegue. II. 46
Associer. agréger. I. 294

Assuré. certain. sûr.	I. 44
Assurer. affermir.	I. 42
Assurer. affirmer. confirmer.	I. 43
Astronome. astrologue.	I. 46
Astuce. perfidie. finesse. ruse.	II. 251
Attaché. annexé. adhérent.	I. 48
Attaché. Avare. intéressé.	I. 51
Attachement. attache. dévouement.	I. 50
Attacher. lier.	I. 49
Attendre. espérer.	I. 230
Attention. vigilance. exactitude.	I. 53
Attention. circonspection. égards. ménagements.	II. 124
Atténuer. broyer. pulvériser.	II. 214
Attraits. appas. charmes.	I. 55
Attristé. contristé. mortifié. affligé. fâché.	I. 218
Auberge. hôtellerie. cabaret. taverne.	II. 92
Au cas. en cas.	II. 287
Audace. effronterie. hardiesse.	I. 373
Audacieux. hardi. effronté.	II. 6
Au devant. à la rencontre (aller).	II. 286
Augmenter. agrandir.	I. 14
Augmenter. ajouter.	I. 15
Augmenter. croître.	I. 16
Aussi. encore.	I. 418
Austere. sévere. rude.	I. 73
Auteur. écrivain.	II. 267
Autorité. pouvoir. empire.	I. 324
Autorité. pouvoir. puissance.	I. 323
Autrefois. anciennement. jadis.	I. 405
Avanie. affront. insulte. outrage.	I. 348
Avant. devant.	I. 401
Avantage. utilité. profit.	I. 266
Avantageux. orgueilleux. glorieux. fier.	II. 4
Avare. avaricieux.	I. 52

Avare. intéressé. attaché. I. 51
Avenir. futur. I. 302
Aventure. événement. accident. I. 216
Aversion. antipathie. répugnance. haine.
 I. 269
Avertissement. avis. conseil. I. 59
Aveu. confession. I. 58
Aveuglement. à l'aveugle. II. 277
Avidité. convoitise. concupiscence. cupi-
 dité. II. 103
Avis. conseil. avertissement. I. 59
Avis. opinion. sentiment. I. 60
Avoir accès. aborder. approcher. I. 1
Avoir des foiblesses. être foible. II. 34
Avoir échappé. être échappé. II. 255
Avoir envie. envier. I. 105
Avoir envie. souhaiter. desirer. soupirer.
 convoiter. vouloir. I. 104
Avoir été. être allé. I. 316
Avoir nouvelle. avoir des nouvelles. II. 282
Avoir peur. craindre. appréhender. redou-
 ter. I. 179
Avoir. posséder. I. 72

B

Baillement. hiatus. II. 157
Baisser. abaisser. I. 286
Bande. barre. lisiere. II. 191
Bande. Compagnie. troupe. I. 281
Bandis. libertin. vagabond. I. 281
Barre. lisiere. bande. II. 191
Bassesse. abaissement. II. 1
Bassesse. abjection. I. 287
Bataille. combat. I. 75
Battre. frapper. I. 76
Battu. défait. vaincu. II. 227
Béatification. canonisation. II. 60
Béatitude. bonheur. félicité. I. 82

DES SYNONYMES. 315

Beau. joli.	I. 77. II.	61
Beaucoup. abondamment. copieufement. bien.	I.	399
Beaucoup. plufieurs.	I.	398
Bénéfice. gain. profit. lucre. émolument.	I.	265
Benin. doux. humain.	I.	78
Béni. bénit.	II.	59
Befoin. néceffité. pauvreté. indigence. difette.	I.	79
Bête. animal.	I.	33
Bête. brute. animal.	II.	63
Bête. ftupide. idiot.	I.	34
Bien. beaucoup. abondamment. copieufement.	I.	399
Bien. très-fort.	I.	400
Bien (homme de). homme d'honneur. honnête homme.	II.	259
Bienfait. office. fervice.	II.	111
Biffer. effacer. raturer. rayer.	II.	69
Bigarrure. différence. diverfité. variété.	I.	201
Bizarre. capricieux. quinteux. bourru. fantafque.	I.	205
Bon goût. bon fens.	II.	73
Bonheur. chance.	II.	65
Bonheur. félicité. béatitude.	I.	82
Bonheur. félicité. plaifir.	II.	66
Bonheur. profpérité.	I.	81
Bonheur. profpérité. félicité.	II.	67
Bonnes actions. bonnes œuvres.	II.	68
Bon fens. bon goût.	II.	73
Bon fens. jugement. entendement. conception. intelligence. génie. efprit. raifon.	I.	146
Bon fens (homme de). homme de fens.	II.	72

Bornes. termes. limites. I. 83
Bourg. hameau. village. II. 91
Bourgeois. citoyen. habitant. I. 86
Bourrique. ânesse. I. 32
Bourru. fantasque. bizarre. capricieux. quinteux. I. 205
Bout. extrémité. fin. I. 87
Bravoure. courage. II. 222
Bravoure. intrépidité. cœur. courage. valeur. I. 121
Bravoure. valeur. courage. II. 220
Bref. court. succinct. I. 95
Brillant. lustre. éclat. I. 191
Broyer. pulvériser. atténuer. II. 214
Brute. animal. bête. II. 63
But. vues. desseins. I. 100

C.

Cabaret. taverne. auberge. hôtellerie. II. 92
Cacher. dissimuler. déguiser. I. 106
Calendrier. almanach. I. 299
Calme. tranquillité. paix. I. 261
Calmer. appaiser. I. 262
Campagne (maison de). maison des champs. II. 94
Candeur. ingénuité. naïveté. II. 178
Canonisation. béatification. II. 60
Canons. décrets. décisions des conciles. II. 89
Capable. habile. II. 261
Capacité. habileté. I. 8
Capitaine des gardes. capitaine aux gardes. II. 281
Capricieux. quinteux. bourru. fantasque. bizarre. I. 205
Cas. circonstance. occasion. occurrence. conjoncture. I. 303

Cas (au, en.)	II.	287
Casser. révoquer. annuller. infirmer.	I.	258
Caverne. grotte. antre.	I.	357
Célebre. renommé. fameux. illustre.	I.	190
Célébrité. renommée. considération. réputation.	II.	126
Célérité. vîtesse. diligence. promptitude.	II.	219
Censure. critique.	II.	81
Cependant. néanmoins. toutefois. pourtant.	I.	414
Certain. sûr. assuré.	I.	44
Cesser. discontinuer. finir.	I.	89
C'est pourquoi. ainsi.	I.	415
Chagrin. peine. affliction.	II.	20
Chagrin. tristesse. affliction. désolation. douleur.	II.	21
Chagrin. tristesse. mélancolie.	I.	214
Chair. viande.	I.	363
Champs (maison des). maison de campagne.	II.	94
Chance. bonheur.	II.	65
Chancir. moisir.	II.	204
Change. troc. échange. permutation.	I.	206
Changeante. légere. inconstante. volage.	I.	204
Changement. variation.	I.	203
Changement. variation. variété.	II.	292
Chanteur. chantre.	II.	101
Chapelle. chapellenie.	II.	98
Chaque. tout.	II.	273
Charge. fardeau. faix.	I.	109
Charge. office.	II.	110
Charme. enchantement. sort.	I.	56
Charmes. attraits. appas.	I.	55
Chasteté. continence.	II.	102
Château. maison. hôtel. palais.	II.	93
Châtier. punir.	I.	114

Chef. tête.	I. 66
Chemin. route. voie.	I. 318
Chérir. aimer.	I. 24
Chétif. mauvais.	I. 188
Cheval. roffe. courfier.	II. 232
Choifir. élire.	I. 371
Choifir. faire choix.	I. 369
Choifir. opter.	I. 368
Choifir. préférer.	I. 370
Choix. élection.	II. 236
Circonfpection. confidération. égards. ménagements.	I. 115
Circonfpection. égards. ménagements. attentions.	II. 124
Circonftance. conjoncture.	II. 109
Circonftance. occafion. occurrence. conjoncture. cas.	I. 303
Citer. alléguer.	I. 315
Citoyen. habitant. bourgeois.	I. 86
Civil. poli. gracieux. affable. honnête.	I. 13
Civilité. politeffe.	II. 112
Clairvoyant. éclairé.	I. 148
Clairvoyant. inftruit. homme de génie. éclairé.	II. 71
Clameur. cri.	II. 162
Clarté. perfpicuité.	II. 173
Clarté. fplendeur. lueur.	I. 192
Clyftere. lavement. remede.	II. 209
Cœur. courage. valeur. bravoure. intrépidité.	I. 121
Cœur foible. efprit foible. ame foible.	II. 35
Colere. courroux. emportement.	I. 123
Collegue. affocié. confrere.	II. 46
Colloque. dialogue. converfation. entretien.	II. 159
Coloris. couleur.	I. 175. II. 192

Combat. bataille.	I. 75
Comédien. acteur.	II. 10
Commandement. ordre. précepte. injonction. jussion.	I. 125
Comme. de même que. ainsi que.	I. 416
Commentaire. glose.	I. 312
Commerce. trafic. négoce.	I. 308
Commodités. aises.	I. 162
Commun. vulgaire. trivial. ordinaire.	I. 345
Compagnie. troupe. bande.	I. 296
Complaire. plaire.	II. 115
Complet. entier.	I. 92
Compliqué. impliqué.	I. 374
Comprendre. concevoir. entendre.	I. 150
Conception. intelligence. génie. esprit. raison. bon sens. jugement. entendement.	I. 146
Concerner. toucher. regarder.	I. 132
Concevoir. entendre. comprendre.	I. 150
Concilier. accorder.	I. 139
Concis. précis.	I. 95
Concis. précis. succinct.	II. 176
Conclusion. conséquence.	II. 56
Conclusion. conséquent.	II. 57
Concupiscence. cupidité. avidité. convoitise.	II. 103
Condition. état.	I. 142
Condition (de). de qualité.	I. 143
Conduire. guider. mener.	I. 130
Conduite. gouvernement. régie. direction. administration.	I. 129
Confédération. alliance. ligue.	I. 295
Conférer. déférer.	II. 120
Confession. aveu.	I. 58
Confirmer. assurer. affirmer.	I. 43
Confiseur. confiturier.	II. 127
Conformation. façon. figure. forme.	I. 22

Conformité. ressemblance.	II.	14
Confrere. collegue. associé.	II.	46
Conjoncture. cas. circonstance. occasion. occurrence.	I.	303
Conjoncture. circonstance.	II.	109
Connexion. connexité.	II.	55
Conscience. idée. notion. pensée. opération de l'esprit. perception. sensation.	II.	79
Conseil. avertissement. avis.	I.	59
Conseiller d'honneur. conseiller honoraire.	II.	283
Consentement. accord. convention.	II.	52
Consentement. permission. agrément.	I.	155
Consentement. ratification. adhésion. approbation. agrément.	II.	53
Consentir. acquiescer. adhérer. tomber d'accord.	I.	154
Conséquence. conclusion.	II.	56
Conséquent. conclusion.	II.	57
Considération. déférence. respect. égards.	II.	123
Considération. égards. ménagements. circonspection.	I.	115
Considération. réputation.	II.	125
Considération. réputation. célébrité. renommée.	II.	126
Considérations. observations. réflexions. pensées.	II.	80
Consommer. consumer.	II.	215
Constance. fermeté.	II.	130
Constance. fermeté. stabilité.	I.	68
Constant. durable.	I.	69
Constant. ferme. inébranlable. inflexible.	II.	131
Consternation. étonnement. surprise.	I.	231
Consumer. consommer.	II.	215

Conte.

Conte. fable. roman. I. 163
Contenance. maintien. II. 117
Content. ravi. aise. I. 161
Content. satisfait. I. 160
Contentement. joie. satisfaction. plaisir. I. 159
Contentement. satisfaction. II. 140
Contention. méditation. application. II. 85
Contestation. débat. dispute. altercation. II. 51
Continence. chasteté. II. 102
Continu. continuel. I. 166. II. 135
Continuation. continuité. I. 166
Continuation. suite. II. 134
Continuellement. toujours. I. 403
Continuer. persévérer. persister. II. 132
Continuer. poursuivre. II. 133
Continuité. continuation. I. 165
Contraindre. forcer. violenter. I. 167
Contravention. désobéissance. II. 150
Contre. malgré. I. 408
Contre. malgré. nonobstant. I. 409
Contrefaire. imiter. copier. II. 13
Contristé. mortifié. affligé. fâché. attristé. I. 218
Convention. consentement. accord. II. 52
Conversation. entretien. II. 158
Conversation. entretien. colloque. dialogue. II. 159
Conviction. persuasion. II. 241
Convoiter. vouloir. avoir envie. souhaiter. desirer. soupirer. I. 104
Convoitise. concupiscence. cupidité. avidité. II. 103
Copie. modele. I. 173
Copier. contrefaire. imiter. II. 13
Copieusement. bien. beaucoup. abondamment. I. 399

Tome II. P

Coquetterie. galanterie. II. 39
Correction. exactitude. II. 172
Corriger. reprendre. réprimander. I. 173
Cosmogonie. cosmographie. cosmologie.
 II. 186
Couler. rouler. glisser. II. 217
Couleur. coloris. I. 175. II. 192
Coup (tout d'un. tout à). II. 285
Couple. paire. II. 44
Cour (de). de la cour. II. 288
Courage. bravoure. II. 222
Courage. bravoure. valeur. II. 220
Courage. valeur. II. 221
Courage. valeur. bravoure. intrépidité.
 cœur. I. 121
Courir. courre. I. 176
Courroux. emportement. colere. I. 123
Coursier. cheval. rosse. II. 232
Court. succinct. bref. I. 95
Coutume. habitude. I. 344
Coutume. usage. I. 343
Craindre. appréhender. redouter. avoir
 peur. I. 179
Crainte. peur. appréhension. alarme. ter-
 reur. effroi. frayeur. épouvante. II. 23
Crapule. volupté. débauche. II. 105
Crédit. faveur. II. 233
Creuser. approfondir. II. 291
Cri. clameur. II. 162
Crime. péché. délit. forfait. faute.
 I. 241. II. 293
Critique. censure. II. 81
Croître. augmenter. I. 16
Croix. peines. afflictions. I. 217
Croyance. foi. II. 243
Croyez-vous qu'il le fera ? qu'il le fasse ?
 II. 275

DES SYNONYMES. 323

Cupidité. avidité. convoitise. concupiscence. II. 103
Cure. guérison. I. 381

D.

D'AILLEURS. outre cela. de plus. I. 417
Danger. péril. risque. I. 180
Dans. en. I. 407
Dans l'idée. dans la tête. I. 65
Davantage. plus. I. 274
Débat. dispute. altercation. contestation.
 II. 51
Débauche. crapule. volupté. II. 105
De bon gré. de bonne volonté. de bon
 cœur. de bonne grace. I. 103
Debout. droit. I. 221
Débris. décombres. ruines. II. 230
Décadence. ruine. II. 231
Déceler. déclarer. découvrir. manifester.
 révéler. I. 183
Décence. dignité. gravité. II. 235
Décès. trépas. mort. I. 351
Décider. juger. II. 88
Décime. décimes. dîme. II. 144
Décision. résolution. I. 375
Décision des conciles. canons. décrets. II. 89
Déclarer. découvrir. manifester. révéler.
 déceler. I. 183
Décombres. ruines. débris. II. 230
De condition. de qualité. I. 143
De cour. de la cour. II. 288
Découverte. invention. II. 237
Découvrir. manifester. révéler. déceler.
 déclarer. I. 183
Découvrir. trouver. II. 238
Décrets. décisions des conciles. canons. II. 89
Décrier. décréditer. II. 163

P 2

Dédain. fierté. — I. 248
Dedans. intérieur. — I. 137
Défait. vaincu. battu. — II. 227
Défaite. déroute. — II. 228
Défaut. défectuosité. vice. imperfection. faute. — I. 242
Défaut. imperfection. vice. — II. 107
Défaut. ridicule. vice. — II. 108
Défendre. justifier. — II. 246
Défendre. soutenir. protéger. — II. 245
Défendu. prohibé. — II. 153
Déférence. respect. égards. considération. — II. 123
Déférer. conférer. — II. 120
Défiance. méfiance. — II. 244
Dégoûtant. fastidieux. — II. 118
Degré. marche. — II. 99
Degré. montée. escalier. — II. 100
Déguisé. travesti. masqué. — I. 107
Déguisement. travestissement. — II. 12
Déguiser. cacher. dissimuler. — I. 106
Dehors. apparence. extérieur. — I. 136
Déification. apothéose. — I. 333
Délaisser. abandonner. — I. 336
Délateur. accusateur. dénonciateur. — I. 282
Délectable. agréable. — I. 11
Délibérer. opiner. voter. — II. 87
Délicat. délié. — II. 247
Délicat. fin. — I. 250
Délicatesse. finesse. — II. 249
Délicatesse. sagacité. finesse. pénétration. — II. 250
Délicatesse. subtilité d'esprit. — II. 248
Délice. volupté. plaisir. — I. 158
Délié délicat. — II. 257
Délié. fin. subtil. — I. 251
Délié. mince. menu. — I. 252

DES SYNONYMES. 325

Délit. forfait. faute. crime. péché.
          I. 241. II. 293
Délivrer. affranchir.   I. 339
Demander. questionner. interroger. I. 181
Démanteler. détruire. démollir. raser. II. 229
Démarches. allures.   I. 317
Démêlé. différend.   I. 208
De même que. ainsi que. comme. I. 416
Demeure. habitation. maison. séjour.
 domicile.   II. 97
Demeurer. loger.   I. 185
Demeurer. rester.   I. 184
Démission. désistement. abandonnement.
 abdication. renonciation.   I. 335
Démolir. raser. démanteler. détruire. II. 229
Démon. diable.   I. 186
Démonstration d'amitié. témoignage d'a-
 mitié.   II. 41
Dénonciateur. délateur. accusateur. I. 282
De plus. d'ailleurs. outre cela. I. 417
Député. ambassadeur. envoyé. I. 388
De qualité. de condition.   I. 143
Dérogation. abrogation.   II. 149
Déroute. défaite.   II. 228
Désastre. malheur. accident.   I. 116
Déserteur. transfuge.   II. 253
Déshonnête. malhonnête.   II. 258
Desirer. soupirer. convoiter. vouloir.
 avoir envie. souhaiter.   I. 104
Désistement. abandonnement. abdication.
 renonciation. démission.   I. 335
Désobéissance. contravention. II. 150
Désolation. douleur. chagrin. tristesse.
 affliction.   II. 21
Dessein. but. vues.   I. 100
Dessein. projet.   I. 101

P 3

Deſſein. volonté. intention.	I. 102
Deſtin. haſard. fortune. ſort.	I. 57
Déteſtable. exécrable. abominable.	I. 272
Déteſter. abhorrer.	I. 271
De tous côtés. de toutes parts.	I. 419
Détruire. anéantir.	I. 256
Détruire. démolir. raſer. démanteler.	II. 221
Devant. avant.	I. 409
Développer. éclaircir. expliquer.	II. 87
Devin. prophete.	I. 49
Deviſe. emblême.	II. 1
Devoir. obligation.	I. 170
Dévotion. religion. piété.	I. 336
Dévouement. attachement. attache.	I. 50
Dextérité. adreſſe. habileté.	I. 7
D'humeur. en humeur.	II. 289
Diable. démon.	I. 186
Dialecte. patois. jargon. langage. langue. idiome.	II. 169
Dialogue. converſation. entretien. colloque.	II. 159
Diction. ſtyle. élocution.	II. 170
Dictionnaire. vocabulaire. gloſſaire.	II. 168
Diffamant. infamant. diffamatoire.	I. 189
Différence. diverſité. variété. bigarrure.	I. 201
Différence. inégalité. diſparité.	II. 15
Différend. démêlé.	I. 208
Différend. diſpute. querelle.	I. 207
Difficulté. obſtacle. empêchement.	I. 171
Difformité. laideur.	II. 62
Dignité. gravité. décence.	II. 235
Diligence. promptitude. célérité. vîteſſe.	II. 219
Diligent. expéditif. prompt.	I. 177
Dîme. décime. décimes.	II. 144
Dîner (prier de. prier à. inviter à).	II. 122

Direction. administration. conduite. gouvernement. régie. I. 129
Discernement. jugement. I. 147
Disciple. écolier. éleve. II. 43
Discontinuer. finir. cesser. I. 89
Discours. oraison. II. 165
Discours. oraison. harangue. I. 224
Disert. éloquent. II. 175
Disette. besoin. nécessité. pauvreté. indigence. I. 79
Disparité. différence. inégalité. II. 15
Dispute. altercation. contestation. débat. II. 51
Dispute. querelle. différend. I. 207
Dissimuler. déguiser. cacher. I. 106
Distinction. diversité. séparation. II. 16
Distinguer. séparer. I. 209
Distrait. abstrait. I. 99
Diurne. quotidien. journalier. II. 188
Diversité. séparation. distinction. II. 16
Diversité. variété. bigarrure. différence. I. 201
Divertissement. réjouissance. récréation. amusement. II. 19
Diviser. partager. I. 210
Docte. docteur. II. 266
Docte. habile. savant. I. 9
Docte. savant. érudit. II. 265
Doctrine. littérature. érudition. savoir. science. I. 152
Domicile. demeure. habitation. maison. séjour. II. 97
Don. présent. II. 119
Donner. présenter. offrir. I. 212
Double-sens. équivoque. ambiguité. I. 228
Douleur. chagrin. tristesse. affliction. désolation. II. 21

Douleur. mal. I. 213
Doute. irrésolution. incertitude. I. 229
Douteux. incertain. irrésolu. II. 183
Doux. humain. bénin. I. 78
Droit. debout. I. 221
Droit. justice. I. 222
Duper. surprendre. tromper. leurrer. I. 239
Durable. constant. I. 69
Durant. pendant. I. 406
Durée. temps. II. 187

E.

Ebauche. esquisse. II. 137
Ebullition. effervescence. fermentation. II. 201
Ecarter. mettre à l'écart. éloigner. II. 218
Echange. permutation. change. troc. I. 206
Echanger. troquer. permuter. II. 128
Echappé (avoir). être échappé. II. 355
Eclaircir. expliquer. développer. II. 86
Eclairé. clairvoyant. I. 148
Eclairé. clairvoyant. instruit. homme de génie. II. 71
Eclat. brillant. lustre. I. 191
Eclipser. obscurcir. II. 70
Ecolier. éleve. disciple. II. 43
Ecouter. ouir. entendre. I. 151
Ecriteau. épigraphe. inscription. II. 268
Ecrivain. auteur. II. 267
Effacer. raturer. rayer. biffer. II. 69
Effectivement. en effet. II. 278
Effectuer. exécuter. réaliser. II. 139
Effervescence. fermentation. ébullition. II. 201
Effigie. image. figure. portrait. I. 33

Effrayant. épouvantable. effroyable. ter-
   rible.   II. 25
Effrayé. épouvanté. alarmé.   II. 24
Effroi. frayeur. épouvante. crainte. peur.
   appréhension. alarme. terreur.   II. 23
Effronté. audacieux. hardi.   II. 6
Effroyable. épouvantable. affreux. horrible.
                                                   I. 273
Effroyable. terrible. effrayant. épouvan-
   table.   II. 25
Egards. considération. déférence. res-
   pect.   II. 123
Egards. ménagements. attention. circons-
   pection.   II. 124
Egards. ménagements. circonspection.
   considération.   I. 115
Eglise. temple.   I. 332
Elargissement. élargissure.   II. 193
Election. choix.   II. 236
Elégance. éloquence.   I. 223
Eleve. disciple. écolier.   II. 43
Elever. soulever. hausser. exhausser. lever.
                                                   I. 285
Elire. choisir.   I. 371
Elocution. diction. style.   II. 170
Eloge. louange.   II. 82
Eloigner. écarter. mettre à l'écart. II. 218
Eloquence. élégance.   I. 223
Eloquent. disert.   II. 175
Eluder. éviter. fuir.   I. 372
Emblême. devise.   II. 9
Embûche. appât. leurre. piége. I. 233
Emolument. bénéfice. gain. profit. lucre.
                                                   I. 265
Empêchement. difficulté. obstacle. I. 171
Empire. autorité. pouvoir.   I. 324

Empire. regne. I. 325
Empire. royaume. I. 326
Emplette. achat. I. 309
Emporté. violent. I. 124
Emportement. colere. courroux. I. 123
Emporter. porter. apporter. transporter.
    I. 376
Emulation. jalousie. II. 49
En. dans. I. 407
En cas. au cas. II. 287
Enchantement. enchaînure. II. 54
Enchaînement. sort. charme. I. 56
Encore. aussi. I. 418
Encourager. exciter. animer. I. 120
Endroit. place. lieu. I. 289
Endurer. supporter. souffrir. I. 219
En effet. effectivement. II. 278
Energie. force. II. 174
Enfant. puérile. I. 227
Enfanter. accoucher. engendrer. I. 382
Engager. obliger. I. 169
Engloutir. absorber. I. 380
En humeur. d'humeur. II. 289
Enjoué. réjouissant. gai. I. 156
Ennemi. adversaire. antagoniste. I. 283
Enseigner. apprendre. instruire. informer.
    faire savoir. I. 38
Ensemencer. semer. I. 377
Entendement. conception. intelligence.
    génie. esprit. raison. bon sens. juge-
    ment. I. 146
Entendre. comprendre. concevoir. I. 150
Entendre. écouter. ouir. I. 151
Entendre raillerie. entendre la raillerie. II. 84
Entêté. opiniâtre. têtu. obstiné. I. 67
Entêtement. opiniâtreté. fermeté. II. 129

Entier. complet.	I.	92
Entretien. conversation.	II.	158
Entretien. colloque. dialogue. conversation.	II.	159
Envahir. s'emparer. usurper.	I.	367
En vain. vainement. inutilement.	I.	421
Envie. jalousie.	II.	48
Envier. avoir envie.	I.	105
Envier. porter envie.	II.	50
Envoyé. député. ambassadeur.	I.	388
Epais. gros.	I.	253
Epargne. ménage. ménagement.	I.	116
Epigraphes. inscriptions. écriteau.	II.	268
Epitôme. abrégé. sommaire.	II.	94
Epître. lettre.	II.	160
Epouvantable. affreux. horrible. effroyable.	I.	273
Epouvantable. effroyable. terrible. effrayant.	II.	25
Epouvante. crainte. peur. appréhension. alarme. terreur. effroi. frayeur.	II.	23
Epouvanté. alarmé. effrayé.	II.	24
Epreuve. expérience. essai.	I.	243
Equipage. train.	I.	350
Equitable. juste.	II.	90
Equivoque. ambiguité. double sens.	I.	228
Equivoque. amphibologique. louche.	II.	181
Eriger. fonder. établir. instituer.	I.	255
Erudit. docte. savant.	II.	265
Erudition savoir. science. doctrine. littérature.	I.	152
Escalier. dégré. montée.	II.	100
Escorter. accompagner.	I.	297
Espérer. attendre.	I.	230
Esprit foible. ame foible. cœur foible.	II.	35
Esprit. génie.	II.	77

Esprit (opération de l'). perception. senfation. confcience. idée. notion. penfée. II. 79
Esprit (ouvrage de l'). ouvrage d'efprit. II. 78
Esprit (fubtilité d'). délicateffe. II. 248
Esprit. raifon. bon fens. jugement. entendement. conception. intelligence. génie. I. 146
Efquiffe. ébauche. II. 137
Effai. épreuve. expérience. I. 243
Eftimer. prifer. apprécier. I. 391
Etablir. inftituer. ériger. fonder. I. 255
Etat. condition. I. 142
Etat. fituation. I. 141
Etonnement. furprife. confternation. I. 235
Etre allé. avoir été. I. 316
Etre échappé. avoir échappé. II. 253
Etre excellent. exceller. I. 238
Etre. exifter. fubfifter. I. 234
Etre foible. avoir des foibleffes. II. 34
Etudier. apprendre. I. 36
Eveiller. réveiller. I. 237. II. 203
Evénement. accident. I. 215
Eviter. éluder. fuir. I. 372
Evoquer. invoquer. appeller. I. 311
Exactitude. attention. vigilance. I. 53
Exactitude. correction. II. 172
Exceller. être excellent. I. 238
Excepté. hors. hormis. I. 411
Exciter. animer. encourager. I. 120
Excufe. pardon. I. 239
Exécrable. abominable. déteftable. I. 272
Exécuter. réalifer. effectuer. II. 139
Exhauffer. lever. élever. foulever. hauffer. I. 285
Exifter. fubfifter. être. I. 234

Expéditif. prompt. diligent. I. 177
Expérience. essai. épreuve. I. 243
Expliquer. développer. éclaircir. II. 66
Expression. mot. terme. I. 84
Extérieur. dehors. apparence. I. 136
Extravagant. insensé. imbécille. fou. I. 35
Extrémité. fin. bout. I. 87

F.

Fable. roman. conte. I. 163
Fâché. attristé. contristé. mortifié. affligé. I. 218
Facile. aisé. I. 172
Façon. figure. forme. conformation. I. 22
Façons. manieres. I. 21. II. 116
Faction. parti. II. 47
Faculté. pouvoir. puissance. I. 322
Fade. insipide. I. 244
Faim. appétit. I. 336
Fainéantise. paresse. I. 278
Faire. agir. I. 4
Faire aimer de. faire aimer à. II. 280
Faire choix. choisir. I. 369
Faire savoir. enseigner. apprendre. instruire. informer. I. 38
Faire un plan. lever un plan. II. 136
Faix. charge. fardeau. I. 109
Fameux. illustre. célebre. renommé. I. 190
Famille. maison. I. 245
Fanée. flétrie. I. 246
Fantasque. bizarre. capricieux. quinteux. bourru. I. 205
Fardeau. faix. charge. I. 109
Farouche. sauvage. II. 114
Fastidieux. dégoûtant. II. 118
Fat. impertinent. sot. II. 5
Fatal. funeste. I. 247
Fatigué. harassé. las. II. 26

Fatiguer. lasser. II. 284
Faute. crime. péché. délit. forfait.
  I. 241. II. 293
Faute. défaut. défectuosité. vice. imperfection. I. 242
Faveur. crédit. II. 233
Fécond. fertile. II. 195
Félicité. béatitude. bonheur. I. 82
Félicité. bonheur. prospérité. II. 67
Félicité. plaisir. bonheur. II. 66
Ferme. inébranlable. inflexible. constant.
  II. 131
Fermentation. ébullition. effervescence. II. 201
Fermeté. constance. II. 130
Fermeté. entêtement. opiniâtreté. II. 129
Fermeté. stabilité. constance. I. 68
Fertile. fécond. II. 195
Fier. avantageux. orgueilleux. glorieux.
  II. 4
Fierté. dédain. I. 248
Figure. forme. conformation. façon. I. 22
Figure. portrait. effigie. image. I. 23
Filou. voleur. larron. frippon. I. 280
Fin. bout. extrémité. I. 87
Fin. délicat. I. 250
Fin. subtil. délié. I. 251
Finesse. délicatesse. II. 249
Finesse. pénétration. délicatesse. sagacité. II. 250
Finesse. ruse. artifice. adresse. souplesse.
  I. 6
Finesse. ruse. astuce. perfidie. II. 251
Fini. parfait. I. 90
Finir. cesser. discontinuer. I. 89
Finir. terminer. achever. I. 88
Flatteur. adulateur. I. 197
Flétrie. fanée. I. 246

Flots. vagues. ondes. I. 253
Foi. croyance. II. 243
Foible. foiblesse. II. 33
Foible. fragile. II. 32
Foible. inconstant. léger. volage. indifférent. II. 36
Fonder. établir. instituer. ériger. I. 255
Force. énergie. II. 174
Forcer. violenter. contraindre. I. 167
Forfait. faute. crime. péché. délit.
      I. 241. II. 293
Forme. conformation. façon. figure. I. 22
Fort. bien. très. I. 400
Fort. robuste. vigoureux. I. 71
Fortune. sort. destin. hasard. I. 57
Fou. extravagant. insensé. imbécille. I. 35
Fragile. foible. II. 32
Fragile. frêle. II. 31
Franchise. naïveté. ingénuité. sincérité. I. 341
Frapper. battre. I. 76
Frayeur. épouvante. crainte. peur. appréhension. alarme. terreur. effroi. II. 23
Frayeur. terreur. peur. II. 22
Frêle. fragile. II. 31
Fréquemment. souvent. I. 404
Frippon. filou. voleur. larron. I. 280
Fuir. éviter. éluder. I. 372
Funeste. fatal. I. 247
Futur. avenir. I. 302

G.

Gages. appointements. honoraires. I. 194
Gai. enjoué. réjouissant. I. 156
Gai. gaillard. II. 17
Gaieté. joie. I. 157. II. 18
Gain. profit. lucre. émolument. bénéfice.
      I. 265

Galant. amant. I. 26
Galanterie. amour. I. 27. II. 40
Galanterie. coquetterie. II. 39
Galimatias. phébus. II. 180
Garde. gardien. I. 119
Garder. retenir. I. 118
Gardes. (capitaine des. capitaine aux.) II. 281
Gardien. garde. I. 119
Général. universel. I. 267. II. 294
Génie. esprit. II. 77
Génie. esprit. raison. bon sens. jugement. entendement. conception. intelligence. I. 146
Génie. goût. II. 74
Génie. goût. savoir. II. 75
Génie. (homme de), éclairé. clairvoyant. instruit. II. 71
Génie. talent. I. 145. II. 76
Gens. personne. I. 262
Glisser. couler. rouler. II. 217
Gloire. honneur. I. 193
Glorieux. fier. avantageux. orgueilleux. II. 4
Glose. commentaire. I. 312
Glossaire. dictionnaire. vocabulaire. II. 168
Gouffre. abyme. précipice. I. 389
Goût (bon). bon sens. II. 73
Goût. génie. II. 74
Goût. savoir. génie. II. 75
Gouvernement. régie. direction. administration. conduite. I. 129
Graces. agréments. I. 54
Gracieux. affable. honnête. civil. poli. I. 13
Gracieux. agréable. I. 12
Grain. graine. I. 378
Grand homme. héros. II. 224
Grand. vaste. II. 223

Grave. sérieux. II. 234
Grave. sérieux. prude. I. 112
Gravité. décence. dignité. II. 235
Gravité. pesanteur. poids. I. 111
Gros. épais. I. 253
Grossier. rustique. impoli. I. 254
Grotte. antre. caverne. I. 357
Guérison. cure. I. 381
Guider. mener. conduire. I. 130

H.

Habile. capable. II. 261
Habile homme. honnête homme. homme de bien. II. 260
Habile. savant. II. 262
Habile. savant. docte. I. 9
Habileté. capacité. I. 8
Habileté. dextérité. adresse. I. 7
Habillement. habit. vêtement. I. 360
Habitant. bourgeois. citoyen. I. 86
Habitation. maison. séjour. domicile. demeure. I. 344
Habitude. coutume. II. 97
Haine. aversion. antipathie. répugnance. I. 269
Hameau. village. bourg. II. 91
Harangue. discours. oraison. I. 224
Harassé. las. fatigué. II. 26
Hardi. effronté. audacieux. II. 6
Hardiesse. audace. effronterie. I. 373
Hasard. fortune. sort. destin. I. 57
Hausser. exhausser. lever. élever. soulever. I. 285
Haut. hautain. II. 2
Héros. grand homme. II. 224
Hiatus. baillement. II. 157
Homme de bien. habile homme. honnête homme. II. 260

Homme de bien. homme d'honneur. honnête homme.	II. 259
Homme de génie. éclairé. clairvoyant. inftruit.	II. 71
Homme de fens. homme de bon fens.	II. 72
Honnête. civil. poli. gracieux. affable.	I. 13
Honnête homme. homme de bien. habile homme.	II. 260
Honnête homme. homme de bien. homme d'honneur.	II. 259
Honneur. gloire.	I. 193
Honneur. probité. vertu.	II. 257
Honoraires, gages. appointements.	I. 194
Honorer. révérer. adorer.	I. 195
Honte. pudeur.	I. 274
Horrible. effroyable. épouvantable. affreux.	I. 273
Hors. hormis. excepté.	I. 411
Hôtel. palais. château. maifon.	II. 93
Hôtellerie. cabaret. taverne. auberge.	II. 92
Humain. benin. doux.	I. 78
Humeur (d'). en humeur.	II. 289

I.

Ici. là.	I. 395
Idée (dans l'). dans la tête.	I. 65
Idée. notion. penfée. opération de l'efprit. perception. fenfation. confcience.	II. 79
Idée. penfée. imagination.	I. 64
Idiome. dialecte. patois jargon. langage. langue.	II. 169
Idiot. bête. ftupide.	I. 34
Ignorant. âne.	I. 31
Il faut. Il eft néceffaire, on doit.	I. 80
Illuftre. célebre. renommé. fameux.	I. 190
Image. figure. portrait. effigie.	I. 23

Imagination. idée. pensée. I. 64
Imaginer. s'imaginer. II. 239
Imbécille. fou. extravagant. insensé. I. 35
Imiter. copier. contrefaire. II. 13
Imperfection. faute. défaut. défectuosité.
 vice. I. 242
Imperfection. vice. défaut. II. 107
Impertinent. sot. fat. II. 5
Impliqué. compliqué. I. 374
Impoli. grossier. rustique. I. 254
Important. arrogant. suffisant. II. 3
Inaptitude. insuffisance, incapacité. I. 263
Incertain. irrésolu. douteux. II. 183
Incertitude. doute. irrésolution. I. 229
Incertitude. perplexité. irrésolution. II. 185
Inclination. amitié. amour. tendresse. af-
 fection. II. 29
Inclination. penchant. I. 30
Inconcevable. incompréhensible, inintelli-
 gible. II. 282
Inconstant. léger. volage. indifférent, foi-
 ble. II. 36
Inconstante. volage. changeante. légere.
 I. 204
Incroyable, paradoxe. I. 275
Indécis, irrésolu. II. 184
Indifférence. insensibilité. II. 37
Indifférent. foible. inconstant. léger, vo-
 lage. II. 36
Indigence. disette. besoin. nécessité. pau-
 vreté. I. 69
Indolent, mou. I. 276
Indolent. nonchalant. paresseux. négligent.
 I. 277
Industrie. savoir-faire. I. 153
Inébranlable. inflexible. constant. ferme.
 II. 131

Inégalité. disparité. différence.	II. 15
Infamant. diffamatoire. diffamant.	I. 189
Infidele. perfide.	II. 252
Infirmer. casser. révoquer. annuller.	I. 258
Inflexible. constant. ferme. inébranlable.	II. 131
Informer. faire savoir. enseigner. apprendre. instruire.	I. 38
Ingénuité. naïveté. candeur.	II. 178
Ingénuité. sincérité. franchise. naïveté.	I. 341
Inimitié. rancune.	I. 270
Inintelligible. inconcevable. incompréhensible.	II. 182
Injonction. jussion. commandement. ordre. précepte.	I. 125
Injure. tort.	I. 349
Inscription. écriteau. épigraphe.	II. 268
Insensé. imbécille. fou. extravagant.	I. 35
Insensibilité. indifférence.	II. 37
Insinuer. persuader. suggérer.	I. 168
Insipide. fade.	I. 244
Instant. moment.	I. 301
Instituer. ériger. fonder. établir.	I. 255
Instruire. informer. faire savoir. enseigner. apprendre.	I. 38
Instruit. homme de génie. éclairé. clairvoyant.	II. 71
Insuffisance. incapacité. inaptitude.	II. 263
Insulte. outrage. avanie. affront.	I. 348
Intention. dessein. volonté.	I. 102
Intelligence. génie. esprit. raison. bon sens. jugement. entendement. conception.	I. 146
Intéressé. attaché. avare.	I. 51
Intérieur. dedans.	I. 137
Intérieur. interne. intrinseque.	I. 138
Interroger. demander. questionner.	I. 181

Intrépidité. cœur. courage. valeur. bra-
  voure. I. 121
Inutilement. en vain. vainement. I. 421
Inventer. trouver. I. 263
Invention. découverte. II. 237
Inviter à dîner. prier à dîner. prier de dî-
  ner. II. 122
Invoquer. appeller. évoquer. I. 311
Irrésolu. douteux. incertain. II. 183
Irrésolu. indécis. II. 184
Irrésolution. incertitude. doute. I. 229
Irrésolution. incertitude. perplexité. II. 185

J.

Jadis. autrefois. anciennement. I. 405
Jalousie. émulation. II. 49
Jalousie. envie. II. 48
Jargon. langage. langue. idiome dialecte.
  patois. II. 169
Joie. gaieté. I. 157. II. 8
Joie. satisfaction. plaisir. contentement.
  I. 159
Joindre. acoster. aborder. I. 2
Joli. beau. I. 177. II. 61
Jonction. union. I. 3
Jour. journée. II. 189
Journalier. diurne. quotidien. II. 188
Jugement. discernement. I. 147
Jugement. entendement. conception. in-
  telligence. génie. esprit. raison. bon
  sens. I. 146
Juger. décider. II. 88
Jurement. juron. serment. I. 45
Jussion. commandement. ordre. précepte.
  injonction. I. 125
Juste. équitable. II. 90

Justesse. précision. I. 97
Justice. droit. I. 222
Justifier. défendre. II. 246

L.

La. ici. I. 395
Lâche. poltron. I. 279
Laideur. difformité. II. 62
Lamentation. plainte. II. 161
La naïveté. une naïveté. II. 179
Langage. langue. idiome. dialecte. patois.
   jargon. II. 169
Laquais. valet. I. 355
Larron. frippon. filou. voleur. I. 280
Las. fatigué. harassé. II. 26
Lasciveté. luxure. lubricité. II. 104
Lasser. fatiguer. I. 284
Lavement. remede. clystere. II. 209
Le. les. II. 270
Le. tout. II. 272
Léger. volage. indifférent. foible. inconstant. II. 36
Légere. inconstante. volage. changeante. I. 204
Lettre. épître. II. 160
Leurre. piége. embûche. appât. I. 233
Leurrer. duper. surprendre. tromper. I. 232
Lever. élever. soulever. hausser. exhausser. I. 285
Lever un plan. faire un plan. II. 136
Libertin. vagabond. bandit. I. 281
Licite. permis. II. 152
Lier. attacher. I. 49
Lieu. endroit. place. I. 289
Ligue. confédération. alliance. I. 295
Limites. bornes. termes. I. 83
Lisiere. bande. barre. II. 191

Littérature. érudition. savoir. science. doctrine.   I. 152
Loger. demeurer.   I. 184
Logis. logement.   II. 96
Logis. maison.   II. 95
Loisir. oisiveté.   II. 28
L'on. on.   I. 393
Lorsque. quand.   I. 402
Louange. éloge.   II. 82
Louange. applaudissement.   I. 198
Louche. équivoque. amphibologique.   II. 181
Louer. affermer.   I. 200
Louer. vanter.   I. 199
Lourd. pesant.   I. 110. II. 199
Lubricité. lasciveté. luxure.   I. 104
Lucre. émolument. bénéfice. gain. profit.   I. 265
Lueur. clarté. splendeur.   I. 192
Lui-même. soi-même.   II. 269
Lustre. éclat. brillant.   I. 191
Luxure. lubricité. lasciveté.   II. 104

M.

Maintien. contenance.   II. 117
Maison des champs. maison de campagne.   II. 94
Maison. famille.   I. 245
Maison. hôtel. palais. château.   II. 93
Maison. logis.   II. 95
Maison. séjour. domicile. demeure. habitation.   II. 97
Mal. douleur.   I. 213
Mal-adresse. mal-habileté.   II. 264
Mal-content. mécontent.   II. 142
Malgré. contre.   I. 409
Malgré. nonobstant. contre.   I. 408
Malheur. accident. désastre.   I. 216
Malheureux. misérable.   II. 64

Malhonnête. déshonnête. II. 258
Malice. malignité. méchanceté. II. 106
Malin. mauvais. méchant. malicieux. I. 187
Mal-intentionnés. mécontents. II. 141
Mal parler, parler mal. II. 164
Maltraiter, traiter mal. II. 226
Manier. toucher. I. 131
Manieres. air. I. 20
Manieres. façons. I. 21. II. 216
Manifester. révéler. déceler. déclarer. découvrir. I. 183
Marche. degré. II. 99
Masqué. déguisé. travesti. I. 107
Matiere. sujet. I. 298
Mauvais. chétif. I. 188
Mauvais. méchant. malicieux. malin. I. 187
Méchanceté. malice. malignité. II. 106
Mécontent. mal-content. II. 142
Mécontents. mal-intentionnés. II. 141
Méditation. application. contention. II. 85
Méfiance. défiance. II. 244
Mélancolie. chagrin. tristesse. I. 214
Mémoire. souvenir. ressouvenir. réminiscence. II. 242
Ménage. ménagement. épargne. I. 116
Ménagements. attentions. circonspection. égards. II. 124
Ménagements. circonspection. considération. égards. I. 115
Mener. conduire. guider. I. 130
Menu. délié. mince. I. 252
Mettre à l'écart. éloigner. écarter. II. 218
Mettre. poser. placer. I. 290
Mieux. plus (aimer). II. 290
Mince. menu. délié. I. 252
Mine. physionomie. air. I. 19
Misérable.

Misérable. malheureux.	II.	64
Mitiger. adoucir.	I.	260
Modele. copie.	I.	173
Modele. regle.	II.	145
Modestie. retenue.	I.	117
Moisir. chancir.	II.	204
Moment. instant.	I.	301
Monceau. tas.	I.	18
Monde. univers.	I.	307
Mont. montagne.	II.	207
Montée. escalier. degré.	II.	100
Moquerie. raillerie. plaisanterie.	II.	83
Mort. décès. trépas.	I.	315
Mortifié. affligé. fâché. attristé. contristé.	I.	218
Mot. parole.	I.	85
Mot. terme.	II.	166
Mot. terme. expression.	I.	84
Mou. indolent.	I.	276
Moyen. voie.	I.	319

N.

Naïf. naturel.	II.	177
Naïveté. candeur. ingénuité.	II.	178
Naïveté. ingénuité. sincérité. franchise.	I.	341
Naïveté (la). une naïveté.	II.	179
Néanmoins. toutefois. pourtant. cependant.	I.	414
Nécessité. pauvreté. indigence. disette. besoin.	I.	79
Négligent. indolent. nonchalant. paresseux.	I.	277
Négoce. commerce. trafic.	I.	308
Neuf. nouveau. récent.	I.	304
Nommer. appeller.	I.	310
Nonchalant. paresseux. négligent. indolent.	I.	277
Nonobstant. contre. malgré.	I.	409

Tome II. Q

Nos ancêtres. nos aïeux. nos peres. I. 306
Notes. remarques. obfervations. réflexions. I. 313
Notion. penfée. opération de l'efprit.
    perception. fenfation. confcience. II. 79
Nourriture. aliments. fubfiftance. I. 235
Nouveau. récent. neuf. I. 304
Nouvelle (avoir). avoir des nouvelles II. 282
Nue. nuée. nuage. II. 206
Nuit. ténebres. obfcurité. I. 346

O.

OBLIGATION. devoir. I. 170
Obliger. engager. I. 169
Obreptice. fubreptice. II. 154
Obfcurcir. éclipfer. II. 70
Obfcurité. nuit. ténebres. I. 346
Obfervations. réflexions. notes. remar-
    ques. I. 313
Obfervations. réflexions. penfées. confi-
    dérations. II. 80
Obferver. remarquer. I. 314
Obftacle. empêchement. difficulté. I. 171
Obftiné. entêté. opiniâtre. têtu. I. 67
Occafion. occurrence. conjoncture. cas.
    circonftance. I. 303
Œuvres. Ouvrage. I. 394
Œuvres (bonnes). bonnes actions. II. 68
Office. charge. II. 110
Office. fervice. bienfait. II. 111
Offrir. donner. préfenter. I. 212
Oifif. oifeux. II. 29
Oifiveté. loifir. II. 28
On. l'on. I. 393
On doit. il faut. il eft néceffaire. I. 80
Ondes. flots. vagues. I. 353

On ne sauroit. on ne peut. I. 321
Opération de l'esprit. perception. sensa-
 tion. conscience. idée. notion. pensée. II. 79
Opiner. voter. délibérer. II. 87
Opiniâtre. têtu. obstiné. entêté. I. 67
Opiniâtreté. fermeté. entêtement. II. 129
Opinion. pensée. sentiment. I. 62
Opinion. sentiment. avis. I. 60
Opter. choisir. I. 368
Oraison. discours. II. 165
Oraison. harangue. discours. I. 224
Ordinaire. commun. vulgaire. trivial. I. 345
Ordre. précepte. injonction. jussion. com-
 mandement. I. 125
Ordre. regle. I. 126
Orgueil. vanité. présomption. I. 249
Orgueilleux. glorieux. fier. avantageux. II. 4
Oscillation. vibration. II. 198
Ouir. entendre. écouter. I. 151
Outrage. avanie. affront. insulte. I. 348
Outre cela. de plus. d'ailleurs. I. 417
Ouvrage. œuvre. I. 394
Ouvrage de l'esprit. ouvrage d'esprit. II. 78

P.

Paire. couple. II. 44
Paix. calme. tranquillité. I. 261
Palais. château. maison. hôtel. II. 93
Parabole. allégorie. I. 164
Paradoxe. incroyable. I. 275
Pardon. excuse. I. 239
Pardon. rémission. absolution. I. 240
Paresse. fainéantise. I. 278
Paresseux. négligent. indolent. non-

chalant. I. 277
Parfait. accompli. I. 91
Parler mal. mal parler. II. 164
Parole. mot. I. 85
Partager. diviser. I. 210
Parti. faction. II. 47
Partie. part. portion. I. 211
Parure. ajustement. I. 386
Pas. point. I. 396
Passer. se passer. II. 30
Patois. jargon. langage. langue. idiôme. dialecte. II. 169
Pauvreté. indigence. disette. besoin. nécessité. I. 79
Péché. délit. forfait. faute. crime. I. 241 II. 93
Peine. affliction. chagrin. II. 20
Peines. afflictions. croix. I. 217
Penchant. inclination. I. 30
Pendant. durant. I. 406
Pénétrable. perméable. II. 205
Pénétrant. perçant. I. 149
Pénétration. délicatesse. sagacité. finesse. II. 250
Pensée. imagination. idée. I. 64
Pensée. opération de l'esprit. perception. sensation. conscience. idée. notion. II. 79
Pensée. sentiment. opinion. I. 62
Pensées. considérations. observations. réflexions. II. 80
Penser. songer. rêver. I. 63
Perçant. pénétrant. I. 149
Perception. sensation. conscience. idée. notion. pensée. opération de l'esprit. II. 79
Perception. sentiment. sensation. I. 61

Peres. ancêtres. aïeux.	I. 306
Perfide. infidele.	II. 252
Perfidie. finesse. ruse. astuce.	II. 251
Péril. risque. danger.	I. 180
Perméable. pénétrable.	II. 205
Permettre. tolérer. souffrir.	I. 220
Permis. licite.	II. 152
Permission. agrément. consentement.	I. 155
Permutation. change. troc. échange.	I. 206
Permuter. échanger. troquer.	II. 128
Perplexité. irrésolution. incertitude.	II. 185
Persévérer. persister. continuer.	II. 132
Personnage. rôle.	II. 11
Personnes. gens.	II. 268
Perspicuité. clarté.	II. 173
Persuader. suggérer. insinuer.	I. 188
Persuasion. conviction.	II. 241
Pesant. lourd.	I. 110. II. 199
Pesanteur. poids. gravité.	I. 111
Peur. appréhension. alarme. terreur. effroi. frayeur. épouvante. crainte.	II. 23
Peur. frayeur. terreur.	II. 22
Peur (avoir). craindre. appréhender. redouter.	I. 179
Phébus. galimatias.	II. 180
Phrase adverbiale. adverbe.	II. 176
Physionomie. air. mine.	I. 19
Piége. embûche. appât. leurre.	I. 233
Piété. dévotion. religion.	I. 331
Place. lieu. endroit.	II. 189
Placer. mettre. poser.	I. 290
Plain. uni.	I. 364
Plaindre. regretter.	I. 327
Plainte. lamentation.	II. 161
Plaire. complaire.	II. 115
Plaisanterie. moquerie. raillerie.	II. 83
Plaisir. bonheur. félicité.	II. 66

Plaisir. contentement. joie. satisfaction.
 I. 159
Plaisir. délice. volupté. I. 158
Plan (lever un). faire un plan. I. 136
Planche. ais. I. 385
Plein. rempli. I. 93
Plus. davantage. II. 274
Plus. mieux (aimer). I. 290
Plusieurs. beaucoup. I. 398
Poids. gravité. pesanteur. I. 111
Point. pas. I. 396
Poison. venin. II. 211
Poli. gracieux. affable. honnête. civil.
 I. 13
Poli. policé. II. 113
Politesse. civilité. II. 112
Poltron. lâche. I. 279
Porter. apporter. transporter. emporter.
 I. 376
Porter envie. envier. II. 50
Portion. partie. part. I. 211
Portrait. effigie. image. figure. I. 23
Poser. placer. mettre. I. 290
Posséder. avoir. I. 72
Poster. aposter. I. 359
Pour. afin. I. 412
Pour. quant. I. 413
Poursuivre. continuer. II. 133
Pourtant. cependant. néanmoins. toute-
 fois. I. 414
Pouvoir. empire. autorité. I. 324
Pouvoir. puissance. autorité. I. 323
Pouvoir. puissance. faculté. I. 322
Précepte. injonction. jussion. commande-
 ment. ordre. I. 125
Précipice. gouffre. abyme. I. 379
Précis. concis. I. 96

Précis. succinct. concis.	I.	176
Précision. abstraction.	I.	98
Précision. justesse.	I.	97
Prédécesseurs. ancêtres.	II.	58
Prédication. sermon.	I.	328
Préférer. choisir.	I.	370
Premier. primitif.	II.	194
Préoccupation. prévention. préjugé.	II.	240
Prérogative. privilége.	I.	329
Présent. don.	II.	119
Présenter. offrir. donner.	I.	212
Présomption. orgueil. vanité.	II.	249
Prier. supplier.	II.	121
Prier de dîner. prier à dîner. inviter à dîner.	II.	122
Primitif. premier.	II.	194
Priser. apprécier. estimer.	I.	391
Privé. apprivoisé.	I.	330
Privilége. prérogative.	I.	329
Prix. valeur.	I.	122
Probité. vertu. honneur.	II.	257
Profit. avantage. utilité.	I.	266
Profit. lucre. émolument. bénéfice. gain.	I.	265
Prohibé. défendu.	II	153
Projet. dessein.	I.	101
Prolonger. proroger. allonger.	I.	387
Prompt. diligent. expéditif.	I.	177
Promptement. vîte. tôt.	I.	420
Promptitude. célérité. vîtesse. diligence.	II.	279
Promptitude. vivacité.	I.	178
Prophete. devin.	I.	47
Propres termes. termes propres.	II.	167
Prospérité. bonheur.	I.	81
Prospérité. félicité. bonheur.	II.	67
Protéger. défendre. soutenir.	II.	245

Prude. grave. sérieux. — I. 112
Prudence. sagesse. — I. 113
Pudeur. honte. — I. 274
Puérile. enfant. — I. 227
Puissance. autorité. pouvoir. — I. 323
Puissance. faculté. pouvoir. — I. 322
Pulvériser. atténuer. broyer. — II. 214
Punir. châtier. — I. 114

Q.

Qualité (de). de condition. — I. 143
Qualité. talent. — I. 144
Quand. lorsque. — I. 402
Quant. pour. — I. 413
Querelle. différent. dispute. — I. 207
Questionner. interroger. demander. — I. 181
Quinteux. bourru. fantasque. bizarre. capricieux. — I. 205
Quotidien. journalier. diurne. — II. 188

R.

Raccommoder. réconcilier. accorder. — I. 140
Raillerie. plaisanterie. moquerie. — II. 83
Raison. bon sens. jugement. entendement. conception. intelligence. génie. esprit. — I. 146
Rancune. inimitié. — I. 270
Rangé. réglé. — I. 128
Rapport. analogie. — I. 389
Rapport à. rapport avec. — II. 279
Raser. démanteler. détruire. démolir. — II. 229
Ratification. adhésion. approbation. agrément. consentement. — II. 229
Raturer. rayer. biffer. effacer. — II. 69
Ravi. aise. content. — I. 161
Réaliser. effectuer. exécuter. — II. 139
Récent. neuf. nouveau. — I. 304

Recevoir. accepter. I. 293
Recevoir. admettre. I. 292
Réconcilier. accorder. raccommoder. I. 140
Récréation. amusement. divertissement.
   réjouissance. II. 19
Redouter. avoir peur. craindre. appré-
   hender. I. 179
Réflexions. notes. remarques. observations.
   I. 313
Réflexions. pensées. considérations. obser-
   vations. II. 80
Réformation. réforme. I. 259. II. 155
Regarder. concerner. toucher. I. 132
Regarder. voir. I. 133
Régénération. renaissance. II. 197
Regle. direction. administration. conduite.
   gouvernement. I. 129
Regle. modele. II. 145
Regle. ordre. I. 126
Regle. réglement. I. 127
Réglé. rangé. I. 128
Réglé. régulier. II. 146
Réglement. régulièrement. II. 147
Regne. empire. I. 325
Regretter. plaindre. I. 327
Réjouissance. récréation. amusement. di-
   vertissement. II. 19
Réjouissant. gai. enjoué. I. 156
Relâche. relâchement. I. 392. II. 148
Relevé. sublime. I. 288
Religion. piété. dévotion. I. 331
Remarquer. observer. I. 314
Remarques. observations. réflexions. notes.
   I. 313
Remede. clystere. lavement. II. 209
Remettre. restituer. rendre. I. 291
Réminiscence. mémoire. souvenir. res-

souvenir. II. 242
Rémission. absolution. pardon. I. 240
Rempli. plein. I. 93
Renaissance. régénération. II. 197
Rencontrer. trouver. I. 264
Rendre. remettre. restituer. I. 291
Renier. abjurer. renoncer. I. 334
Renommé. fameux. illustre. célèbre. I. 190
Renommée. considération. réputation. célébrité. II. 126
Renoncer. renier. abjurer. I. 334
Renonciation. démission. désistement. abandonnement. abdication. I. 335
Renonciation. renoncement. II. 8
Répandre. verser. II. 216
Réponse. replique. répartie. I. 182
Reprendre. réprimander. corriger. I. 174
Répugnance. haine. aversion. antipathie. I. 269
Réputation. célébrité. renommée. considération. II. 126
Réputation. considération. II. 125
Résolution. décision. I. 375
Respect. égards. considération. déférence. II. 123
Respect. vénération. I. 196
Ressemblance. conformité. II. 14
Ressouvenir. réminiscence. mémoire. souvenir. II. 242
Rester. demeurer. I. 185
Restituer. rendre. remettre. I. 291
Retenir. garder. I. 118
Retenue. modestie. I. 117
Retourner. revenir. I. 320
Réveiller. éveiller. I. 237 II. 203
Révéler. déceler. déclarer. découvrir. manifester. I. 183
Revenir. retourner. I. 320
Révérer. adorer. honorer. I. 195

Rêver. penser. songer.	I. 63
Revêtu. affublé. vêtu.	I. 361
Révoquer. annuller. infirmer. casser.	I. 258
Ridicule. vice. défaut.	II. 108
Rigueur. sévérité.	I. 74
Risque. danger. péril.	I. 180
Robuste. vigoureux. fort.	I. 71
Rôle. personnage.	II. 11
Roman. conte. fable.	I. 163
Rosse. coursier. cheval.	II. 232
Rouler. glisser. couler.	II. 217
Route. voie. chemin.	I. 318
Royaume. empire.	I. 326
Rude. austere. severe.	I. 73
Ruine. décadence.	II. 231
Ruines. débris. décombres.	II. 230
Ruse. artifice. adresse. souplesse. finesse.	I. 6
Ruse. astuce. perfidie. finesse.	II. 251
Rustique. impoli. grossier.	I. 254

S.

Sagacité. finesse. pénétration. délicatesse.	II. 250
Sagesse. prudence.	I. 113
Sagesse. vertu.	II. 256
Sain. salubre. salutaire.	II. 210
Satisfaction. contentement.	II. 140
Satisfaction. plaisir. contentement. joie.	I. 159
Satisfait. content.	I. 160
Sauvage. farouche.	II. 114
Savant. docte. habile.	I. 9
Savant. érudit. docte.	II. 265
Savant. habile.	II. 262
Savoir. génie. goût.	II. 75
Savoir. science. doctrine. littérature. érudition.	I. 152

Savoir-faire. induſtrie. I. 153
S'échapper. s'enfuir. s'évader. II. 254
Secourir. aider. aſſiſter. I. 337
Se démettre. abdiquer. II. 7
Séjour. domicile. demeure. habitation.
    maiſon. II. 97
Selon. ſuivant. I. 410
Semer. enſemencer. I. 377
S'emparer. uſurper. envahir. I. 367
S'enfuir. s'évader. s'échapper. II. 254
Sens (bon). bon goût. II. 73
Sens (double). équivoque. ambiguité. I. 228
Sens (homme de). homme de bon ſens. II. 72
Senſation. conſcience. idée. notion. penſée.
    opération de l'eſprit. perception. II. 79
Senſation. perception. ſentiment. I. 61
Senſible. tendre. II. 38
Sentiment. avis. opinion. I. 60
Sentiment. opinion. penſée. I. 62
Sentiment. ſenſation. perception. I. 61
Sentinelle. vedette. I. 358
Séparation. diſtinction. diverſité. II. 16
Séparer. diſtinguer. I. 209
Se paſſer. paſſer. II. 30
Se piquer. affecter. I. 226
Sérieux. grave. II. 234
Sérieux. prude. grave. I. 412
Serment. jurement. juron. I. 45
Serment. vœu. II. 138
Sermon. prédication. I. 328
Service. bienfait. office. II. 111
Seul. unique. I. 365
S'évader. s'échapper. s'enfuir. II. 254
Sévere. rude. auſtere. I. 73
Sévérité. rigueur. I. 74
Signe. ſignal. I. 340
S'imaginer. imaginer. II. 239

DES SYNONYMES. 357

Sincérité. franchise. naïveté. ingénuité.	I. 341
S'instruire. apprendre.	I. 37
Situation. état.	I. 141
Sociable. aimable.	II. 42
Soi-même. lui-même.	II. 269
Solidité. solide.	I. 70
Sommaire. épitôme. abrégé.	I. 94
Somme. sommeil.	II. 202
Son de voix. ton de voix.	II. 156
Songer. rêver. penser.	I. 63
Sort. charme. enchantement.	I. 56
Sort. destin. hasard. fortune.	I. 57
Sot. fat. impertinent.	II. 5
Souffrir. endurer. supporter.	I. 219
Souffrir. permettre. tolérer.	I. 220
Souhaiter. soupirer. désirer. convoiter. vouloir. avoir envie.	I. 104
Soulever. hausser. exhausser. lever. élever.	I. 285
Souplesse. finesse. ruse. artifice. adresse.	I. 6
Soutenir. protéger. défendre.	II. 245
Soutien. support. appui.	I. 40
Souvenir. ressouvenir. réminiscence. mémoire.	II. 242
Souvent. fréquemment.	I. 404
Splendeur. lueur. clarté.	I. 192
Stabilité. constance. fermeté.	I. 68
Stoïcien. stoïque.	II. 223
Stupide. idiot. bête.	I. 34
Style. élocution. diction.	II. 170
Sublime. relevé.	I. 288
Subreptice. obreptice.	II. 154
Subsistance. nourriture. aliments.	I. 235
Subsistance. substance.	II. 196
Subsister. être. exister.	I. 234
Subtil. délié. fin.	I. 251
Subtilité d'esprit. délicatesse.	II. 248
Succinct. bref. court.	I. 95

Succinct. concis. précis. II. 176
Suffisamment. assez. I. 397
Suffisant. important. arrogant. II. 3
Suggérer. insinuer. persuader. I. 168
Suite. continuation. II. 134
Suivant. selon. I. 410
Sujet. matiere. I. 298
Superficie. surface. II. 190
Supplier. prier. II. 121
Support. appui. soutien. I. 40
Supporter. souffrir. endurer. I. 219
Supposé. apocryphe. I. 108
Sûr. assuré. certain. I. 44
Surface. superficie. II. 190
Surmonter. vaincre. I. 354
Surprendre. tromper. leurrer. duper. I. 232
Surprise. consternation. étonnement. I. 231

T.

Talent. génie. II. 76. I. 145
Talent. qualité. I. 144
Tas. monceau. I. 18
Taux. taxe. taxations. II. 143
Taverne. auberge. hôtellerie. cabaret. II. 92
Témoignage d'amitié. démonstration d'a-
    mitié. II. 41
Temple. église. I. 332
Temps. durée. II. 187
Tendre. sensible. II. 38
Tendresse. affection. inclination. amitié.
    amour. I. 29
Ténebres. obscurité. nuit. I. 346
Terme. expression. mot. I. 84
Terme. mot. II. 166
Termes. limites. bornes. I. 83
Termes propres. propres termes. II. 167
Terminer. achever. finir. I. 88

Terreur. effroi. frayeur. épouvante. crainte. peur. appréhenfion. alarme. II. 23
Terreur. peur. frayeur. II. 22
Terrible. effrayant. épouvantable. effroyable. II. 25
Tête. chef. I. 66
Tête (dans la). dans l'idée. I. 65
Têtu. obftiné. entêté. opiniâtre. I. 67
Tolérer. fouffrir. permettre. I. 220
Tomber d'accord. confentir. acquiefcer. adhérer. I. 154
Tomber par terre. tomber à terre. II. 284
Tome. volume. I. 366
Ton de voix. fon de voix. II. 156
Tort. injure. I. 347
Tôt. promptement. vîte. I. 420
Toucher. manier. I. 131
Toucher. regarder. concerner. I. 132
Toujours. continuellement. I. 403
Tout. chaque. II. 273
Tout-d'un-coup. tout-à-coup. II. 285
Tout. le. II. 272
Tout. tout le. tous les. II. 271
Toutefois. pourtant. cependant. néanmoins. I. 414
Traces. veftiges. I. 362
Traduction. verfion. I. 349. II. 171
Trafic. négoce. commerce. I. 308
Train. équipage. I. 350
Traiter mal. maltraiter. II. 226
Tranquillité. paix. calme. I. 261
Transfuge. déferteur. II. 253
Transport. tranflation. transporter. transférer. II. 200
Transporter. emporter. porter. apporter. I. 376
Travefti. mafqué. déguifé. I. 107

Travestissement. déguisement. — II. 12
Trépas. mort. décès. — I. 351
Très. fort. bien. — I. 400
Tristesse. affliction. désolation. douleur. chagrin. — II. 21
Tristesse. mélancolie. chagrin. — I. 214
Trivial. ordinaire. commun. vulgaire. — I. 345
Troc. échange. permutation. change. — I. 206
Tromper. leurrer. duper. surprendre. — I. 232
Troquer. permuter. échanger. — II. 128
Troupe. bande. compagnie. — I. 296
Trouver. découvrir. — II. 238
Trouver. inventer. — I. 263
Trouver. rencontrer. — I. 264
Tumulte. vacarme. — I. 352
Tuyau. tube. — II. 208

U.

Une naïveté. la naïveté. — II. 179
Uni. plain. — I. 364
Union. jonction. — I. 3
Unique. seul. — I. 365
Univers. monde. — I. 307
Universel. général. — I. 267. II. 294
Usage. coutume. — I. 343
Usurper. envahir. s'emparer. — I. 367
Utilité. profit. avantage. — I. 266

V.

Vacances. vacations. — II. 27
Vacarme. tumulte. — I. 352
Vagabond. bandit. libertin. — I. 281
Vagues. ondes. flots. — I. 253
Vaincre. surmonter. — I. 354
Vaincu. battu. défait. — II. 227
Vainement. inutilement. en vain. — I. 421
Valet. laquais. — I. 359

DES SYNONYMES. 361

Valeur. bravoure. intrépidité. cœur. courage.	I. 121
Valeur. courage.	II. 221
Valeur. courage. bravoure.	II. 220
Valeur. prix.	I. 122
Vallée. vallon.	I. 356
Vanité. présomption. orgueil.	I. 249
Vanter. louer.	I. 199
Variété. bigarrure. différence. diversité.	I. 201
Variation. changement.	I. 203
Variation. variété.	I. 202
Variation. variété. changement.	II. 292
Vaste. grand.	II. 225
Vedette. sentinelle.	I. 358
Vénération. respect.	I. 196
Venimeux. vénéneux.	II. 212
Venin. poison.	II. 211
Véritable. vrai.	I. 342
Verser. répandre.	II. 216
Version. traduction.	I. 349. II. 171
Vertu. honneur. probité.	II. 257
Vertu. sagesse.	II. 256
Vestiges. traces.	I. 362
Vêtement. habillement. habit.	I. 360
Vêtu. revêtu. affublé.	I. 361
Veuvage. viduité.	II. 45
Viande. chair.	I. 363
Vibration. oscillation.	II. 198
Vice. défaut. imperfection.	II. 107
Vice. défaut. ridicule.	II. 108
Vice. imperfection. faute. défaut. défectuosité.	I. 242
Viduité. veuvage.	II. 45
Vieux. ancien. antique.	I. 305
Vigilance. exactitude. attention.	I. 53
Vigoureux. fort. robuste.	I. 71
Village. bourg. hameau.	II. 91
Viol. violement. violation.	II. 151

Violent. emporté. I. 124
Violenter. contraindre. forcer. I. 167
Vision. apparition. I. 135
Vîte. tôt. promptement. I. 420
Vîtesse. diligence. promptitude. célérité. II. 219
Vivacité. promptitude. I. 178
Vocabulaire. glossaire. dictionnaire. II. 168
Vœu. serment. II. 138
Voie. chemin. route. I. 318
Voie. moyen. I. 319
Voir. appercevoir. I. 134
Voir. regarder. I. 133
Voix (son de). ton de voix. II. 156
Volage. changeante. légere. inconstante. I. 204
Volage. indifférent. foible. inconstant. léger. II. 36
Voleur. larron. frippon. filou. I. 280
Volonté. intention. dessein. I. 102
Volume. tome. I. 366
Volupté. débauche. crapule. II. 105
Volupté. plaisir. délice. I. 158
Voter. délibérer. opiner. II. 87
Vouloir. avoir envie. souhaiter. desirer. soupirer. convoiter. I. 104
Vrai. véritable. I. 342
Vues. dessein. but. I. 100
Vulgaire. trivial. ordinaire. commun. I. 345

Fin de la Table des Synonymes.

REMARQUES
SUR
LA LANGUE
FRANÇOISE,
Par M. l'Abbé d'Olivet.

A ROUEN,

Chez la Veuve de Pierre Dumesnil, rue de la Chaîne.

M. DCC. LXXXVI.

A MESSIEURS
DE
L'ACADEMIE
FRANÇOISE.

JE me crois, MESSIEURS, dans une de nos assemblées ordinaires, où rien de ce qu'on appelle cérémonie, n'est connu. Ainsi ne craignez pas de moi le ton d'épître dédicatoire. Je ne veux que vous rendre compte de trois opuscules, qu'on réunit dans ce volume, parce qu'ils tendent à un même but, qui est le principal objet de l'Académie.

I. On y trouve d'abord ma *Prosodie Françoise*. Vous n'avez pas oublié que nous avons eu parmi nous un très-bel esprit, dont les talents réels, & dans plus d'un genre, brilloient avec tout l'éclat nécessaire pour lui attirer une foule de partisans. Qui croiroit qu'il eût pu se persuader, & le persuader à d'autres, que l'harmonie dans le discours n'étoit qu'une chimere ? Homme aimable, & du commerce le plus doux, il se laissoit contredire tant que nous voulions. Mais enfin, après la mort de M. de la Motte, nous crûmes voir que sa doctrine faisoit du progrès. On crut, dis-je, le voir dans les pieces envoyées l'année suivante à l'Académie pour disputer le prix : ensorte que tous ceux qui en furent les juges, conclurent qu'il étoit temps, & plus que temps, de réveiller le souvenir de la prosodie & de l'harmonie. J'entrai volontiers dans leurs vues, & je publiai mes réflexions sur ce sujet, mais sans laisser entrevoir à quelle occasion j'avois pris la plume.

II. Quand nous eûmes fini la révision de notre Dictionnaire, pour donner l'édition qui parut en 1740, il fut résolu que nous travaillerions en commun à une espece de code grammatical, où se trouveroient les notions & les principes qu'un Dictionnaire ne peut débrouiller ni répéter à chaque mot.

Tout cela étoit bien au long dans la Grammaire de M. l'Abbé Régnier, & il nous auroit suffi de l'abréger, si ce savant Auteur ne suivoit pas d'un peu trop près les traces de nos vieux Grammairiens, dont les plus anciens écrivoient sous François I. On diroit qu'alors ils songeoient moins à enseigner leur art, qu'à le rendre difficile. Pourquoi calquer leurs Grammaires sur les Grecques & les Latines, qui ont si peu de rapport avec le François ? Pourquoi tant de termes adaptés de gré ou de force à une Langue vivante, dont le génie est si différent ? Car, quoique d'habiles critiques aient jugé que notre phrase approchoit fort de la Grecque, & quoiqu'en effet cela soit ainsi par comparaison à la phrase Latine, dont nous nous écartons presque en tout, il faut pourtant convenir, si l'on veut être de bonne foi, que cette prétendue conformité du François avec le Grec ne s'étend pas loin.

PRÉFACE.

Mais, dira-t-on, le François étant visiblement tiré du latin, comment le génie de ces deux langues n'est-il donc pas le même ? Distinguons, Messieurs, entre le fond & le génie d'une langue. Par le fond, j'entends tous les mots qui la composent. Par le génie, j'entends les tours qu'elle m'oblige de prendre pour être intelligible, correct, élégant. Or, il n'est pas douteux que le fond de notre François ne vienne principalement du Latin, puisque le Latin lui seul nous a fourni une plus grande quantité de mots que toutes les autres langues ensemble. Mais pour le génie, cela ne prouve rien. De fréquents gallicismes déshonorent les vers latins de l'éloquent *Balzac*; & de fréquents latinismes sont des taches dans la prose Françoise du docte *Huet*. Regardons le Latin comme un superbe édifice détruit par le temps, mais dont les pierres, artistement retaillées, & autrement placées, ont servi à construire un nouvel édifice, qui, pour n'être pas sur le même plan, n'en est pas moins commode, ni moins régulier, ni moins beau.

Quoi qu'il en soit, l'Académie considérant que tout le jeu de notre langue, si j'ose ainsi parler, se renferme dans trois sortes de mots, les uns qui se déclinent, d'autres qui se conjuguent, & d'autres enfin qui ne se déclinent ni ne se conjuguent, ces trois objets furent partagés entre les trois Académiciens que l'on supposoit avoir le plus de loisir ou le plus de bonne volonté. Mais ce projet, que devint-il ? Ceux qui connoissent les Compagnies, & surtout une Compagnie aussi libre que la nôtre, ne feront pas cette question. Je dirai seulement que M. l'Abbé Gédoyn, qui s'étoit chargé du *verbe*, nous renvoyoit toujours de mois en mois, n'ayant pu encore, nous difoit-il, parvenir à fe contenter lui-même. Pour M. l'Abbé Rothelin, chargé des *Particules*, je fuis certain qu'il y travailloit férieufement, & que fes recherches, qui devoient embraffer nos gallicifmes, étoient fort avancées, lorfqu'une maladie lente & douloureufe nous l'enleva. Quant au dernier, il paya fon tribut, & donna les *Effais de Grammaire*, qu'on vous remet ici fous les yeux.

III. Vous aviez fait, Meffieurs, des Remarques fur l'*Athalie* de Racine, & votre exemple m'infpira le courage d'aller plus avant. Oui, le courage ; car nous ne diffimulons pas à nous-mêmes qu'il en faut pour braver l'opinion prefque générale, qui n'attache qu'une idée de petiteffe à ce genre d'étude. Mais l'envie de vous plaire donne des forces. J'allois effayer fur Defpréaux ce que j'avois fait fur Racine, lorfque M. le Cardinal de Fleury me propofa une occupation qui étoit bien plus de mon goût. On defira, pour l'éducation de M. le Dauphin, une édition complete de Cicéron, le texte revu avec foin, & un choix des notes éparfes dans les vaftes commentaires qui ont été multipliés depuis trois fiecles. Je m'y engageai, fans me douter que ce magafin de notes, tout immenfe qu'il eft, dût me laiffer encore des vuides à remplir. J'avois, dans ma jeuneffe, traduit quelques ouvrages de Cicéron ; & j'entrepris de le commenter dans un âge plus mûr. Ainfi les plus agréables & les plus utiles moments de ma vie, je les ai paffés avec vous, Meffieurs, ou avec le plus éloquent des Orateurs, le plus fage des Philofophes. *Adolefcentiam aluit, fenectutem oblectat.*

Voilà du Latin que j'emprunte de lui, & qui fera caufe que je reviendrai fur mes pas.
Tout

Tout à l'heure, je soutenois que la langue françoise a son génie particulier, & qu'il seroit aussi dangereux qu'inutile de le chercher ailleurs. Mais, si l'on alloit tirer delà quelque conséquence contre les langues savantes, une si folle erreur auroit bientôt entraîné la ruine des beaux arts. Veut-on savoir là-dessus le sentiment de l'Académie ? Qu'on ouvre le recueil intitulé : *Poëtarum ex Academiâ Gallicâ, qui latinè aut græcè scripserunt, Carmina.* Je m'en avouerois l'Editeur, si je n'avois pas eu la témérité d'y mettre aussi quelque chose du mien. A cela près, on y verra que l'Académie, toujours émule de la belle antiquité, comptoit parmi ceux de ses membres qui ont existé sous le regne de Louis XV, jusqu'à cinq ou six imitateurs de Virgile & d'Horace, sans même y comprendre le Cardinal de Polignac, dont l'Anti-Lucrece s'attirera les regards de nos derniers neveux.

Que me reste-t-il, Messieurs qu'à vous représenter que ce qui s'écrit sur notre langue, ne peut mériter la confiance du public, à moins que votre tribunal ne l'ait confirmé. Aussi ce volume n'est-il qu'un simple canevas, qui attend vos bons offices. Vous me voyez depuis plus de quarante ans la même assiduité, la même ardeur à partager vos travaux, puis-je me flatter qu'un jour l'examen de ces remarques vous dérobera quelques instants ? Ajoutez, retranchez, corrigez. Je prévois que vous aurez souvent à dire, *il s'est trompé.* Mais dites quelquefois, je vous en supplie : *il nous aimoit, il nous respectoit.*

30 Mars 1767.

Tome II.

*Da veniam Scriptis, quorum non gloria nobis
Causa, sed utilitas officiumque, fuit.*

OVIDIUS, ex Ponto, I.I, 9.

PROSODIE
FRANÇOISE.

JE réduis ce Traité à cinq articles, dont le premier sera employé à éclaircir des questions préliminaires. Dans le second, je parlerai des accents. Dans le troisieme, de l'aspiration. Dans le quatrieme, de la quantité. Et dans le dernier, je ferai voir à quoi peut servir la connoissance de notre Prosodie.

Je n'ai à offrir qu'un foible essai. Puisse-t-il quelque jour donner lieu d'approfondir un art qui feroit naître de nouvelles beautés, & comme une nouvelle langue dans celle que nous croyons savoir !

ARTICLE PREMIER.
Questions préliminaires.

ON peut ici proposer trois questions, sur lesquelles, avant que d'aller plus loin, il est à propos de satisfaire ceux qui pourroient ou n'avoir pas étudié la matiere dont il s'agit, ou avoir des préjugés contraires à la vérité.

I. Qu'est-ce que Prosodie ?

II. A-t-on connu autrefois notre Prosodie, & jusqu'à quel point ?

III. Pourquoi notre Prosodie, si elle a été fort connue autrefois, l'est-elle aujourd'hui si peu ?

I.

Par ce mot *Prosodie*, on entend la maniere de prononcer chaque syllabe régulièrement, c'est-à-dire, suivant ce qu'exige chaque syllabe prise à part, & considérée dans ses trois propriétés, qui sont l'accent, l'aspiration & la quantité.

Premiérement, il est certain que toutes les syllabes ne pouvant être prononcées sur le même ton, il y a par conséquent diverses inflexions de voix, les unes pour élever le ton, les autres pour le baisser, & c'est ce que les Grammairiens nomment *accents*.

Quelques syllabes, en second lieu, ont cela de particulier qu'elles se prononcent de la gorge; & c'est là ce que l'on nomme *aspiration*.

Troisiémement, on met plus ou moins de temps à prononcer chaque syllabe, ensorte que les unes sont censées longues & les autres breves : & c'est ce qu'on appelle *quantité*.

Voilà donc trois définitions bien distinctes, & qui font voir qu'à la prononciation de chaque syllabe la voix peut se modifier tout-à-la-fois de trois différentes manieres, dont je donnerai une plus ample explication, lorsque je viendrai à traiter de chacune en particulier.

Or, il me paroît que ces trois principes qui constituent la Prosodie appartiennent à toutes les langues. Car enfin, quel fléau pour l'oreille, qu'une constante & invariable monotonie ? Il n'y en a pas même d'exemple, ni dans le cri des animaux, ni dans quelque bruit que ce puisse être, pour peu qu'il soit continu.

Mais les principes de la Prosodie sont-ils fixes ? Sont-ils arbitraires ? Voilà ce que chacun doit examiner dans sa langue. S'ils sont arbitraires, dispensons-nous de pousser plus loin nos recherches. S'ils sont fixes, il est honteux de les ignorer.

Pour moi, généralement parlant, je suis porté à les croire arbitraires dans deux sortes de langues : dans celles qui sont encore trop récentes, & dans celles qui n'ont cours que parmi un peuple grossier. Mais, par la même raison, je les crois fixes dans les langues qui ont une certaine ancienneté, & qui sont dans la bouche d'une nation polie.

Toutes les langues vraisemblablement ont été rudes & informes dans leur origine. Mais les hommes ayant un goût naturel pour l'ordre, ils s'entendent tous sans y penser, & même sans le savoir, à écarter, ou du moins à diminuer ce qui le blesse. J'appelle ordre, dans la question présente, les rapports que les sons doivent avoir les uns avec les autres, & leur conformité avec les organes, soit de celui qui parle, soit de celui qui entend.

Vouloir ici examiner qu'est-ce qui fait cette conformité, & en quoi consistent ces rapports, ce seroit nous engager dans une dispute obscure, d'où la Physique a peine à se tirer. Heureusement les leçons de la nature sont moins difficiles & plus certaines. Ce n'est point par la voie du raisonnement, c'est par l'habitude qu'elle instruit. Il est vrai que cette manière d'enseigner nous paroît, à nous qui vivons si peu, d'une prodigieuse lenteur. Mais c'est la seule capable de réussir dans les arts, qui ont pour base le sentiment : & de ce nombre est l'art de donner à une langue ce qui lui est nécessaire, non pour subvenir à nos besoins seulement, mais pour flatter notre goût.

Je suppose donc un pays où il n'y eut jamais de particulier qui fut Mathématicien, & je dis qu'il y aura cependant un esprit métaphysique & géométrique répandu dans le public. Ainsi le public, guidé par cette espece d'instinct, y fera peu-à-peu, & jusqu'à un certain point, toutes ces mêmes observations, dont l'assemblage compose un art, lorsqu'elles viennent à être rédigées & combinées par des hommes savants. On pourroit aisément montrer que cela est vrai de la musique, qui n'est, à proprement parler, qu'une extension de la Prosodie.

Ajoutons que ces sortes de connoissances, qui se doivent, non au raisonnement, mais à l'habitude, dépendent absolument des organes, & qu'ainsi, lorsqu'un climat produit des hommes bien organisés, le progrès de ces connoissances y est non-seulement plus grand, mais encore plus rapide, au lieu qu'en d'autres pays, où les organes sont, pour ainsi parler, d'une trempe différente, les siecles depuis un temps infini se succedent les uns aux autres sans que les habitants de ces pays-là fassent rien pour les arts, qui n'intéressent que le sentiment.

On sait à quel point de perfection les Grecs avoient porté leur Prosodie. On sait aussi, du moins en ce qui regarde les longues & les breves, quelle étoit celle de la langue latine. Pour ce qui est de l'accent, l'exemple des Chinois nous fait voir de quelle délicatesse l'oreille est capable, puisque chez eux le même mot n'étant que d'une syllabe, peut avoir jusqu'à onze sens très-différents, selon la différence de la prononciation. Mais évitons tout détail sur la Prosodie des autres peuples, il ne s'agit que de la nôtre.

II.

Pour savoir depuis quand & jusqu'à quel point la Prosodie a été connue parmi nous, il seroit inutile de remonter au-delà de François I. Les savants hommes & les beaux esprits dont il fit l'ornement de sa Cour, donnerent à notre langue un caractère (1) *d'élégance & de doctrine* qu'elle n'avoit point auparavant. Ce grand Roi, qui a été, non pas le restaurateur, mais le pere des beaux Arts en France, transmit son goût aux héritiers de sa Couronne. Jamais la Poésie ne fut si fort en honneur que sous Charles IX. En un mot, l'Histoire nous prouve que les fondements sur lesquels nos bons Ecrivains ont bâti sous le regne de Louis XIV, furent tracés, & même posés en partie dès le siecle précédent. Ainsi c'est dans les monuments de ce temps-là qu'il faut chercher les premiers vestiges de notre Prosodie ; & nous y trouverons plus de lumieres sur ce sujet, qu'il ne s'en trouve peut-être dans toutes les Grammaires & dans toutes les Rhétoriques imprimées de nos jours.

On a vu que la Prosodie renferme les accents, l'aspiration & la quantité. A l'égard des accents, il n'est pas possible de savoir quels ils étoient autrefois, puisque l'accent *imprimé* n'est point l'accent *prosodique*, comme je l'expliquerai ci-après. Quant à l'aspiration, il y a lieu de croire qu'elle a toujours été la même.

―――――――――――――――
(1) *Entretiens d'Ariste & d'Eugene*, quatrieme édition de Cramoisy, pag. 149.

Reste enfin la quantité, qui est le point capital de la Prosodie, & sur lequel nos Anciens paroissent avoir été plus décidés que nous ne le sommes aujourd'hui.

Jodelle, l'un des Poëtes qui composoient la Pléiade fameuse sous Henri II, mit à la tête des Poésies d'Olivier de Magny, imprimées en 1553, un distique mesuré par dactyles & par spondées, à la maniere des Grecs & des Latins. Ce n'est pas encore ici le lieu d'examiner si cette sorte de versification étoit conforme au génie de notre langue : j'y reviendrai sur la fin de ce Traité : il me suffit, quant à présent, d'en pouvoir conclure qu'elle suppose notre quantité bien connue & bien établie.

Pasquier, dans ses Recherches, nous apprend qu'en l'année 1555 le Comte d'Alcinois (c'est-à-dire, Nicolas Denisot qui déguisoit ainsi son nom) fit des vers hendecasyllabes à la louange d'un Poëme, dont lui Pasquier étoit Auteur. Pasquier ajoute qu'en 1556, à la priere de Ramus, *personnage de singuliere recommandation, mais aussi grandement désireux de nouveautés*; il fit en ce genre un essai de *plus longue haleine que les deux précédents*, qui étoient ce distique de Jodelle, & ces hendecasyllabes d'Alcinois. Pasquier (2) rapporte ensuite son essai qu'il croit quelque chose de merveilleux, & qui consiste dans une élégie de vingt-huit vers.

Jusqu'alors ce nouveau genre de versification avoit peu réussi, puisqu'à peine deux ou trois Poëtes avoient osé s'y exercer, comme en passant. On étoit de tout temps accoutumé à la rime ; c'est au son qui frappe les oreilles les

---

(2) Recherches, liv. VII, chap. 12.

plus groſſieres, au lieu que la cadence qui réſulte des breves & des longues, ne peut frapper qu'une oreille délicate. Auſſi ne tarda-t-on pas à tâcher de réunir ces deux ſortes d'agréments, la quantité & la rime. Paſquier attribue l'invention des vers meſurés & rimés tout enſemble, à Marc-Claude de Buttet, dont les Poéſies parurent en 1561. Mais, comme je n'entreprends pas ici l'hiſtoire de nos vers meſurés, je puis impunément ſupprimer beaucoup d'autres noms ſemblables, oubliés depuis long-temps ; & c'eſt aſſez de ſavoir que cette nouveauté donna lieu à un établiſſement littéraire, dont le ſouvenir mérite bien d'être conſervé. Je parle d'une *Académie qui fut établie ſur la fin de l'année 1570, pour travailler* (3) *à l'avancement du langage François & à remettre ſus, tant la façon de la Poéſie, que la meſure & réglement de la Muſique anciennement uſitée par les Grecs & Romains.* Jean-Antoine de Baïf, Poëte, & Joachim Thibault de Courville, Muſicien, furent les promoteurs de cet établiſſement. Par les Lettres patentes que le Rôi leur accorda, ils ont pouvoir de ſe choiſir des Aſſociés, ſix deſquels jouiront des *priviléges, franchiſes & libertés dont jouiſſent*, dit Charles IX, *nos autres Domeſtiques ; &, à ce que ladite Académie ſoit ſuivie & honorée des plus Grands, nous avons libéralement accepté & acceptons le ſurnom de Protecteur & premier Auditeur d'icelle.* Voilà, ou je ſuis bien trompé, la premiere Académie qui ait été inſtituée pour notre langue uniquement, & ſans embraſſer d'autres ſciences. Henri III n'eut pas moins de goût que Charles IX

(3) Voyez les *Lettres patentes* rapportées tout au long, avec les Statuts de cette Académie, dans l'Hiſtoire de l'Univerſité de Paris, tome VI, pag. 714.

pour les exercices de cette Compagnie naissante, ainsi qu'on le peut voir dans les (4) *Antiquités de Paris*. Mais elle fut bientôt dérangée par les guerres civiles ; & la mort de Baïf, arrivée en 1591, acheva de mettre en déroute sa petite société d'Académiciens.

Passerat, Desportes, Rapin & Scévole de Sainte-Marthe, ne laissèrent pas de continuer à faire des vers mesurés. Personne, que je sache, n'en a fait depuis. C'est dommage qu'aucun d'eux n'ait enseigné la théorie des accents & de la quantité. Henri (5) Estienne, le plus célèbre Grammairien du seizième siècle, n'en a parlé que superficiellement. Théodore de Beze, dans son Traité (6) *de la bonne prononciation du François*, est le seul Auteur de ma connoissance qui ait un peu approfondi cette matiere. Son principal défaut, mais défaut qu'on a rarement occasion de reprocher à ceux qui se mêlent d'écrire, c'est d'être trop court. Il a voulu, dans quatre ou cinq pages, renfermer ce qui demandoit nécessairement un plus long détail.

J'en étois-là de mes recherches, lorsqu'il m'est tombé entre les mains un (7) petit volume du fameux d'Aubigné, où, dans une Préface qu'il met à la tête de quelques Pseaumes traduits en vers mesurés, il dit que cette maniere de vers n'a point été inventée par Jodelle ou par Baïf, comme on le prétend, mais qu'il

(4) *Histoires & recherches des Antiquités de la ville de Paris*, par Sauval, tom. II, pag. 483, &c.

(5) On peut voir sa *Précellence du langage françois*, p. 12 & ses *Hypomneses de Gallicâ*, p. 6, &c.

(6) *De Franciæ linguæ rectâ pronunciatione Tractatus*, Geneve, 1584.

(7) *Petites œuvres mêlées du sieur* (Théodore Agrippa) *d'Aubigné*. Geneve, 1630.

se souvient d'avoir vu l'Iliade & l'Odyssée traduite en vers hexametres par un nommé *Mousset*, & imprimées avant que Baïf ni Jodelle fussent au monde. Que penser, après cela, de Pasquier, Auteur contemporain, qui nous vante le distique fait en 1553, comme le premier essai de cette poésie ? Que penser de Ramus qui, dans sa Grammaire publiée en 1662, dit que pour rendre les regles de Prosodie familieres aux François, il faut souhaiter que nous ayions des Poëtes qui mesurent leurs syllabes à la maniere des anciens ? Ramus, dix ans après, dans une nouvelle édition de cette même Grammaire, charmé de voir ses vœux accomplis, se récrie avec une sorte d'enthousiasme sur deux pieces qui venoient de paroître, l'une en vers élégiaques, l'autre en vers saphiques. Pouvoit-il donc ignorer une traduction entiere de l'Iliade & de l'Odissée ? Mais peu nous importe de savoir la vraie époque des vers mesurés. Quoi qu'il en soit, nous voyons évidemment que nos ancêtres ont cru avoir des principes fixes sur la Prosodie : & c'est à nous par conséquent à examiner ce qui nous en reste.

III.

Puisque notre Prosodie fut autrefois si connue, pourquoi l'est-elle aujourd'hui si peu ? Pour plusieurs raisons, dont la premiere est fondée sur le peu de besoin qu'on croit en avoir.

Rien n'étoit plus nécessaire, ni en même-temps plus facile aux Grecs & aux Romains, que de savoir exactement leur Prosodie ; car elle faisoit, non pas un simple agrément, mais l'essence même de leur versification : &, comme la lecture des Poëtes étoit un des principaux objets de leur éducation, ils apprenoient méthodiquement, & dès l'enfance, à bien prononcer. Un Romain, un Athénien de la lie du peuple, auroit sifflé un Acteur qui eût allongé ou accourci une syllabe mal-à-propos. Mais, si toute vérité étoit bonne à dire, nous avouerions qu'il n'est point rare qu'un François vieillisse sans avoir ni appris, ni soupçonné qu'il y ait des syllabes plus ou moins longues les unes que les autres. Pour les Grecs & les Romains, la Prosodie étoit d'une obligation étroite. Pour nous, si l'on veut, elle ne sera qu'une délicatesse, qu'une beauté accessoire, soit dans notre prononciation, soit dans nos écrits. Je n'en demande pas davantage; &, partant de ce principe, qu'on doit cependant étendre plus loin, je dis que nous faisons mal de négliger notre Prosodie, puisque la parole étant l'organe de la pensée, on est louable de s'appliquer à la rendre plus insinuante, plus propre à persuader, plus capable de peindre ce que nous pensons.

Une seconde raison, qui fait que notre Prosodie est si peu connue, c'est que ceux qui seroient le plus en état d'en approfondir les regles, sont précisément ceux qui apportent à cette étude le plus de préjugés. Un homme savant possede le grec & le latin : il admire la beauté de ces deux langues, & avec raison : mais de croire que notre Prosodie, si elle ne ressemble pas en tout à la leur, est donc nulle, c'est une erreur. Toutes les langues ont leur génie particulier : & plus une langue aura été perfectionnée, c'est-à-dire, accommodée aux usages & au goût du peuple qui la parle, moins il lui restera de ressemblance avec la langue, qu'on suppose *matrice*, du moins par rapport à elle. Une regle générale dans le latin, & qui ne souffre point d'exception, c'est que toute syllabe qui finit par une consonne suivie d'une autre, est longue; mais en françois, au contraire, le redoublement de la consonne, presque toujours, avertit que la syllabe est breve. Pour les voyelles, c'est une regle assez générale dans le latin, que toutes les fois qu'il y en a deux de suite, la premiere abrege la syllabe où elle se trouve : mais toutes les fois, au contraire, que notre *e* muet finit un mot, ou est à la suite d'une autre voyelle, il allonge la pénultieme. Tout ceci deviendra plus clair par les exemples que je rapporterai un peu plus bas. Je le répete, il faut qu'un savant, pour étudier notre Prosodie, se départe de ses préjugés. Quinault, à ce qu'on dit, ne savoit que la langue maternelle, & ses vers, pourtant, étoient meilleurs à mettre en chant, que ceux des Poëtes qui savoient du Grec & du Latin.

Une troisieme & derniere raison qui fait que la connoissance de notre Prosodie se perd de plus en plus, ce sont les changements introduits dans l'orthographe depuis soixante ans. On a supprimé la plupart des lettres qui ne se faisoient pas sentir dans la prononciation. Mais, si nous entrons dans quelque détail, nous verrons que bien loin de nuire à la prononciation, elles servoient à la fixer. On écrivoit, *il plaist*, *il paist*, pour faire sentir qu'on doit appuyer sur cette syllabe, au lieu qu'on ne fait que glisser sur celle-ci, *il fait*, *il sait*. On écrivoit, par la même raison, *fluste*, *crouste*, pour les distinguer de *culbute*, *déroute*. On redoubloit (8) la voyelle, pour allonger la syllabe.

---

(8) *Aage, roole, baailler, raaler.* On en a même usé

Au contraire, pour l'abréger, on redoubloit la consonne. Je pourrois, par cent & cent exemples, montrer qu'en matiere d'orthographe nos peres n'avoient rien fait fans de bonnes raisons; &, ce qui le prouve bien, c'est que souvent ils ont secoué le joug de l'étymologie, comme dans *couronne*, *personne*, où ils redoublent la lettre *n*, de peur qu'on ne fasse la pénultieme longue en François, ainsi qu'en Latin.

Peut-être y avoit-il des inconvénients dans l'ancienne orthographe; mais à la bouleverser, comme on voudroit faire aujourd'hui, il y en auroit encore de plus grands. A la bonne heure, par exemple, qu'on supprime les autres muettes qui marquoient qu'une syllabe est longue, comme dans *teste*, dans *paste*; car on peut me faire entendre la même chose par un accent, *tête*, *pâte*. Mais, quoique l'un des *t* soit muet dans *tette*, dans *patte*, c'est une nécessité de continuer à écrire ainsi, parce qu'en pareil cas il n'y a point d'autre signe que le redoublement de la consonne, qui puisse marquer la briéveté de la syllabe.

Quand je parle de l'ancienne orthographe, il ne faut pas croire que je renvoie à des temps bien éloignés. Je parle de celle que l'Académie Françoise adopta d'abord, & qui a été suivie dans les deux premieres éditions de son Dictionnaire. On a voulu, dans la troisieme, tenir un juste milieu, ne s'obstinant point à vouloir conserver des lettres dont on peut se passer, & que le public a tout-à-fait rejettées; mais fuyant avec soin tous ces ridicules excès,

---

ainsi dans les adverbes dont la pénultieme doit être appuyée : *expressément*, *séparéement*. Voyez les *Hypomeneses* d'Henri Estienne, page 18.

où se portent l'ignorance des Imprimeurs & la témérité de quelques Auteurs, plus l'orthographe est menacée d'innovation, plus il devient essentiel de fixer, s'il se peut, la Prosodie.

Article Second.

Des Accents.

Voyons d'abord ce que c'est qu'*accent*, & nous répondrons ensuite à une objection qui se fait contre l'accent François.

I.

On attache différentes idées à ce mot *accent*. Mais, en l'accompagnant d'une épithete, on sauvera l'équivoque. Ainsi distinguons l'accent *prosodique*, l'accent *oratoire*, l'accent *musical*, l'accent *provincial*, l'accent *imprimé*.

Par l'accent *prosodique*, on entend, comme je l'ai dit ci-dessus, une inflexion de la voix, qui s'éleve ou qui s'abaisse. Quelquefois aussi, & l'on éleve d'abord & l'on rabaisse ensuite la voix sur une même syllabe. Voilà ce qui forme trois accents, que les Grammairiens appellent l'*aigu*, le *grave*, & le *circonflexe*; l'aigu, qui éleve la voix; le grave, qui l'abaisse; & le circonflexe, qui, étant composé de tous les deux, sert à l'élever d'abord, & à la rabaisser ensuite sur une même syllabe. Voilà, dis-je, ce qu'enseignent d'une maniere uniforme, & sans autre éclaircissement, ceux qui ont traité de la Prosodie des Grecs. Mais une syllabe n'étant qu'une voyelle, ou seule, ou jointe à d'autres lettres articulées par une simple émission de voix, quelques Grammairiens ont demandé comment il étoit possible de hausser & de baisser successivement le ton sur une même syllabe ? Apparemment les Grecs n'y trouvoient nulle difficulté : mais le célebre (9) Sanctius, à qui l'on peut bien s'en rapporter, prétend que l'accent *circonflexe* n'a point subsisté dans la langue latine, & je doute qu'il puisse être d'usage dans la nôtre, si ce n'est dans quelque syllabe où domine une diphtongue.

Il y a, en second lieu, un accent *oratoire*, c'est-à-dire, une inflexion de voix, qui résulte, non pas de la syllabe matérielle que nous prononçons, mais du sens qu'elle sert à former dans la phrase où elle se trouve. On interroge, on répond, on raconte, on fait un reproche, on querelle, on se plaint : il y a pour tout cela des tons différens ; & la voix humaine est si flexible, qu'elle prend naturellement & sans effort toutes les formes propres à caractériser la pensée ou le sentiment. Car non-seulement elle s'éleve ou s'abaisse ; mais elle se fortifie ou s'affoiblit ; elle se durcit ou s'amollit ; elle s'enfle ou se rétrécit ; elle va même jusqu'à s'aigrir. Toutes les passions, en un mot, ont leur accent ; & les degrés de chaque passion pouvant être subdivisés à l'infini, delà il s'ensuit que l'accent oratoire est susceptible d'une infinité de nuances, qui ne coûtent rien à la nature, & que l'oreille saisit, mais que l'art ne sauroit démêler.

A l'égard de l'accent *musical*, il consiste, ainsi que les précédens, à élever la voix ou à la baisser, mais avec cette différence essentielle,

---

(9) *Minervæ*, lib. I, cap. 3.

qu'il en surbordonne l'abaissement ou l'élévation à des intervalles certains, & qui sont tellement mesurés, que s'en départir le moins du monde, c'est enfreindre les loix de la musique.

On entend assez ce que c'est que l'accent *provincial*. Accent, pris en ce sens, embrasse tout ce qui a rapport à la prononciation ; &, par conséquent, outre les diverses inflexions de la voix, il embrasse la quantité. Ainsi, l'accent Gascon, outre qu'il éleve la voix où il ne faut pas, abrege beaucoup de syllabes longues ; & l'accent Normand, outre qu'il baisse souvent la voix où il ne faut pas, allonge beaucoup de syllabes breves. Pour les fautes qui regardent la quantité, j'espere qu'un homme de province trouvera quelques secours dans le quatrieme article de ce Traité. Pour la maniere de gouverner sa voix, en quoi consiste proprement l'accent, elle ne s'enseigne point par écrit. On peut envoyer un Opéra en Canada, & il sera chanté à Quebec, note pour note, sur le même ton qu'à Paris. Mais on ne sauroit envoyer une phrase de conversation à Montpellier ou à Bordeaux, & faire qu'elle y soit prononcée, syllabe pour syllabe, comme à la Cour. Aussi est-ce une ancienne maxime, *que, pour bien parler françois, il ne faut point avoir d'accent*. Par-là, sans doute, on n'a pas voulu nous faire entendre qu'il falloit être monotone. On a seulement voulu dire qu'il ne faut point avoir l'accent de telle ou de telle province ; car chaque province a le sien.

Quant à l'accent *imprimé*, personne n'ignore que ce sont de petites lignes tracées sur une voyelle. Pour marquer l'*aigu*, on tire la ligne de la droite à la gauche, comme dans *bonté*.

Pour le *grave*, on la tire de la gauche à la droite, comme dans *progrès*. Pour le *circonflexe*, en réunissant ces deux lignes, on en fait la figure d'un *v* renversé, comme dans *tôt*. Mais, quoique ces signes soient précisément les mêmes que ceux qui marquoient l'accent *profodique* des Grecs, ne croyons pas qu'en François ils aient la même destination. Je m'explique. Toutes les fois qu'une syllabe grecque est marquée d'un accent aigu, cela nous apprend que cette syllabe, relativement à celles qui la précèdent & qui la suivent, doit être élevée. Toutes les fois, au contraire, qu'une syllabe françoise est marquée d'un accent aigu, comme dans *bonté*, cela ne m'apprend rien autre chose, si ce n'est que l'*e* qui se trouve dans cette syllabe est fermé, & doit se prononcer autrement que si c'étoit un *e* ouvert ou un *e* muet. Pour ce qui est de l'accent grave, il ne nous sert pareillement que pour désigner l'*e* ouvert, comme dans *progrès*, & pour différencier certains mots qui s'écrivent & se prononcent de même, mais sans avoir le même sens : par exemple, dans la préposition *à*, & dans les adverbes *là* & *où*, afin qu'on les distingue d'*a* venant du verbe *avoir*; de *la*, article; & d'*ou*, conjonction. Plus souvent encore l'accent circonflexe ne sert qu'à marquer la suppression d'une lettre qui étoit autrefois employée pour rendre la syllabe longue, comme dans *bête*, *tôt*, *aimât*, qui s'écrivoient autrefois *beste*, *tost aimast*. Ainsi, en conservant le nom & la forme des accents écrits dans le grec, nous en avons presque dénaturé la valeur & l'emploi.

Revenons donc à l'accent *profodique*, puisqu'on voit maintenant, à ne pouvoir s'y méprendre, que toutes les difficultés roulent sur celui-là seul. Avons-nous des syllabes, & quelles sont-elles, qui, considérées à part, & sans aucune relation à ce que la phrase entière signifie, demandent d'être élevées ou baissées dans une prononciation ordinaire & naturelle? Voilà, le plus clairement qu'il m'est possible, l'état de la question.

Theodore de Beze, le seul (1) de nos François qui paroisse l'avoir examinée, la décide hardiment. *Toute* (2) *syllabe longue*, dit-il, *demande l'accent aigu, & toute syllabe breve, l'accent grave*. Mais cette prétendue regle, à la prendre sans restriction, est visiblement fausse. Pour y trouver du vrai, il faut la réduire à ceci: que pour l'ordinaire, si nous haussons la voix, c'est une syllabe longue; & si nous la baissons, c'est sur une breve.

Au sentiment de Beze, on peut opposer celui d'Erasme (3). Car, quoiqu'Erasme n'ait en vue que la prononciation du grec & du latin, cependant son principe, *qu'entre accent & quantité il n'y a nulle relation, nulle dépendance essentielle*, ne regarderoit-il pas toutes les langues en général?

(1) Quand j'ai écrit ceci, je n'avois pas encore vu la savante lettre que M. l'Abbé Batteux m'a fait l'honneur de m'adresser, & qui est imprimée dans ses *Principes de Littérature*, tout à la fin du tome V.

(2) *Illud autem certo dixerim, sic concurrere in Francicâ linguâ tonum acutum cum tempore longo, ut nulla syllaba producatur quæ itidem non attollatur, nec attollatur ulla, quæ non itidem acuatur: ac proinde sit eadem syllaba acuta quæ producta, & eadem gravis quæ correpta*, page 74.

(3) *De rectâ græci latinique sermonis pronunciatione Dialogus*, édition de Lyon, 1531.

Page 79. *Accentus igitur incertus est index spatii syllabici*. Et page 81. *Unde nos sumus usque adeo* ἄμουσοι *ut omnes acutas syllabas sonemus productione morâ, graves omnes corripiamus?*

Qu'un habile Muficien prenne une page de françois, peu importe de quel livre ; qu'il la faffe lire à haute voix, & bien diftinctement, par cinq ou fix femmes, dont l'accent foit pur. Qu'elles lifent chacune en différents temps, en différents lieux, & l'une à l'infu de l'autre, fans qu'elles fachent ce qu'on veut d'elles. Que ce Muficien ait l'art de nous bien marquer fur quelles fyllabes elles auront hauffé ou baiffé le ton. Alors, fi l'uniforme s'y rencontre, non-feulement nous ferons perfuadés, comme peut-être nous le fommes déjà, que nous avons des fyllabes qui, prifes matériellement, demandent qu'on éleve la voix, ou qu'on la baiffe ; mais, de plus, nous reconnoîtrons, par le mélange des éléments, voyelles & confonnes, quelle eft la caufe phyfique qui fait que l'organe varie ainfi fes inflexions.

Jamais pareille épreuve ne s'eft faite, ni ne pourra réuffir. Non qu'il n'y ait dans toute lecture, dans tout difcours, beaucoup de tons que l'on peut noter, parce qu'au moyen des intervalles fort fenfibles, ils deviennent commenfurables. Mais combien d'autres, qu'il ne fera pas poffible de faifir & de graduer ? Je dis graduer ; car, fi nous avions des longues plus ou moins longues, & des breves plus ou moins breves, nous avons également des inflexions de voix tantôt plus fortes, tantôt moins.

Tout détail plus ample fur notre accent fe montre à moi comme un labyrinthe, où je craindrois de me perdre ; &, par la même raifon, je dois me taire fur les accents *nationaux*. Telle eft, à cet égard, l'illufion de l'habitude, que perfonne n'eft mécontent du fien. On fait plus, on trouve dans tout autre accent quelque chofe qui déplaît. Une nation (4) se croit la seule qui sache prononcer, qui sache chanter ; & , si nous avons quelquefois censuré l'accent de nos voisins, ceux-ci usent de représailles.

Parmi les reproches qu'ils nous font, j'en choisis un, qui se répete volontiers depuis quelques années, & qui mérite un examen plus que superficiel.

II.

On prétend que (5) *notre langue est la seule qui ait des mots terminés par des* E *muets, & que ces* E *qui ne sont pas prononcés dans la déclamation ordinaire, le sont dans la déclamation notée, & le sont d'une maniere uniforme,* gloi-reu, victoi-reu, barbari-eu, furi-eu. *Voilà,* dit-on, *ce qui rend la plupart de nos airs, & notre récitatif insupportable à quiconque n'y est pas accoutumé.*

Que l'Auteur célebre, dont je cite les paroles, nous permette d'examiner ces deux points. 1°. Est-il bien vrai que notre langue soit la seule qui ait des mots terminés par le son résultant de notre E muet ? 2°. Est-il bien vrai que ce son, dans la musique, doit être celui d'*eu* ?

Posons d'abord un principe, qui n'est pas contesté, que dans aucune langue, ni vivante, ni morte, il n'est possible de prononcer une consonne sans le secours d'une voyelle, ou écrite, ou sous-entendue ; & qu'au défaut de toute autre voyelle, c'est ce que nous appellons l'*e*

(4) *Angli concinendo jubilare, Hispani fletus promere ululatus Germani, Itali caprizare, Galli solizantare.* Le Pere Mersenne, dans ses *Questiones in Genesim*, page 1610.

(5) *Voltaire*, article des Musiciens dans son Siecle de Louis XIV.

muet, écrit ou non écrit, qui nous sert à prononcer une consonne, quand cette consonne est finale, comme dans *David*, ou immédiatement suivie d'une autre, comme dans *arbre*. On prononce nécessairement comme si l'orthographe de ces mots étoit *Davi-de* & *are-be-re*. Une femme, il n'y a pas long-temps, m'écrivoit que le Régiment de son fils alloit à *Seteraceboure*, pour dire, à *Strasbourg*. Où l'usage ne reconnoît que deux syllabes, son oreille en trouvoit six, & la plume obéissoit à l'oreille.

Or, de ce principe concluons que, si notre langue a quelque chose de singulier, & qui n'appartienne qu'à elle, c'est que ce son foible, sans lequel on ne peut prononcer une consonne isolée ou finale, nous le marquons souvent par la lettre e, qui perd alors sa valeur naturelle, & qui, pour ainsi dire, demeure muette; au lieu que les autres langues, pour faire retentir leurs consonnes, se passent d'un pareil secours. Ainsi l'oculaire peut nous être particulier, mais l'oriculaire est le même pour tous. Quand on nous parlera du *luxe* ou d'un *Russe*, mots françois, l'oreille les distinguera-t-elle de *lux* & de *rus*, mots latins?

Mais nous-mêmes, pour faire retentir nos consonnes isolées ou finales, nous ne les accompagnons pas toujours de notre e muet. Car nous écrivons *David* & *avide*; un *bal* & une *balle*, un *aspic* & une *pique*; le *sommeil* & il *sommeille*, *mortel* & *mortelle*, *caduc* & *caduque*, un *froc* & il *croque*, &c. Jamais un aveugle de naissance ne soupçonneroit qu'il y eût une orthographe différente pour ces dernieres syllabes, dont la désinence est absolument la même.

Aussi les étrangers ont-ils peine à distinguer

quand la consonne finale a besoin ou non d'être accompagnée d'un E muet. On peut en juger par les vers suivants :

(6) *La Nuit, compagne du Repos,*
De son crêp couvrant la lumiere,
Avoit jetté sur ma paupiere
Ses plus léthargiques pavots.

Vous y voyez *crêp* au lieu de *crêpe*, qui est le seul usité. Assurément, si ses vers sont du Poëte à qui le Public les attribue, cela prouve que la supériorité du génie & des lumieres, à quelque degré qu'elle soit portée, ne supplée point à la connoissance de ces petits riens qui tiennent uniquement à l'usage. Il n'y a, en effet, que l'usage, & l'usage actuel, qui puisse nous apprendre que dans ce mot *crêpe*, la consonne finale n'est prononcée qu'à l'aide d'un E, quoiqu'elle s'en passe dans *cet*, dans *Alep*, dans *cap*, dans *hanap*, &c.

Ronsard, dans son art poétique, nous fait voir que l'usage de son temps accordoit bien d'autres licences qui concernent l'E muet. On étoit maître alors de le supprimer où il étoit de trop, mais encore de l'introduire où la mesure du vers le demandoit. Tantôt les versificateurs mettoient *Hercul'*, *Ulys'*, *hom'*, *el'*, *jou'*, pour *Hercule*, *Ulysse*, *homme*, *elle joue*, &c. Tantôt, au lieu d'*esprit*, *larcin*, *soupçon*, *guerdon*, ils mettoient *esperit*, *larrecin*, *soupeçon*, *guerredon*, pour en faire des trisyllabes : & d'*orphelin*, au contraire, ils en faisoient *orflin*.

Par-là, du moins, nous concevons que no-

_____
(6) *Lettre à Voltaire* parmi les Œuvres du Philosophe de Sans-Souci.

tre ε muet n'est pas tant une lettre qu'un signe prosodique, lequel signe auroit pu être telle autre figure qu'on auroit voulu, comme en effet nous venons de voir que les contemporains de Ronsard y emploient une apostrophe.

Mais, dira-t-on, pourquoi *David* & *avide*, *froc* & *croque*, ne riment-ils pas ? Parce que nos Poëtes, jaloux de l'oculaire, n'ont voulu (7) compter pour rimes féminines que celles où l'ε muet seroit écrit.

Voici ma seconde question, & la plus importante. Est-il vrai que dans le chant on doive prononcer *gloi-reu*, *victoi-reu*, &c. Il s'agit, non du fait, mais du droit.

J'ai cherché à m'éclaircir là-dessus avec des Maîtres de l'art : il m'a paru qu'en général, si le Grammairien sait peu de Musique, le Musicien sait encore moins de Grammaire. Quoi qu'il en soit, j'éleverai des doutes qu'un plus habile résoudra. Tout consiste, si je ne me trompe, dans la nature du son que l'ε muet produit. Je le définis une pure émission de voix qui ne se fait entendre qu'à peine, qui ne peut jamais commencer une syllabe, qui, dans quelque endroit qu'elle se trouve, n'a jamais le son distinct & plein des voyelles proprement dites ; & qui même ne peut jamais se rencontrer devant aucune de celles-ci, sans être tout-à-fait élidée. Au contraire, le son *eu*, tel qu'on l'entend deux fois dans *heureux*, est aussi distinct & aussi plein, il a même force & même

---

(7) Pure convention ; car, selon l'oreille, il y aura quatorze syllabes dans

N'est point le fruit tardif d'une lente vieillesse

puisque la finale *dif* n'est pas moins sonore que celle de *griffe*, dissyllabe. Mais la convention étant si ancienne, il n'est plus temps de réclamer.

consistance

consistance que le son des voyelles proprement dites; & delà vient qu'il est compté, par nos meilleurs Grammairiens, au nombre des vraies voyelles françoises.

Que si l'on chante *gloi-reu*, cette désinence acquiert tous les droits des voyelles, modulation, tremblement, tenue, port de voix : & par conséquent on pourra fredonner sur la derniere de *gloi-reu*. Oui, sans doute, si l'on se permet de prononcer ainsi.

Allons plus loin. Puisque l'*e* muet, écrit ou non écrit, ne fait qu'une différence oculaire, voyons, de conséquence en conséquence, où ceci nous conduira. Voici des paroles à mettre en chant :

> *Esprits qui portez le tonnerre,*
> *Impétueux tyrans des airs,*
> *Qui faites le péril des mers,*
> *Et les ravages de la terre,*
> *Vents*, &c. Ode du P. de la Rue.

J'avoue que mon oreille n'en sait point assez pour distinguer le son de ces quatre rimes. Je n'entends qu'*erre* par-tout, en supposant qu'on ne fera pas mal-à-propos, & contre l'usage, sonner les *s* d'*airs* & de *mers* où elles ne sont que signes du pluriel. Ainsi, la même raison, s'il y en avoit une, qui fait chanter *gloi-reu*, fera chanter *tonnè-reu*; & l'oreille qui goûtera *tonnè-reu*, demandera *mè-reu*, *ai-reu*.

Allons encore plus loin. Si cela se pratique dans le françois, pourquoi n'en sera-t-il pas de même dans toutes les langues dont les finales sont retentissantes? Attendons-nous donc à entendre chanter, *Paté-reu*, *nosté-reu*, *quieffeu*,

Tome II. S

&c. On croira que je plaifante ; mais non, je ne veux que raifonner conféquemment.

Quoiqu'il foit inutile, & peut-être ridicule, de chercher l'origine de cette prononciation, *gloi-reu*, ailleurs que dans la bouche de nos villageois, j'ai cependant eu la curiofité de favoir fi nos vieux livres n'en difoient rien ; & j'ai appris qu'un Muficien, qui écrivoit en 1668, fe glorifie (8) de l'avoir introduite dans le chant françois. On le croira, fi l'on veut : au moins eft-il certain qu'au théatre ce n'eft pas chofe rare qu'un Acteur, & fur-tout une actrice, dont les talents font admirés, faffe adopter un mauvais accent, une prononciation irrégulière, d'où naiffent infenfiblement des traductions locales, qui fe perpétuent, fi perfonne n'eft attentif à les combattre.

J'en demeure-là, fans toucher aux différents fervices que l'E muet nous rend dans l'écriture. Je n'en voulois qu'à cette abfurdité, dont notre mufique eft la victime.

(8) *Remarques curieufes fur l'art de bien chanter*, &c. par B. D. B., p. 266. Je ne vois rien de fi général que de mal prononcer l'E muet, à moins que d'obferver foigneufement le remede *que je crois avoir trouvé*, qui eft de le prononcer à-peu-près comme la voyelle *eu*.

ARTICLE TROISIEME.

De l'afpiration.

ASPIRER, c'eft, fuivant le Dictionnaire de l'Académie, prononcer de la gorge, en forte que la prononciation foit fortement marquée. Toutes les langues peuvent, à cet égard, avoir leurs ufages particuliers ; mais, puifque l'aspiration est si fréquente dans le Grec, & sur-tout dans le dialecte attique, croirons-nous qu'alors ce fût un effort violent du gosier & de la poitrine, tel qu'aujourd'hui nous l'entendons dans la bouche des Florentins & des Allemands ? Quoi qu'il en soit, la langue françoise, qui n'aime & ne cherche rien tant que la douceur, n'attribue nul autre effet à l'aspiration, que celui de communiquer à la voyelle aspirée les propriétés de la consonne ; & c'est là tout ce qu'opere la lettre H, par où se distingue la voyelle aspirée.

Prononçons *abeille*, & *haquenée*. Quant au son naturel de l'*A*, il est le même dans ces deux mots. Toute la différence consiste en ce que l'*A* n'est pas aspiré dans le premier, & qu'il l'est dans le second. Par conséquent, le second ayant les propriétés d'une consonne, il arrive delà que, si c'est une voyelle qui finisse le mot précédent, elle ne s'élide point ; & que, si c'est une consonne, cette consonne n'est point sonore. Ainsi, quoiqu'on prononce *u-n-abeille*, *dè-z-abeilles*, on dira sans élision, *une haquenée*, & sans liaison, *des haquenées*.

Rien ne seroit plus simple, plus aisé à concevoir, si l'H étoit toujours dans notre écriture le signe de l'aspiration. Mais nos peres l'ont reçue comme signe d'étymologie dans une infinité de mots où elle demeure absolument muette. *Honneur* & *honte* commencent par le même caractere, purement étymologique dans l'un, mais prosodique dans l'autre. Plusieurs de nos Grammairiens auroient voulu établir des regles là-dessus : mais leurs prétendues regles sont, & difficiles à retenir, & sujettes à trop d'exceptions. Il sera plus court & plus sûr de rapporter une liste exacte des mots qui s'aspirent au commencement, au milieu ou à la fin. C'eſt ce que je vais faire d'abord. Je parlerai enſuite des mots douteux, & de ceux où ſe trouve l'équivalent d'une aſpiration, quoiqu'elle n'y ſoit pas marquée.

I.

Voici les mots où le Dictionnaire de l'Académie (*troiſieme édition*) avertit que l'H initiale doit être aſpirée. Je me borne à ceux-là, quoiqu'il fût aiſé d'y en ajouter, mais dont la plupart ſont des mots techniques, qui n'entroient pas dans le plan de l'Académie.

Ha!	*hampe.*	*harper.*
habler.	*hanap.*	*harpie.*
hacha.	*hanche.*	*harpon.*
hagard.	*hangard.*	*hart.*
haie.	*hanneton.*	*haſard.*
haïe!	*hanter.*	*haſe.*
haillon.	*happelourde.*	*hâter.*
haine.	*happer.*	*haubert.*
haïr.	*haquenée.*	*have.*
haire.	*haquet.*	*havir.*
halage.	*harangue.*	*havre.*
halbran.	*haras.*	*havreſac.*
halbrené.	*haraſſer.*	*hauſſer.*
hâle.	*harceler.*	*haut.*
halener.	*hardes.*	*Hé!*
haler.	*hardi.*	*héaume.*
haleter.	*hareng.*	*hem!*
halle.	*hargneux.*	*hennir.*
hallebarde.	*haricot.*	*héraut.*
hallebrada.	*haridelle.*	*here.*
hallecret.	*harnois.*	*hériſſer.*
hallier.	*haro.*	*hériſſon.*
halte.	*harpailler.*	*hernie.*
hameau.	*harpe.*	*héron.*

FRANÇOISE. 397

héros.
herse.
hêtre.
heurter.
hibou.
hic.
hideux.
hie.
hiérarchie.
ho !
hobereau.
hoc.
hoca.
hoche.
hochepot.
hocher.
hochet.
hola !
homard.

hongre.
honnir.
honte.
hoquet.
hoqueton.
horion.
hors.
hotte.
houblon.
houe.
houille.
houlette.
houlle.
houppe.
houppelande.
hourvari.
housard.
housé.
houseaux.

houspiller.
houspillon.
houssaie.
housse.
housser.
houssine.
houx.
hoyau.
huche.
hucher.
huer.
huit.
hulotte.
humer.
hune.
huppe.
hure.
hurler.
hutte.

Tous les mots dérivés des précédents, & qui cemmencent par H, conservent leur aspiration initiale, excepté ceux de *héros*, qui font *héroïne*, *héroïsme*, *héroïde*, *héroïque*, *héroïquement*, où l'H n'étant que signe étymologique, demeure absolument muette.

I I.

Au milieu des mots qui font composés de quelqu'un des précédents, comme *déharnacher*, *enhardir*, *rehausser*, l'H s'y conserve aspirée comme elle l'étoit au commencement du mot primitif. Il n'y a d'exception que pour *exhausser*, *rehaussement*, où l'H redevient muette.

Quand il s'en trouve une au milieu des mots

simples, & non dérivés des précédents, elle n'y est que l'équivalent du *tréma* pour féparer les deux voyelles, & pour empêcher que ces deux voyelles ne fe préfentent à l'œil, comme fi c'étoit une diphtongue; car, dans le paffage de la pénultieme à la finale, on prononce *trahir*, *envahir*, de même que *jouir*, *haïr*; & le fon de l'H y étant imperceptible, cette lettre muette ne tire à conféquence, ni pour la verfification, ni pour l'harmonie.

III.

A la fin des mots, l'H n'eft afpirée que dans ces trois interjections, *ah! eh! oh!* fuivant la Grammaire de M. l'Abbé *Régnier*, la plus ample & la plus favante que nous ayions.

IV.

Quant aux mots douteux, c'eft-à-dire, fur lefquels on pourroit croire l'ufage partagé, les voici avec de courts éclairciffements.

Henri. On doit l'afpirer dans un difcours oratoire & dans la poéfie foutenue; mais hors delà ce feroit une affectation.

Héfiter. Quoique nos Auteurs les plus exacts aient toujours afpiré l'H dans *héfiter*, cependant la négligence de la converfation a tellement prévalu, que ce n'eft plus une faute d'écrire, *j'héfite, je n'héfite pas*, avec élifion.

Hideux. Voici ce qui fe lit dans les Obfervations de l'Académie fur Vaugelas, pag 221 : *Le mot* hideux *afpiré, a fait peine à quelques-uns dans la converfation, & ils aimeroient mieux dire:* l'hideufe image que vous nous avez tracée, *que* la hideufe image. *Ce dernier,* ajoute-t-on, *eft cependant le plus fûr.* Puifque c'eft le plus fûr, il n'y a donc pas à balancer fur le choix.

Hollande. On doit toujours aspirer *Hollande* & *Hollandois*, si ce n'est dans ces phrases, *toile d'Hollande, fromage d'Hollande*, qui ont passé du peuple dans le langage commun.

Hongrie. On dit de même, & par une semblable raison, *de l'eau de la Reine d'Hongrie, du point d'Hongrie*, quoique l'aspiration y soit nécessaire en toute autre occasion.

Onze. Remarquez, comme en avertit le Dictionnaire de l'Académie, ,, qu'encore que ce mot ,, & celui d'*onzieme* commencent par une voyelle, ,, cependant il arrive quelquefois, & sur-tout ,, quand il est question de date, qu'on prononce ,, & qu'on écrit sans élision l'article ou la prépo- ,, sition qui les précede. *De onze enfants qu'ils ,, étoient, il en est mort dix. De vingt, il n'en ,, est resté que onze. La onzieme année.*

Oui, particule affirmative, se prononce quelquefois comme s'il y avoit une *h* aspirée. Quoiqu'on dise *je crois qu'oui*, cependant ont dit *le oui & le non; un oui; tous vos oui ne me persuadent pas*; & alors cette particule est prise substantivement.

V.

Pour ne rien oublier de ce qui a rapport à l'aspiration, il me reste à parler de l'effet que font certaines terminaisons sourdes ou *nasales*, lorsqu'elles se trouvent devant un mot qui commence par une voyelle, comme dans ce vers:

Ah! j'attendrai long-temps; la nuit est loin encore.

Je commence par dire que cette observation ne regarde point ceux qui écrivent en prose;

car la prose souffre les *hiatus*, pourvu qu'ils ne soient ni trop rudes ni trop fréquents. Ils contribuent même à donner au discours un certain air naturel ; & nous voyons, en effet, que la conversation des honnêtes-gens est pleine (1) d'*hiatus* volontaires qui sont tellement autorisés par l'usage, que, si l'on parloit autrement, cela seroit d'un pédant ou d'un provincial.

Mais il s'agit ici de ce qui doit être permis dans le vers. C'est aux Poëtes à examiner si, dans le choc des syllabes dont nous parlons, il n'y a pas cette sorte de cacophonie que l'on doit appeller *hiatus*, puisqu'elle ne peut être sauvée ni par l'élision ni par l'aspiration. Je vais donc leur remettre devant les yeux ce que feu M. l'Abbé de Dangeau, excellent Académicien, a parfaitement bien remarqué dans son *Discours des voyelles*, où il prétend que nos cinq terminaisons, *an*, *en*, *in*, *on*, *un*, sont des sons simples, & de véritables voyelles, dont par conséquent la rencontre avec d'autres voyelles fait des bâillements qui ne sont pas supportables dans le vers.

Remarquez, dit-il à Messieurs de l'Académie, ce qui arrive à ceux qui " récitent sur " le théatre, ou à ceux qui veulent chanter. " Quand un Musicien voudra chanter ce vers :

Ah ! j'attendrai long-temps : la nuit est loin encore.

(1) Par exemple, lorsqu'un Acteur récite ces vers de la premiere scene d'Athalie : *Je viens...... célébrer avec vous la fameuse journée*, & , *Pensez-vous être saint*, il prononce comme s'il y avoit, *Célébré-r-avec vous*, & *Pensez-vou-s-être*. Mais dans la simple conversation, l'usage veut qu'on prononce comme s'il y avoit, *Célébré avec vous.... Pensez-vous être*, &c.

» il fera tout ce qu'il pourra pour éviter le bâil-
» lement. Ou il prendra une prononciation nor-
» mande, & dira : *la nuit est loin-n-encore* ; ou
» il mettra un petit *g* après *loin*, & dira, *la*
» *nuit est loing encore* ; ou il fera une petite
» pause entre *loin* & *encore*. La même chose ar-
» rive aux Comédiens dans des rencontres sem-
» blables. Mais, quelque expédient que prennent
» le Musicien ou le Comédien, ils tomberont
» dans de nouveaux inconvénients, en voulant
» éviter celui du bâillement. Et les tempéraments
» qu'ils cherchent montrent seulement que mon
» système est vrai. La nature toute seule leur en
» fait sentir la vérité, sans qu'ils aient étudié
» comme nous la nature des sons.

Voilà, ajoute M. l'Abbé de Dangeau, comme j'avois raisonné l'autre jour devant vous.
» En sortant de l'Académie, je pensai en moi-
» même que, si ce que je vous avois dit étoit
» vrai, un Poëte normand s'appercevroit moins
» qu'un autre de ces sortes de bâillements ; &,
» pour voir si j'avois bien rencontré, je lus le
» *Cinna* de Corneille & le *Mithridate* de Ra-
» cine ; je marquai soigneusement tous les en-
» droits où le choc de mes voyelles *sourdes*
» avec d'autres voyelles faisoit des bâillements ;
» j'en trouvai *vingt-six* dans *Cinna*, & je n'en
» trouvai qu'*onze* dans *Mithridate* ; & même la
» plupart de ceux de *Mithridate* sont dans des
» occasions où la prononciation sépare de né-
» cessité le mot qui finit par une voyelle sourde,
» d'avec celui qui commence par une autre voyel-
» le. Je fus assez content de voir mon raisonne-
» ment confirmé par cette expérience ; & je
» voulus pousser plus loin. Je jugeai qu'en pre-
» nant une piece d'un homme qui fût en même-
» temps Acteur & Auteur, j'y trouverois encore

» moins de ces bâillements : je lus le Misantrope
» de Moliere, & je n'y en trouvai que *huit*. Con-
» tinuant toujours à raisonner de la même ma-
» niere, je crus que je trouverois encore moins
» de ces rencontres de voyelles, si je lisois des
» pieces faites pour être chantées, & faites par
» un homme qui connoît ce qui est propre à
» être chanté. Dans cette vue, je lus un volume
» des Opéra de *Quinault*, qui contenoit quatre
» pieces, &, de ces quatre pieces, il y en avoit
» une toute entiere où je ne trouvai pas un seul
» de ces bâillements : il y en avoit fort peu dans
» les trois autres pieces, encore étoient-ils pres-
» que tous dans des endroits où le chant suspend
» de nécessité la prononciation, & sépare si fort
» les voyelles sourdes d'avec les autres, que leur
» concours ne peut faire aucune peine à l'o-
» reille «.

Joignons à l'autorité de M. l'Abbé de Dangeau celle de M. l'Abbé Regnier. La preuve
indubitable, dit ce dernier dans sa Grammaire,
que ces » sons *an*, *en*, *in*, *on*, *un*, sont des
» sons simples, équivalents à de pures voyelles,
» est que dans la musique on ne peut faire aucune
» modulation, aucun tremblement, aucune te-
» nue, aucun port de voix que sur une pure
» voyelle. Or, on peut faire des modulations &
» des tenues sur tous les sons qu'on vient de
» marquer, de même que sur quelque voyelle que
» ce soit. Il est vrai que ces modulations ne sont
» pas si agréables que les autres, par la raison que
» le son en est plus étouffé & plus sourd, & qu'il
» vient un peu du nez. Mais comme le plus ou
» moins d'agrément ne change pas la nature des
» choses, cette différence n'empêche pas que ces
» sons ne doivent être considérés comme de pu-
» res voyelles «.

Après de telles autorités, il est à croire que cette observation tiendra désormais lieu de précepte. C'est peu-à-peu, & de loin à loin, que l'oreille du François a reconnu les finesses qui rendent notre vers harmonieux. Depuis le siecle de Marot, on en a trouvé plusieurs. Celle-ci se doit à l'Opéra; & il étoit bien juste que le chant servît à rendre le vers plus délicat en quelque chose, puisqu'il a vraisemblablement contribué à lui faire perdre de sa force & de son énergie.

V I.

Voilà ce qu'on lisoit dans la premiere édition de ces Remarques, & ce pourroit bien être l'opinion la plus sûre. Je vais cependant (1) hasarder une idée qui m'est venue depuis. Pour peu qu'elle fût goûtée, elle serviroit à diminuer le nombre des entraves poétiques, & à ne pas voir des *hiatus* où Malherbe, où Racine, où Despréaux & Quinault n'en ont pas vu.

Quelle est donc la nature des voyelles nasales? Je les reconnois pour des sons vraiment simples & indivisibles; mais delà s'ensuit-il que ce soient de pures & franches voyelles? Pas plus, ce me semble, que si l'on attribuoit cette dénomination aux voyelles aspirées. Toute la différence que j'y vois, c'est que dans les aspirées, la consonne *h* les précedent, au lieu que dans les nasales, la consonne *n* les termine.

Pour caractériser les premiers, nous avons le terme d'*aspiration*; &, puisqu'il n'y en a point encore d'établi pour les secondes, on me permettra celui de *nasalité*. Par l'aspiration, la voix remonte de la gorge dans la bouche; par la nasalité,

---

(1) *Potest non solùm aliud mihi ac tibi; sed mihi ipsi aliud, aliàs videri.* Cic. Orat.

elle redescend du nez dans la bouche. Ainsi le canal de la parole ayant deux extrémités, celle du bas produit l'aspiration, & celle d'en-haut produit la nasalité.

Or, si l'aspiration empêche l'*hiatus*, la nasalité ne l'empêchera-t-elle pas ? c'est-là précisément où j'en veux venir. Je me persuade que les voyelles aspirées & les nasales étant les unes aussi-bien que les autres, non des voyelles pures & franches, mais des voyelles modifiées, elles peuvent les unes comme les autres empêcher l'*hiatus*.

Il y a, dit-on, *des occasions* (2) *où la Poésie s'émancipe, comme dans ce vers* :

Elle a le teint uni, belle bouche, beaux yeux.

Il semble que, pour éviter l'hiatus, on pourroit prononcer le T, *& dire*, elle a le tein-t-uni. *Mais la poésie*, ajoute-t-on, *prononce le tein uni, & souffre cette cacophonie.*

A quoi bon biaiser ? Ou il faut adopter le système de M. l'Abbé de Dangeau, & alors le *tein uni* fait un *hiatus* que la poésie ne peut souffrir ; ou la nasalité aura les mêmes prérogatives que l'aspiration ; & dès-lors point de cacophonie, point d'*hiatus* dans le *tein-uni*, quoique la derniere consonne de *teint* soit muette.

Quand je récite à haute voix, *souvent de tous nos maux la raison est le pire*, ou *jeune & vaillant héros*, je ne trouve pas plus de rudesse entre *son-est* qu'entre *ant-hé* : d'où je conclus qu'aspiration & nasalité, qui se partagent les deux extrémités du même canal, operent le même effet.

(2) *Opuscules sur la langue françoise, par divers Académiciens*, page 261.

Autre observation : ces terminaisons nasales, qu'on nous donne pour de simples voyelles, conservent tellement la consonne *n*, que c'est de la position qu'il dépend que cette consonne soit muette ou sonore. *On-n-arriva hier*, la voilà sonore. *Arriva-t-on hier*, la voilà muette. Puis-je donc me figurer que ce mot, *on*, soit pure voyelle dans l'une de ces phrases, lorsque dans l'autre j'entends distinctement sa consonne ?

Au reste, l'usage le plus certain & le plus constant a décidé quand cette consonne devoit être muette, quand elle devoit être sonore dans les terminaisons nasales. On reproche aux Normands de prononcer du *vi-n-admirable*, *mon cousi-n-est venu*. Peut-être que cette province ayant fourni aux Théatres de Paris & des Auteurs & des Actrices du premier ordre, sa mauvaise prononciation deviendroit contagieuse, si l'on perdoit de vue le principe qui tranche la difficulté. Et le voici, ce principe. Jamais ne faire sonner la terminaison nasale, à moins que le mot où elle se trouve & le mot qui la suit, ne soient immédiatement, nécessairement & inséparablement unis. Tel est *on* avant son verbe, *on arrive*, *on est arrivé*. Tels sont les adjectifs qui précedent leurs substantifs, *bon ange*, *certain auteur*. Tel est le monosyllabe *en*, soit préposition, *en Italie*, *en honneur*, soit pronom, *je n'en ai point*. Tels sont *bien* & *rien*, adverbes, mais non substantifs, *il est bien élevé*, *il n'a rien oublié*.

Je me souviens, à ce sujet, d'un conte que j'ai entendu faire au savant Evêque d'Avranches, M. Huet, dont ma plume n'écrit point le nom sans que la reconnoissance me parle au fond du cœur. François I, le pere des Lettres en France, disons plus, l'ami des gens de Lettres, avoit permis à Melin de Saint-Gelais, son Bibliothécaire & son Aumônier, de parier que toutes les fois qu'il plairoit au Roi d'ouvrir le discours en vers, lui Saint-Gelais acheveroit la phrase sur les mêmes rimes. Un jour donc le Roi mettant le pied à l'étrier, & ayant regardé Saint-Gelais, apostropha ainsi son cheval:

Joli, gentil, petit cheval,
Bon à monter, bon à descendre ;

& à l'instant, Saint-Gelais ajouta :

Sans que tu sois un Bucéphal,
Tu portes plus grand qu'Alexandre.

Venons à M. Huet. Son illustre compatriote, M. de Segrais, lui écrivit au nom de l'Académie de Caen, pour inviter l'Académie françoise à décider s'il falloit dire, *bo-n-à-monter*, *bon-d-descendre*, ou ne point faire tinter la consonne finale de *bon*. Sur quoi l'Académie françoise répondit que, puisqu'on pouvoit introduire un adverbe entre *bon* & la particule *à*, comme si, par exemple, on vouloit dire, *bon rarement à monter*, *bon cependant*, *bon quelquefois à descendre*, delà il s'ensuivroit que *bon* doit être prononcé sans liaison avec la particule *à*. Mézeray, en qualité de Normand, fut seul d'un avis contraire. Mais, comme Secrétaire de la Compagnie, il fut contraint de rédiger la décision, à laquelle il ajouta en riant : *Et sera ainsi prononcé, nonobstant clameur de haro.*

ARTICLE QUATRIEME.
De la quantité.

ON a déjà vu qu'il ne falloit pas confondre quantité & accent : car l'accent marque l'élévation ou l'abaissement de la voix, dans la prononciation d'une syllabe ; au lieu que la quantité marque le plus ou le moins de temps qu'on emploie à la prononcer.

Puisqu'on mesure la durée des syllabes, il y en a donc de longues & de breves, mais relativement les unes aux autres ; enforte que la longue est longue par rapport à la breve, & que la breve est breve par rapport à la longue. Quand nous prononçons *matin*, partie du jour, la premiere syllabe est breve, comparée à celle de *mâtin*, espece de chien.

Une breve se prononce dans le moins de temps possible. Quand nous disons, *à Strasbourg*, il est clair que la premiere syllabe, qui n'est composée que d'une seule voyelle, nous prendra moins de temps que l'une des deux suivantes, qui, outre la voyelle, renferment plusieurs consonnes. Mais les deux dernieres, quoiqu'elles prennent chacune plus de temps que la premiere *à*, n'en sont pas moins essentiellement breves : pourquoi ? parce qu'elles se prononcent dans le moins de temps possible.

Il y a donc (*a*) des breves moins breves les

(*a*) Voyez Denys d'Halicarnasse, dans son Traité *de l'arrangement des mots*, ch. 15 ; & G. J. Vossius, *De arte Grammaticâ*, liv. II, ch. 12, où il a oublié ce passage formel de Quintillien, *Et longis longiores, & brevibus sunt breviores syllabæ*, IX. 4.

unes que les autres ; & par la même raison, il y a des longues plus ou moins longues, sans cependant que la moins breve puisse jamais être comptée parmi les longues, ni la moins longue parmi les breves.

On mettra dans un rang à part notre syllabe féminine, plus breve que la plus breve des masculines. Je veux dire celle entre l'*e* muet, dont je n'ai déjà que trop parlé. Quoiqu'on l'appelle muet, il ne l'est point ; car il se fait entendre, à sa maniere, soit qu'il fasse la syllabe entiere comme il fait la derniere du mot *armée*, soit qu'il accompagne une consonne, comme dans les deux premieres du mot *revenir*. Ainsi, à parler exactement, nous aurions cinq temps syllabiques, puisqu'on pourroit diviser nos syllabes en muettes, breves, moins breves, longues, & plus longues. Mais il est inutile de tant anatomiser les sons : & nous n'avons qu'à suivre l'exemple des Grecs & des Latins, qui ne connoissoient que breves, longues & douteuses.

Quant à celles-ci, distribuons-les en deux classes. Il y en a qui tiennent une espece de milieu entre longue & breve, parce que l'oreille ne peut jusqu'à un certain point les apprécier : d'où il arrive que nos Poëtes les font pencher de quel côté ils veulent. Il y en a d'autres que l'usage a décidé qu'on devoit faire, tantôt breves, tantôt longues : mais de maniere que ni leur briéveté ni leur longueur n'est arbitraire, & qu'elle dépend absolument du lieu où la syllabe est placée.

Je ne m'assujettirai pourtant pas à spécifier toujours de quelle classe est telle ou telle douteuse, parce que cela demanderoit des explications également inutiles, & à ceux qui entendent la matiere, & à ceux qui ne l'entendent point.

Une chose à ne pas oublier, c'est qu'on mesure les syllabes, non pas relativement à la lenteur ou à la vîtesse accidentelle de la prononciation, mais relativement aux proportions immuables qui les rendent ou longues ou breves. Ainsi ces deux Médecins (4) de Moliere, l'un qui allonge excessivement ses mots, & l'autre qui bredouille, ne laissent pas d'observer également la quantité ; car, quoique le bredouilleur ait plus vîte prononcé une longue, que son camarade une breve, tous les deux ne laissent pas de faire exactement breves celles qui sont breves, & longues celles qui sont longues ; avec cette différence seulement, qu'il faut à l'un sept ou huit fois plus de temps qu'à l'autre pour articuler.

Tâchons présentement de faire connoître nos *breves*, nos *longues* & nos *douteuses*. Pour exécuter ce dessein, ou du moins pour montrer qu'il ne seroit pas impossible de l'exécuter, je vais parcourir nos différentes terminaisons, & insister principalement sur les pénultiemes syllabes, qui sont toujours saisies avec le plus d'avidité par l'oreille dans notre langue sur-tout, où il y a beaucoup de finales muettes. Je ne dois, au reste, considérer ici que la prononciation soutenue, sans toucher aux licences de la conversation.

A.

Quand il se prend pour la premiere lettre de l'alphabet, il est long : *un petit ā, une panse d'ā : il ne fait ni ā ni b.*

Quand il est préposition : il est bref, *je suis ă Paris, j'écris ă Rome, j'ai donné ă Paul* ; & de même quand il vient du verbe avoir : *il ă de beaux livres, il ă été, il ă parlé.*

(4) Dans l'Amour Médecin, Acte II.

Au commencement du mot l'*A* est long, dans *ācre*, *āge*, *āffre*, *āgnus*, *āme*, *āne*, *ānus*, *āpre*, *ārrhes*, *ās*. Hors delà il est bref, soit que tout seul il compose la premiere syllabe du mot, comme dans *ăpôtre*; soit qu'il soit suivi d'une consonne redoublée, comme dans *ăpprendre*; soit que les consonnes soient différentes, comme dans *ăltéré*, *ărgument*, &c.

A la fin du mot, il est très-bref, dans les prétérits & dans les futurs: *il aimă*, *il aimeră*, *il chantă*, *il chanteră*. Dans l'article *lă*. Dans les pronoms, *mă*, *tă*, *fă*. Dans les adverbes, *çă*, *lă*, *déjă*, *oui-dă*. On appuie un peu davantage sur les substantifs empruntés des langues étrangeres: *sofă*, *hocă*, *duplicată*, *agendă*, &c.

ABE. Toujours bref, excepté dans *astrolābe*, & dans *crābe*, poisson de mer.

ABLE. Bref dans tous les adjectifs: *aimăble*, *raisonnăble*, *capăble*, &c. Long dans la plupart des substantifs: *cāble*, *fāble*, *diāble*, *rāble*, *sāble*; & dans ces verbes, *on m'accāble*, *je m'ensāble*, *il hāble*.

ABRE. Toujours long: *sābre*, *cinābre*, *il se cābre*, *tout se délābre*. Et cette syllabe conserve sa longueur dans la terminaison masculine: *se cābrer*, *délābré*.

Ac. Regle générale. Toute syllabe dont la derniere voyelle est suivie d'une consonne finale, qui n'est ni *s* ni *z*, est breve: *săc*, *nectăr*, *sĕl*, *fĭl*, *pŏt*, *tŭf*, &c.

Une fois pour toutes, faisons ici mention de cette autre regle, qui est sans exception. Toute syllabe masculine, qu'elle soit breve ou non au singulier, est toujours longue au pluriel: *des sācs*, *des sēls*, *des pōts*, &c.

On doit même étendre cette regle jusqu'aux

singuliers masculins, dont la finale est l'une des caractéristiques du pluriel : *le tēmps*, *le nēz*, &c.

Ace. Long dans *grāce*, *espāce*, *on lāce* (5) *Madame*, *on la délāce*, *on entrelāce ses cheveux de perles*. Hors delà, toujours bref : *audăce*, *glăce*, *préfăce*, *tenăce*, *vorăce*, &c.

Ache. Long dans (6) *lāche*, *tāche*, entreprise, *gāche*, *relāche*, *je māche*, *on me fāche*. Et la même quantité se conserve avec la terminaison masculine : *mācher*, *relācher*, &c. Hors delà, bref : *tăche*, souillure, *moustăche*, *văche*, *il se căche*, &c.

Acle. Long dans *il rācle*, & *il débācle*. Hors delà douteux : *orăcle*, *mirăcle*, *obstăcle*, *tubernăcle*, *spectăcle*, &c.

Acre. Long dans *ācre*, piquant ; mais bref dans tout le reste : *Diăcre*, *năcre*, *ăcre de terre*, *le Săcre du Roi*, *săcre*, oiseau, &c.

Ade. Toujours bref : *aubăde*, *cascăde*, *făde*, *il persuăde*, *il s'évăde*, &c.

Adre. Bref dans *lădre*. Long dans *cādre*, *escādre*, *cela ne cādre pas*. Et cette syllabe est pareillement longue avec l'E fermé : *mādré*, *encādrer*.

Afe, Aphe. Toujours bref : *carăfe*, *épităphe*, *agrăffe*, &c.

Afre, Affre. Long dans *āffre*, frayeur, & dans *bāfre*, mot bas. Ailleurs bref : *balăfre*, *săfre*, &c.

Afle. Long : *rāfle*, *j'erāfle*. Et la même quan-

(5) Pourquoi *l'a* est-il long dans *lacer* ? A cause du primitif *lacqs*.

(6) Pour montrer que ces syllabes sont longues, autrefois on écrivoit, *lasche*, *tasche*, &c. Aujourd'hui du moins on n'y doit pas oublier l'accent circonflexe : *lâche*, *tâche*, &c.

tité se conserve quand l'E se ferme : râsler, érâsler.

AGE. Long dans le mot āge. Mais tellement bref dans tout le reste, qu'on appuie un peu (7) sur la pénultieme.

AGNE. Toujours bref, excepté ce seul mot, je gāgne, gāgner.

AGUE. Toujours bref : băgue, dăgue, văgue, il extravăgue, &c.

AI, fausse diphtongue, qui ne rend qu'un son simple. Quand c'est le son d'un E ouvert, la syllabe est douteuse : vrāi, essāi. Mais breve, quand le son approche plus de l'E fermé : j'ăi, je chăntai.

AIE. Toujours long : hāie, plāie, vrāie, &c. Voyez sous la terminaison ÉE, la regle générale.

Mais elle n'a pas lieu à l'égard des mots, dont la derniere syllabe est mouillée : cette derniere syllabe alors n'étant pas composée de l'E muet tout seul, puisqu'il y entre aussi un I. Car l'Y dans je paye, il bégaye, tient lieu de deux I, dont l'un affecte une syllabe, & l'autre une autre ; comme si l'on écrivoit, je pai-ïe, il bégai-ïe. Et peu importe que la derniere soit féminine ou masculine, la pénultieme n'en est pas moins breve : je păi-ïe, il bégăi-ïe, nous păi-ïons, vous bégăi-ïez, &c.

AIGNE. Toujours bref ; chatăigne, je dăigne, il se băigne, on le săigne, &c.

AIGRE. Toujours bref : ăigre, măigre.

AIL. Regle générale. Quand un mot finit par

_____

(7) *Pronuntiationem habent talem, ut penultima syllaba produci potiùs, quam corripi dicenda sit ; sed tamen ita ut aures hanc productionem vix sentiant.* Ainsi parle H. Estienne dans ses *Hypomneses*, p. 9. On peut en dire autant des adjectifs terminés en *ABLE*.

l mouillé, la syllabe est breve : *éventăil*, *vermĕil*, *Avrĭl*, *quenoüille*, *fautĕuil*.

AILLE. Bref dans *mĕdăille*, & dans ces verbes, *je dĕtăille*, *j'ĕmăille*, *je travăille*, *je băille*, pour dire je donne. Mais long dans tout autre mot, quand même l'*E* devient fermé : *je rāille*, *rāillé*, *il se dēbrāille*, *dēbrāillé*, *il rimāille*, *rimāilleur*.

AILLET. AILLIR. Bref: *măillet*, *păillet*, *jăillir*, *assăillir*. On n'entend que l'*A* dans les pénultiemes, & l'*I* n'y est que pour mouiller la consonne suivante : non plus que dans les deux articles précédents, & dans le suivant.

AILLON. Bref dans *mĕdăillon*, *batăillon*, *nous ĕmăillons*, *dĕtăillons*, *travăillons*. Hors delà, il est long : *hāillon*, *bāillon*, *pēnāillon*, *nous tāillons*, &c.

AIM. AIN. Voyelles nasales. Regle sans exception. Quand elles sont suivies d'une consonne qui n'est pas la leur propre, c'est-à-dire, qui n'est ni *M*, ni *N*, & qui commence une autre syllabe, elles rendent longue la syllabe où elles se trouvent : *jāmbe*, *jāmbon*, *craīnte*, *trēmbler*, *peīndre*, *joīndre*, *tōmber*, *hūmble*, &c.

AIME. Cette terminaison, ainsi orthographiée, n'a lieu que dans le verbe *aimer*, où elle est breve.

AINE. Long dans *hāine*, *chāine*, *gāine*, *je crāine*, & leurs dérivés. Hors delà, bref : *capităine*, *fontăine*, &c.

AIR. AIRE. Le premier est douteux au singulier : *l'ăir*, *chăir*, *éclăir*, *păir*, &c. Le second est long : *une āire*, *une pāire*, *chāire*, *on m'éclāire*, &c.

AIS. AIX. AISE. AISSE. Tous longs : *palāis*, *pāix*, *fournāise*, *qu'il plāise*, *cāisse*, *qu'il se repāisse*, &c.

AIT. AITE. Bref : lăit, attrăit, il făit, par̄făit, retrăite, &c. Il faut excepter, il plāît, il nāît, il repāît, fāîte, sommet.

AITRE. Toujours long : trāître, māître, & autres terminaisons semblables, quoique l'orthographe soit différente, parōître, connōître, &c. Voyez ÊTRE.

ALE. ALLE. Toujours brefs : cigăle, scandăle, une mălle, &c. Il faut excepter (8) ces mots : hāle, pāle, un māle, un rāle, il rāle. Et quand la finale de ces mots est masculine, leur pénultieme conserve sa longueur : hālé, pāleur, rāler.

AM. AN. Voyez ci-dessus la regle des nasales, où il faut ajouter que, si leurs propres consonnes, M ou N, se redoublent, cela rend breve la syllabe à laquelle appartient la premiere des consonnes redoublées, qui demeure alors muette, & n'est plus nasale : épigrămme, qu'il prănne, consŏnne, persŏnne, &c. Il n'y a d'exception que flāmme, dont la pénultieme est longue.

AME. Toujours bref : Dăme, estăme, răme, on le diffăme, un cerf qui brăme, &c. Il en faut excepter āme, infāme, blāme, il se pāme, un Brāme Indien.

Joignez-y les aoristes, nous aimāmes, nous chantāmes, & de même sous les autres terminaisons, nous écrivīmes, nous répondīmes, nous reçūmes.

ANE. Toujours bref : cabăne, orgăne, pănne, &c. Il en faut excepter āne, crāne, les mānes, de la mānne, une mānne, & je dānne, je condānne, qu'il seroit plus régulier d'écrire, damne

_____
(8) On y mettoit autrefois une s muette, pasle, masle, ou la voyelle s'y redoubloit, raale ; aujourd'hui un accent circonflexe.

& *condamne*, non-seulement à cause de l'étymologie, mais de peur que la consonne redoublée ne donne lieu de prononcer mal.

ANT. Voyez sous AIN la regle des nasales. Mais dans ce mot *comptant*, il y a cette différence, qu'employé comme gérondif, il est long : *je me suis trompé en comptānt de l'argent* ; & il est bref quand on l'emploie substantivement ou adverbialement : *il a du comptănt, j'aime à payer comptănt*.

AP. Voyez la regle sous *Ac*.

APE. APPE. Toujours brefs : *Păpe, săpe, frăppe*. Exceptez *rāpe* & *rāper*, où il est ouvert & long.

APRE. Toujours long.

AQUE. Toujours bref, à l'exception de *Pāques* & *Jācques*.

AR. Voyez la regle sous *Ac*.

ARBE. Regle générale. Toute syllabe qui finit par R, & qui est suivie d'une syllabe commençante par toute autre consonne est breve : *bărbe, bărque, bĕrceau, infŭrme, ŏrdre*, &c.

ARE. Long : *barbāre, je m'égāre, je prépāre*, &c. Mais, quand la derniere syllabe n'est plus muette, il redevient bref : *égăré, prépărant, barbărie*, &c.

ARRE. Regle générale. Quelle que soit la voyelle qui précede deux R, quand les deux ensemble ne forment qu'un son indivisible, la syllabe est toujours longue : *ārrét, bārre, bizārre, tonnērre, éclōrre*, &c.

ARI. ARRE. Toujours brefs : *mări, pări, Mărie, barbărie*. Exceptez *hourvāri, mārri, équārri*.

AS. Ordinairement long, car il y a peu de mots ainsi terminés, où l'A ne soit très-ouvert, soit qu'on prononce l's, comme dans *Pallās*, un ās; soit qu'on ne le prononce point, comme dans *tas, gras, tu as, tu joueras,* &c.

Ase. Toujours long : *hāse, Pegāse, emphā-se, extāse, rāser,* &c. Regle générale, qu'entre deux voyelles dont la derniere est muette, les lettres *s* & *z* allongent la pénultieme : *bāse, extāse, diocēse, il pēse, bētise, franchīse, rōse, epoūse, rūse, reclūse,* &c.

Mais, si la syllabe qui commence par une de ces lettres, est longue de sa nature, elle conserve sa quantité, & souvent l'antépénultieme devient breve : *il s'extăsie, pĕsée, epoŭsée,* &c.

Aspe. Regle générale. Une *s* prononcée, qui suit une voyelle & précede une autre consonne, rend la syllabe toujours breve : *jăspe, măsque, ăstre, burlĕsque, funĕste, pĭste, rĭsque, pŏste, brŭsque, jŭste.*

On a vu sous Arbe la même regle.

Asse. Bref, excepté dans les substantifs, *bāsse, cāsse, clāsse, echāsse, pāsse, nāsse, tāsse, chāsse* de Saint, & *māsse,* terme de jeu ; dans les adjectifs féminins, *bāsse, grāsse, lāsse* ; & dans ces verbes, *il amāsse, enchāsse, cāsse, pāsse, compāsse* & *fāsse,* avec leurs composés.

Tous ces mots conservent leur quantité, lors même qu'au lieu de la terminaison muette, ils en prennent une masculine : *chāssis, cāsser, pāsser,* &c.

Joignez-y la premiere & la seconde personne du singulier, avec la troisieme du pluriel, terminées en *āsse, āsses* & *āssent,* au subjonctif : *que j'aimāsse, que tu aimāsses, qu'ils aimāssent.*

At. Long dans (9) ces substantifs : *bāt* de mulet,

---

(9) Aussi ces syllabes, & celles de la terminaison

mulet, măt, appât, dégât; & dans les troisiemes personnes du singulier au subjonctif,
Qu'il aimāt, qu'il chantāt, &c. Bref dans tous
les autres substantifs, dans les adjectifs, & au
Présent de l'indicatif : Avocăt, éclăt, plăt, cho-
colăt, on se băt, &c.

ATE. ATES. Toujours brefs, excepté dans
hāte, pāte, il appāte, il gāte, il māte, il dé-
māte; & dans les secondes personnes du pluriel,
terminées en ātes, à l'aoriste : vous aimātes,
vous chantātes.

ATRE. ATTRE. Brefs dans quătre, & dans
băttre, avec ses dérivés. Hors delà, toujours
longs : idolātre, théātre, opiniātre, emplātre,
&c.

AU, fausse diphtongue. Quand il forme une
syllabe suivie de la terminaison muette, il est
long : āuge, āutre, āune, āube, tāupe. Il est
long pareillement, lorsque dans la derniere
syllabe du mot il est suivi d'une consonne :
hāut, chāud, chāux, fāux. Exceptez Paul. Mais
il est douteux, quand il précede une syllabe
masculine : ăubade, ăudace, ăutomne, ăugmen-
ter, ăuteur; & quand il est final : Joyău, co-
tĕau, &c.

AVE. Bref dans răve, căve, on păve, &c.
Plus souvent long : entrāve, grāve, conclāve,
&c. Mais lorsqu'au lieu de la syllabe muette, il
en fait une masculine, la précédente est breve :
grăvier, conclăviste, aggrăver, &c.

Quand brave précede son substantif, il est
bref, un brăve homme : mais long, s'il ne vient
qu'après, un homme brāve.

AVRE. Toujours long : cadāvre, &c.

vante, prenoient-elles toutes autrefois une s muette,
băst, măst, qu'il tombăst, qu'il aimăst, vous aimăstes.
On n'y doit pas oublier aujourd'hui l'accent circonflexe.

Tome II.   T

AX, AXE. Toujours brefs : *Ajäx*, *thorăx*, *parallăxe*, &c.

E.

On distingue trois principales sortes d'*e*, qui expriment divers sons, & dont la différence est sensible dans *fermeté*, dans *honnêteté*. On appelle *e ouvert*, celui qui se présente le premier dans ces deux mots : *e muet*, celui du milieu : *e fermé*, celui qui est à la fin. On ne met point d'accent sur l'*e muet* : on met l'aigu sur le fermé : on met le grave ou le circonflexe sur l'*e ouvert*, & souvent on n'y en met point du tout, comme ici sur la premiere syllabe de *fermeté*.

Quand on dit *e* féminin, cela regarde uniquement l'*e muet* ; & quand on dit *e* masculin, cela regarde indifféremment les deux autres.

A l'égard de l'*e* muet, il suffit d'en savoir deux choses. La premiere, qu'il ne commence jamais un mot. La seconde, qu'il ne se trouve jamais en plusieurs syllabes consécutives : ou que, s'il s'y trouve, comme dans quelques mots composés, tels que *revenir*, *redevenir*, *entretenir*, c'est du moins ce qui n'arrive jamais à la fin d'un mot. Ainsi, les verbes, dont la pénultieme est muette à l'infinitif, comme *appeler*, *peser*, *mener*, *devoir*, *concevoir*, prennent, dans les temps qui finissent par l'*e* muet, ou un *e* masculin, ou la diphtongue *oi*. J'appelle, *il pese*, *ils menent*, *ils doivent*, *ils conçoivent*. *Prenez*, *ils prennent*. *Venez*, *qu'il vienne*. On dit *chapelain*, *chapelle*, *chandelier*, *chandelle* ; *celui*, *celle*. Par la même raison, quoiqu'on dise, *j'aime*, *je chante*, *nous disons*, *aimé-je*, *chanté-je*. Tel est le génie de notre langue ; & l'on doit, ce me semble, conclure de son uniformité sur ce point qu'elle ne se gouverne nullement selon les loix d'un usage arbitraire & aveugle ; mais qu'elle a, de temps immémorial, consulté les principes de l'harmonie, qui demandent, ou que la pénultieme soit fortifiée, si la derniere est muette ; ou que la pénultieme soit foible, si la derniere est le siége où se trouve le soutien de la voix.

Il n'est donc plus question ici que de ce qui regarde nos E masculins. Celui qui est ouvert, peut être plus ou moins ouvert. Il l'est peu dans *ferme* : il l'est tout-à-fait dans *procès*. Le moins ouvert est souvent bref : le très-ouvert est toujours long.

EBLE. EBRE. EC. ECE. Toujours brefs : *hiĕble* ; *funĕbre*, *bĕc*, *niĕce*.

ECHE. Long & très-ouvert dans *bēche*, *lēche*, *griēche*, *pēche*, action de pêcher ; *pēche*, fruit ; *revēche*, *il empēche*, *il dépēche*, *il prēche*. Bref & peu ouvert dans *calĕche*, *flĕche*, *mĕche*, *crĕche*, *sĕche*, *brĕche*, *on pĕche*, lorsqu'il signifie on fait un péché.

ECLE. ECT. ECTE. EDE. EDER. Tous brefs : *siĕcle*, *respĕct*, *insĕcte*, *insĕcte*, *tiĕde*, *remĕde*, *cĕder*, *possĕder*, &c.

ÉE. Regle générale. Tous les mots qui finissent par un E muet, immédiatement précédé d'une voyelle, ont leur pénultieme longue : *pensēe*, *armēe* ; *je līe*, *je me fīe* ; *joīe*, *j'envoīe* ; *je loūe*, *il joūe* ; *je nūe*, *la rūe*.

Mais, si dans tous ces mêmes mots l'E muet se change en un E fermé, alors la pénultieme, de longue qu'elle étoit, devient breve : *lĭer*, *jŏyeux*, *lŏuer*, *nŭer*, &c.

EE. Regle générale. Quand une voyelle finit la syllabe, & qu'elle est suivie d'une autre voyelle, qui n'est pas l'E muet, la syllabe est breve : *crĕé*, *fĕal*, *actĭon*, *hăir*, *douĕ*, *tŭer*, &c.

Ef. Effe. Le premier est bref : *chĕf*, *brĕf*. Le second est long : *grēffe*.

Efle. Il est long dans *nēfle*, & bref dans *trĕfle*.

Ege. Egle. Le premier long : *sacrilēge*, *collēge*, *siēge*, &c. L'autre bref : *rĕgle*, *sĕigle*, &c.

Egne. Eigne. Le premier est douteux : *rĕgne*, *douĕgne*. L'autre bref : *pĕigne*, *ensĕigne*, *qu'il fĕigne*, &c.

Egre. Egue. Brefs : *nĕgre*, *intĕgre*, *bĕgue*, *collĕgue*, *il allĕgue*, &c.

Eil. Eille. Brefs : *solĕil*, *sommĕil*, *abĕille*. Voyez la regle sous Ail. Il n'y a d'exception sous Eille, que *viēille*, *viēillard*, *viēillesse*.

Ein. Eint. Voyez nasales.

Eine. Bref : *vĕine*, *pĕine*, &c. Ce seul mot *Rēine* est long.

Einte. Toujours long : *attēinte*, *dépēinte*, *fēinte*, &c.

Eitre. Nous n'avons qu'un mot ainsi terminé, *rēitre*, long.

El. Toujours bref : *sĕl*, *autĕl*, *cruĕl*.

El. Elle. Long (1) dans *zēle*, *poēle*, *frēle*, *pēle-mēle*, *grēle*, *il se fēle*, *mouton qui bēle*. Hors delà, bref : *modĕle*, *fidĕle*, *rebĕlle*, *mortĕlle*, &c.

Em. En. Je n'ajoute rien ici à la regle des voyelles nasales, si ce n'est que la consonne finale est sonore dans ces mots : *itĕm*, *Bethleĕm*, *amĕn*, *hymĕn*, *examĕn*, &c.

Eme. Douteux dans *crĕme*. Bref dans *je sĕme*;

---

(1) Voilà pourquoi, anciennement, toutes ces longues prenoient une s muette, *poesle*, *mesle*, &c. Exceptez *zele*, dont l'orthographe a toujours suivi l'étymologie.

FRANÇOISE.

il sĕme. Long par-tout ailleurs : *baptēme*, *chrēme*, *mēme*, &c.

ENE. ENNE. Longs dans *chēne*, *cēne*, *scēne*, *gēne*, *alēne*, *rēne*, *frēne*, *arēne*, *pēne*, & dans les noms propres, *Athēnes*, *Diogēne*, *Mécēne*, &c. Bref dans *phénomĕne*, *ébĕne*, *étrĕnne*, *qu'il prĕnne*, *apprĕnne*, & par-tout où la consonne est redoublée.

EPE. ERE. Toujours longs : *guēpe*, *crēpe*, *Vēpres*. Exceptez *lĕpre*.

EPTE. EPTRE. Toujours brefs : *précĕpte*, *il accĕpte*, *scĕptre*, *spĕctre*.

EQUE. ECQUE. Long dans *Evēque*, & *Archevēque*. Bref hors delà : *Grĕque*, *bibliothĕque*, *obsĕques*, &c.

ER. Il est bref dans *Jupitĕr*, *Lucifĕr*, *éthĕr*, *chĕr*, *clĕrc*, *cancĕr*, *patĕr*, *magistĕr*, *fratĕr*, & quelques autres, ou noms propres, ou noms étrangers. Il est bien plus ouvert, & long, dans *fēr*, *enfēr*, *légēr*, *mēr*, *amēr*, *hivēr*. Il est douteux dans les infinitifs, lorsqu'on fait sonner l'R avec la voyelle suivante, comme il le faut toujours en lisant des vers.

ERBE. ERCE. ERSE. ERCHE. ERCLE. ERDE. ERDRE. Tous brefs. Voyez sous la terminaison ARBE la regle générale.

ERD. ERT. Douteux : *concĕrt*, *ouvĕrt*, *désĕrt*, *il pĕrd*, &c.

ERE. Douteux, & l'E un peu ouvert : *chimĕre*, *pĕre*, *sincĕre*, *il espĕre*, &c. Long au pluriel de l'aoriste : *ils allērent*, *ils parlērent*, &c.

ERGE. ERGUE. ERLE. ERME. ERNE. ERPE. Tous brefs. Regle générale sous la terminaison ARBE.

ERR. Toujours long, suivant la regle générale, quand les deux R ne forment qu'un son

T 3

indivifible, comme dans *guĕrre*, *tonnĕrre*, *nous vērrons*: mais bref, lorfqu'elles fe font entendre chacune féparément, comme dans *ĕrreur*, *tĕrreur*, *ĕrrant*, *ĕrronné*, *ĕrrata*.

Erte. Ertre. Erve. Voyez la regle fous la terminaifon Arbe.

Esse. Long dans *abbēſſe*, *profēſſe*, *confēſſe*, *prēſſe*, *comprēſſe*, *exprēſſe*, *cēſſe*, *lēſſe*, *on s'emprēſſe*, *il profēſſe*. Hors delà bref : *tendrĕſſe*, *parĕſſe*, *carĕſſe*, &c.

Esque. Este. Estre. Voyez Aspe.

Et. Long (2) dans *arrēt*, *benēt*, *forēt*, *genēt*, *prēt*, *apprēt*, *acquēt*, *intérēt*, *tēt*, *protēt*, *il ēſt*. Hors delà, bref : *cadĕt*, *bidĕt*, *ĕt*, conjonction, *fujĕt*, *brochĕt*, &c.

Ete. Long dans *bēte*, *fēte*, *arbalēte*, *boēte*, *tempēte*, *quēte*, *conquēte*, *enquēte*, *requēte*, *arrēte*, *crēte*, *tēte*. Bref par-tout ailleurs, & le *t* s'y redouble, à moins que l'étymologie ne le défende : *prophĕte*, *poĕte*, *comĕte*, *tablĕtte*, *houlĕtte*, *il tĕtte* : *il crochĕtte*, *il cachĕtte*, &c.

Honnéte, bref dans *honnĕte-homme*, mais long dans *un homme honnēte*, &c.

Vous étes, feconde perfonne du verbe *étre*, au préfent de l'indicatif, eſt au gré du Poëte, long ou bref.

Etre. Long dans *ētre*, *falpētre*, *ancētre*, *fenētre*, *prētre*, *champētre*, *hētre*, *chevētre*, *guētre*, *je me dépētre*. Bref par-tout ailleurs, & le *t* s'y redouble, à moins que l'étymologie ne s'y oppoſe : *diamĕtre*, *il pénĕtre*, *lĕttre*, *mĕttre*, &c.

Eu, diphtongue oculaire, qui ne forme qu'un

---

(2) Tout ce qu'il y a de long dans cet article & dans les deux fuivans, s'écrivoient autrefois avec une *s* muette, qui ne s'eſt conſervée que dans *eſt*, troiſieme perſonne du verbe *é tre*, au préſent de l'indicatif.

son unique. Bref au singulier : f̆eu, bl̆eu, j'̆eu, &c.

Eve. Long dans trēve, la grēve, il rēve ; & la pénultieme de ce verbe demeure longue dans tous ces temps : rēver, je rēvois. Douteux dans f̆eve, cr̆eve, il ach̆eve, il cr̆eve, il se l̆eve ; & la pénultieme de ces verbes, suivie d'une syllabe masculine devient muette, achever, il se levoit, il creva.

Euf. Bref : ve̎uf, ne̎uf, un œ̎uf, un bœ̎uf. On prononce l'F dans tous ces mots au singulier, mais non au pluriel, si ce n'est dans veuf.

Euil. Voyez Ail.

Eule. Long dans mēule & vēule. Hors de là, bref : s̆eule, gŭeule, &c.

Eune. Il est long dans jēune, abstinence ; & bref dans j̆eune, qui n'est pas vieux.

Eur. Eure. Le premier est bref au singulier : ŏdeur, p̆eur, maj̆eur ; & long au pluriel : odēurs, &c. Mais le second est douteux ; car, si le mot en fait nécessairement attendre un autre, la syllabe est breve : une h̆eure entĭere, la maj̆eure part ; &, s'il ne fait rien attendre, elle est longue : cette fille est majēure, j'attends depuis une hēure.

Evre. Douteux : l̆evre, ch̆evre, lĭevre, orf̆evre, &c.

Eux. Euse. Long : dēux, préciēux, préciēuse, quētēuse, crēuser.

Ex. Toujours bref : ĕxemple, ĕxtirper, s̆exe, perpl̆ex. Voyez Ax.

I.

Une observation que l'on a déjà pu faire, mais qui deviendroit encore plus sensible dans les trois voyelles dont il reste à parler, c'est que le nombre des breves l'emporte de beaucoup sur celui des longues. Pour abréger donc, je supprimerai désormais toutes les terminaisons sous lesquelles il ne se trouve que des breves.

IDRE. Long : *Hīdre, cīdre*. On écrit *Hydre* à cause de l'étymologie.

IE. Diphtongue. Douteux : *mĭel, fĭel, fĭer, amitĭé, moitĭé, carrĭere, poussĭere, tĭen, mĭen, Dĭeu*, &c.

IE. Dissyllabe. Long : *vīe, saisīe, il prīe*, &c. Voyez la regle générale, sous la terminaison ÉE, ci-dessus.

IEN. Quand il est dissyllabe, les deux dissyllabes sont breves : *lĭĕn, Parisĭĕn*. Quand il est diphtongue, la syllabe est douteuse, *le mĭen, soutĭen, rĭen*.

IGE. Douteux : *tĭge, prodĭge, litĭge, vestĭge, je m'oblĭge, il s'afflĭge*, &c. Mais bref dans les temps de ces verbes qui ne finissent point par un E muet : *s'oblĭger, s'afflĭger*, &c.

ILE. Long : dans *īle, huīle, stīle, tuīle*, & *presqu'īle*.

IM. IN. (3). Voyez sous AIM.

IME. Long dans *abīme* & *dīxme*. Joignez-y ces pluriels de l'aoriste : *nous vīmes, nous répondīmes*, &c.

IRE. Douteux : *empĭre, Sĭre, écrĭre, il soupĭre*. Long à l'aoriste : *ils punīrent, ils fīrent*, &c. Mais bref devant le masculin : *soupĭrer, desĭrer*.

ISE. Long : *remīse, surprīse, j'épuīse. Qu'ils dīsent, ils dīsent*. Voyez ASE.

ISSE. Toujours brefs, excepté dans le Subjonctif : *que je fīsse, que tu écrivīsses, qu'ils fīssent*, &c.

(3) Henri Estienne, dans ses *Hypomneses*, page 42, traite de licence outrée des rimes de *vain* & *vin*, de *pain* & *pin*.

FRANÇOISE.

IT. Il n'eſt (4) long qu'au ſubjonctif : *qu'il dît, qu'il fît.*

ITE. Long dans *bénîte, gîte, vîte,* & dans ces ſecondes perſonnes de l'aoriſte : *vous fîtes, vous vîtes.*

ITRE. Long dans *épître, huître, regître.* Que ſi l'on écrit *regiſtre,* qui eſt le plus régulier, alors la pénultieme eſt breve.

IVE. Long dans les adjectifs féminins, dont les maſculins ſe terminent en IF : *tardîve, captîve, juîve,* &c.

IVRE. *Vîvre,* ſubſtantif, long.

O.

Quand il commence le mot, il eſt fermé, & bref, excepté dans *ôs, ôſer, ôſter,* & *ôter,* où il eſt ouvert & long : auſſi-bien que dans *hôte,* quoiqu'on diſe *hôtel,* & *hôtellerie.*

OBE. Long, & ouvert dans *glôbe,* & *lôbe.* Bref & fermé ailleurs.

ODE. Long dans *je rôde.* Bref par-tout ailleurs : *mŏde, antipŏde,* &c.

OGE. Long dans un ſeul mot, *le Dôge,* & bref hors delà : *élŏge, horlŏge, on dérŏge.*

OI. Diphtongue. Douteux à la fin du mot : *Roï, moï, emploï,* &c.

OIE. Long : *jôie, qu'il vôie,* &c.

OIENT. Terminaiſon des troiſiemes perſonnes du pluriel, dans quelques-temps des verbes où il n'eſt pas diphtongue : *ils avôient, ils chantôient ;* au lieu que le ſingulier eſt bref : *il avŏit, il chantŏit.*

OIN. Voyez la regle des naſales.

OIR. OIRE. Le premier, douteux : *eſpŏir,*

(4) Autrefois on écrivoit *qu'il fiſt, qu'il diſt.* On doit remplacer l's par un accent circonflexe.

terroir, &c. L'autre, long : boire, gloire, mémoire, &c.

Ois. Toujours long, soit que la diphtongue s'y fasse sentir, comme dans fois, bourgeois, Danois, soit qu'elle n'y rende que le son de l'E ouvert, comme dans (5) certains temps des verbes : j'étois, je chanterois ; & dans certains noms de nation : un François, les Anglois.

Oise. Oisse. Oitre. Oive. Tous longs: framboise, paroisse, substantif; cloître, poivre, &c. De ces quatre terminaisons, la seconde & la troisieme sonnent comme l'E ouvert, dans tous les temps de ces deux verbes paroître & connoître, avec leurs dérivés.

Oit. Long dans il paroît, il connoît & il croît, venant de croître.

Ole. Toujours bref, excepté dans ces mots: drôle, pôle, geôle, môle, rôle, contrôle, il enjôle, il enrôle.

Pour mettre de la différence entre il vole, il vole en l'air, & il vole, il dérobe, plusieurs le font long dans le dernier sens.

Om. On. Voyez la regle des nasales sous la terminaison Ain.

Ome. One. Long. atome, axiome, phantôme, matrone, Amazone, thrône, prône, aumône, &c. Rome, est à excepter. Pour les mots où la consonne est redoublée, ils suivent la Regle générale, sŏmme, pŏmme, consŏnne, courŏnne.

Ons. Toujours long : nous aimons, fond, ponts, &c. Regle des pluriels.

Or. Toujours bref : castŏr, butŏr, encŏr, sonner du cŏr, un cŏr au pied, bŏrd, effŏrt.

(5) Par la Grammaire de Ramus, qui vouloit conformer son orthographe à la prononciation de son temps, nous voyons qu'alors on prononçoit, j'étoès, je chanteroès, Polonoès, &c. car voilà comme il orthographie.

Mais suivi d'une *s*, il est long : *hōrs*, *alōrs*, *trēsōrs*, *le cōrps*, &c. Voyez Ac.

Ore. Orre. Longs : *encōre*, *pécōre*, *aurōre*, *éclōre*. Mais avec cette différence, que les pénultiemes des verbes où il n'y a qu'une R, & qui sont longues au présent de l'indicatif, *je décōre*, *elle s'évapōre*, deviennent breves, quand elles sont suivies d'une terminaison masculine : *décŏré*, *évapŏré* ; au lieu que l'R étant redoublée, ces pénultiemes demeurent longues : *j'éclōrrois*, *j'éclōrrai*.

Os. Ose. Longs : *ōs*, *propōs*, *dōse*, *chōse*, *il ōse*. Voyez As & Ase.

Osse. Long dans *grōsse*, *fōsse*, *endōsse*, *il défōsse*, *il engrōsse* ; &, si la suivante devient masculine, ces mots gardent leur quantité : *fōsse*, *endōsser*, *grōsseur*, *grōssesse*, &c.

Ot. Long (6) dans *impōt*, *tōt*, *dépōt*, *entrepōt*, *suppōt*, *rōt*, *prévōt*.

Ote. Long dans *hōte*, *cōte*, *maltōte*, *j'ōte*. Et la quantité des trois derniers est la même devant une finale masculine : *cōté*, *maltōtier*, &c.

Otre. Nous n'avons que trois mots ainsi terminés : *Apōtre*, *nōtre* & *vōtre*. Quant au premier, il est toujours long. Pour les deux autres, ils sont douteux : non que leur brieveté ou leur longueur soit arbitraire, car elle dépend de la place qu'ils occupent. Ils sont brefs, quand ils précedent leurs substantifs ; & longs, quand ils suivent l'article. On dit : *Je suis vŏtre serviteur*. On répond : *Et moi le vōtre. C'est là vōtre avis, mais le nōtre est que*, &c. *Les nōtres sont excellents, mais les vōtres ne valent rien.*

(6) Pour marquer la longueur de ces mots & de ceux qui sont dans l'article suivant, autrefois on y mettoit une *s* muette : *impost*, *rost*, *suppost*, *hoste*, *coste*. Et dans les brefs on a toujours redoublé la consonne, *hotte*, *cotte*, &c.

Quand on voudra étudier d'où vient cette différente prononciation du même mot, il ne sera pas difficile de voir que cela dépend des principes établis ci-dessus, au sujet de l'*e* muet. Si la finale est muette, comme dans cette phrase, *je suis le vôtre*, après laquelle mon oreille n'attend plus rien, alors la voix a besoin d'un soutien ; & ne le trouvant pas dans la finale, elle le prend dans la pénultieme. Mais dans cette autre phrase, *je suis votre serviteur*, où j'attends nécessairement le substantif de *vôtre*, ce substantif est destiné à soutenir ma voix, parce qu'il ne m'est pas permis de mettre le moindre intervalle entre *votre* & *serviteur*.

Peut-être n'y-a-t-il point de principe qui ait plus d'étendue que celui-là dans notre Prosodie. On en a déjà vu beaucoup d'autres applications. Une syllabe douteuse, & qu'on abrege dans le cours de la phrase, est allongée si elle se trouve à la fin. Quelquefois même, & dans le discours ordinaire, aussi-bien que dans la déclamation, une longue devient breve par la transposition du mot : car on dit, *un homme honnête*, *un homme brăve* : mais on dit, *un brăve-homme*, *un honnête homme*. J'ai déjà rapporté ces deux exemples ailleurs. Mais combien d'autres observations faudroit-il pour déterminer quand & où la disposition change la quantité ?

OUDRE. OUE. Long : *pōudre*, *mōudre*, *rēsōudre*, &c. *bōue*, *jōue*, *il lōue*, &c. Mais suivis d'une terminaison masculine, ils deviennent brefs : *pŏudré*, *mŏulu*, *rŏué*, *lŏué*.

OUILLE. Long dans *rōuille*, *il dérōuille*, *j'embrōuille*, *il débrōuille*. Mais bref, quand la terminaison devient masculine : *rŏuiller*, *brŏuillons*.

OULE. Long dans *mōule*, *elle est faōule*, *il se faōule*, *il fōule*, *la fōule*, *il rōule*, *écrōule*.

OURE, OURRE. Le premier est douteux : bravoure, ils courent. Le second est long : de la boure, il bourre, il fourre, qu'il courre. Mais la syllabe féminine devenant masculine, alors la précédente est breve, contre la Regle générale rapportée sous la terminaison ARRE, courrier, bourrade, rembourré, &c. Ajoutons le futur de l'indicatif, & l'imparfait du subjonctif, je mourrai, je courrai, je mourrois, je courrois, où chacune des deux R se fait entendre.

OUSSE. Long dans je pousse, & bref dans tout le reste, aussi-bien que dans les terminaisons qui en sont formées, comme tousser, coussin, &c.

OUT. Long dans Août, coût, goût, & moût.

OUTE. Long dans absoute, joute, croute, voute, il coute, il broute, je goute, j'ajoute. Mais le plus souvent bref au masculin : ajouter, couter, &c.

OUTRE. Long dans poutre, & dans coutre : bref par-tout ailleurs.

U.

Il ne s'agit ici que de l'*u* voyelle ; car l'*v* consonne par lui-même ne produit aucun son qui puisse être l'objet de la quantité.

UCHE. Dans bûche, embûche, on débûche, l'*u* est long. Mais il devient bref dans bûcher, débûcher, &c.

UE, diphtongue, qui ne se trouve que dans écuelle, où elle est aussi breve que peut l'être une vraie diphtongue.

UE, dissyllabe. Toujours long : vûe, tortûe, cohûe, je distribûe, &c.

Voyez la Regle générale sous la terminaison ÉE, ci-dessus.

UGE. Douteux : *déluge*, *refuge*, *juge*, *ils jugent*; & absolument bref, quand la syllabe devient masculine : *juger*, *refugier*, &c.

UI, diphtongue. Bref devant une syllabe masculine : *buisson*, *cuisine*, *ruisseau*, &c.

UIE. Long : *pluie*, *truie*, *il s'ennuie*, &c. Voyez la Regle générale sous la terminaison ÉE, ci-dessus.

ULE. Long dans le verbe *brûler*.

UM. UN. Voyez sous AIN, la Regle générale des nasales.

UMES. Long dans les premieres personnes de l'aoriste au pluriel : *nous reçûmes*, *nous ne pûmes*, &c.

URE. Long : *augure*, *verdure*, *parjure*, *on assure*, &c. Long à l'aoriste : *ils fûrent*, *ils voulûrent*. Mais bref devant le masculin, *augurer*, *parjurer*, &c.

USE. Toujours long : *muse*, *excuse*, *incluse*, *ruse*, *je récuse*, &c. On dit pareillement, *rusé*. Mais on dit, *excuser*, *refuser*, *récuser*, &c.

USSE. Au lieu que la terminaison UCE, réservée pour des substantifs, est toujours breve, *puce*, *aumuce*, *astuce*; celle-ci, à l'exception de quelques noms propres, comme *la Prusse*, *les Russes*, où elle est breve aussi, n'a lieu que dans les verbes, où elle est toujours longue : *que je pusse*, *que je connusse*, *qu'ils accourussent*.

UT. Bref dans tous les substantifs, excepté *fût*, tonneau, & *affût*. Bref dans tous les verbes à l'indicatif : *il fut*, *il vécut*, &c. Mais long au Subjonctif : *qu'il fût*, *qu'il mourût*.

UTE. UTES. Bref dans tous les substantifs, exceptez *flûte*. Mais toujours long dans les verbes : *voulûtes*, &c.

RÉCAPITULATION.

Pourroit-on encore, après avoir vu tant d'analogies si marquées, si palpables, douter que notre Prosodie n'ait ses principes, qu'il seroit fou d'attribuer au caprice? Car le caprice ne connoît rien d'uniforme, rien d'immuable. Mais, pour asseoir là-dessus un jugement plus certain, il est à propos de rassembler ici les regles éparses dans cette longue liste qu'on vient de parcourir.

1. Page 410. *Toute syllabe, dont la derniere voyelle est suivie d'une consonne finale, qui n'est ni s ni z, est breve.*

2. Page 410. *Toute syllabe masculine, qu'elle soit breve ou non, au singulier, est toujours longue au pluriel.*

3. Page 411. *Tout singulier masculin, dont la finale est l'une des caractéristiques du pluriel, est long.*

4. Page 412. *Quand un mot finit par* L *mouillée, la syllabe est breve.*

5. Pag. 413. *Quand les voyelles nasales sont suivies d'une consonne qui n'est pas la leur propre, c'est-à-dire, qui n'est ni* M *ni* N*, & qui commence une autre syllabe, elles rendent longue la syllabe où elles se trouvent.*

6. Page 414. *Quand les propres consonnes des voyelles nasales, c'est-à-dire,* M *ou* N*, se redoublent, cela rend breve la syllabe à laquelle appartient la premiere des consonnes redoublées, qui demeure alors muette, & n'est plus nasale.*

7. Page 415. *Quelle que soit la voyelle qui précede deux* R*, quand les deux ensemble ne forment qu'un son indivisible, la syllabe est toujours longue.*

8. Page 416. *Entre deux voyelles, dont la der-*

nière est muette, les lettres s & z allongent la syllabe.

9. Page 416. *Une* R, *ou une* S, *prononcées, qui suivent une voyelle, & précedent une autre consonne, rendent la syllabe toujours breve.*

10. Page 419. *Tous les mots qui finissent par un* E *muet, immédiatement précédé d'une voyelle, ont leur pénultieme longue.*

11. Page 419. *Quand une voyelle finit la syllabe, & qu'elle est suivie d'une autre voyelle, qui n'est pas l'*E *muet, la syllabe est breve.*

Je ne réponds pas que ces regles soient toutes sans exception. Tant de combinaisons auroient demandé plus de lumieres ; &, s'il faut que je m'accuse moi-même, plus de patience que je n'en ai ; ce n'est pas que je me reproche d'avoir trop peu consulté, mais je doute encore souvent. Je n'ai guere trouvé mes oracles d'accord entr'eux, & j'ai eu de plus à me défier de mes premieres impressions. Vaugelas, éternellement digne de marcher à la tête de ceux qui ont le mieux connu & le mieux servi notre langue, n'avoit-il pas toute sa vie conservé (7) l'accent de sa nourrice ? Quelle leçon pour moi personnellement ! Combien dois-je avoir fait de fautes ? Mais j'espere que d'habiles gens se feront un devoir de les relever ; & qu'enfin, puisque nous avons certainement une Pro-

---

(7) Voiture, dans une de ses Lettres à Mademoiselle de Rambouillet, parlant du danger qu'il avoit couru dans un lieu du Piémont, où il y avoit une garnison Espagnole : *On m'a*, dit-il, *interrogé. J'ai dit que j'étois Savoyard ; &, pour passer pour tel, j'ai parlé le plus qu'il m'a été possible, comme M. de Vaugelas. Sur mon mauvais accent, on m'a laissé passer.* Voiture, sans doute, vouloit plaisanter à son ordinaire ; mais sans doute aussi ce n'étoit pas sans quelque fondement.

FRANÇOISE. 433

sodie, on sera parvenu tôt ou tard à la bien connoître.

Pour finir sur ce qui regarde la quantité, voici ceux de nos *Homonymes*, dont elle sert à distinguer les différentes significations, &, de peur qu'on ne s'y méprenne, le Latin accompagnera le François.

HOMONYMES.

ăcre, acer.   ăcre, jugerum.
alêne, subula.   halëine, spiritus.
bâiller, oscitare.   băiller, dare.
bât, clitellæ.   il băt, verberat.
bâteleur, ludio.   băteliér, navita.
beauté, forma.   bŏté, ocreatus.
bête, pecus.   bĕte, beta.
boîte, pyxis.   il boĭte, claudicat.
bônd, saltus.   bŏn, bonus.
chair, caro.   chĕr, carus.
châsse, capsa.   chăsse, venatio.
clair, clarus.   clĕrc, clericus.

corps, corpus.   { cŏr, cornu.
                        { cŏr, gemursa.

côte, costa.
côte, collis.   cŏtte, crocota.
cuire, coquere.   cuĭr, corium.
faîte, culmen.
fête, festum.   faĭte, facta.
faix, onus.   faĭt, factum.
le foie, jecur.   { la foĭ, fides.
une fois, semel.   { le foŭet, flagrum.
forêt, silva.   forĕt, terebra.
je goûte, gusto.   une goŭtte, gutta.
grâve, gravis.   je grăve, scalpo.
hâle, solis ardor.   hălle, forum.
hôte, hospes.   hŏtte, sporta.

PROSODIE

jeūne, jejunium. — jeŭne, juvenis.
lācs, laqueus. — lăc, lacus.
lēgs, legatum. — { lăid, deformis. / lăit, lac.
lĭt, cubile.
līs, lilium. — mĕttre, ponere.
maītre, magister. — mălle, arca.
māle, mas. — măſſe, moles.
māſſe, luſoris pignus. — mă, mea.
māt, malus. — mătin, manè.
mātin, canis. — mŏi, ego.
moīs, menſis. — mŭr, murus.
mūr, maturus.
il naīt, naſcitur. } — nĕt, nitidus.
il n'eſt, non eſt. }
pāte, farina depaſta. — pŏmme, malum.
pāume, palma.
pēcher, piſcari. } — pĕcher, peccare.
pēcher, perſica. }
pēne, peſſulus. — pĕine, pœna.
rōt, caro aſſa. — rŏt, ructus.
ſās, cribrum. — ſă, ſua.
ſcēne, ſcena. } — { ſăine, ſana.
la cēne, cœna. } — { la Seĭne, Sequana.
tăche, macula.
tāche, conatus. — tĕtte, mamma.
tēte, caput.
vērs, metrum. } — vĕr, vermis.
vērs, verſus. } — vĕrd, viridis.
vērre, vitrum.

ARTICLE CINQUIEME.

Utilité de la Prosodie.

PUISQUE la Prosodie nous enseigne la juste mesure des syllabes, elle est donc utile, elle est nécessaire pour bien parler. Mais ce seroit parler très-mal, que d'en observer les regles avec une exactitude qui laisseroit entrevoir de l'affectation ou de la contrainte. Tout respire une aimable liberté dans la conversation des honnêtes-gens. Vivacité & douceur, c'est ce qui fait le caractere du François : & il faut que son caractere se retrouve dans son langage. Aussi ceux qui formerent peu-à-peu notre langue, se proposerent-ils évidemment ces deux fins. Pour la rendre vive, ou ils ont abrégé les mots empruntés du latin ; ou, lorsqu'ils n'ont pu diminuer le nombre des syllabes, du moins ils en ont diminué la valeur, en faisant breves la plupart de celles qui étoient longues. Pour la rendre douce, ils ont multiplié l'E muet, qui rend nos élisions coulantes : &, comme les articles & les pronoms reviennent souvent, ils en ont banni (7) l'*hiatus*, jugeant une cacophonie pire qu'une irrégularité.

Toutes les syllabes paroissent breves dans la conversation. Cependant, si l'oreille se rend attentive, elle sent que la Prosodie est observée par les personnes qui parlent bien. Les fem-

_____

(7) *L'épée* pour *la épée*. *Mon amitié* pour *ma amitié*. Impetratum est à consuetudine, ut peccare suavitatis causâ liceret. *Orat.* 47.

mes ordinairement parlent mieux que les hommes. Si l'on en croit Cicéron, cela vient de ce qu'étant (9) moins répandues, elles conservent plus fidélement l'accent d'une bonne éducation, & risquent moins de le corrompre par un accent étranger. Cette raison pouvoit être bonne pour les dames Romaines ; mais il y en a une meilleure pour celles de la Cour & de Paris : c'est qu'elles ont les organes plus délicats que nous, & plus d'habitude à discerner ce qui plaît ou ne plaît pas.

Plus la prononciation est lente, plus la Prosodie devient sensible. On lit plus lentement qu'on ne parle ; ainsi la Prosodie doit être plus marquée dans la lecture ; & bien plus encore au Barreau, dans la Chaire, sur le Théatre. Mais les bornes que je me suis prescrites, ne permettent pas que je m'arrête à ce qui distingue la conversation, la lecture, la déclamation ; & je ne considere l'utilité de la Prosodie, que par rapport à la Poésie & à l'Eloquence.

I.

Quand j'ai parlé de nos vers mesurés à la maniere des Grecs & des Latins, j'ai seulement voulu en conclure que notre Prosodie avoit été fort connue, dès le temps de Charles IX. Je n'ai prétendu dire, ni que cette sorte de versification fût possible en notre langue ; ni, en la supposant possible, qu'elle nous convînt.

Premiérement, elle ne me paroît pas possible. Car, quoique notre langue nous fournisse des longues & des breves, ce n'est pas avec le pouvoir de les placer à notre gré. Telle est la construction de nos phrases, que l'ordre naturel

(9) *De Orat.* liv. III, chap. 21.

y doit être toujours observé, en vers comme en prose. On fait marcher le nominatif avant le verbe; il faut que l'adjectif touche immédiatement le substantif, avant ou après; & lors même qu'en faveur de la netteté ou de l'énergie, nous faisons de légeres inversions, elles ont aussi leurs regles, qui nous ôtent la liberté de les glisser où il nous plaît.

Un de nos Poëtes n'est donc pas maître d'arranger ses paroles comme bon lui semble, pour attraper la mesure dont il a besoin; & quand, par hasard, il auroit rencontré la mesure d'un vers Saphique, ou Alcaïque, ce n'est pas à dire qu'il pût en faire un second, ni, à plus forte raison, une Ode entiere, comme les Poëtes du seizieme siecle l'avoient entrepris. Parmi plus de mille vers mesurés, que j'ai eu la curiosité de lire, je n'en ai pas trouvé un seul de bon, ni même de supportable.

Mais, en second lieu, quand même les vers mesurés seroient pour nous quelque chose de possible, &, si l'on veut, de facile, où Jodelle & Baïf avoient-ils pris que cette espece d'harmonie nous convînt? Quand, dis-je, notre Langue nous permettroit de faire des vers mesurés, sur quel fondement a-t-on voulu que les mesures des Grecs (1) fussent aussi les nôtres? Il est aisé de voir que nos François, il y a cent cinquante ans, n'étoient point encore assez en garde contre les abus de l'érudition, qui ne faisoit proprement que de naître chez eux. L'érudition, sans doute, est nécessaire pour former & pour assurer le goût: mais le goût,

---

(1) Vers *coriambique dimetre-hypercatalectique*. Vers *dactylo-trochaïque-tétramettrebra-chycatalectique*; termes employés par Baïf. Peut-on rien imaginer de plus burlesque dans la bouche d'un François?

à son tour, est nécessaire pour digérer l'érudition, si j'ose ainsi parler, & pour empêcher que l'esprit ne convertisse en poison ce qui est destiné à être sa plus saine nourriture. On doit également craindre & l'ignorance, & le pédantisme. Ceux qui négligent de s'instruire avec l'antiquité, risquent d'être bien neufs toute leur vie : & ceux qui ne veulent connoître que l'antiquité, ne sont jamais, ni de leur temps, ni de leur nation.

Voyons donc en quoi, & jusqu'à quel point nous pouvons tourner à nos usages les secours que nos Anciens tiroient de leur Prosodie. Il est clair que sa vertu consiste dans ce qu'ils appelloient le *rythme*, c'est-à-dire, *l'assemblage de plusieurs temps, qui gardent entr'eux certain ordre ou certaines* (2) *proportions*. Or, il y a ici deux choses à distinguer : la premiere, *que c'est un assemblage de plusieurs temps* : la seconde, *que ces temps gardent entr'eux certaines proportions*. Quant à la premiere, nous sommes tout-à-fait de niveau avec les Anciens, puisque nous avons, comme eux, nos temps syllabiques. Quant à la seconde, *que ces temps gardent entr'eux certaines proportions*, je demande si cette contrainte étoit préférable à notre liberté : un arrangement régulier des temps syllabiques, mais perpétuellement la même dans la même espece de Poésie, valoit-il mieux, & donnoit-il plus de jeu à l'esprit ? Au moins conviendra-t-on que le Poëte François se trouve précisément dans le cas où étoient les Orateurs, & Grecs & Latins. Ils n'avoient point de regles fixes pour la distribution des longues &

---

(2) C'est la définition d'Aristide-Quintilien, rapportée dans les Mémoires de l'Académie des Belles-Lettres, tome V, p. 152.

des breves dans leur profe ; mais ils ne laiſſoient pas de les diſtribuer avec art ; & nos Poëtes ont la même facilité, d'où réſultent les mêmes avantages.

Arrêtons-nous, cela étant, à l'effet que le rythme eſt capable de produire. Or, ſon effet propre & unique, c'eſt de rendre le diſcours ou plus lent ou plus vif. Plus lent, ſi l'on multiplie les pieds où dominent les longues. Plus vif, ſi l'on multiplie les pieds où dominent les breves. Car les pieds ſont dans les vers ce que ſont les pas dans la danſe. Il eſt vrai que les Anciens étant maîtres de l'arrangement des mots, pouvoient faire tout de ſuite autant de vers qu'ils vouloient, compoſés des mêmes pieds. Mais ce n'eſt pas de quoi il s'agit ; & ne leur diſputons pas cet avantage, ſi c'en eſt un. Peut-être au fond que ce retour uniforme de la même cadence, quelque réguliere qu'elle ſoit, ne fait qu'une ſorte de beauté, qui, tout préjugé à part, ne tient pas moins que la rime à l'arbitraire. Quoi qu'il en ſoit, l'utilité réelle de leur Proſodie, c'eſt de pouvoir donner au diſcours, ou de la vivacité, ou de la lenteur ; & nous le pouvons auſſi-bien qu'eux. J'irois même juſqu'à dire que nous ne ſommes pas obligés, comme eux, d'aſſembler des pieds, & de tels pieds ; mais qu'il nous ſuffit de mettre enſemble, ou un peu plus de breves, ou un peu plus de longues, ſuivant le beſoin.

On peut, dit poſitivement le P. Merſenne, *tranſporter dans nos vers rimés toute la richeſſe, la variété & la beauté des mouvements, qui ſont dans les Poéſies des Grecs, ſans qu'il ſoit néceſſaire* (3) *de pratiquer les vers meſurés.* Un aveu

___
(3) *Harmonie Univ.* liv. VI, Propoſ. 27.

si formel est glorieux à notre langue ; car le P. Marsenne paroît d'ailleurs l'homme du monde le plus entêté du rythme ancien, soit dans son traité de l'*Harmonie universelle*, soit dans ses commentaires sur la Genese, où il rapporte, avec des éloges infinis, quelques morceaux de la musique faite sur les vers mesurés de Baïf. *Tels vers*, dit le sieur d'Aubigné, *de peu de grace à les lire & prononcer, en ont beaucoup à être chantés, comme j'ai vu en de grands concerts faits par les Musiques* (4) *du Roi*. Un Auteur que Sauval (5) ne cite point, & qui étoit, dit-il, contemporain de Baïf, nous donne encore une plus grande idée de ces vers mesurés, & des effets admirables qu'ils produisoient, accompagnés du chant. Vossius (6) nous invite à en reprendre la méthode : que, s'ils ont échoué autrefois, c'est parce que de mauvais Poëtes s'en mêloient ; mais qu'aujourd'hui nous en aurions de plus habiles.

Je conclus de toutes ces autorités, non pas que nous fassions des vers mesurés, car la chose est démontrée impossible ; mais qu'on pourroit quelquefois rendre nos airs plus conformes qu'ils ne sont ordinairement à la prosodie. On est content du Musicien, lorsque son air exprime le sens des paroles : peut-être qu'en même-temps il pourroit répondre à la Prosodie ; & ce seroit une nouvelle source d'agrémens. Pourquoi le Mucisien ne le pourroit-il pas, puisque le Poëte le peut parfaitement, comme le P. Marsene l'avoue, & comme je vais le prouver ?

(4) Dans l'ouvrage cité, page 15.
(5) *Antiquités de Paris*, tome II, page 495.
(6) *De viribus rythmi*, page 131.

Qu'on me permette d'essayer sur Despréaux ce que Scaliger & beaucoup d'autres ont fait sur Homere & sur Virgile. Prenons au hasard les quatre vers par où finit le second Chant du Lutrin.

Du moins ne permets pas............La Mollesse
 oppressée.
Dans sa bouche à ce mot sent sa langue glacée;
Et lasse de parler, succombant sous l'effort,
Soupire, étend les bras, ferme l'œil & s'endort.

Quel est ici l'objet du Poëte ? D'achever le portrait de la Mollesse. Et comment la peindroit-il mieux, qu'en la supposant hors d'état de finir sa phrase ? Des cinq derniers mots qu'elle articule, il y en a quatre de monosyllabes, *Du moins ne permets pas*, & si peu de chose suffit pour épuiser ce qui lui reste de forces. Ajoutons que ces deux finales, *mets*, *pas*, marquent bien sa lassitude.

Oppressée est moins un mot qu'une image, Deux syllabes traînantes, & la derniere qui n'est composée que de l'E muet, ne font-elles pas sentir de plus en plus le poids qui l'accable ?

Tant de monosyllabes dans le vers suivant, continuent à me peindre l'état de la Mollesse, & je vois effectivement *sa langue glacée*, je le vois par l'embarras que cause la rencontre de ces monosyllabes, *sa, ce, sent, sa*, qui augmente encore par *langue glacée* ou *gue-gla* me fait presque à moi-même l'effet qu'on dépeint.

Je cours au dernier vers. Commençons par en marquer la quantité.

Soŭpire, ĕtēnd lēs brās, fĕrmĕ l'œĭl, & s'ēn-
 dŏrt.

Tome II.   V.

Assurément, si des syllabes peuvent figurer un soupir, c'est une longue précédée d'une breve, & suivie d'une muette, *soŭpirē*. Dans l'action d'étendre les bras, le commencement est prompt, mais le progrès demande une lenteur continuée, *étĕnd les brās*. Voici qu'enfin la Mollesse parvient où elle vouloit, *fĕrme l'œīl*. Avec quelle vîtesse ? Trois breves. Et delà, par un monosyllabe bref, suivi de deux longues, *& s'endort*, elle se précipite dans un profond assoupissement.

On peut lire sur ce sujet un excellent Discours (6) de M. Racine le fils, où il cite ces deux autres vers de Despréaux :

N'attendoit pas qu'un bœuf pressé de l'aiguillon
Traçât à pas tardifs un pénible sillon.

» On est contraint, dit-il, de les prononcer avec
» peine & lenteur ; au lieu qu'on est emporté
» malgré soi dans une prononciation douce &
» rapide par celui-ci :

Le moment où je parle est déjà loin de moi.

Je ne prétends point que Despréaux ait eu de pareilles attentions. Je n'en soupçonne pas plus Homere ni Virgile, quoique leurs interpretes soient en possession de le dire. Mais, ce que je croirois volontiers, c'est que la nature, quand elle a formé un grand Poëte, un grand Orateur, le dirige par des ressorts cachés, qui le rendent docile à un art dont lui-même il ne se doute pas, comme elle apprend au petit enfant d'un pâtre sur quel ton il doit prier, appeller, caresser, se plaindre.

Pardonnons à un grave Philosophe de mé-

---

(6) Parmi les Mémoires de l'Académie des Belles-Lettres, tome XV, page 223.

priser, & même d'ignorer les avantages de la Prosodie : mais un Poëte, mais un Musicien peut-il en avoir une connoissance trop étendue ?

Quoique notre Poésie, dit M. Burette aux Musiciens, *ne se mesure point suivant les longues & les breves, cela n'empêche pas que le chant ne doive faire sentir exactement, par la durée des sons, la quantité de chaque syllabe : & c'est ignorance ou négligence au Musicien* (7) *d'en violer les regles*.

Que les Comédiens sur-tout n'oublient pas le reproche que leur fait M. de Voltaire, à la tête de sa derniere Tragédie. *La misérable habitude*, dit-il, *de débiter des vers comme de la prose, de méconnoître le rhytme & l'harmonie, a presque anéanti l'art de la déclamation*.

Pour les Poëtes, ne savent-ils pas que la rime ne les dispense jamais d'observer les loix de la Prosodie ? Une breve à la rigueur ne doit rimer qu'avec une breve ; ni une longue qu'avec une longue. Toute la licence qu'on peut prendre, ne regarde que les syllabes douteuses. Je n'entrerai point ici dans un détail, qui déplairoit à nos Poëtes. Mais enfin, s'ils trouvent qu'on les gêne trop, je les conjure de faire attention à leurs propres intérêts, qui leur défendent sévérement de se relâcher sur la rime. Car ne croyons point que ce soit, comme quelques-uns l'ont dit, une invention de nos siecles barbares, puisqu'elle se trouve usitée parmi les plus anciens (8) peuples de l'Asie, de l'Afrique, &

---

(7) Voyez les Mémoires de l'Académie des Belles-Lettres, tome V, p. 164.

(8) *Consuetudinem hanc servant, non Arabes tantùm, & Persæ, Afri, sed & Tartari, & Simenses & complures quoque Americanæ gentes ; ut dubitari vix possit, quin ipsa natura unà cum cantu hanc poëseos*

de l'Amérique même. Tout le mal qu'on dit d'elle n'est vrai qu'entre les mains d'un homme sans génie, ou qui plaint sa peine. Elle a enfanté mille & mille beaux vers. Souvent elle est au Poëte comme un génie étranger, qui vient au secours du sien. Je comprends qu'elle se fait quelquefois acheter; mais ceux qui joignent un grand courage à un grand talent, ces hommes rares que la renommée divinise, quelquefois même pendant leur vie, doivent être charmés que leur art soit entouré de grandes difficultés, qui le rendent inaccessible aux esprits médiocres, & qui maintiennent la Poésie dans la possession où elle est depuis l'origine des Arts, d'être le langage des Dieux.

Je finis par quelques observations qui concernent l'Orateur.

II.

Avant que de rechercher en quoi la Prosodie est utile à l'orateur, pour qu'il donne de l'harmonie au discours, c'est une nécessité de faire voir, mais en peu de mots, que cette harmonie est quelque chose de réel.

Personne, je crois, ne peut nier que les trente plus méchants vers de Chapelain, & les trente meilleurs vers de Racine ou de Despréaux, ne fassent à l'oreille un effet bien différent. On juge ceux-ci plus harmonieux que ceux-là. Or est-il que tout jugement qui se fait par comparaison, suppose qu'on a de quoi former un jugement absolu. Par conséquent il porte sur des principes, lesquels, nous fussent-ils entièrement inconnus, ou même impénétrables, n'en seroient pas moins certains, & n'en prouveroient

---

rationem mortalibus tradiderit. Isaac Vossius *de Poëmatum cantu & viribus Rythmi*, p. 25.

pas moins la réalité (9) de l'harmonie dans le discours.

Mais bien loin que ce soit un myſtere difficile à pénétrer, Ariſtote & Cicéron en ont parlé très-clairement. Tous les deux adoptent les mêmes principes; &, s'ils n'en font pas toujours la même application, c'eſt que leurs langues ne ſont pas les mêmes. Voyons, à leur exemple, ce que la nôtre demande, ce qu'elle défend. Je m'attacherai à Cicéron, qui eſt ici (1) plus étendu, plus méthodique même qu'Ariſtote. On apprend de lui, premiérement à qui ſont dues les plus anciennes obſervations que l'on ait faites ſur l'harmonie de la proſe: en ſecond lieu, ſur quel fondement & à quel occaſion elles ſe firent: troiſiémement, en quoi cette harmonie conſiſte: & enfin comment on doit en uſer. Voici donc, ſur ces quatre points, le précis de ſa doctrine, mais dépouillé de ce qui n'a rapport qu'au latin, & accompagné de ce qui regarde le françois.

Premiérement, il eſt certain que le nombre oratoire n'a été trouvé, ou du moins réduit en art, que long-temps après la meſure du vers. Cicéron en reconnoît Iſocrate pour le principal Auteur, & Iſocrate n'a vécu que plus de ſix cents ans après Homere. Pour ce qui eſt des Romains, il paroît que Cicéron à cet égard fut leur Iſocrate. Quoi qu'il en ſoit, les Romains n'ont jamais ſu que ce qu'ils apprirent des Grecs. Aujourd'hui encore, quoique tous

---

(9) *Eſſe igitur in oratione numerum quemdam, non eſt difficile cognoſcere. Judicat enim ſenſus. In quo iniquum eſt, quod accidit, non agnoſcere ſi, cur id accidat, reperire nequeamus.* Orat. cap. LV.

(1) Voyez le dernier livre *de Oratore*, depuis le chapitre XLIX, & l'*Orator*, depuis le chap. LII juſqu'à la fin.

les siecles & tous les peuples nous soient connus, il faut convenir qu'en ce qui concerne les beaux Arts, les Grecs du bon siecle, qui fut celui de Philippe & d'Alexandre, sont toujours eux seuls, ou du moins préférablement à tous autres, les précepteurs du genre-humain. Puisqu'une nation, si attentive d'ailleurs aux graces du langage, tarda si long-temps à trouver le nombre oratoire, c'est une consolation pour nous, qui ne connoissons ce genre d'harmonie que depuis Malherbe dans les vers, & depuis Balzac dans la prose. Je parle de Malherbe, parce qu'en effet le *nombre* dont il s'agit ici, n'est nullement la *mesure* du vers : & au reste je dis indifféremment, *nombre*, *harmonie*, *cadence*, pour exprimer la même idée, qui, dans un moment, se débrouillera tout-à-fait.

Mais, en second lieu, comment le nombre oratoire fut-il observé, & sur quel fondement ? Rien de plus simple, dit Cicéron ; & je m'étonne, ajoute-t-il, que cette découverte ait été faite si tard, puisqu'il suffisoit pour cela de remarquer une chose toute naturelle, qu'une phrase bien cadencée, comme le hasard en produit souvent, est plus agréable qu'une autre, dont le tour n'aura rien d'harmonieux. Telle est, en effet, la justesse de l'oreille, ou plutôt de l'esprit, à qui l'oreille fait son rapport, qu'ayant la mesure des mots en nous-mêmes, d'abord nous sentons s'il y a dans la phrase du trop ou du trop peu ; quelque chose d'excédent, ou de tronqué. Voilà par où l'on parvint (2) à déterminer la mesure du vers : ce ne fut point par des démonstrations mathématiques, ni par de grands efforts de raisonnement : l'oreille ju-

___

(2) *Neque enim ipse versus ratione est cognitus, sed naturâ atque sensu.* Orat. cap. LV.

gea : & de même qu'elle avoit elle seule trouvé la juste mesure du vers, elle fit aussi, quoique long-temps après, observer le nombre oratoire, par la comparaison d'une phrase bien tournée, bien cadencée, avec une phrase sans cadence & sans tour.

Qu'est-ce donc précisément que cette cadence ? Troisieme point à examiner dans l'ordre de Cicéron, & sur lequel ni lui ni Aristote n'ont jugé à propos de rien dire de formel, parce qu'une définition seche est souvent plus capable d'embrouiller que d'éclaircir les idées qui tiennent immédiatement au goût & au sentiment. Quelque danger qu'il y ait à vouloir faire ce que ces grands Maîtres n'ont point voulu, il me semble pourtant qu'on peut, en rapprochant leurs principes, définir le nombre oratoire, *une sorte de modulation qui résulte, non-seulement de la valeur syllabique, mais encore de la qualité & de l'arrangement des mots.* Pesons tous ces termes.

Je dis, *une sorte de modulation*, parce que c'est une suite de plusieurs tons inégaux, qui n'ont pas été distribués arbitrairement, mais où il doit se trouver de certaines proportions, sans lesquelles ce ne seroient que des sons indépendants les uns des autres, & dont l'assemblage confus ne formeroit rien de flatteur pour l'oreille.

Je donne pour premiere cause de cette modulation, *la valeur syllabique* des mots dont une phrase est composée : c'est-à-dire, leurs longues & leurs breves, non point assemblées fortuitement, mais assorties de maniere qu'elles précipitent ou ralentissent la prononciation au gré de l'oreille.

J'ajoute qu'il faut avoir égard à la *qualité*

des mots. Et par-là je n'entends point ce qui en caractérise la noblesse, la bassesse, l'énergie, la foiblesse ; c'est l'affaire de la rhétorique. Quant à la Prosodie, elle ne les considere que matériellement, & comme des sons, ou éclatants ou sourds, ou lents ou rapides, ou rudes ou doux. Or, nous ne créons pas les mots, c'est une nécessité de les employer tels qu'ils sont : & il y auroit une délicatesse outrée, il y auroit même de la bizarrerie à vouloir en rejetter quelques-uns, sous prétexte que notre oreille ne s'en accommode pas. Un des plus importants secrets de la Prosodie, c'est de tempérer les sons l'un par l'autre. Il n'y a point de si rude syllabe qui ne puisse être adoucie ; il n'y en a point de si foible qui ne puisse être fortifiée ; tout cela dépend des syllabes qui précedent ou qui suivent celle dont l'oreille se plaint.

J'ai donné (3) pour derniere cause de l'harmonie, l'*arrangement* des mots. Car, quoique notre langue aime un arrangement simple, naturel & régulier, cela n'exclut que les inversions qui sont violentes ; & souvent on est obligé de transporter ou des mots ou même des membres de phrases, non-seulement pour être plus clair ou plus énergique, mais encore pour attraper un son harmonieux. Je ne finirois point, si j'en voulois rapporter des exemples. Qu'on prenne au hasard quelque période un peu sonore, ou dans Fléchier ou dans Bossuet ; que l'on en conserve toutes les paroles, mais qu'on les dérange seulement, le sens demeurera le même, & l'harmonie disparoîtra.

Une phrase bien cadencée est donc un tissu de syllabes bien choisies & mises dans un tel

---

(3) *Non numero solùm numerosa oratio, sed & compositione fit.* Orat. LXV.

ordre, que les organes, soit de celui qui parle, soit de celui qui écoute, soient agréablement flattés par une sorte de modulation, qui fait que le discours n'a rien de dur ni de lâche, rien de trop long ni de trop court, rien de pesant ni de sautillant.

Quatrieme & dernier point à éclaircir, l'usage qu'on doit faire du nombre oratoire, c'est-à-dire, quelle est sa véritable place ; s'il doit être varié, & comment ; en quoi il s'éloigne du nombre poétique, & jusqu'où il peut en approcher.

Que la véritable place du nombre oratoire soit le commencement & la fin d'une période, j'avoue que Cicéron en fait une loi, d'autant plus sensée, qu'en effet l'attention de l'auditeur est plus vive au commencement de la phrase, & que l'oreille, où d'abord on ne la contente pas, veut bien suspendre un peu son jugement, dans l'espérance qu'on ne finira point sans la contenter. Mais en notre langue ce n'est pas tout-à-fait la même chose. On ne sauroit exiger de nous que nous gardions pour la fin de la phrase les termes les plus sonores, car nous sommes forcés de suivre l'ordre naturel ; & comme l'oreille du François ne s'attend point qu'on la dédommage à la fin de la période, aussi ne permet-elle pas d'en négliger le milieu.

Toutes nos phrases, d'un bout à l'autre, doivent donc être nombreuses. Mais la cadence doit perpétuellement varier ; car, d'être uniforme dans son harmonie, ou de n'en avoir point, ce sont deux extrémités aussi vicieuses l'une que l'autre. Tantôt la période sera de deux membres, tantôt de trois, tantôt de quatre ; quelquefois elle ira même plus loin ; car il faut de toute nécessité que la marche du discours se proportionne à celle de l'esprit, qui peut, de temps en temps, avoir besoin d'un plus grand espace pour se déployer. Quelquefois aussi, & plus souvent encore, il lui arrive de se renfermer dans l'espace le plus court. Un mot lui suffit ; un mot fera toute la phrase.

On voudroit inférer delà que tout est donc arbitraire dans le style, puisque, suivant les maîtres de l'art, il nous est permis de faire nos phrases & aussi longues & aussi courtes qu'il plaît, puisque nous pouvons y faire entrer toutes sortes de mots, & les plus rudes aussi-bien que les plus coulants ; puisqu'enfin la distribution des longues & des breves n'a rien, ni de borné quant au nombre, ni de fixe quant au lieu.

Je conviens des principes. Aristote & Cicéron les reçoivent, les établissent. Je nie seulement les conséquences qu'on en veut tirer. Rien n'est déterminé ni prescrit ; cela est vrai. Tout est donc arbitraire ; cela est faux. Ainsi nos Métaphysiciens auroient beau se récrier, ils ont affaire à un Juge qui en sait plus qu'eux, & qui même (4) pousse l'orgueil encore plus loin qu'eux. Quel est-il ? l'oreille : Juge, en effet, le plus orgueilleux qu'on puisse imaginer, car il prend son parti dans l'instant, & sans daigner ni écouter aucune remontrance, ni rendre aucune raison de ses arrêts.

Pour obéir à l'oreille, jamais ne négligeons le nombre, mais varions-le souvent. Elle demande qu'on soit attentif à lui plaire, sans que cette attention se fasse remarquer. Une suite de périodes, toutes de la même étendue, dont les membres seroient également partagés, &

---

(4) *Aures, quarum est judicium superbissimum.* Orat. cap. XLIV.

qui produiroient un nombre uniforme, ne manqueroit pas de fatiguer, & déceleroit un art odieux. Il faut couper nos phrases à propos. Mais il y a une maniere de les couper qui, bien loin d'interrompre l'harmonie, sert à la continuer & la rend plus agréable. Car ne confondons pas le style qui n'est pas périodique, avec le style qui n'est point lié. On peut n'être pas toujours périodique ; il y a même plus de grace de ne l'être pas toujours : mais on doit toujours lier ses phrases de maniere qu'elles soient enchaînées l'une avec l'autre. Je porte envie aux Grecs, dont la langue étoit si abondante en conjonctions, au lieu que la nôtre n'en conserve que très-peu, encore voudroit-on nous en priver. Rien de plus contraire à l'harmonie que des repos trop fréquents, & qui ne gardent nulle proportion entr'eux. Aujourd'hui pourtant c'est le style qu'on voudroit mettre à la mode. On aime un tissu de petites phrases isolées, décousues, hachées, déchiquetées. Il semble que la valeur d'une ligne soit une immense carriere, qui suffise pour épuiser les forces de l'Auteur, & qu'ensuite tout hors d'haleine, il ait besoin de faire une pause qui le mette en état de recommencer à penser. Ordinairement ces sortes de gens ont des idées aussi bornées & aussi peu liées que leurs phrases. Vraies copies de cet Hégésias, dont Cicéron (5) dit que si quelqu'un cherche un *sot* Ecrivain, il n'a qu'à prendre celui-là.

Par tout ce qu'on vient de lire, il est aisé de voir en quoi les loix de l'harmonie sont les

---

(5) *Quam* (numerosam comprehensionem) *perverse fugiens Hegesias... saltat, incidens particulas, & is quidem non minus sententiis peccat, quàm verbis : ut non quærat quem appellet ineptum, qui illum cognoverit.* Orat. cap. LXVII.

mêmes pour le Poëte & pour l'Orateur, en quoi elles sont différentes. L'un doit, comme l'autre, donner à son discours cette sorte de modulation, *qui résulte, non-seulement de la valeur syllabique, mais encore de la qualité & de l'arrangement des mots* : qu'un doit, comme l'autre, varier toujours son harmonie, & de maniere que jamais elle ne soit interrompue. Jusques-là l'Orateur & le Poëte françois marchent de compagnie. Mais deux choses aisées à remarquer, la mesure & la rime distinguent essentiellement le Poëte, & lui font une espece particuliere d'harmonie qui n'a plus rien de commun avec celle de l'Orateur. Aussi est-il permis au Poëte, il lui est même ordonné de faire bien sentir son harmonie, tandis que l'Orateur, s'il est sage, fuit les cadences poétiques autant qu'il recherchera celles qui lui sont propres. Delà vient qu'en faveur des sons mélodieux, que le Poëte seul a droit de nous faire entendre, non-seulement nous lui pardonnons des inversions plus fortes & plus fréquentes, mais pour le rendre inexcusable, s'il manque à nous flatter l'oreille, nous lui accordons, & plus de liberté dans le choix des mots, & moins de contrainte dans la structure de ses phrases, & plus de hardiesse dans ses tours.

Poëtes & Orateurs, écoutez comme vous parle Denys d'Halicarnasse, à la fin d'un (6) ample Traité, où il démêle admirablement, & pour sa langue, ce que je n'ai fait qu'entrevoir pour la nôtre.

„ On auroit tort, dit-il, de trouver mauvais
„ qu'un aussi grand homme que Démosthene,
„ dont le mérite a obscurci la gloire de tous

---

(6) *De l'arrangement des mots*, chap. 25.

» ceux qui s'étoient montrés avant lui dans la
» carriere de l'Eloquence, voulant composer des
» écrits immortels, & ayant le courage de se
» livrer à l'examen (7) de *l'Envie* & du *Temps*,
» Juges formidables, il ait apporté une atten-
» tion si scrupuleuse, non-seulement à la soli-
» dité & à l'ordre des pensées, mais encore au
» choix & à l'arrangement des mots. On ne trou-
» vera rien là d'étonnant, si l'on considere que
» les auteurs de son temps se piquoient, non pas
» simplement d'écrire, mais de buriner & de
» sculpter leurs ouvrages. Isocrate employa dix
» années au moins à composer son (8) Panégy-
» rique. Platon, à l'âge de quatre-vingt ans, re-
» touchoit encore ses Dialogues, & sans cesse tra-
» vailloit à y mettre de l'élégance. Quoi, ne loue-
» t-on pas un Peintre, un Graveur de rechercher
» leurs ouvrages avec la derniere exactitude ? Un
» Orateur doit, à bien plus forte raison, se don-
» ner les mêmes soins, outre que ces soins ne sont
» ni pénibles ni ingrats, du moment que l'expé-
» rience les rend familiers ; & sur-tout lorsqu'à
» l'exemple de Démosthene, une jeunesse studieuse
» aura bien fait tout ce qu'il faut pour se former
» le goût & l'oreille «.

Ainsi parle ce docte Rhéteur, dont les sages
réflexions pourroient n'être pas inutiles dans
le siecle où nous sommes, bien différent de ce

―――――――――――

(7) De ces deux Juges, l'un est à mépriser pour un honnête homme. Mais plus un Auteur sera honnête-homme, plus il fera d'efforts pour se concilier l'autre. *Servi igitur iis etiam Judicibus, qui multis post sæculis de te judicabunt.* Cic. pro Marcello, cap. 9.

(8) Le *Panégyrique d'Isocrate* n'est pas l'éloge de cet Orateur, mais le titre d'un de ses plus fameux Discours ; & c'est un terme consacré en notre langue, comme l'a remarqué M. Despréaux sur le chap. III. de Longin.

siecle où l'on ne souffroit que des Ouvrages *sculptés & burinés*. On veut trop écrire aujourd'hui ; on ne veut prendre ni le temps ni les soins nécessaires pour produire du bon ; &, parce qu'on lit peu les Originaux, peu de gens ont l'idée du parfait. Au moins ne devroit-on pas négliger ce qui résulte plutôt de l'art que du génie. On n'est pas maître de se donner des talents ; on est maître de se donner des connoissances, qui, toutes seules, à la vérité, ne feront pas un bon Ecrivain, mais sans lesquelles aussi on ne sauroit bien écrire. Telle est la science de la Prosodie : la plus facile & la moindre des sciences pour qui veut l'acquérir, mais aussi une de celles dont l'ignorance peut le plus nuire. Quatre ou cinq de nos Poëtes nous ont fait sentir parfaitement que notre Langue se prêtoit à l'harmonie : quelques morceaux choisis de nos Orateurs ne laissent pas lieu d'en douter : pourquoi donc ne pas étudier les moyens de perfectionner un Art dont nous connoissons le prix, & dont nous voyons que les progrès ont été déjà si heureux ?

ESSAIS
DE
GRAMMAIRE.

ON veut que j'écrive sur nos quatre especes de mots déclinables, qui sont les noms, l'*Article*, les *Pronoms* & les *Participes*.

Un nouvel Ouvrage sur ces sortes de matieres, s'il ne contenoit rien de neuf dans le fond, ni dans la forme, seroit inutile. Plus inutile encore, si j'en allois exclure le nécessaire, sous prétexte qu'il a été dit mille & mille fois. Je dois donc me proposer d'y faire entrer tout ce qui m'aura paru digne d'attention ; mais en moins de mots, & , si je puis, avec plus d'ordre qu'on ne l'eût trouvé ailleurs.

CHAPITRE PREMIER.
Des Noms.

TROIS points à discuter. I. Ce que c'est que *Nom*. II. Les différentes especes de *Noms*. III. Quelle place les noms occupent dans le discours.

I.

Un *nom* est le mot qui sert à désigner ou à qualifier une personne, une chose, dans la langue qu'on est convenu de parler. Mais il s'agit d'une définition grammaticale. Pour me borner donc à notre langue, le nom est un mot *susceptible de nombre & de genre ; qui, s'il est substantif, peut régir, ou être régi ; &, s'il est adjectif, doit toujours être régi par le substantif.*

On appelle *nombre*, ce qui distingue un nom qui exprime unité, *le Roi*, d'avec le même exprimant pluralité, *les Rois*. Il y a donc deux nombres, le *singulier* & le *pluriel*, celui-ci ne différant de l'autre que par une espèce d'augment, qui consiste dans une lettre (1) caractéristique. Quelques noms, mais en très-petite quantité, manquent, les uns de singulier, & les autres de pluriel.

2. On appelle *genre*, ce qui distingue un nom d'avec un autre, conformément à la différence que la nature a mise entre les deux sexes. Ainsi, selon cette idée, nous avons deux genres en Grammaire : le *masculin*, comme quand nous disons, *le Soleil* ; & le *féminin*, comme quand nous disons *la Lune*. Tout nom, quel qu'il soit, est de l'un des deux : car nous ne connoissons point le *neutre*, dont le grec & le latin font un troisième genre.

3. On appelle *substantif*, le nom qui, par lui-même, & sans avoir besoin d'être accompagné

---

(1). Ou la lettre comme dans *noms*, pluriel de *nom*. Ou *x*, comme dans *loix* pluriel de *loi*. Ou *z*, comme dans *bontez*, que d'autres, depuis quelque temps, écrivent *bontés*, pluriel de *bonté*.

d'un autre mot, signifie quelque être, ou réel, comme *le Soleil*, *la Terre*, ou réalisé en quelque sorte par l'idée que nous nous en faisons, comme *l'abondance*, *la blancheur*, *le grand*, *le médiocre*.

4. On appelle *adjectif*, le nom qui s'ajoute au substantif pour le qualifier, c'est-à-dire, pour marquer ce qu'il a de propre ou d'accidentel. Ainsi, le substantif nomme une chose, & l'adjectif la qualifie. *Une fleur* jaune, *un* aimable *Prince*, on voit que *jaune* & *aimable* sont des adjectifs.

5. *Régir*, c'est obliger un mot à occuper telle ou telle place dans le discours ; & , si ce mot est (2) *déclinable*, c'est-à-dire, susceptible de plusieurs terminaisons, lui imposer la loi d'en prendre l'une & non l'autre dans l'endroit où il est placé.

Que, si quelques-unes de ces notions paroissent un peu obscures, j'y reviendrai ; & , avant la fin de ce premier Chapitre, elles seront éclaircies.

I I.

Voilà d'abord les deux principales espèces de noms, *substantifs* & *adjectifs* : mais elles se divisent chacune en plusieurs autres.

On divise les substantifs en noms *propres*; & noms *communs*, autrement dits *appellatifs*; Noms propres, *Alexandre*, *César*, *Louis*, tous ceux qui signifient quelque individu. Noms

---

(2) Un mot est *déclinable*, lorsqu'il peut & doit varier sa terminaison. C'est ce qui n'arrive en notre langue, que lorsqu'un Nom passe du singulier au pluriel, ou du masculin au féminin. Gardons-nous donc bien de croire que la valeur de ce terme, *déclinaison*, soit en françois la même qu'en latin ou en grec !

communs, *homme*, *oiseau*, *arbre*, tous ceux qui conviennent généralement à chaque individu de la même espece.

On met dans la classe des noms communs les termes *abstraits*, les *collectifs*, les *primitifs*, les *dérivés*, &c. Termes abstraits, *vérité*, *blancheur*, tous ceux qui désignent une qualité considérée toute seule, & détachée de son sujet. Termes collectifs, *royaume*, *forêt*, *armée*, tous ceux qui, n'étant qu'au singulier, désignent plusieurs personnes, plusieurs choses de même espece. Termes primitifs, *soldat*, *arbre*, *cheval*, par rapport à *soldatesque*, *arbuste*, *chevalerie*, qui en dérivent.

J'avoue que ces différences peuvent intéresser la Logique & la Métaphysique ; car la justesse du raisonnement pourroit quelquefois en dépendre. Mais tous nos substantifs, à quelque genre, à quelque espece qu'ils appartiennent, sont regardés (3) du même œil par la Grammaire, qui n'y voit que des masculins ou des féminins, des singuliers ou des pluriels.

Passons à l'adjectif, qui ne peut jamais être mis tout seul & sans porter sur un substantif, parce qu'il n'offriroit, lui seul, qu'une idée vague & confuse, n'y ayant rien, faute d'un substantif, à quoi l'esprit pût attacher cette idée.

On retrouve dans l'adjectif ces mêmes différences que nous avons vues dans le substantif, comme d'être commun, abstrait, collectif, distributif, &c. Je ne mets pas dans une classe à part les adjectifs *verbaux*, puisqu'ils ne different des autres par nul endroit. J'avertis seu-

_____

(3) *La Grammaire ne considere dans les mots, que les propriétés qui la regardent*, dit l'Abbé Régnier dans sa Grammaire, p. 191.

lement, qu'il ne faut pas les confondre avec les participes actifs, puisque ceux-ci (4) sont indéclinables.

Rien ne distingue plus essentiellement l'adjectif, que la propriété qu'il a d'être susceptible de plus ou de moins. Un homme est un homme, une fleur est une fleur : mais un tel homme est *plus savant* qu'un autre ; une telle fleur est *plus belle* qu'une autre. Plusieurs langues donnent à l'adjectif certaines inflexions, qui le rendent *comparatif* ou *superlatif* : mais dans la nôtre, nous n'avons de vrais comparatifs que *meilleur*, *pire* & *moindre*, si cependant on ne les regarde pas comme de simples adjectifs, qui ont, ainsi que tous autres, leur signification particuliere. Pour les superlatifs, nous n'en avons que dans quelques titres d'honneur, *Illustrissime*, *Eminentissime*, *Sérénissime*, que nous devons à la politesse de l'Italie. Hors delà, tous nos degrés de comparaison se marquent (5) avec des particules qui précedent les adjectifs, & qui

(4) Voyez dans les *Opuscules sur la langue*, p. 341, la décision de l'Académie, du 3 Juin 1679, confirmée 25 ans après dans ses Observations sur Vaugelas, où il est dit : *Il n'y a que les participes passifs, comme aimé, aimée, qui aient un singulier & un pluriel. Les participes, comme aimant, sont indéclinables.* Que si on oppose qu'on dit fort bien, des femmes jouissantes de leurs droits, des maisons appartenantes à un tel, *on* répond que ces mots, jouissants & appartenants, *sont des adjectifs verbaux, & non pas des participes actifs.*

Pour les distinguer, il suffit de savoir que l'adjectif va très-bien avec le verbe *être* ; mais le participe, nullement. On dit très-bien : *Je suis prévenant, vous êtes ravissant, il est séduisant.* On ne dira pas : *Je suis lisant, vous êtes soupant, il est dormant.*

Ailleurs nous verrons si le nom de *Gérondif* ne conviendroit pas mieux à ce qu'on appelle participe actif.

(5) Dans le chapitre suivant, on verra quand l'addition de l'article fait du comparatif un superlatif. Voyez aussi les Remarques sur Racine, *Rem. LII.*

sont *plus*, *mieux*, ou moins pour le comparatif; *très* ou *fort* pour le superlatif.

Mais en quelle classe mettrons-nous les *noms de nombre* ? Tantôt ils sont adjectifs, tantôt substantifs ; comme tantôt ils servent à compter, tantôt ils peuvent être comptés eux-mêmes. Quand ils servent à compter, ce sont de purs adjectifs, & ils précedent leurs substantifs : *une pistole, quatre écus, dix louis*. Quand ils peuvent être comptés, ce sont de vrais substantifs, précédés eux-mêmes par un autre nom de nombre, ou par un article : *un trois & un quatre de suite en chiffre arabe, font trente-quatre. Vous avez le six de cœur, le sept de pique*, &c.

Par rapport au *genre*, il n'y a, dans la classe des noms de nombre, qu'un dont la terminaison varie, selon qu'elle doit être masculine ou féminine : *un tableau, une bouteille*. Par rapport au *nombre*, il n'y a que *vingt & cent* qui, lorsqu'ils sont au pluriel, en reçoivent la lettre caractéristique : *quatre-vingts ans, deux cents hommes*. A cela près, tous les autres noms de nombre sont indéclinables, dans quelque sens qu'on les emploie, substantifs ou adjectifs : *trois, quatre, dix mille*.

III.

Voyons maintenant quelle place chaque nom doit occuper dans le discours ; & là-dessus consultons la Logique, qui seule doit nous apprendre ce que c'est que parler.

Parler, c'est rendre ma pensée par des sons distincts & articulés, qu'on appelle des mots. Une pensée ainsi rendue, est ce que la Logique appelle une *proposition*. Or, nulle proposition ne sera intelligible, sans qu'on y emploie (6) l'équivalent de trois mots pour le moins : un mot qui signifie la personne ou l'objet dont je veux parler, & c'est ce que les Logiciens nomment *le sujet* de la proposition : un mot qui signifie ce que je pense de cet objet, & c'est ce qu'ils nomment *l'attribut* de la proposition : un mot enfin, qui lie ces deux idées, en affirmant que ce qui est *l'attribut* appartient à ce qui est *le sujet*, & c'est ce que fait le verbe, dont il sera parlé ailleurs.

Par exemple, *Cicéron est éloquent*. Voilà trois mots, dont le premier désigne l'objet de ma pensée, & dont le dernier exprime la qualité que j'attribue à l'objet de ma pensée. Quant au premier, c'est, en termes de Logique, le *sujet* de ma proposition ; & en termes de Grammaire, *le nominatif* (7) du verbe. Quant au dernier, c'est *l'attribut*, en termes de Logique, & *le régime* du verbe, en terme de Grammaire. Mais, pour lier ces deux idées, j'ai eu besoin d'un verbe, sans quoi ma phrase n'offroit pas un sens complet, qui affirme ou qui nie.

Un *nom*, pour le définir philosophiquement, est donc *un mot qui sert à exprimer, ou le sujet ou l'attribut d'une proposition, & souvent aussi des circonstances qui tiennent à l'un ou à l'autre.*

Mais comment distinguer en notre langue quand un nom est sujet ou attribut, nominatif ou régime ? Je dis, en notre langue, parce qu'elle n'a point les déclinaisons du Grec

―――――――――――――
(6) Deux mots, *je lis*, font une proposition complette, mais la Logique enseigne que ces deux mots en valent trois.

(7) Je suppose que *nominatif* est un terme connu ; car il entre dans quelques phrases du langage commun : au lieu que bien des gens peuvent impunément ne pas savoir ce que c'est que *génitif, datif,* &c.

& du Latin, dont elle se passe aisément. Rien de plus naturel, rien de plus simple que l'arrangement de nos mots ; & c'est à leur arrangement que leur valeur se connoît. On suit l'ordre des idées ; c'est-à-dire, la parole peint les idées à mesure que l'esprit les conçoit. Or, il s'ensuit delà que le tissu de nos mots n'est nullement arbitraire. Tout mot, dans la phrase dont il fait partie, a sa place marquée ; & c'est seulement par la place où il est, que nous jugeons de son emploi grammatical. Par exemple, dans ces deux phrases, *le fils aime le pere*, *le pere aime le fils*, ce sont les mêmes mots, mais qui, différemment arrangés, présentent un sens tout différent. Il est donc d'une nécessité absolue que nous sachions démêler quel est, dans le tissu d'un discours, l'emploi grammatical de chaque mot. Quant à présent, il ne s'agit que des noms. Je commence par les substantifs, qui ne sont guere placés que de cinq manieres essentiellement différentes.

1. Ou ils marchent à la tête d'une phrase, & d'abord après leur article & leur adjectif, s'ils en ont un, *l'éloquent Cicéron plaira toujours*; & alors leur fonction est de représenter ce qu'en Logique on nomme le sujet de la proposition, ou en Grammaire le nominatif du verbe.

Quelquefois cependant ils ne viennent qu'après le verbe ; mais ce n'est que sous l'une des conditions suivantes. La premiere, que le verbe aura pour régime un pronom qui le précede : *la nouvelle qu'apporta le courier*. Ici *le courier* est nominatif ; & *que*, pronom, est le régime. La seconde, que le verbe n'aura nul régime : *aussi-tôt entrerent le Roi, la Reine*, &c. La troisieme, que le verbe formera une parenthèse : *Pompée, dit Plutarque, s'avance*, &c. La quatrieme, que la phrase sera interrogative : *Que peuvent les richesses pour*, &c. La cinquieme & derniere, que la phrase exprimera un souhait : *Puissent vos années égaler celles de Nestor !*

2. Ou le substantif marche après un verbe qui est précédé d'un autre substantif, *Cicéron inspire la vertu* ; & la fonction de ce dernier substantif, *la vertu*, est d'exprimer ce qu'en Logique on appelle l'attribut de la proposition, ou plutôt le complément de l'attribut. Pour m'exprimer grammaticalement, l'un est le nominatif du verbe, & l'autre son régime.

3. Ou le substantif ne paroît qu'à la suite d'une particule, *Cicéron inspire la vertu à ses lecteurs* ; & dans la place où est ce substantif *lecteur*, je l'appellerai substantif *particulé*, pour m'épargner une circonlocution. J'aurai souvent besoin, j'en avertis, d'employer ce terme nouveau *particulé*, mais toujours dans le même sens, & par la même raison. Voudra-t-on bien me le permettre, d'autant plus que je renonce à une infinité d'autres termes, dont jusqu'ici nos Grammairiens avoient cru ne pouvoir se passer ?

4. Ou le substantif est employé dans une apostrophe, & par conséquent sans article. Alors il est toujours isolé, &, pourvu qu'on ne coupe point (8) des mots inséparables, il se place où l'on veut. On dira également. *Seigneur ! exaucez ma priere. Exaucez, Seigneur ! ma priere. Exaucez ma priere, Seigneur !*

(8) Cette phrase est citée dans l'Encyclopédie, tome I, page 734, au bas de la seconde colonne, pour montrer que *point*, négation, peut ne tomber que sur le verbe, sans influer sur le régime. Il y en aura une preuve des plus fortes dans mes Remarques sur Racine, *Rem.* XLIII.

5. Ou le substantif n'est pas accompagné ni de verbe, ni de proposition. *Toutes charges payées; cette Abbaye vaut tant.* On appelle ces sortes de phrases, *toutes charges payées*, des phrases *absolues*, parce qu'elles paroissent ne dépendre de rien. On pourroit aussi les appeller *elliptiques*, parce que le verbe, dont nécessairement elles dépendent, est sousentendu.

A l'égard de l'*adjectif*, c'est assez de savoir que son unique destination étant de qualifier le substantif, il doit toujours ou le précéder ou le suivre immédiatement. Le choix, pour l'ordinaire, est au gré de l'Ecrivain. Il y a cependant des cas où la place de l'adjectif est fixée par l'usage : mais ils sont rares. Vaugelas (9) ne trouvant point ici de regle à établir, se contente d'avertir qu'il n'y a pas un plus grand secret que de consulter l'oreille. Tenons-nous-en-là.

Que, si les Poëtes & les Orateurs se permettent certaines transpositions, qui contribuent infiniment à l'élégance, à l'énergie, à l'harmonie du discours, ce sont des figures, ce sont d'heureuses licences, & je dois ici me borner à ce qu'il y a de conforme aux loix générales que le génie de notre langue nous prescrit.

(9) *Rem.* CLXXXVI.

CHAPITRE SECOND.

De l'Article.

PUISQUE l'*article* sert uniquement à modifier les *noms*, il m'a paru d'une indispensable nécessité que l'on se fût mis au fait de ce qui concerne

concerne les *noms*, avant que d'étudier ce qui regarde *l'article*.

Qu'est-ce donc que *l'article* ? Quand faut-il, ou l'employer, ou l'omettre ?

I.

Qu'est-ce que *l'article* ? Je le définis, *un adjectif qui précede les noms communs, pour annoncer qu'ils doivent être pris, non dans un sens vague, mais dans un sens déterminé.*

Avant que de mettre ceci dans un plus grand jour, il faut savoir quel est le mot nommé *article*. C'est *le*, pour le singulier masculin ; *la*, pour le singulier féminin ; *les*, pour les pluriels des deux genres.

Voilà, quant au matériel, le mot nommé *article*, & le seul qui soit *article*. Mais comme il est souvent précédé d'une particule, à laquelle il s'incorpore, distinguons article *simple*, & article *particulé*.

Il n'y a que ces deux particules, *à*, & *de*, auxquelles il s'incorpore, & cela par une contraction qui se fait au singulier, mais au masculin seulement, avant les noms qui commencent par une consonne. On dit *au*, pour *à le* ; & *du*, pour *de le*. Je vais *au* jardin. Je sors *du* jardin.

Au singulier, tant masculin que féminin, si le nom commence par une voyelle, il n'y a plus de contraction, mais l'article s'élide, *l'amour*, *de l'amour*, *l'amitié*, *de l'amitié*.

Au pluriel, soit masculin, soit féminin, & quoique le nom commence par une voyelle, la contraction a toujours lieu. On dit toujours *aux*, pour *à les*, & *des*, pour *de les*. Parler *aux* hommes, cultiver *des* fleurs.

Tome II.   X

Il n'y a qu'un seul mot qui empêche que cette contraction ne se fasse. C'est l'adjectif *tout*, parce qu'il se place toujours entre la particule & l'article. Quoiqu'on dise *au* monde, & *du* monde, on doit dire, *à* tout *le* monde, & *de* tout *le* monde. *Aux hommes, à* tous *les* hommes.

Présentement reprenons notre définition, parce que tout ce qu'il y a de vrai & de solide à dire sur l'*article*, doit partir de la définition même, ou peut-être de quelque différence que nous supposerions entre l'article *simple* & l'article *particulé*.

J'ai dit, en premier lieu, que l'article est un adjectif : &, si je n'avois pas craint d'entasser trop de choses à la fois, j'aurois volontiers ajouté que cet adjectif est tiré de la classe (1) des *pronoms*. Quand il précede un substantif, on le nomme *article : la piece nouvelle se joue demain* ; &, quand il précede ou suit un verbe, *je la verrai, voyez-la*, on l'appelle *pronom*. Mais, d'ailleurs, n'est-ce pas une chose qui convient à la plupart des *pronoms adjectifs*, d'être mis avant le nom, à l'exclusion de l'article, & avec la même propriété, comme quand je dis, *ce papier, cette plume*, &c. *mon frere, votre sœur*, &c. Ainsi l'article est un pronom tel que bien d'autres, mais auquel on a donné par excellence le nom d'*article*, parce qu'il est d'un plus fréquent usage qu'aucun des autres.

J'ai dit, en second lieu, qu'il doit précéder

---

(1) Apollonius, p. 15. *Articuli, juncti nominibus, vim & potestatem suam exserunt : non juncti, transeunt in pronomina.* Je cite la traduction de François Portus, édition de Francfort, 1590.

Priscien, livre XI. S. *Stoici articulum & pronomen unam partem orationis accipiebant.*

le *nom* : & il le précede immédiatement, à moins que ce nom, étant substantif, ne soit lui-même précédé par un adjectif qu'il régisse : *la belle saison*, *les beaux vers!* Alors l'article cede à l'adjectif le voisinage du substantif, & il marche avant tous les deux. Hors delà, il n'y a que l'adjectif *tout*, qui, comme nous l'avons déjà remarqué, précede toujours l'article *simple*, & divise le *particulé*.

J'ai dit, en dernier lieu, que la propriété de l'article, c'est d'annoncer qu'à des noms *communs*, ou employés comme tels, on a voulu attacher un sens précis. Car un nom, à le prendre tout seul, ne renferme que la simple idée de la chose à la signification de laquelle il est destiné. Mais cette idée pouvant être vague ou déterminée, générale ou restreinte, c'est à moi à désigner quelle étendue je donne à cette idée. Or, c'est ce que je ne puis faire que par un article, ou par quelque chose d'équivalent. *Pain*, ne présente que l'idée de ce qu'on appelle pain. Mais en disant, *j'aime le pain*, ou *donnez-moi du pain*, ou *donnez-moi un pain*, je fais concevoir pour quelle idée précise je veux qu'on reçoive ce mot *pain*.

II.

Quand faut-il employer *l'article ?* Toutes les fois qu'il faut annoncer que des noms *communs* doivent être pris dans un sens déterminé. Or, la qualité de ces noms-là n'est limitée, ni ne peut l'être, puisque l'article substantifie & modifie des mots de toute espece, conformément à des regles ou à des usages qui, comme nous l'allons voir, ne varient pas.

1. *Noms propres.* Quoiqu'ils n'appartiennent

qu'à des individus, & que par conséquent leur acception n'ait pas besoin d'être autrement déterminée ; cependant ils demandent l'article quand on les accompagne d'un adjectif. Mais il y a cette différence à remarquer, que, si l'adjectif précede le nom propre, il énonce une qualité qui pourroit être commune à plusieurs; au lieu que, s'il ne vient qu'après, il exprime une qualité distinctive. Quand je dirai, *Cicéron soupa chez le riche Luculle*, je donne seulement à Luculle la qualité de riche. Mais, si je disois, *chez Luculle le riche*, ce seroit pour le distinguer des autres Luculles. Voilà de ces petites différences qui ne peuvent être imaginées, ni réduites en principe, que par un peuple ami de la précision & de la clarté dans son langage.

Quelquefois aussi l'article fait que le nom *propre* change de nature, comme quand nous disons que Moliere est le *Térence* moderne; que l'*Alexandre* de Racine est trop doucereux, &c. On donne même des pluriels à ces sortes de noms, *les Térences*, *les Alexandres*, &c. Telle est ici la force de l'article, qu'il met ces noms au rang de ceux qu'on appelle *communs*, c'est-à-dire, dont l'idée est communicable à plusieurs individus.

Au contraire, l'article fait (2) que le nom *commun*, & même l'épithete, deviennent noms *propres*. Quand nos Prédicateurs disent, l'*Apôtre*, c'est saint Paul; *le Sage*, c'est Salomon. Personne n'ignore que les Grecs, pour désigner Homere, disoient *le Poëte*; & nous apprenons d'Henri Etienne (3) qu'anciennement

---

(2) Apollonius, p. 44. *Facit ut epithetum habeat eandem proprietatem, quàm habet nomen proprium.*

(3) Traité de la conformité du langage François avec le Grec, p. 78.

on a dit, *le Poëte François*, pour désigner Marot : *lequel titre*, ajoute-t-il, *eut depuis tant de compétiteurs, qu'on n'a su à qui le donner sans faire tort aux autres.*

Que si l'article se trouve dans une infinité de noms *propres*, soit noms de villes ou de villages, *le Catelet, la Fleche, la Rochelle*; soit noms de famille, *le Tellier, le Noir, la Fontaine*, il est aisé de voir qu'originairement ce furent des noms *appellatifs*, où dans la suite l'article ne s'est conservé que comme une syllabe inhérente, qui n'a plus de propriété, & qui demeure indéclinable, sans égard au sexe des personnes ainsi nommées.

On se permet quelquefois de mettre l'article à des noms *propres*, & sur-tout en parlant de certaines femmes extrêmement connues, soit en bien, soit en mal. Ainsi l'on dira, *la Chammeslé*, fameuse actrice; *la Brinvilliers*, célebre empoisonneuse. Mais n'oublions pas que ces manieres de parler ne sortent point de la conversation, ou du moins n'entrent que dans un style qui, comme l'a sagement observé M. l'Abbé Regnier, marque de la familiarité ou du mépris.

Quoique les quatre parties du monde, quelques astres, les royaumes, les provinces, les rivieres, les montagnes, aient leur nom particulier, dont l'acception semble déterminée par elle-même, nous ne laissons pas d'y ajouter souvent l'article, mais sans regle, sans uniformité. On dit avec l'article, *les Rois du Japon, l'or du Pérou, la porcelaine de la Chine*: mais on dit sans article, *les Rois de France, l'argent d'Allemagne, la porcelaine de Saxe*. Je renvoie pour un plus grand détail à la Grammaire de M. l'Abbé Regnier, & je conclus avec lui qu'en ce qui regarde ces sortes de noms *propres*, tout n'étant guere fondé que sur le bon plaisir de l'usage, on l'apprendra dans le commerce du monde, & dans les ouvrages bien écrits.

2. *Adjectifs.* J'ai déjà dit que l'article avoit la vertu de convertir en substantifs les mots d'une autre espece. Ainsi la plupart des adjectifs vont être substantifiés par l'addition de l'article. On dira, *le vrai, le beau, le sublime, le nouveau, le fâcheux, l'affecté, le recherché*, &c. Tous ces mots, de simples adjectifs qu'ils étoient, passent à la qualité de substantifs, & ils en acquierent toutes les propriétés, qui sont de pouvoir être mis sans adjectif, *rien n'est beau que le vrai*: de pouvoir être accompagnés d'un adjectif qu'ils régissent, *le vrai seul*: de pouvoir être ce que la Logique nomme le sujet de la proposition: *le vrai seul est aimable*.

Hors delà, jamais l'article ne précede un adjectif détaché de son substantif, si ce n'est dans les phrases où il y a ellipse. *J'aime la bonne compagnie; mais je hais, ou je crains la mauvaise. Si ce sont deux sœurs que la langue Italienne & l'Espagnole, celle-ci est la prude, & l'autre la coquette.* Ici l'article n'est pas seulement démonstratif, mais de plus il est corrélatif.

Telle est aussi la vertu de l'article, que comme en s'unissant à l'adjectif, il le substantifie; de même, en se détachant du substantif non commun, il le réduit à n'être qu'adjectif. *Rarement les philosophes sont poëtes, & plus rarement les poëtes sont philosophes.* Un même mot, *philosophe*, substantif dans la premiere proposition, & adjectif dans la seconde. Un même mot, *poëtes*, est adjectif dans la premiere proposition, & substantif dans la seconde. Ainsi l'acception du nom *commun* est déterminée par l'addition ou la suppression de l'article.

Pour former nos superlatifs, il suffit que le comparatif (4) soit précédé de l'article, mais toujours précédé immédiatement. Car, si nous disons, *les plus savants hommes*, alors l'article sert en même-temps, & au substantif, & au superlatif ; mais, en mettant le superlatif après le substantif, il faut répéter l'article, & dire, *les hommes les plus savants*.

Je viens d'avancer que l'article se répete quand le superlatif ne se montre qu'après le substantif : & maintenant j'ajoute que c'est toujours l'article *simple*, lors même que son substantif a reçu l'article *particulé*. Un ou deux exemples me feront entendre. *C'est la coutume des peuples les plus barbares. J'ai obéi au commandement le plus juste*. Pourquoi d'abord, *des*, & *au*, mais ensuite, *les*, & *le ?* Parce que le superlatif demande la répétition & la proximité de l'article, sans lequel il ne seroit pas superlatif, mais n'a nul besoin de la particule incorporée dans l'article du substantif.

On voit également cette particule incorporée dans l'article du substantif, quand nous disons, *voilà de l'eau, donnez-moi du vin*. Mais l'article disparoîtra quand nous ferons précéder un adjectif : *voilà de bonne eau, donnez-moi de bon vin*. Et l'article reparoîtra, quand l'adjectif ne sera mis qu'après le substantif, *voilà de l'eau claire, donnez-moi du vin pur*.

3. *Verbes*. On lit, dans la Grammaire de M. l'Abbé Regnier, que l'usage de l'article devant l'infinitif des verbes est presque renfer-

(1) Voyez ci-dessus, p. 252.

mé dans certaines façons de parler, *le boire & le manger, le dîner, le souper, le lever & le coucher du soleil, être au lever du Roi, au petit coucher du Roi, quand ce vint au fait & au prendre, au partir delà, au pis aller, avoir le rire agréable*. Mais quoi, y auroit-il grand mal à étendre un peu cette liberté de créer (5) des substantifs dans ce goût-là, puisqu'elle peut occasionner des expressions neuves & heureuses ? Témoin la réponse de l'*Angeli*, ce fou de la vieille Cour, immortalisé par Despréaux. Un jour le Roi lui ayant demandé pourquoi on ne le voyoit jamais au sermon : *Sire*, dit-il, *c'est que je n'entends pas le raisonner, & je n'aime pas le brailler*.

4. *Particules*. J'y renferme tous nos petits mots indéclinables, qui, précédés de l'article, s'emploient substantivement. Adverbes, le *pourquoi*, le *comment*, &c. Prépositions, le *pour*, le *contre* &c. Conjonctions, les *si*, les *mais*, les *car*, les *&c*.

Voilà, à-peu-près, ce qu'il y avoit à dire pour faire connoître quels noms reçoivent l'article. Mais examinons tout de nouveau, & plus particuliérement, quel effet il produit sur ces noms. Or, l'effet qu'il produit consiste, ainsi que j'ai dit, en ce qu'il détermine leur acception, qui, sans l'article, demeureroit vague & incertaine.

Je puis, quand j'emploie un nom *commun*, donner plus ou moins d'étendue à l'idée qu'il présente. Je puis d'abord laisser à cette idée toute l'étendue qu'elle peut avoir. Je puis, en second lieu, la restreindre ou à plusieurs, ou à un seul des individus que cette idée géné-

---

(5) Apollonius, p. 36. *Illud in genere constituendum est, quemlibet infinitum esse nomen verbi.*

gale comprend. Je puis, enfin, ne vouloir donner à entendre qu'une portion indéterminée, ou de toute une espece, ou de quelque individu. Voyons comment notre article nous sert à marquer ces trois différentes acceptions d'un même mot.

Premiérement, si je veux laisser à un nom *commun* toute l'étendue de l'acception qu'il peut avoir, je me sers pour cela de l'Article *simple*. Par exemple, dans ces phrases, *l'homme est mortel, la Poésie est attrayante, les villes, pendant l'hiver, sont préférables à la campagne*, je présente l'idée d'*homme*, de *Poésie*, de *ville*, de *campagne*, sans restriction, & dans toute l'universalité qui peut lui convenir.

Mais, en second lieu, si je veux au contraire borner mon idée, & ne l'appliquer qu'à certains individus, ou qu'à un seul, comment faire ? Pour cela j'ai besoin, non-seulement de l'article *simple*, mais encore d'une restriction tacite ou exprimée. Restriction tacite, & qui naît des circonstances où je parle : comme quand je dis à Paris, *le Roi*, on voit assez que j'entends le Roi de France ; & lorsqu'étant à table je dirai, *avancez la saliere*, on voit assez de quelle saliere il s'agit. Restriction exprimée, ou par un adjectif, *les hommes vertueux moderent leurs passions* ; ou par un pronom suivi d'un verbe, *les hommes qui aiment l'étude, sont avares de leur temps*.

On demandera sans doute à quoi sert ici l'article, puisque c'est par l'adjectif, ou par le pronom suivi d'un verbe, & non par l'article, que l'acception du nom *commun* est déterminé ? Réponse. C'est l'article seul, qui fonde ici le droit que j'ai d'y faire entrer cet adjectif, ou ce pronom, lesquels ne pourroient (6) se mettre après un nom, si l'article ne l'avoit précédé.

Je puis, enfin, vouloir tellement restreindre mon idée, qu'on l'applique seulement à une portion indéterminée, ou de l'espece, ou de quelque individu. Alors il faut que j'emploie l'article *particulé*, qui est *du* pour le singulier, & *des* pour le pluriel. *Il y a des voyageurs qui assurent*, &c. *J'ai du pain, de l'argent*, &c. Mais ces mêmes phrases, si d'affirmatives elles devenoient négatives, perdroient l'article : *Il n'y a point de voyageurs, qui,* &c. *Je n'ai point de pain*, &c. Il n'y resteroit que la simple particule, & ce qu'elle opere d'elle-même. Voyons donc en quel cas, & pourquoi l'article cesse d'avoir lieu.

III.

Quand faut-il omettre *l'article* ? Premiérement, lorsque des noms *propres* s'emploient précisément comme tels. Car, puisqu'ils ne signifient que des individus, ils n'ont pas besoin qu'on détermine leur acception. Aussi ne leur donne-t-on point (7) d'article. *Rome, Alexandre, Virgile*. Et delà vient qu'on n'en donne point non plus à des noms *communs*, lorsqu'ils sont l'objet (8) d'une apostrophe. Quelque maté-

---

(6) Apollonius, 22. *Nomina per se nullam relationem habent, nisi assumant articulum.* C'est la fameuse regle de Vaugelas, dont j'ai tant parlé dans mes Remarques sur Racine, *Rem. XXII.* & suivantes.

(7) Si ce n'est à quelques noms Italiens, *le Dante, l'Arioste, le Tasse*, &c.

(8) *Déployez toutes vos rages,*
  Princes, Vents, Peuples, Frimats.
   DESPRÉAUX, Ode sur la prise de Namur.

riel, & quelque infenfible que puiffe être cet objet, c'eft le perfonnifier que de lui adreffer la parole. Tout nom, de *commun* qu'il étoit, devient alors un nom particulier, & déterminé par la pofition où il eft, à ce qu'on veut qu'il fignifie dans ce moment.

Ajouterai-je que, fi l'article entre quelquefois dans l'apoftrophe ; comme quand on dira, *la belle enfant, répondez : l'homme aux rubans verds, en tenez-vous ?* Ce n'eft que dans des phrafes très-familieres, où il eft clair que *vous* eft fous-entendu.

Refte à examiner ce qui regarde les noms communs, quelque place qu'ils occupent ailleurs que dans une apoftrophe. Par le détail où il eft néceffaire que j'entre, on verra quand ils demandent la fuppreffion de l'article.

1. *Quand ils font employés comme adjectifs.* J'en ai déjà cité un exemple : *Rarement les Philofophes font poëtes.* Mais la traduction de ces paroles qui fe lifent dans l'Evangile, *fi Filius Dei es*, fournit un exemple plus palpable & plus connu. On ne peut rendre ainfi, *Etes-vous Fils de Dieu ?* ou ainfi : *Etes-vous le Fils de Dieu ?* Or ce font deux propofitions effentiellement diftinctes, puifque le mot, *Fils*, en tant que précédé de l'article, eft, dans la feconde, un fubftantif individualifé ; au lieu que dans la premiere, où il n'a point d'article, il n'eft qu'adjectif, qui marque fimplement une qualité, & par conféquent quelque chofe de communicable.

2. *Quand le nom commun eft précédé d'un nom de nombre.* Par exemple, *un ami, deux amis, cent piftoles.* Mais cela n'eft vrai que dans le cas où ces termes font employés précifément pour calculer. Ont-ils déjà fervi au calcul ?

a-t-il quelque raison de les répéter, ou quelque relation sous-entendue ? Alors il faut l'article. *Les deux amis que j'attendois. Les cent pistoles n'arrivent pas.*

Puisque nous en sommes aux noms de nombre, je devrois avertir que plusieurs de nos Grammairiens nous donnent mal-à-propos *Un* pour article. Je ne m'explique pas encore, mais j'y reviendrai dans un moment.

3. *Quand le nom commun est précédé d'un adjectif qui soit pronom, ou de la même classe.* Tels sont ceux qui par eux-mêmes individualisent le nom commun, *ce*, *mon*, *notre*, *ton*, *votre*, *son*, *leur* : ceux qui le restreignent plus ou moins, *quelque*, *chaque*, *certain*, *plusieurs* : ceux qui nient sans restriction, *aucun*, *nul* : ou enfin : *tout* qui produit l'effet contraire.

4. *Quand le nom, mis après le verbe, ne fait qu'un avec le verbe, dont il restreint l'acception.* Rien de si fréquent. *Avoir peur*, *avoir pitié*, *avoir patience*, *avoir bec & ongle*, *faire peur*, *faire pitié*, *faire amitié*, *faire justice*, &c. Même regle à observer si le nom tient au verbe par une particule, *regarder en pitié*, *donner en spectacle*, *songer à malice*, *agir de tête*, *trembler de froid*, &c. Remarquons qu'en toutes ces phrases, & mille autres semblables, le nom demeure indéterminé.

5. *Quand l'énumération finit par un mot qui affirme ou qui nie sans restriction.* Tour oratoire des plus communs. *Parents, étrangers, amis, ennemis, tous l'ont pleuré. Prieres, bienfaits, offres, menaces, larmes d'un pere & d'une mere, rien ne l'a ébranlé.*

Tous autres cas où l'on supprime l'article, rentreront dans quelqu'un de ceux que je viens d'exposer ici : & il est temps que j'en revienne comme je l'ai promis, à l'examen de cette opinion, qui nous donne *Un* pour article. Ou plutôt, il est inutile de l'examiner, puisqu'elle porte uniquement sur ce préjugé, que la langue Françoise, à l'exemple de la Latine, connoît des *génitifs*, *datifs*, &c. Préjugé, dont il me semble qu'on est assez revenu aujourd'hui, pour qu'il ne soit plus nécessaire de le combattre. *Un* ne fut jamais (9) confondu avec *le*. J'admire M. l'Abbé Regnier, qui, convaincu de cette vérité, & après l'avoir solidement prouvée, ne laisse pas de se prêter au système de ceux qui déclinent en François comme en Latin, & qui là-dessus ont forgé leur prétendu article *indéfini*. Quelle chimere ! tenons pour certain, qu'il n'y a d'article que *le*, *la*, *les* qui subsiste dans *au* & *des*, où ils sont incorporés à l'une de ces deux prépositions, *à* & *de*, lesquelles prépositions y conservent leur valeur propre, ainsi que l'article y conserve la sienne.

Autre erreur de s'imaginer que l'article ait été institué, comme plusieurs de nos modernes continuent à l'écrire, pour marquer les genres (1) & les nombres des mots qu'ils précè-

―――――

(9) Cette particule * *un* s'appelle improprement article..... Tant s'en faut qu'elle soit article que même elle lui est opposée.

Voilà un galant. Voilà le galant. On pourra dire, *voilà un galant* de celui qu'on n'aura jamais vu auparavant, & même dont on n'aura point oui parler ; mais *voilà le galant* ne se dira que de celui dont on aura tenu quelques propos auparavant. H. *Estienne*, *Conformité*, &c. p. 76.

(1) Apollonius, p. 28. *Nonnulli lapsi sunt non leviter, cùm existimarent articulos adjungi nominibus ut genera distinguant.*

* Particule *signifie ici petit mot*.

dent. Mais ne sont-ce pas ces mots qui, comme substantifs, décident le genre & le nombre de l'article ?

Un rien à remarquer, parce qu'il fait voir combien les Savants avoient médité sur l'article, c'est qu'il ne se met jamais qu'avant des noms dont la signification soit déjà connue de la personne à qui l'on parle. Apprend-on l'alphabet (2) à un enfant ? On lui dit, *voilà* A, *voilà* B, &c. Quand il connoîtra ses lettres, on lui dira, s'il se trompe, *vous prenez l'A pour le* B, &c. Ainsi, le premier qui apporta le café en France, dit, sans doute, *les Arabes ont une espece de feve, qu'ils appellent* café, mais ensuite, *le café a telle vertu, le café se prépare ainsi*, &c.

Je dois cette derniere observation, & la plupart des précédentes, à un Grammairien du second siecle, *Apollonius* d'Alexandrie. Puisque l'article nous vient des Grecs, à qui devons-nous recourir qu'aux Grecs eux-mêmes, pour en connoître les propriétés ?

Au reste, n'oublions pas que l'article, pris séparément, ne signifie rien. Une jolie (3) comparaison, tirée du même Auteur, servira de preuve. Il y a, dit-il, cette différence entre la consonne & la voyelle, que celle-ci, sans aucun secours étranger, fait entendre un son distinct : au lieu que la consonne a besoin de l'autre, pour pouvoir être articulée. A la voyelle il faut, ajoute-t-il, comparer le Nom, le Verbe, l'adverbe, & le participe, qui par eux-mêmes offrent à l'esprit une idée précise ; mais à la

---

(2) Apollonius, p. 34, emploie ce même exemple. Page 50, il dit : *Articulus adjunctus repetit memoriam rerum jam cognitarum.*

(3) Apollonius, p. 14 & 15.

consonne il faut comparer l'article, la conjonction & la préposition, tous mots qui, pour être significatifs, doivent être accompagnés d'autres mots.

CHAPITRE TROISIEME.

Des Pronoms.

ON appelle *Pronom*, un mot qui se met à la place d'un *nom*, pour signifier l'équivalent. Peut-être la définition ne convient-elle pas *omni & soli*: mais nous ne sommes pas ici sur les bancs de l'Ecole. Quoi qu'il en soit, les Pronoms eux-mêmes sont de vrais noms: les uns, purs *substantifs*; les autres purs *adjectifs*; & d'autres enfin, tantôt *substantifs*, tantôt *adjectifs*. Je suivrai cette division, qui me paroît la plus grammaticale & la plus commode pour bien démêler ce que les Pronoms de chaque espece ont de particulier.

I.

On distingue en Grammaire trois personnes, dont la premiere est celle qui parle; la seconde, celle à qui l'on parle; la troisieme, celle dont on parle. Et comme il seroit ennuyeux d'avoir sans cesse à répéter le nom de la personne dont il s'agit, c'est pour abréger le discours, sans nuire à la clarté, qu'on use de certains Pronoms, qui, parce qu'ils suppléent au nom des personnes, sont appellés *personnels*.

Tous ces Pronoms personnels sont de vrais substantifs, ni plus ni moins que les noms mêmes à la place desquels ils sont mis.

Pour la premiere personne, au singulier, on en a trois ; *je*, *moi* & *me*, qui présentent absolument la même idée, mais qu'on ne sauroit mettre l'un pour l'autre. Ce qui décide du choix, c'est la place que le Pronom doit occuper dans le discours.

Il faut *je*, s'il est régissant, & à la tête d'une phrase, ou principale ou incidente : *Je crois que je partirai demain*. Mais il ne se met qu'après le Verbe, soit dans une interrogation, *chanterai-je ? chanté-je ?* soit dans une exclamation, *où suis-je !* soit dans une parenthese, *croyez-moi*, *vous dis-je* : soit enfin quand le Verbe est précédé d'*aussi*, *encore*, *peut-être*, *à peine*, & autres semblables, qui servent à marquer une conséquence de ce qui vient d'être dit. *Vous me flattez, aussi ne vous crois-je pas. Encore devrois-je*, &c. *Peut-être devrois-je*, &c. *A peine suis-je arrivé*, &c.

Il faut *moi*, premiérement, lorsqu'on le joint à *je* ou à *me*, par une espece d'apposition : *moi, je vous tromperois ? me soupçonner, moi votre ami ?* En second lieu, toutes les fois qu'il suit le Verbe : *c'est-moi*, *sauvez-moi*. Troisiémement, lorsqu'il tient par une conjonction à un autre nom : *Paul & moi*, *lui ou moi*. Enfin, lorsqu'il est précédé d'une particule exprimée : *fiez-vous à moi*, ou sous-entendue, *parlez-moi*.

Il faut *me*, quand il est régi par le verbe, & il doit le précéder : *je vous prie de me suivre*, *ne me trompez pas*. Ce qui est si vrai, qu'en faisant deux phrases de suite, comme celle-ci, *ecoutez-moi*, & *me croyez*, on dit *moi* dans la premiere, parce qu'il vient après le verbe ; & *me* dans la seconde, parce qu'il va devant. Il n'y a qu'un cas où *me* doive être mis après le verbe, mais seulement après le verbe employé dans une apostrophe ; & c'est quand il est suivi de la particule *en*, prise dans un sens pronominal : *parlez-m'en*. Encore cela n'est-il vrai que dans les propositions affirmatives; car dans les négatives, le pronom va toujours avant le verbe : *ne m'en parlez pas*.

Au reste, il n'en est pas tout-à-fait de même de la particule *y*. Car, quoiqu'*en* se puisse mettre après le verbe, *parlez-m'en*, on ne dira pas, *menez-m'y*, comme on dit très-bien, *vous m'y menerez*. Pourquoi *m'y* après le verbe n'est-il pas d'usage ? Parce que cette désinence déplaît à l'oreille ; c'est se tourmenter à crédit que d'en chercher une autre raison.

Quant au pluriel, on dit toujours *nous* ; & il ne diffère en rien des autres substantifs, par rapport à la place qu'il doit occuper dans le discours, si ce n'est qu'étant régi par le verbe, il le précede *nous nous flattons souvent*.

Pour la seconde personne, nous avons *tu*, *toi*, *te*, au singulier, & *vous*, au pluriel, dont la syntaxe est absolument la même que celle du pronom qui désigne la premiere personne. Remarquons seulement que *vous*, quoique pluriel, souvent ne s'adresse qu'à une seule personne, & alors n'a que la valeur d'un singulier.

A l'égard du genre, quoique ni *je*, ni *vous*, n'en marquent pas plus l'un que l'autre par eux-mêmes ; ils ne laissent pas d'en régir l'un des deux, selon que c'est un homme ou une femme qui dit *je*, ou à qui l'on dit *vous*.

Pour la troisieme personne, le masculin demande, *il*, *lui*, ou *le*, au singulier, *ils*, *eux*, *les*, ou *leur*, au pluriel ; & le féminin demande, *elle*, *la*, ou *lui*, au singulier; *elle*, *les*, ou *leur*, au pluriel. Il s'agit de *leur*, indéclinable, qu'il ne faut pas confondre avec *leur* adjectif, dont je parlerai plus bas.

Ici la syntaxe est encore la même pour *il* & *elle*, que pour *je*, si ce n'est que la fonction du pronom *elle*, ne se borne pas toujours à être *régissant*. Car il est souvent *régi*, soit par une particule, *sans elle*, *pour elle*; soit par le verbe, dans les propositions négatives : *vous ne voyez qu'elle*. Par-tout ailleurs, *elle* se change en *la*, & précede le verbe : *vous la voyez*.

Quoique l'analogie de *lui* à *le*, soit celle de *moi* à *me*, cependant, au lieu que *moi* se change en *me* devant les verbes qui ont un régime particulé, *vous me prêterez ce volume*, on ne change point *lui* en pareil cas, & on dit *vous lui prêterez ce volume*.

Ajoutons qu'il n'y a que le régime particulé où *lui* appartienne indifféremment aux deux genres. *Parlez-lui*, peut aussi-bien s'entendre d'une femme que d'un homme. Hors du régime où la particule est sous-entendue, *lui* ne peut se prendre qu'au masculin.

On pourroit regarder *eux* comme le pluriel de *lui* : & véritablement l'analogie est parfaite, lorsqu'il est mis, ou avec *ils* par apposition, *eux, ils n'en feront rien*; ou avec une particule exprimée, *on ne dit rien d'eux*, *je me fie à eux*. Mais hors delà, *eux* n'est point le pluriel de *lui*. Avec le verbe, il faut *les*, si c'est un régime simple, *je les vois* : & *leur*, si c'est un régime particulé, *donnez-leur*. Remarquons que ce dernier régime est le seul cas où l'on puisse employer *leur*, substantif.

Pour le pluriel *elles*, la syntaxe est la même que pour *eux*. Ainsi *leur* se dit également pour *à eux* & *à elles*. Il précede toujours le verbe, *je leur donnerai*, si ce n'est dans une apostrophe, *donnez-leur*, quand la proposition est affirmative. Car, si elle est négative, il va devant : *ne leur donnez pas*.

Quand *le*, *la* & *les* ne sont pas *article*, mais pronom personnel, leur unique fonction est de faire le régime simple d'un verbe qu'ils précedent toujours. On parlera d'un homme, *je le connois* : d'une maison de campagne, *je ne la connois pas* : de quelques volumes, *je les ai lus*.

Une grande différence, & la plus remarquable qu'il y ait entre les pronoms de la troisieme personne & ceux des deux premieres, c'est que ceux-ci ne peuvent jamais désigner que des personnes, au lieu que ceux-là servent à désigner & les personnes, & les choses. Cette différence influe particuliérement sur *elle*, *lui*, *eux*, & *leur*. On dira indifféremment d'une femme & d'une prairie, *elle est belle* : mais *elle*, lorsqu'il est régi ou particulé, ne se dit point de choses inanimées non plus que *lui*, *eux*, ni *leur*. On y supplée par les pronoms, *le*, *la*, *les*, ou par les particules *en* & *y*. A ces demandes, *est-ce là votre canne ? sont-ce vos gants ?* vous répondrez, *ce ne l'est pas, ce les sont* ; & non, *ce n'est pas elle, ce sont eux*. Vous ne direz pas d'une maison, *je lui ajouterai un pavillon* ; mais *j'y ajouterai un pavillon*. Vous direz d'un Poëte, *que pense-t-on de lui ?* mais de ses vers il faudra dire, *qu'en pense-t-on ?*

J'aurai quelque éclaircissement à donner là-dessus, en parlant de l'adjectif *son* : & cela me fait songer à ne point oublier ici le pronom (4) réciproque *soi*, qui appartient à la troisieme

---

(4) J'aurai occasion d'en parler encore dans mes

personne, substantif de tout genre, & seulement du nombre singulier.

Pour la syntaxe, il y a la même analogie de *soi* à *se*, que de *moi* à *me* : c'est-à-dire, que *soi* ne se met qu'après le verbe, ou après une particule, & *se* va toujours devant le verbe. *Quiconque n'aime que soi, ne se fait guere d'amis.*

Quand *soi* se dit des personnes, il ne va qu'avec des termes collectifs & indéfinis, comme *on, quiconque, chacun*, &c. Quand il se dit des choses, ce n'est jamais qu'à l'aide d'une particule : *la vertu est aimable de soi, porte sa récompense avec soi*. Et il faut que le nom auquel il se rapporte soit au singulier. Car, si c'est un pluriel, on ne peut plus dire *de soi* ; mais il faut *d'eux-mêmes*, ou *d'elles-mêmes*, selon le genre de ce pluriel qui régit.

On, pronom indéfini, appartient encore à la troisieme personne, & il est toujours régissant : de sorte qu'il se conforme à la syntaxe du pronom *je*, par rapport au verbe. *On dit, vient-on ?* Quoiqu'indéfini & collectif de sa nature, il ne laisse pas de se mettre quelquefois à la place d'une personne seule : *on demande à vous parler*. Et, quoiqu'il n'appartienne proprement qu'à la troisieme personne, il s'emploie quelquefois pour la premiere ou pour la seconde. Car à un homme que je n'aurai point vu depuis long-temps, & que je viens à rencontrer, je lui dirai, *il y a long-temps qu'on ne vous a vu* : & à un malade, *se porte-t-on mieux aujourd'hui ?* Mais, comme il n'y a que les circonstances qui puissent ainsi déterminer le sens, ces manieres de parler ne peuvent guere sortir de la plus simple conversation.

Remarques sur Racine. Rem. LXXX, où ceci est plus détaillé.

Pour éviter un *hiatus*, ou pour rompre la mesure du vers dans la prose, il est très-permis d'écrire *l'on* ; & c'est le seul de nos pronoms substantifs qui par lui-même, & sans que cela change rien à sa nature, souffre quelquefois l'article. Je dis, le seul. Car, si dans cette jolie scene où il est question des deux Sosies, *moi* est tant de fois accompagné de l'article, c'est afin de pouvoir lui donner un sens distributif, & qui distingue *le moi battant* d'avec le *moi battu*.

Avant que de quitter cette matiere, il est à propos de nous remettre devant les yeux une remarque importante sur laquelle je n'ai fait que glisser, & dont l'utilité se fera encore mieux sentir lorsque j'en serai aux *participes*. C'est que souvent un verbe a deux régimes, dont l'un est simple, & l'autre particulé. Quand je dis, *payez le tribut à César*, ces derniers mots, *à César*, sont le régime particulé du verbe *payer*. Or, si nous mettons à la place de ces deux noms, *tribut* & *César*, deux pronoms, la phrase alors sera ainsi conçue, *payez-le lui* ; & par conséquent la particule *à*, sous-entendue devant *lui*, comme il faut la sous-entendre devant tout autre pronom employé pour second régime du verbe. *Vous me le direz, je vous le rendrai*; c'est-à-dire, *vous me le direz à moi, je le rendrai à vous*.

Quelle raison, au reste, peut vouloir que dans ces deux phrases, *payez-le lui, je vous le rendrai*, les pronoms changent ainsi de place ? A l'impératif, *payez-le lui*, le régime particulé n'arrive que le dernier, & dans les autres modes du verbe, c'est tout le contraire. Qui diroit, *payez-lui le*, ou *je le vous rendrai*, seroit barbare. Pourquoi cette différence ? Tel est le bon plaisir de l'usage, maître absolu des langues, qui toutes, outre l'essentiel, ont de l'arbitraire ; mais arbitraire qui, du moment que l'usage s'est fixé, devient lui-même essentiel.

I I.

Je passe aux pronoms *adjectifs*, qui comprennent principalement ceux que l'on appelle *possessifs*, dont la fonction est de marquer à qui appartient la chose signifiée par leur substantif. Quand ils le précedent, ils ne souffrent point d'articles ; quand ils ne viennent qu'après, ils demandent l'article. Voilà donc deux especes de pronoms *posessifs*, & d'autant plus faciles à distinguer, que, comme on le verra tout-à-l'heure, ils n'ont point les mêmes terminaisons.

Pour le singulier de chaque personne, il y a trois pronoms de la premiere espece. Un masculin, *mon*, *ton*, *son*; & un (5) féminin, *ma*, *ta*, *sa* pour le singulier, avec un autre pour le pluriel, *mes*, *tes*, *ses*, commun aux deux genres.

Quand il s'agit de plusieurs personnes, il y a de même trois pronoms. Au singulier, *nôtre*, *vôtre*, *leur*. Au pluriel, *nos*, *vos*, *leurs*, & ces pronoms, tant au singulier qu'au pluriel, sont communs aux deux genres.

J'avertis qu'on retrouvera *nôtre*, *vôtre*, *leur* & *leurs*, au nombre de ces autres pronoms, qui demandent un article. Mais allons par or-

(5) On dit cependant, *mon ame*, *ton épée*, *son audace*, &c. En voici la raison :
Consule veritatem, reprehendet : refer ad aures, probabunt. Quære, cur ? ita se dicent juvari. Voluptati autem aurium morigerari debet oratio. *Cic. Orat.* 48.

dre. Quant à préfent, je ne les confidere que comme appartenants à ces pronoms poffeffifs de la premiere efpece, qui ne fouffrent point d'article, mais qui en fervent eux-mêmes à leur fubftantif, avec lequel ils s'accordent en genre comme en nombre, & qu'ils doivent immédiatement précéder, à moins qu'il ne s'y gliffe un pur adjectif entre deux. Voilà en quoi confifte toute la fyntaxe de ces pronoms : & il n'y a ici nulle difficulté, que fur celui de la troifieme perfonne.

Pour fentir cette difficulté, & même pour la réfoudre, c'eft affez de favoir que les pronoms poffeffifs, *fon*, *fa*, *fes*, *leur* & *leurs*, ne s'appliquent qu'aux perfonnes, & aux chofes qu'on aura en quelque forte perfonnifiées, fi l'on a eu l'art de les amener, & d'y préparer par quelque expreffion qui ne convienne qu'à des perfonnes. Ainfi ce pronom poffeffif a lieu dans la plupart des phrafes, ou entre le verbe *avoir*, quoique la propofition ait pour fujet une chofe inanimée. On dit donc très-bien, *chaque fruit a fon goût, un triangle a fes trois côtés, tout corps a fes dimenfions*. Mais en parlant d'une chofe inanimée, ou de quelque bête, fans qu'il y ait rien qui la perfonnifie, on doit remplacer le pronom poffeffif par les *particules* deftinées à cela, *en* ou *y*, qui font mifes elles-mêmes au rang des pronoms. Témoin ce proverbe, *quand on parle du loup, on en voit la queue*; & non pas *on voit fa queue*. On diroit cependant, *rien n'appartient plus au loup que fa queue*, parce que dans cette derniere phrafe, & non dans la précédente, il s'y trouve un verbe qui dénote la poffeffion. Or, le fujet à qui convient la poffeffion, fi par accident ce n'eft pas une perfonne, eft cependant regardé toujours comme une perſonne. Voilà, je crois, un principe certain; &, s'il y a des exceptions autoriſées par l'uſage, c'eſt de l'uſage même qu'on l'apprendra.

Venons à l'autre eſpece des pronoms *poſſeſſifs*, qui ſont ceux que l'article doit immédiatement précéder.

Quand le pronom ne déſigne qu'une ſeule perſonne, c'eſt à la premiere, *le mien & la mienne, les miens, & les miens*; à la ſeconde, *le tien & la tienne, les tiens & les tiennes*; à la troiſieme, *le ſien & la ſienne, les ſiens & les ſiennes*.

Quand il déſigne pluſieurs perſonnes, c'eſt à la premiere, *le nôtre, la nôtre, les nôtres*; à la ſecond, *le vôtre, la vôtre, les vôtres*; à la troiſieme, *le leur, la leur, les leurs*.

On retrouve encore ici, au ſujet de la troiſieme perſonne, cette même difficulté, qui vient de nous arrêter il n'y a qu'un moment, & qui conſiſte en ce que le pronom poſſeſſif ne s'applique pas en toute occaſion aux choſes comme aux perſonnes. Mais les principes ne varient point. Ainſi nous dirons très-bien, *cet arpent-là eſt ſien*, quand nous voudrons dire que c'eſt l'arpent d'un tel; mais nous parlerions mal, ſi c'étoit pour dire que c'eſt l'arpent du parterre ou du potager : & cela, parce que le pronom poſſeſſif, qui prend l'article, ne doit s'appliquer aux choſes, que dans les mêmes occaſions où nous avons vu qu'il eſt permis d'employer celui qui n'admet point d'article.

Il me reſte à dire que celui qui prend l'article peut s'employer comme ſubſtantif, & au ſingulier, & au pluriel; mais au maſculin ſeulement. Au ſingulier, *le mien, le vôtre*, pour ſignifier ce qui m'appartient, ce qui vous appartient.

partient. Au pluriel, *les miens, les vôtres*, pour signifier nos proches, nos alliés, ceux qui sont en quelque façon à nous. Mais en ce sens, il faut que le pronom possessif soit précédé du personnel, *moi & les miens ; vous & les vôtres ; eux & les leur*.

On voit par-là qu'il y a des pronoms qui peuvent être, tantôt *substantifs*, tantôt *adjectifs*. Troisieme & derniere espece, dont j'ai à parler.

III.

Puisqu'un même pronom est susceptible de plus d'une acception, & par conséquent peut appartenir à plus d'une classe, il m'a semblé que ce n'étoit pas trop la peine de conserver le style ordinaire des Grammairiens, qui divisent les pronoms en *relatifs, démonstratifs, interrogatifs*, &c. Un même pronom interrogatif dans telle phrase, relatif dans telle autre, ne doit-il pas sa dénomination à la phrase même où il se trouve ? Ainsi, le mieux est que je m'en tienne à l'ordre alphabétique, pour ceux dont il me reste à parler.

1. *Ce*, substantif, présente l'idée d'une chose qui n'a pas besoin d'être spécifiée, ou qui l'a été, ou qui va l'être. Qui n'en a pas besoin, *ce qui est vrai aujourd'hui le sera demain*. Qui l'a été, *vous aimerez les Romans, ce n'est pas mon goût*. Qui va l'être, *c'est un trésor qu'un ami*. Et comme ce qui sert à lier les deux idées de cette derniere phrase, c'est la particule *que*, delà vient qu'il n'est pas inutile de la conserver avant un infinitif : *c'est un trésor que d'avoir un ami*. On peut cependant la supprimer : *c'est folie de compter sur l'avenir*.

Quand ce pronom est régi, il demande toujours d'être suivi d'un relatif. *Je sais ce qui vous fâche. Pourroit-on savoir ce que vous pensez ?*

Je n'ai rien à dire sur *ce*, adjectif, si ce n'est qu'il se change en *cet* devant un nom qui commence par une voyelle, *cet honneur* ; & qu'au contraire, dans *ce*, substantif, il y a élision avant le verbe, *c'est*, *c'a été*.

On voit assez que *ce*, substantif, ne peut jamais être qu'un singulier. Cependant, s'il est suivi d'un substantif pluriel, & que la proposition (6) soit identique, le verbe doit être au pluriel : *ce sont de bonnes gens*. Mais la proposition n'étant pas identique, le verbe reste au singulier : *c'est de bonnes gens qu'on a besoin*.

Assez souvent, ce pronom s'associe l'une de ces deux particules *ci* ou *là*, dont la premiere marque plus de proximité, & l'autre moins. Ainsi, de ce qui est plus près de moi, je dirai, *ceci est bon* ; & de ce qui en est plus éloigné, *cela est meilleur*. Priorité de temps se distingue comme proximité de lieu, *cette année-ci*, *cette année-là*. Et par ce dernier exemple on voit que ces particules *ci* & *là*, au lieu de se joindre au pronom, se joignent à un nom.

Remarquons la même analogie dans les autres pronoms substantifs qui se forment de l'adjectif *ce*, joint à *lui*, à *elle*. Quand ils reçoivent l'une de ces particules, ils s'emploient absolument : *celui-ci est bon*, *ceux-là sont meilleurs*. Hors delà, ils veulent être suivis d'un relatif : *ceux que je vois*, *celle qui vous parle* ; ou de la particule *de*, soit devant un nom,

(6) Proposition *identique*, dont le sujet & l'attribut ne font qu'un seul & même objet.

soit devant certaines prépositions : *celui de nos Poëtes qu'on estime le plus, celui d'entre vous*, &c.

2. *Il*, substantif, entre dans une infinité de phrases, où il présente l'idée de *chose*, mais indéfiniment : & peut-être faudroit-il un long discours, qui ne seroit pas des plus clairs, pour expliquer ce que tout le monde entend, parce que l'usage le rend familier. *Il est vrai, il y a, il m'est arrivé*, &c.

Ajoutons seulement que dans les propositions identiques, où le verbe est suivi d'un substantif qui est au pluriel, il ne laisse pas de régir le verbe au singulier : *il est six heures, il est arrivé deux mille hommes.*

Quand j'ai parlé d'*il*, pronom personnel, & de son féminin *elle*, j'ai oublié de dire qu'ils se mettent conjointement avec le substantif, & par une sorte de redondance, mais qui est nécessaire pour faire voir que c'est une interrogation. *Le Roi est-il à Versailles ? La Reine se porte-t-elle bien ?* De manière que le pronom suit immédiatement le verbe, tandis que le substantif dominant marche à la tête de la phrase.

3. *Le* mis absolument, veut à-peu-près dire cela, & il a la vertu de représenter non-seulement un adjectif, mais toute une proposition qui aura précédé. *Aristote croyoit que le monde étoit de toute éternité, mais Platon ne le croyoit pas.* J'ai dit qu'il représentoit (7) un adjectif. *Vous étiez malade hier, je le suis aujourd'hui.* Qu'on demande donc à une fille : *étes-vous mariée ?* Elle doit répondre : *je ne le suis pas*, comme pour dire, *je ne suis pas ce que vous dites.*

(7) Voyez remarque LXXXVI sur Racine, où la même difficulté reviendra.

Mais qu'on lui demande : *êtes-vous la nouvelle mariée ?* Elle répondra : *je ne la suis pas*, comme pour dire, *je ne suis pas elle, je ne suis pas celle que vous dites*.

J'ai dit plus haut ce qu'il y avoit à dire sur ce pronom, employé comme article ou comme pronom personnel, & susceptible alors des deux genres & des deux nombres.

4. *Que*, mis absolument, est une sorte de substantif, & signifie *quelle chose*, comme dans une interrogation. *Que lui dire ? Que vous est-il arrivé ?* ou après le verbe *savoir* & quelques autres semblables, *je ne sais que lui répondre, j'ai trouvé que lui répondre*.

Relatif, il se dit au singulier & au pluriel, tant des personnes que des choses. Jamais il n'est régissant ni particulé, & il précede toujours le verbe ou l'équivalent du verbe dont il est le régime. *Un livre que je lis, l'homme que voilà, l'air que je respire*. Nulle difficulté là-dessus.

Je n'ai point à examiner ici ce qui regarde *que*, conjonction.

5. *Quel*, n'est par lui-même qu'un adjectif, ne pouvant aller sans un substantif. Mais, quoique *lequel* ne s'écrive depuis long-temps que comme un seul mot, on voit assez que c'est l'adjectif *quel*, employé dans un sens distributif, & par cette raison, accompagné d'un article, qui peut lui donner la vertu grammaticale d'un substantif. Par exemple, *de ces deux étoffes, choisissez laquelle il vous plaira*. Ou, dans l'interrogation, *lequel goûtez-vous le plus de Corneille ou de Racine ?*

Il y a une autre acception, où *lequel* n'est qu'adjectif. *Qui*, ne pouvant désigner par lui-même ni le genre, ni le nombre, cela peut donner lieu à de fréquentes équivoques. C'est donc pour les éviter que nous pouvons, au pronom *qui*, en substituer un autre qui renferme précisément la même idée, & qui, par l'article qu'il reçoit, & par ses différentes terminaisons, est propre à distinguer le genre & le nombre du substantif auquel il se rapporte. Voilà l'un des services que nous rend ce pronom, *lequel, laquelle, lesquels & lesquelles*, mis à la place de *qui*. D'ailleurs, nous allons voir qu'en parlant des choses, il n'est pas toujours permis d'employer *qui*. Pour y suppléer, nous avons *lequel*, joint à quelque particule, ou qui est incorporé avec l'article, *duquel, auquel*, ou qui en est séparé, *par lequel, sur lequel*, &c.

6. *Qui*, s'emploie absolument, soit pour signifier *quelle personne*, comme dans une interrogation. *Qui sont ces gens-là ? A qui m'étois-je fié ?* soit pour signifier indéfiniment *toute personne*, comme, *Qui ne desire rien est heureux*. Par ces phrases, on voit qu'il précede toujours le verbe, & qu'il peut être ou régissant ou particulé. Ajoutons qu'il peut aussi être régi, mais dans l'interrogation seulement : *Qui connoissez-vous ? Qui croirai-je ?*

Relatif, il se dit aussi-bien des choses que des personnes ; mais seulement lorsqu'il est régissant : *Un homme qui m'a parlé, une horloge qui sonne, des oiseaux qui volent*. Quand il est particulé, il ne convient qu'aux personnes : *L'homme à qui je dois le plus, sur qui je compte le plus*. On ne diroit pas de même, *le bâton sur qui je m'appui, la plante à qui je crois le plus de vertu*. On dira ; *le bâton sur lequel je m'appuie, la plante à laquelle je crois*, &c. Mais, comme je viens de le dire, la nécessité d'employer *lequel* pour *qui*, n'a lieu que dans les phrases où il est précédé d'une particule. Car lorsqu'il est régissant, on emploie *qui*, plutôt que *lequel*, à moins qu'il n'y ait une équivoque à sauver. Ainsi, nous dirons, *le bâton qui m'a soutenu, la plante qui me paroît avoir le plus de vertu*, &c.

7. *Quoi*, employé absolument, signifie *quelle chose*, comme, *sur quoi vous fondez-vous ?* & à un homme qui aura dit : *il m'est arrivé un triste accident*, on lui demandera *quoi ?* S'il est suivi d'un adjectif, il le régit avec la particule *de*, comme *à quoi de plus grand pouviez-vous aspirer ?* Il se traduiroit par *quelque chose*, dans ces phrases, *quoi qu'il en soit*, *quoi qu'il en arrive*, &c. Ordinairement il suit une préposition, *à quoi, de quoi, contre quoi, sur quoi, après quoi*, &c. Au reste, il se dit, non des personnes, mais des choses uniquement, & il garde toujours sa terminaison, sans égard au genre ni au nombre du substantif dont il rappelle l'idée.

Je ne fais point mention de plusieurs autres mots que nos Grammairiens ont coutume de ranger dans la classe des pronoms. Tels sont *quiconque, personne, autrui, quelqu'un, chacun*, &c. J'avoue que, comme les pronoms personnels, ils se mettent sans article ; mais pourquoi ? parce qu'ils ont d'eux-mêmes un sens déterminé, & par conséquent n'ont pas besoin d'article : en quoi ils ressemblent aux noms de nombre, & à divers adjectifs, *plusieurs, quelque, certain, aucun, nul*. Ainsi, nulle nécessité, ce me semble, que la Grammaire s'embarrasse de leur donner un rang à part.

Que, si j'omets *dont*, c'est parce que les Grammairiens ne s'accordent pas à le regarder comme un *pronom* ; la plupart ne l'ayant reconnu que pour une simple *particule*. Quoi qu'il en soit, *dont* signifie la même chose que *duquel* ou *de quoi*, & se dit également des personnes & des choses, sans varier sa terminaison, de quelque genre & en quelque nombre que soit le nom pour lequel il supplée. Il est toujours précédé d'un substantif, & suivi d'un autre substantif, *Virgile* dont *le mérite est si connu*; ou d'un verbe qui le régit : *les personnes* dont *je me loue*.

Voilà ce qu'il y avoit d'essentiel à dire sur nos pronoms; qui sont en si grand nombre, & qui, pour la plupart, ont des terminaisons si différentes, qu'en parcourant ce que je viens d'en rapporter, on aura sans doute jugé qu'ici notre langue s'écartoit un peu de cette simplicité, &, si j'ose parler ainsi, de cette parcimonie dont elle paroît si jalouse en toute autre occasion. Car peut-être n'a-t-elle point de parfaits synonymes que ces pronoms, *je*, *moi*, *me*, & autres semblables, qui répondent bien précisément à une même idée, unique, & indivisible.

Pourquoi donc, dans la classe des pronoms, cette richesse extraordinaire ? Parce que l'occasion d'employer des pronoms étant si fréquente, on a cherché à pouvoir mettre de la variété dans le discours.

Vaugelas, au reste, nous a suffisamment avertis que le plus grand de tous les vices contre la netteté du style, ce sont les équivoques, *dont la plupart*, dit-il, *se forment par les pronoms*. Rien de plus essentiel, rien qui mérite plus une attention portée jusqu'au scrupule; & je serois inexcusable de ne pas entrer ici dans le plus minutieux détail, si ce grand Maître ne m'avoit pas prévenu. Je ne puis que renvoyer à la derniere de ses remarques, qui devroit avoir été mise à la tête des autres, parce qu'il n'y en a point contre laquelle il arrive qu'on peche plus aifément, mais moins impunément.

Chapitre Quatrieme.

Des Participes.

Toutes nos Grammaires nous parlent & d'un participe *actif*, comme *chantant*, *lifant* ; & d'un participe *paffif*, comme *chanté* ; *lu*. Mais ne faudroit-il pas à chacun de ces participes fa dénomination propre, d'autant plus qu'il y a entr'eux une différence effentielle, qui confifte en ce qu'aujourd'hui l'actif (8) n'eft fufceptible ni de genre, ni de nombre.

Oferois-je propofer une nouveauté, qui feroit d'affigner au participe actif le nom de *gérondif*, & de conferver le nom de *participe* au paffif lui feul ? Puifque l'actif *chantant*, *lifant*, eft une modification du fubftantif, d'où émane l'action de chanter, de lire, il me femble que l'étymologie feule de *gérondif* juftifie le nom que je voudrois lui donner. Quoi qu'il en foit, le choix des termes eft permis à tout Ecrivain qui aura pris la précaution d'en déterminer le fens. Pour ufer donc de mes droits, j'avertis que *gérondif*, dans ma bouche, renferme tout ce que ce participe actif fignifie ailleurs ; mais que *participe*, tout court, ne doit s'entendre que du participe paffif, dans le langage que je tiendrai.

Vaugelas dit que la queftion des participes eft ce qu'il y a dans toute la Grammaire Fran-

(8) Voyez ci-deffous, pag. 516, Rem. 4.

çoise de plus *important* & de plus *ignoré*. J'aimerois mieux dire, ce qu'il y a de plus embarrassant; non qu'il soit impossible de poser des principes certains, mais il n'est pas aisé d'en faire toujours une juste application; nos Grammairiens étant là-dessus si peu d'accord entr'eux, qu'après les avoir tous consultés, on ne sait la plupart du temps à quoi s'en tenir. Par nos Grammairiens, qu'il faut nommer suivant leur ordre d'ancienneté, j'entends Vaugelas, Ménage, le P. Bouhours & M. l'Abbé Regnier : voilà du moins les plus célebres, & ceux qui paroissent avoir, comme à l'envi, le plus étudié cette question.

Avant que de nous y embarquer, ressouvenons-nous que, sans parler du verbe substantif, dont le participe est indéclinable dans quelque cas que ce puisse être, il y a trois autres especes de verbes, l'*actif*, le *réciproque* & le *neutre*. Or, le participe dans chaque espece a quelques loix particulieres; &, si nous voulons ne rien confondre, il est à propos que chaque espece ait son article séparé.

PREMIERE SECTION.

Verbes Actifs.

REGLE unique. *Quand le participe des verbes actifs précede son régime simple, il ne se décline jamais; &, au contraire, quand il est précédé, il se décline toujours.*

Pour nous familiariser avec des termes qui viendront souvent, rappellons ce que j'ai déjà dit, qu'un verbe actif peut avoir deux régimes, dont l'un est simple & l'autre particulé.

Quand je dis, *payez le tribut à César*, c'est *le tribut* que j'appelle un régime simple, parce qu'il est uni à son verbe immédiatement, & sans le secours d'aucun terme intermédiaire. Mais *à César*, est ce que j'appelle un régime particulé, parce que *César* n'a de rapport & de liaison avec son verbe, qu'au moyen d'une particule, qui est *à*.

Remarquons en second lieu, que la particule *à* n'est jamais exprimée, quoique toujours sous-entendue, devant les pronoms qui servent au régime articulé. Car, après avoir parlé de César, nous dirons, *payez-lui le tribut*; & ce *lui* suppose une particule dont il devroit être précédé, puisque c'est comme si l'usage permettoit de dire, *payez le tribut à lui*.

Remarquons, en troisieme lieu, qu'il n'y a que les pronons seuls qui puissent régulièrement précéder le verbe dont ils sont le régime simple. Or, notre regle dit expressément que le participe ne se décline jamais, à moins qu'il ne soit précédé de son régime simple. Par conséquent il n'y a que des pronoms, employés comme régime simple, qui puissent & qui doivent faire décliner le participe.

Remarquons enfin que de tous les pronoms, il n'y a que ceux-ci, *me*, *nous*, *te*, *vous*, *le*, *la*, *les*. & *que* relatifs qui puissent être employés comme régime simple.

Voilà d'abord cette grande question réduite à une bien petite quantité d'objets, puisqu'elle se renferme dans quelques pronoms employés comme régime simple.

Que reste-t-il donc pour faciliter l'application de notre regle unique & générale, si ce n'est de la vérifier par divers exemples? Voici ceux de Vaugelas, pour ce qui regarde le verbe actif dont il s'agit préfentement, & qui eſt celui où ſe trouve le plus d'embarras.

I. *J'ai reçu vos lettres.* Bon.

II. *Les lettres que j'ai reçues.* Bon.

III. *Les habitants nous ont rendu maîtres de la ville* ; diſons *rendus*.

IV. *Le commerce, parlant d'une ville, l'a rendu puiſſante* ; diſons *rendue*.

V. *Je l'ai fait peindre, je les ai fait peindre.*

VI. *C'eſt une fortification que j'ai appris à faire.*

On verra que le quatrieme exemple ne fait qu'un avec le troiſieme. J'en dis autant du ſixieme avec le cinquieme. Mais pour épuiſer, s'il eſt poſſible, toutes les combinaiſons, en voici encore d'autres.

VII. *Les peines que m'a donné cette affaire* ; diſons *données*.

VIII. *Plus d'exploits que les autres n'en ont lu.* Bon.

IX. *Les chaleurs qu'il a fait.* Bon.

Reprenons maintenant toutes ces phraſes l'une après l'autre, ſans perdre de vue la regle unique qui doit en décider.

I.

J'ai reçu vos lettres.] Tous conviennent que c'eſt ainſi qu'il faut parler, conformément à la regle, qui veut que le participe, lorſqu'il précede ſon régime, ne ſe décline point.

On dira également au pluriel *nous avons reçu vos lettres* ; & une femme qui diroit *j'ai reçue vos lettres*, parleroit mal. Pourquoi ? parce que le nominatif de la phraſe n'exerce aucun droit ſur le participe qui ſe conſtruit avec le verbe *avoir*. Il en est autrement de celui qui se construit avec le verbe *être*. Mais gardons-nous de les confondre, & n'oublions point qu'à présent il ne s'agit que du premier, qui est le verbe actif.

Au reste, si l'on demande, comme ont fait quelques Grammairiens, pourquoi le participe se décline, lorsqu'il vient après son régime; & qu'au contraire, lorsqu'il le précede, il ne se décline pas, je m'imagine qu'en cela nos François, sans y entendre finesse, n'ont songé qu'à leur plus grande commodité. On commence une phrase, quelquefois sans bien savoir quel substantif viendra ensuite. Il est donc plus commode, pour ne pas s'enferrer par trop de précipitation, de laisser indéclinable un participe dont le substantif n'est point encore annoncé, & peut-être n'est point encore prévu. Mais une réponse qui vaut mieux, parce qu'elle dispense de toute autre, c'est que dans les langues il est inutile de chercher la raison d'une chose convenue, & qui n'est contestée de personne, à dater de François I. Car, si nous remontons jusqu'au temps où notre langue étoit au berceau, nous verrons qu'alors le participe se déclinoit aussi-bien devant qu'après son régime. Mais ce qu'aujourd'hui l'on appelle du Gaulois, ne prouve rien pour le temps présent, non plus que l'Italien & l'Espagnol, où M. l'Abbé Regnier va chercher des exemples. Véritablement ces deux langues sont sœurs de la nôtre, sans qu'on puisse bien dire laquelle des trois sœurs est l'aînée ou la mieux partagée. Mais enfin, quelqu'air de ressemblance qu'elles aient, il n'est point permis de prendre l'une pour l'autre, chacune ayant des traits qui la distinguent, & des manieres qui sont à elle.

I I.

Les lettres que j'ai reçues.] Quand le participe est précédé de son régime simple, alors la regle veut qu'il se décline; c'est-à-dire, qu'il prenne le genre & le nombre de son régime. Or, le régime c'est *que*, pronom relatif, qui a pour antécédent le substantif *lettres*, féminin, & au pluriel. *Reçues* est donc & devroit être, comme on le voit clairement, du genre féminin, & au pluriel.

Vaugelas & Ménage n'ont nullement douté que toute phrase semblable à celle-là ne fût soumise à la même loi : & cette loi, si respectée dans toutes les langues, c'est la concordance de l'adjectif avec son substantif.

Qui croiroit que le P. Bouhours & M. l'Abbé Regnier ne la regardent ici que comme un conseil ? Au défaut de raisons, ils ont recours à des autorités ; & le P. Bouhours tire les siennes de M. l'Abbé Regnier lui-même, qui, dans plusieurs endroits de son Rodriguez, s'étoit dispensé de la loi.

Qu'ensuite le Traducteur de Rodriguez, séduit par un amour-propre d'Auteur, cite en sa faveur deux passages, l'un d'Amyot, l'autre de Racine, nous lui répondrons que l'esprit des grands Ecrivains doit se chercher, non dans un passage seul, qui pourroit n'être qu'une faute d'impression, mais dans l'usage constant & uniforme auquel nous les voyons attachés par-tout ailleurs.

Tenons donc pour très-certain ce qu'enseigne Vaugelas, qu'il faut toujours, *à peine de faire un solécisme*, accorder le participe avec son régime, dans les phrases semblables à celle que nous examinons. Il y a cependant quelques participes, entr'autres ceux de *plaindre* & de *craindre*, qu'il est bon d'éviter au féminin, parce que ces verbes ont formé des substantifs dont la désinence est la même que celle du participe féminin. Qui diroit, *c'est une personne que j'ai plainte, c'est une maladie que j'ai crainte*, obéiroit à la Grammaire, mais révolteroit l'oreille. A l'égard du masculin, nulle difficulté. On dira *les hommes que j'ai plaints, les accidents que j'ai craints*. On emploiera même le féminin, pourvu qu'on ait l'art de le placer ensorte qu'il ne puisse être confondu avec le substantif. On diroit fort bien *plus crainte qu'aimée* : exemple approuvé par Vaugelles, à cause que le *plus* qui précede ne laisse pas ombre d'équivoque.

Toute équivoque est vicieuse, sans doute : mais on ne doit pas remédier à une faute par une autre. Que je dise, en parlant de livres ou de papiers, *je les ai rangés par ordre dans mon cabinet*, je laisse (9) en doute ,, si c'est moi qui ,, ai pris le soin de les ranger, ou si je veux ,, dire seulement que je les ai, & qu'ils y sont ,, rangés par ordre ; & je ne fais aucune distinc-,, tion entre l'action de la personne & l'état ,, de la chose ''. A cela, suivant M. l'Abbé Regnier, le remede seroit que l'on dît : *je les ai rangé*, pour marquer l'action, & *je les ai rangés*, pour marquer l'état. Mais, dans l'un & dans l'autre sens, notre langue n'admet que *rangés* ; &, comme elle fournit d'autres tours en abondance, c'est notre affaire d'en choisir un qui, sans être obscur, soit régulier. Ici l'équivoque vient de ce qu'*avoir* est verbe auxiliaire dans cette phrase, *je les ai rangés*, si j'entends que

(9). Regnier, Grammaire, p. 499.

c'est moi qui ai rangé mes livres : au lieu que dans l'autre sens il est verbe actif, signifiant la même chose que *posséder*.

Autrefois la regle dont nous parlons avoit lieu dans une construction telle que celle-ci :

Quand les tiedes (1) *Zéphirs ont l'herbe rajeunie*,

où l'on voit que le régime, *l'herbe*, se trouve placé entre l'auxiliaire & le participe. Ainsi le régime, quelque substantif que ce fût, rendoit anciennement le participe déclinable lorsqu'il le précédoit. Aujourd'hui cette faculté de précéder le participe n'appartient qu'à ce petit nombre de pronoms dont j'ai donné la liste ci-dessus. Tant mieux : car la regle étant ainsi restreinte, elle n'en devient que plus facile à retenir.

III & IV.

Les habitants nous ont rendu maîtres de la ville.] *Le commerce, parlant d'une ville, l'a rendu puissante.*] Toute la différence que Vaugelas met entre ces deux phrases, c'est que le participe est suivi d'un substantif dans la premiere, & d'un adjectif dans la seconde. Mais, à parler exactement, il n'y a nulle différence pour la syntaxe & la valeur grammaticale, entre un pur adjectif & un substantif, qui est de la classe des noms communs, sur-tout lorsqu'il n'est pas accompagné de l'article ; d'où il s'ensuit que *maîtres* & *puissante* ne donnent lieu qu'à une seule & même question.

On vient de voir que le participe se décline, lorsque terminant le sens d'une phrase ou d'un

---

(1) La Fontaine dans ses Fables. Voyez *Remarques sur Racine*, Rem. XV.

membre de phrase, il n'a pour tout régime que le pronom dont il est précédé. Présentement il s'agit du participe précédé de ce pronom, & suivi d'un autre régime, qui est un pur adjectif, ou un substantif pris adjectivement.

Vaugelas, le P. Bouhours & M. l'Abbé Regnier, sont ici pour ne pas décliner. Il n'y a que Ménage qui pense autrement. Ainsi la décision seroit prompte, s'il ne falloit que compter les voix. J'aimerois mieux que nous eussions à peser les raisons ; mais il n'y en a d'alléguées ni de part ni d'autres.

Que faire donc ? recourir à l'usage ? Oui, si l'usage étoit suffisamment connu. Pour le connoître, nous n'avons que deux moyens ; écouter les personnes qui parlent bien, & lire les livres bien écrits. Or, il est difficile que l'oreille la plus attentive distingue parfaitement si l'on prononce *rendu*, *rendus* ou *rendue*, lorsqu'il n'y a point de repos entre le participe & l'adjectif suivant : comme en effet il n'y en peut avoir entre ces deux mots, *rendu maître* ou *rendue puissante*. A l'égard de nos lectures, elles ne peuvent que redoubler notre embarras, puisqu'elles nous offrent souvent, dans un même Auteur, le pour & le contre. Il faut cependant avoir le courage de prendre une bonne fois son parti : car, qu'y a-t-il de si cruel que d'être arrêté, quand on a la plume à la main, par ces misérables doutes qui renaissent à chaque instant ?

Pour moi, tout idolâtre que je suis de Vaugelas, je donne ici la préférence à Ménage, parce que son opinion est conforme à cette regle générale, qui, dans les ténebres où l'usage nous a laissés, peut seule nous servir de flambeau. Ainsi je dirai, sans hésiter, *cette ville qui n'é-*

roit rien autrefois, le commerce l'a rendue puissante ; & avec Phedre, parlant de l'épée d'Hippolyte :

Je l'ai rendue (2) *horrible à ses yeux inhumains.*

Ailleurs, après avoir fait mention de la Grece, Racine a écrit :

De soins (3) *plus importants je l'ai* crue *agitée.*

Voilà, dis-je, ce qui paroîtroit le plus raisonnable. Car, puisqu'il est incontestablement reçu que le participe se décline, quand il est précédé d'un relatif qui fait son régime seul, on doit, ce me semble, pour agir conséquemment, le décliner aussi, quand, outre le relatif, il régit encore un nom qui se rapporte & se lie nécessairement au relatif : ensorte que le relatif, le participe & le nom suivant ont ensemble un rapport d'identité, qui les soumet tous les trois aux mêmes loix grammaticales, & par conséquent les oblige tous les trois à s'accorder en genre & en nombre.

J'avoue que le raisonnement est inutile, ou même ridicule, quand l'usage a décidé. Mais ici l'usage nous abandonne le choix, & dès-lors pouvons-nous mieux faire que de consulter l'analogie, dont l'usage est lui-même l'Auteur ? Puisqu'il veut que je dise, *les lettres que j'ai reçues*, ne dirai-je pas également, *les lettres que j'ai reçues ouvertes*, si je ne les ai reçues que décachetées.

Par cette derniere ligne, que je viens d'écrire tout uniment & sans dessein, je m'ap-

(2) Phedre, III, 1. (3) Andromaque, I, 2.

perçois que *reçues & décachetées* s'accordent en genre & en nombre, sans que mon oreille m'ait averti de rien ; & cela vient de ce que dans cette ligne, *je ne les ai reçues que décachetées*, ces deux participes ou adjectifs, *reçues décachetées*, sont un peu séparés par la particule *que*.

Autres exemples. *Cette ville, qui n'étoit rien autrefois, le commerce l'a rendue, en moins de trois ans, assez puissante pour tenir tête à ses voisins. Les ennemis nous ont rendus, au bout de vingt-quatre heures, maîtres de la place.* Il me semble qu'au moyen de quelques mots glissés entre le participe & l'adjectif, on sent que le participe doit être décliné. Or, si cela est, il ne reste donc nulle raison de ne pas décliner, lorsqu'il n'y a rien qui les sépare.

Phrases où le participe & l'adjectif se montrent les premiers. *Rendue puissante par le commerce, la Hollande s'est fait craindre. Rendus maîtres de nos passions, nous en vivrons plus heureux.* Quelqu'un se feroit-il une peine de parler ainsi ? Ou plutôt quelqu'un parleroit-il autrement ?

Tout le monde dit, *une signature reconnue fausse, une Comédie trouvée mauvaise*. Pourquoi, lorsqu'on y aura introduit le verbe auxiliaire, voudra-t-on dire, *une signature que les Juges ont reconnu fausse, une Comédie que le parterre a trouvé mauvaise ?* Je défie qu'on puisse m'en apporter la raison : & c'est, comme on dit, chercher de la différence entre deux gouttes d'eau.

Je l'ai faite religieuse, je l'ai trouvée guérie, je l'ai vue belle, je l'ai crue bonne, & cent autres phrases sur lesquelles on a tant disputé, doivent donc être, si je ne me trompe, assujéties toutes à cette regle inviolable, qui prescrit la concordance de l'adjectif avec son substantif.

Il est bien vrai que deux mots qui ont la même désinence, & qui se touchent; par exemple, je l'ai trouvée changée, je l'ai vue émue, font une consonnance peu agréable; & c'est ce qui arrive assez souvent lorsque deux participes se trouvent ensemble, l'un comme tel, l'autre comme pur adjectif. Mais la Grammaire ne se charge que de nous enseigner à parler correctement. Elle laisse à notre oreille, & à nos réflexions, le soin de nous apprendre en quoi consistent les graces du discours.

V & VI.

Je les ai fait peindre, c'est une fortification que j'ai appris à faire.] On regrette, & avec raison, beaucoup de termes qu'il a plu à l'usage de proscrire. *Icelui* étoit d'une commodité infinie. Qu'il me soit permis de le rappeller pour un moment, & de le mettre ici à la place des pronoms relatifs qui entrent dans les deux exemples que nous venons de réunir. *J'ai fait peindre iceux : c'est une fortification ; j'ai appris à faire icelle.* On voit déjà, sans aller plus loin, que ces deux phrases n'ont rien de commun avec la regle dont nous continuons l'examen. Cette importante regle dit que le participe se déclinera toutes les fois qu'il sera précédé du pronom relatif, qui est son régime. Or, ces pronoms relatifs, *les* & *que*, sont ici le régime, non du participe, mais de l'infinitif ; car *les* se rapporte à *peindre*, & *que* se rapporte à *faire*.

Tant d'autres phrases entassées par M. l'Abbé

Regnier, *c'est une chose que j'ai cru vous devoir dire*; *la conséquence que j'ai prétendu vous en faire tirer*; *une clause qu'on a desiré y ajouter*; *la maison que l'on a commencé à bâtir*; toutes ces phrases, dis-je, sont visiblement dans le même cas, qui n'est point celui où le participe doit être décliné, puisque le régime tombe, non sur le participe, mais sur l'infinitif.

Aussi nos Grammairiens sont-ils tous d'accord sur ce point. Mais la question jusques-là n'est qu'effleurée. Pour l'approfondir, il falloit demander en général quand le participe doit être décliné ou non, étant suivi d'un infinitif. Distinguons. Ou le pronom relatif, qui est régi, se rapporte au participe même, ou il se rapporte à l'infinitif. Dans le premier cas, le participe se décline. Dans le second cas, il ne se décline point.

Jusqu'ici donc les phrases proposées ne regardent qu'une partie de la question. Un seul exemple rassemblera le tout, & fera en même-temps voir que notre langue, autant qu'il dépendoit d'elle, a prévu les équivoques. *Je l'ai vu peindre*, ou, *je l'ai vue peindre*. On dira l'un & l'autre, mais en des sens très-différents. *Je l'ai vu peindre*, c'est-à-dire, j'ai vu faire son portrait. *Je l'ai vue peindre*, c'est-à-dire, je lui ai vu le pinceau à la main. Pourquoi *vu* dans le premier sens? Parce que le régime se rapporte à l'infinitif. *Vidi, cùm eam pingeret.* Pourquoi *vue* dans l'autre sens? Parce que le régime se rapporte au participe. *Vidi eam, cùm pingeret.*

Racine, dans Britannicus, où il fait dire à Néron, en parlant de Junie,

Cette nuit (4) *je l'ai* vue *arriver en ces lieux*;

---

(4) Britannicus, Act. II, sc. 2.

Racine, dis-je, avoit mis dans sa premiere édition, *je l'ai* vu *cette nuit*, &c. Il se corrigea. Pourquoi ? Parce que *vue* se rapporte à Junie, & non pas à l'infinitif qui suit.

Puisqu'il faut dire, *je l'ai vue arriver*, on dira par conséquent, *je l'ai vue partir, je l'ai vue passer*; & ainsi de tous les infinitifs qui sont verbes neutres. Car les neutres n'ayant point de régime, c'est une nécessité que le régime se rapporte au participe qui précede ces infinitifs, & que le participe s'accorde avec le régime.

On dira, *je l'ai* entendue *chanter*, si l'on parle d'une Musicienne ; & alors *chanter* est pris neutralement. On dira, *je l'ai* entendu *chanter*, si c'est d'une cantate qu'on veut parler ; & alors *chanter* est actif.

Ajoutons que l'infinitif est quelquefois sous-entendu, & que le participe doit alors demeurer indéclinable, comme dans ces phrases, *je lui ai fait toutes les caresses que j'ai dû ; il a eu de la Cour toutes les graces qu'il a voulu*. On sous-entend *faire* & *avoir* ; & c'est à ces verbes que le régime doit se rapporter. Ainsi *dues* & *voulues* seroient des fautes grossieres.

Je dois encore avertir qu'on ne décline point le participe de *faire* devant un infinitif, quand *faire* est pris dans le sens d'*ordonner*, *être cause que*. Par exemple, *ces troupes que le Général a* fait *marcher* ; & la raison de cela est que *faire marcher* n'est regardé que comme un seul mot ; ou du moins ce sont deux mots inséparables, & qui ne présentent qu'une seule idée à l'esprit. Car, si le participe étoit séparé de l'infinitif, la phrase ne diroit plus ce qu'on a voulu dire. Ainsi le féminin *que*, dans l'exemple allégué, ne se rapporte pas uniquement au participe *fait*, & ne peut pas non plus être régi par *marcher*, verbe neutre ; mais il se rapporte à tous les deux conjointement, parce que *fait* ne faisant qu'un avec *marcher*, lui communique la faculté qu'il a de régir.

VII.

Les peines que m'a donné cette affaire.] Tous nos Grammairiens sont d'accord sur cette phrase, ils l'approuvent, & cependant j'oserai n'être pas de leur avis. Ou plutôt, étant, comme je le suis, persuadé que le mien n'est d'aucun poids, je me bornerai à dire que l'Académie, depuis si long-temps que je suis à portée d'entendre ses leçons, m'a paru, toutes les fois que cette question a été agitée, se décider pour le parti que j'embrasse.

Une légere transposition de mots cause ici toute la difficulté. Il s'agit du participe mis avant son nominatif, au lieu d'être après. Faut-il alors le décliner ou non ?

Vaugelas, dans sa premiere remarque sur les participes, admet notre principe ; que tout participe qui est précédé de son régime, doit se décliner : & dans une seconde remarque intitulée, *belle & curieuse exception à la regle*, il prétend que ce principe cesse d'être vrai, quand le participe précede son nominatif. Ainsi, selon lui, nous dirions, *les peines que cette affaire m'a données* ; & au contraire, *les peines que m'a donné cette affaire*.

Véritablement, si je convenois de l'exception, je la trouverois *belle & curieuse*. Mais, pour donner atteinte à une regle générale, il faudroit que l'usage nous eût parlé de maniere à ne laisser aucun doute. Or, je vois que nos meilleurs Ecrivains ont été les plus fideles observateurs de la regle générale, & n'ont point eu d'égard à cette prétendue exception.

Tout le monde sait une jolie épigramme, traduite du latin :

>*Pauvre Didon, où t'a réduite*
>*De deux amants le triste sort ?*
>*L'un en mourant cause ta fuite ;*
>*L'autre en fuyant cause ta mort.*

Et pour s'assurer que ce n'est point la rime qui amene *réduite*, ne lit-on pas dans Racine, au milieu du vers :

Ces yeux (5) *que n'ont émus ni soupirs ni terreur ?*

On lit dans la septieme réflexion sur Longin, *la langue qu'ont écrite Cicéron & Virgile.* On lit dans le Tite-Live de Malherbe, *la Légion qu'avoit eue Fabius*, &c.

A quoi bon un plus grand nombre d'autorités ? Car j'avoue qu'il est aisé d'en produire de toutes contraires. Ainsi, l'usage étant partagé, nous ne pouvons mieux faire que d'en revenir toujours à notre regle générale, contre laquelle il n'y a rien ici à nous objecter pour acquérir le droit de la restreindre, si ce n'est que nous prononçons, *les peines que m'a données cette affaire*, sans faire sentir les deux lettres finales du mot *données*. Hé combien d'autres lettres supprimées par la prononciation, mais dont la suppression dans l'écriture feroit un solécisme ?

VIII.

Plus d'exploits que les autres n'en ont lu].
(5) Britannicus, acte V. sc. 1.

Voici la phrase entiere, tirée du remerciement de M. Despréaux à l'Académie. *Quand ils diront de Louis-le-Grand, à meilleur titre qu'on ne l'a dit d'un fameux Capitaine de l'antiquité, qu'il a fait lui seul plus d'exploits que les autres n'en ont lu*, c'est-à-dire, qu'ils n'ont lu d'exploits. Assurément, *lus* auroit été une faute, mais de ces fautes qui, lorsqu'on n'est pas averti, échappent aisément, puisqu'un de nos maîtres en l'art d'écrire, traduisant le passage latin auquel M. Despréaux fait allusion, dit, *qui a plus achevé de guerres, que les autres n'en ont lues*, c'est-à-dire, qu'ils n'ont lu de guerres.

Pour sentir en quoi la faute consiste, il ne faut que rappeller notre regle générale, qui rend le participle déclinable, quand il est précédé, non de son régime *particulé*, mais de son régime *simple*. Or, le régime, c'est *en*, particule relative & partitive, laquelle suppose toujours dans son corrélatif la préposition *de*, & par conséquent ne répond jamais à un régime simple. Ainsi, la phrase de M. Despréaux, qui ne décline pas, est correcte; & celle de M. d'Ablancourt, qui décline, est irréguliere.

IX.

Les chaleurs qu'il a fait]. Personne n'a jamais songé à dire, *les chaleurs qu'il a faites pendant l'été, les grandes pluies qu'il a faites en automne, la disette qu'il y a eue pendant l'hiver dernier*. Personne, dis-je, n'ignore que le participe est indéclinable dans ces sortes de phrases, & tel est le privilége des verbes qu'on appelle impersonnels. Une exception de cette nature étant seule, & si connue de tout le monde,

monde, n'est propre qu'à confirmer notre regle, & qu'à lui assurer de plus en plus le titre de regle générale, toujours la même dans tous les cas imaginables, où le participe des verbes actifs peut se placer.

SECONDE SECTION.

Verbes réciproques.

Regle unique. Quand le participe des Verbes réciproques est précédé de son régime particulé, il ne se décline jamais ; &, au contraire, quand il l'est de son régime simple, il se décline toujours.

Je renferme dans la classe des verbes réciproques, tout verbe qui forme avec l'auxiliaire *être* ses temps composés, & dont le régime, ou l'un des régimes, quand il y en a deux, est nécessairement un pronom signifiant la même personne ou la même chose que son nominatif. Ainsi, *se louer*, *s'admirer*, *se repentir*, sont également regardés comme verbes réciproques, au participe desquels la Grammaire impose les mêmes loix ; & ce n'est pas ici le lieu d'expliquer plus au long la nature (6) de ces verbes, qui dans le fond ne diffe-

---

(6) On pourroit être curieux de savoir leur origine. Je l'ai trouvée dans un livre assez rare. *Multæ sunt reciprocæ locutiones in veteri Anglo-Saxonum idiomate. Hoc loquendi genus à Gothis deduxêre majores nostri. Talia sunt multa in hodierna Gallorum lingua, ut* je me repens, il se trompe, je me réjouis, vous vous égarez, ils se promenent. *Unde Græcorum & Latinorum verba passiva, & neutro-passiva reciprocis phrasibus verti possunt quandoque apud Gallos, haud secùs ac apud Gothos. Ex quibus constat reciprocas locutiones linguæ Gallicæ esse planè Gothi-*

rent point, les uns de l'actif, les autres du neutre, si ce n'eſt par le pronom qui les précede, & par leur conjugaiſon.

Jamais leur participe ne peut donc manquer d'être précédé d'un régime; & c'eſt d'abord par-là qu'il ne reſſemble point à celui du verbe actif. On dit: *j'ai reçu des lettres*; mais avec le participe du verbe réciproque, on ne ſauroit faire une phraſe ſemblable, où il ne paroiſſe aucun régime qu'après le verbe. Ajoutons que ce participe ne peut entrer dans aucune phraſe où le verbe ſoit pris imperſonnellement. A cela près, tout ce que nous avons dit ſur le participe du verbe actif, convient à celui du verbe réciproque, comme on va le voir dans l'examen des phraſes ſuivantes.

I. *Nous nous ſommes rendus maîtres.*

II. *Nous nous ſommes rendus puiſſants.*

III. *La déſobéiſſance s'eſt trouvée montée au plus haut point.*

IV. *Elle s'eſt fait peindre, ils ſe ſont fait peindre.*

V. *Elle s'eſt mis des chimeres dans l'eſprit.*

VI. *Les Loix que s'étoient preſcrites les Romains.*

Un mot ſur chacune de ces phraſes, dont les trois premieres, propoſées par Vaugelas, ne forment, à mon avis, qu'une même difficulté.

I, II & III.

Nous nous ſommes rendus maîtres. Nous nous ſommes rendus puiſſants. La déſobéiſſance s'eſt trouvée montée au plus haut point.] Vaugelas décline dans les deux premiers exemples, &

tiſmas, vel Theoticiſmas, Voyez page 91 des *Inſtitutiones grammaticæ Anglo-Saxonicæ, & Mœſo-Gothicæ*. Auctore Georgio Hickeſio.

non dans le troisieme. Au contraire, M. l'Abbé Regnier décline dans le troisieme, & non dans les deux premiers. Quant à Ménage, il décline dans tous les trois, & son opinion est celle qui paroît avoir entiérement prévalu.

Tout le raisonnement de M. l'Abbé Regnier porte sur ce principe, dont la Grammaire de Port-Royal avoit déjà fait sentir la solidité, que dans les temps des verbes réciproques, où *être* prend la place d'*avoir*, il signifie précisément la même chose qu'*avoir*, & donne au participe un sens actif. C'est ce qui deviendra très-clair, si nous rapprochons les deux exemples que voici : *Cette femme s'est reconnue coupable. Cette autre s'est trouvée innocente.* Dans le premier, c'est comme si l'on disoit : *elle a reconnu qu'elle étoit coupable.* Dans le second, c'est comme si l'on disoit : *elle a été trouvée innocente.* Ainsi le sens du participe est actif dans le premier, & passif dans le second.

Autres phrases qui rendront cette distinction de l'actif & du passif encore plus marquée. *Ces femmes se sont louées avec malignité*, c'est-à-dire, *ont loué elles*. *Ces maisons se sont louées trop cher*, c'est-à-dire, *ont été louées*.

Je renvoie à la Grammaire même de M. l'Abbé Regnier, ceux qui seront curieux de voir comment, de ce principe qu'on ne lui conteste pas, il prétend conclure que le participe, lorsqu'il est actif, ne se décline point, & que par conséquent il faut dire : *Ces femmes se sont loué, elle s'est reconnu coupable*.

Vaugelas croit le contraire, puisqu'il approuve, *nous nous sommes* rendus *puissants*. Mais je ne trouve pas qu'il agisse conséquemment de vouloir qu'on dise : *la désobéissance s'est* trouvé montée. Il nous assure que ce n'est point à cause de la cacophonie, puisqu'il faudroit dire de même, selon lui, *elle s'est* trouvé *guérie*. Pour moi, jusqu'à ce qu'on m'ait fait sentir la différence qu'il y a entre les deux, je croirai que celui qui dit *rendus* dans la premiere phrase, doit aussi dire *trouvée* dans la seconde.

Revenons-en donc à Ménage, puisqu'il est ici le seul d'accord avec lui-même, & ne craignons point de reconnoître pour regle invariable, que le participe du verbe réciproque se décline toujours, quand c'est son régime simple qui le précede, sans que nous ayions à distinguer si ce participe est actif ou passif, ni s'il est suivi ou non d'un adjectif. Car, supposé que l'observation de cette regle nous fasse tomber dans quelque équivoque ou dans quelque cacophonie, ce ne sera point la faute de la regle; ce sera la faute de celui qui ne connoîtra point d'autres tours, ou qui ne se donnera pas la peine d'en chercher.

IV.

Elle s'est fait peindre, ils se sont fait peindre.) Voilà le participe suivi d'un infinitif. Pour appliquer ici notre regle générale, il ne faut que considérer auquel des deux le régime se rapporte. Car, à moins qu'il ne tombe sur le participe, celui-ci ne se décline point. Or, le régime se rapporte à *peindre*, puisqu'il est clair qu'on a voulu dire qu'elles se sont faites, qu'ils se sont faits.

En changeant le pronom, & mettant le verbe réciproque à l'actif, on diroit, *elle a fait peindre elle*, *ils ont fait peindre eux*, si l'usage l'avoit permis.

Quand l'infinitif est précédé d'une particule,

il est encore moins facile de s'y tromper. *C'est un procès qu'ils se sont déterminés à finir. C'est un honneur qu'elle s'est vantée d'obtenir.* Il y a deux régimes, *que & se*, dont le premier tombe sur l'infinitif, & l'autre sur le participe. Plus on relira notre regle générale & unique, plus on se convaincra qu'elle dit tout.

V.

Elle s'est mis des chimeres dans l'esprit. C'est ici qu'on peche le plus souvent ; & il ne faudroit cependant, pour être impeccable, que se mettre devant les yeux : *Quand le participe est précédé de son régime particulé, il ne se décline jamais.* Or, dans la phrase proposée, le pronom *se*, qui précede le participe, est un régime particulé ; car il est mis là pour *à soi. Elle a mis à soi.*

Au contraire, on diroit ; *Cette femme s'est mise à la tête des Cabaleurs* ; & il faudroit *mise*, parce que le pronom *se*, qui précede ce participe, est un régime simple, *elle a mis elle.*

Parcourons d'autres phrases. *Elle s'est proposé de vous aller voir. Elle s'est proposée pour modele à ses compagnes.* Dans la premiere, le régime est particulé ; car c'est comme si l'on disoit, *elle a proposé à elle.* Dans l'autre, le régime est simple ; car c'est comme si l'on disoit, *elle a proposé elle.*

Régime particulé. *Quelques-uns de nos Modernes se sont imaginé qu'ils surpassoient les anciens.*

Régime simple. *Il y a des anciens qui se sont dévoués pour la patrie.*

On voit constamment que ce qui décide du

participe, c'est toujours le régime, en tant qu'il est ou simple, ou particulé.

VI.

Les loix que s'étoient prescrites les Romains.] Il y a ici deux régimes, le simple & le particulé. *Que*, pronom relatif, est le simple : & *se*, pronom personnel, est le particulé. A l'égard de celui-ci, nous venons de voir, sous le numéro précédent, qu'il ne fait point décliner le participe. Quant au régime simple, nous avons déjà vu qu'il oblige à décliner ; & qu'ainsi on diroit sans difficulté, *les loix que les Romains s'étoient prescrites*. Tout ce qu'il y a de nouveau dans ce dernier exemple, c'est d'y trouver le nominatif après le verbe. Or, là-dessus je n'ai rien à dire qui n'ait été dit, *article* I, *numéro* VII. Pourquoi une simple transposition de mots, usitée de tous les temps, changeroit-elle la syntaxe du participe ? *Ainsi se sont perdues celles qui l'ont cru. Comment s'est aigrie votre querelle, pour durer si long-temps ? Les pénitences que se sont imposées les Solitaires de la Thébaïde.* Je sais que la prononciation ne fait guere sentir ces féminins ni ces pluriels ; mais autre chose est de parler ou d'écrire. Car, si l'on veut s'arrêter aux licences de la conversation, c'est le vrai moyen d'estropier la langue à tout moment. J'abrege, pour en venir à la troisieme espece de nos verbes, qui ne nous tiendra pas long-temps.

TROISIEME SECTION.

Verbes Neutres.

Regle unique. *Quand le participe des verbes neutres se construit avec l'auxiliaire* avoir, *il ne se décline jamais ; &, au contraire, quand il se construit avec l'auxiliaire* être, *il se décline toujours.*

A l'égard des verbes actifs, & des réciproques, c'est le régime qui, comme nous l'avons vu, décide de leur déclinaison ; mais, pour les verbes neutres, c'est le nominatif.

Une partie (7) des verbes neutres se conjugue avec l'auxiliaire *avoir*: une autre partie (8) avec l'auxiliaire *être* : quelques-uns (9) se conjuguent des deux façons.

Tous, conformément à la maniere dont ils se conjuguent, sont assujettis à la regle que je viens de rapporter ; ensorte qu'il seroit inutile d'en citer des exemples, puisqu'il n'y a point d'exception.

Quant ils se conjuguent avec l'auxiliaire *être*, leur participe n'est regardé que comme un pur adjectif ; & il a cela de commun avec les participes des verbes actifs qui sont employés dans

---

(7) La plus grande partie, & de beaucoup ; car d'environ 600, à quoi se monte le nombre de nos verbes neutres, il y en a plus de 550, dont *avoir* est le seul auxiliaire.

(8) *Accoucher, aller, arriver, choir & déchoir, entrer, mourir, naître, partir, retourner, sortir, tomber, venir, &c.*

(9) *Accourir, apparoître, disparoître, cesser, croître, déborder, demeurer, descendre, monter, passer, périr, rester,*

un sens passif. On dit, *elle est arrivée*, comme on dit, *elle est aimée*; & l'un & l'autre, comme on diroit *elle est grande*, *elle est petite*.

Finissons par une idée un peu singuliere de M. l'Abbé Regnier sur ces deux participes, *allé* & *venu*. Il veut qu'on dise, *elle est allée se plaindre*, *elle est venue nous voir* : mais que, si le régime vient à être transporté, on dise, *elle s'est allé plaindre, elle nous est venu voir*. En vérité, si cela étoit, l'usage auroit bien mérité le reproche qu'on lui fait souvent, & peut-être injustement, d'être plein de caprices. Quoi qu'il en soit, moins la Grammaire autorisera d'exceptions, moins elle aura d'épines : & rien ne me paroît si capable que des regles générales, de faire honneur à une langue savante & polie.

Pour obtenir que ces *essais* puissent être parcourus sans dégoût, je prie les personnes judicieuses de se rappeller ce passage de Quintilien *.

» Il me vient, disoit-il, à l'esprit qu'il y
» aura des gens qui mépriseront tout ce que je
» viens de dire comme des minuties, & qui le
» regarderont même comme un obstacle aux
» grands desseins que nous avons. Je leur répon-
» drai que je ne prétends pas non plus qu'on
» épluche ces difficultés avec un soin qui aille jus-
» qu'à l'anxiété & au scrupule. Je suis persuadé,
» aussi-bien qu'eux, que ces petites subtilités ré-
» trécissent l'esprit, & le tiennent comme en bras-
» siere. Mais de toute la Grammaire, rien ne
» nuit que ce qui est inutile... Ces connoissances ne
» nuisent pas à qui s'en sert comme d'un degré
» pour s'élever à d'autres ; mais à qui s'y arrête
» & s'y borne uniquement.

* *Liv. I, chap. 7. traduction de M. l'Abbé Gédoyn.*

REMARQUES

SUR

RACINE.

Pour annoncer d'abord mon deſſein, il me ſuffira de rappeller ici une idée de M. Deſpréaux, que j'ai déjà expoſée dans l'Hiſtoire de l'Académie Françoiſe.

» Je voudrois, diſoit-il, que la France pût
» avoir ſes Auteurs claſſiques auſſi-bien que l'I-
» talie. Pour cela, il nous faudroit un certain
» nombre de livres, qui fuſſent déclarés exempts
» de fautes quant au ſtyle. Quel eſt le Tri-
» bunal qui aura droit de prononcer là-deſſus,
» ſi ce n'eſt l'Académie ? Je voudrois qu'elle
» prît d'arbord le peu que nous avons de bon-
» nes Traductions ; qu'elle invitât ceux qui le
» peuvent à en faire de nouvelles ; & que, ſi
» elle ne jugeoit pas à propos de corriger tout
» ce qu'elle y trouveroit d'équivoque, de ha-
» ſardé, de négligé, elle fût au moins exacte
» à le marquer au bas des pages, dans une eſ-
» pece de commentaire qui ne fût que gram-
» matical. Mais pourquoi veux-je que cela ſe

» fasse sur des traductions ? Parce que des
» traductions avouées par l'Académie, en mê-
» me-temps qu'elles seroient lues comme des
» modeles pour bien écrire, serviroient aussi de
» modeles pour bien penser, & rendroient le
» goût de la bonne Antiquité familier à ceux
» qui ne sont pas en état de lire les origi-
» naux «.

Voilà certainement une idée solide ; & je ne doute pas que l'Académie ne se fasse une loi de rendre cet important service au public, lorsqu'elle aura satisfait à d'autres engagements, qui ne sont pas moins dignes de son zele. Je doute seulement qu'il convienne de préférer des traductions, comme le prétendoit M. Despréaux, à ceux de nos ouvrages françois dont le mérite, depuis cinquante ou soixante ans, est avoué de tout le monde. Car enfin, toute prévention à part, il me semble que la langue françoise a des Auteurs qui peuvent également servir de modeles, & pour bien penser, & pour bien écrire. Je ne sais même si le nombre de nos excellents originaux, quelque borné qu'il soit, ne l'est pas encore moins que celui de nos bonnes traductions.

Quoi qu'il en soit, je crois ne pouvoir mieux seconder les vues de M. Despréaux, qu'en m'attachant à quelques pieces de son ami Racine ; persuadé, comme je le suis avec toute la France, qu'ils mériteroient incontestablement tous les deux d'être mis à la tête de nos Auteurs classiques, si l'on avoit marqué le très-petit nombre de fautes où ils sont tombés.

Qu'on ne s'étonne pas, au reste, qu'ayant pour but d'être utile à quiconque veut cultiver l'art d'écrire, je cherche des modeles parmi les Poëtes, plutôt que parmi ceux qui ont écrit en profe. Car notre langue ne reffemble pas à quelques autres où la Poéfie & la profe font, pour ainfi dire, deux langages différents. Ce n'eft pourtant pas que les François ne connoiffent qu'un même ftyle pour ces deux genres d'écrire : mais les différences qui doivent les caractérifer, ne font pas grammaticales pour la plupart ; & dès-lors, puifque ma critique fe borne aux fautes de Grammaire, il étoit affez indifférent qu'elle tombât fur des Poëtes, ou fur des Orateurs.

J'ai préféré un Poëte, parce qu'il me femble que d'excellents vers fe font lire & relire plus volontiers, qu'une profe également bonne en fon genre. Ainfi la féchereffe de mes remarques fera un peu corrigée par le charme des vers dont elles rappelleront le fouvenir.

Une autre raifon encore, qui feule auroit emporté la balance, c'eft qu'en vérité, fi nous y regardons de bien près, il y a moins à reprendre dans Racine ou dans Defpréaux, que dans nos ouvrages de profe les plus eftimés. Cela ne doit pas nous furprendre. On travaille les vers avec plus de foin que la profe ; & cependant la profe, pour être portée à fa perfection, ne coûteroit guere moins que les vers.

J'avois, dans la premiere édition de ces Remarques, fuivi Racine pas à pas ; c'eft-à-dire, j'avois obfervé fes fautes ou négligences, à mefure qu'elles me frappoient dans une lecture non interrompue. Je relevois dans chaque piece, acte par acte, fcene par fcene, tout ce qui m'arrêtoit, pour ainfi dire, malgré moi. On m'a repréfenté que fouvent une remarque fervoit à éclaircir ou à confirmer l'autre ;

qu'ainsi le mieux étoit de rapprocher celles qui ont quelque liaison ensemble. C'est le plan que je vais suivre. Réunissons d'abord tout ce qui paroît avoir vieilli. Delà nous passerons aux phrases où j'aurai cru entrevoir quelque sorte d'irrégularité.

I.

(1) . . . . *Ses sacriléges mains*
Dessous un même joug rangent tous les humains.

Autrefois *dessous*, *dessus*, *dedans*, étoient prépositions, aussi-bien qu'adverbes. Vaugelas les souffre encore dans les vers, comme prépositions. Mais aujourd'hui la Poésie se pique d'être à cet égard aussi exacte que la prose.

Racan, comme nous apprenons de Ménage, disoit que Malherbe se blâmoit d'avoir écrit *dessus mes volontés*, au lieu de, *sur mes volontés*. Ainsi la différence qu'aujourd'hui nous mettons tous ici, a été sentie depuis long-temps : & Racine n'a manqué à l'observer que dans ce seul endroit.

Je renvoie au Dictionnaire de l'Académie, où l'on trouvera en quels cas *dessous*, *dessus*, *dedans*, sont adverbes, ou substantifs, ou même prépositions, mais seulement lorsqu'une autre préposition les précede, *au-dessous de*, *par-dessus le*, &c. Rien qui donne au discours plus de justesse, plus de précision, que ces acceptions différentes établies dans la Langue

(1) Alexandre, I, 1, 13. De ces trois chiffres, *le premier désigne* quel est l'acte de la Piece : *le second*, quelle est la scene de ce même acte, & *le troisieme*, quel est le vers de cette même scene.

peu-à-peu, & aujourd'hui fixées invariablement.

(2) . . . . *Ah! devant qu'il expire.*

Vaugelas (3) permettoit encore de mettre ces deux prépositions, *avant* & *devant*, l'une pour l'autre. Aujourd'hui l'usage est qu'on les distingue, soit en vers, soit en prose. *Avant* est relatif au temps : *avant notre départ, avant que vous partiez*. Mais *devant* est relatif au lieu : *J'ai paru devant le Roi, vous passerez devant ma porte.* Ajoutons que *devant* ne sauroit être suivi d'un *que*. Par conséquent, il y a, selon l'usage présent, double faute dans *devant qu'il*. Je dis selon l'usage présent ; car il ne faut pas faire un crime à Racine d'avoir quelquefois usé d'expressions qui n'étoient pas encore vieilles de son temps.

III.

(4) *Mais, avant que partir, je me ferai justice.*

On doit toujours dire en prose, *avant que de*. Mais en vers on se permet de supprimer *que* ou *de*, quand la mesure y oblige. Racine & Despréaux ont toujours dit *avant que*, comme plus conforme à l'étymologie, qui est l'*antequàm* du Latin. Aujourd'hui la plupart de nos Poëtes préferent *avant de*. Rien n'est plus arbitraire, à mon gré. Mais plusieurs de ceux qui écrivent aujourd'hui en prose, & qui se piquent de bien écrire, veulent, à la maniere des Poë-

---

(2) Andromaque, V, 1, 37.
(3) Remarque CCLXXIV, suivant l'édition faite à Paris en 1738, la seule où les Remarques soient numérotées, & que, par cette raison, je citerai toujours.
(4) Mithridate, III, 1, 233.

tes, dire *avant de*. Je suis persuadé qu'en cela ils se pressent un peu trop, & sans raison. Pourquoi toucher à des manieres de parler qui sont aussi anciennes que la Langue? Trouvent-ils quelque rudesse dans *avant que de*? Vaugelas leur répondra, *qu'il n'y a ni cacophonie, ni répétition, ni quoi que ce puisse être, qui blesse l'oreille, lorsqu'un long usage l'a établi, & que l'oreille y est accoutumée.* Il m'arrivera souvent de citer Vaugelas, *le plus sage des Ecrivains de notre Langue*, dit en propres termes (5) M. Despréaux. Et dans quelle bouche l'éloge de Vaugelas auroit-il plus de force que dans celle de M. Despréaux.

IV.

(6) *Et m'acquitter vers vous de mes respects profonds.*

Je doute qu'aujourd'hui les Poëtes aient encore le privilége d'employer *vers* pour *envers*, ces deux prépositions ayant des sens tout-à-fait différents. Et, quoique *respects* & *devoirs* soient presque synonymes, on ne dit pas *s'acquitter de ses respects*, comme on dit, *s'acquitter de ses devoirs*.

V.

(7) *Pour vous régler sur eux, que font-ils près de vous?*

Voilà encore une préposition qui, dans le sens où elle est ici employée, pourroit bien avoir vieilli. *Près de vous*, pour dire, à votre égard, en comparaison, au prix de ce que vous

(5) Premiere Réflexion sur Longin.
(6) Bajazet, III, 2, 37.
(7) Esther, II, 5, 18.

êtes. Je ne crois pas que l'usage actuel souffre cette maniere de parler.

VI.

(8) *J'écrivis en Argos.* . . . . .

Argos étant un nom de ville, il falloit *à Argos*, quoique cette ville donne son nom à un royaume. On diroit, *J'écrivis à Maroc*, & non *en Maroc*. Autrefois on mettoit *en* devant les noms de villes qui commencent par une voyelle, *en Avignon, en Orléans*. Mais *en*, depuis long-temps, ne va plus qu'avec des noms de grands pays, *en Angleterre, en Italie*, &c.

VII.

(9) . . . *D'où vient que d'un soin si cruel L'injuste Agamemnon m'arrache de l'Autel ?*

Rien n'est si familier à Racine & à Despréaux, que l'emploi de la préposition *de*, dans le sens d'*avec*, ou de *par*. Il y a cependant des endroits où cela paroît, aujourd'hui du moins, avoir quelque chose de sauvage. Par exemple, dans Alexandre, II, 1, 64.

. . . . . *Vaincu du pouvoir de vos charmes.*

Dans Athalie, IV, 3, 90.

Et d'un sceptre de fer veut être gouverné.

Mais à propos de cette préposition *de*, ne brave-t-elle pas la Grammaire dans certaines phrases du style familier ? *Un honnête homme de pere*, dit Moliere dans l'Avare. *Un fripon*

---

(8) Iphigénie, I, 1, 94.
(9) Ibid. III, 2, 1.

d'*enfant*, *un saint homme* de *chat*, dit la Fontaine dans ses fables. Je m'imagine que c'est un latinisme, car il y en a des exemples dans (1) Plaute & ailleurs.

Phrase non moins extraordinaire, *On eût dit d'un démoniaque quand il recitoit ses vers*, dans une lettre à moi écrite par M. Despréaux, où il étoit question du fameux Santeuil ; & je la retrouve, cette phrase, dans une Comédie assez récente, dont j'aurois du plaisir à nommer l'Auteur, si je ne m'étois imposé la loi de ne parler ni en bien ni en mal d'aucun Ecrivain vivant.

. . . *Quelle main, quand il s'agit de prendre!*
Vous diriez d'un ressort qui vient à se détendre.

Autre phrase encore à-peu-près dans le même goût, & qui est ancienne : *Si j'étois que de vous.* Moliere, dans ses Femmes savantes, IV, 2.

Je ne souffrirois pas, si j'étois que de vous,
Que jamais d'Henriette il pût être l'époux.

Toutes ces phrases, au moyen de l'ellipse, rentreront dans les regles de la syntaxe ordinaire.

VIII.

(2) *M'entretenir moi seul avecque mes douleurs.*

Avecque de trois syllabes, n'est plus que dans ce seul endroit de Racine ; car il l'a corrigé partout ailleurs où ses premieres éditions nous apprennent qu'il l'avoit employé.

Vaugelas (3) avertit qu'il faut toujours pro-

---

(1) *Scelus viri*. Truculent. II, 7, 6°. *Monstrum mulieris*. Pœnul. I, 2, 61.
(2) Alexandre, IV, 1, 4.
(3) Remarque CCLXVIII.

noncer le *c* d'*avec* devant quelque lettre qu'il se rencontre, & se garder bien de dire, *avè moi, avè un de mes amis*. On ne sauroit, dit-il encore, prononcer *avec vous* que de la même façon que l'on prononce *avecque vous*. Puisque cela est certain, & que personne n'en doute, je demande qu'est-ce que gagnoit l'oreille aux trois dernieres lettres d'*avecque*, lesquelles forment une syllabe qui n'a de réalité que pour les yeux ? Aussi l'Académie, dans ses Observations sur Vaugelas, disoit-elle aux Poëtes, il y a plus de soixante ans qu'il est bon de ne conserver qu'*avec*.

IX.

(4) . . . . *Ho, Monsieur, je vous tien.*

Autrefois, comme on peut le voir dans la Grammaire de R. Estienne, les premieres personnes des verbes, au singulier, ne prenoient point d'*s* à la fin. On réservoit cette lettre pour les secondes personnes, & on mettoit un *t* aux troisiemes. Par-là chaque personne ayant sa lettre caractéristique, nos conjugaisons étoient plus régulieres. Car ne croyons pas que notre langue soit l'ouvrage de l'ignorance ou du hasard. Elle a ses principes, & qui sont très-uniformes, dès le temps de François I. A la vérité, l'usage depuis deux siecles a introduit divers changements, dont plusieurs ne valent peut-être pas ce qu'ils nous ont fait perdre. Mais que la raison ou le caprice les ait dictés, ils n'en sont pas moins une loi pour nous, du moment que l'usage nous condamne à les recevoir.

Tel est le changement (5) d'orthographe aux

---

(4) Plaideurs, I, 3, 5.
(5) Vaugelas, Rem. CXXXVI.

premieres personnes des verbes. D'abord les Poëtes s'enhardirent à y mettre une *s*, afin d'éviter la fréquente cacophonie qu'elles auroient faite sans cela devant les mots qui commencent par une voyelle. Comme ils n'avoient rien de semblable à craindre des verbes qui finissent par un *e* muet, parce que ceux-là s'élident, ce sont les seuls qu'ils ont laissés sans *s*; & insensiblement l'usage des Poëtes est devenu si général, qu'enfin l'omission de l'*s* aux premieres personnes des verbes qui finissent par une consonne, ou par toute autre voyelle que l'*e* muet, a été regardée comme une négligence dans la prose, & comme une licence dans le vers. Racine en fournit plusieurs exemples. Vous trouvez dans Bajazet, *Je vous en averti*, qui rime avec *parti*. Ailleurs, *je reçoi, je croi, je voi*, riment avec *emploi*, avec *moi*.

Au reste, les Commentateurs de Vaugelas auroient dû faire observer que le verbe *avoir* est le seul de son espece qui n'ait pas subi la loi commune. On écrit toujours *j'ai*, & point autrement, quoiqu'on écrive *je sais*, &c.

X.

(6) *Comment! c'est un exploit que ma fille lisoit.*

Pour la rime, il faut prononcer *lisoit* comme *exploit*, par où finit le vers précédent. Vaugelas (7) nous apprend que les gens de Palais prononçoient encore de son temps, *à pleine bouche*, la diphtongue *oi*; & cette coutume,

(6) Plaideurs II, 3, 15.
(7) Remarque CX, où il examine *quand la diphtongue* oi *doit être prononcée comme elle est écrite, ou bien en* ai.

sans doute, s'étoit conservée jusqu'au temps de Racine, du moins parmi les vieux Procureurs. Ainsi, c'est à dessein & avec grace qu'il fait parler de cette sorte Chicaneau, plaideur de profession.

Jusqu'à l'arrivée de Catherine de Médicis en France, jamais cette diphtongue ne s'étoit prononcée autrement que comme nous faisons dans *Roi*, dans *exploit*. Mais les Italiens, dont la Cour fut alors inondée, n'ayant pas ce son dans leur idiôme, voulurent y substituer le son de l'*e* ouvert; & bientôt leur prononciation, affectée par le Courtisan pour plaire à la Reine, fut adoptée par le Bourgeois. On n'osa plus, selon un Auteur (8) contemporain, dont voici les termes, *dire françois & françoise, sur peine d'estre appellé pédant; mais faut dire* francès *&* francèse, *comme* anglès *&* anglèse. *Pareillement* j'estès, je faisès, je disès, j'allès, je venès: *non pas* j'estois, je faisois, je disois, j'allois, je venois, *& ainsi ès autres il faut user de même changement.*

Un tel changement ne se fait pas tout-d'un-coup & d'une maniere uniforme. Aujourd'hui encore c'est une pierre d'achoppement que notre diphtongue *oi*, sur la prononciation de laquelle on peut consulter Vaugelas & Ménage, qui en ont traité bien au long.

(8) Henri Estienne, *Du nouveau langage François italianisé*, page 22. Théodore de Beze mérite fort qu'on l'écoute là-dessus. *Hujus diphtongi pinguiorem & latiorem sonum nonnulli vitantes, expungunt* O, *& solum diphtongum* Ai, *id est,* E apertum, *retinuerunt, ut Normanni, qui pro* foi, fides, *scribunt & pronuntiant,* fai; *& vulgus Parisiensium,* parlet, allet, venet, *pro* parloit, alloit, venoit: *& Italo-Franci pro* Anglois, François, *pronuntiant,* Anglès, Francès, *per* E apertum, *ab Italis nominibus,* Inglese, Francese. *Nam*

XI.

(9) *Va, je t'acheterai le Praticien françois.*
Mais diantre, il ne faut pas déchirer les exploits.

Je ne sais si *Praticien* ne seroit pas mieux de quatre syllabes. A cet égard, les Poëtes doivent être juges en leur propre cause. Mais examinons s'il est juste de les troubler dans la possession ou ils sont de rimer, comme fait ici Racine, *françois* avec *exploits*.

Une chose assez singuliere, & qui peut-être ne se trouve que dans notre langue, c'est que nous avons deux manieres de prononcer; l'une pour la conversation, l'autre pour la déclamation. Celle-ci donne de la force & du poids aux paroles, & laisse à chaque syllabe l'étendue qu'elle peut comporter : au lieu que celle-là, pour être coulante & légere, adoucit certaines diphtongues, & supprime des lettres finales. Voilà, dit l'Abbé (1) Tallemant, ce qui est cause que peu de personnes savent bien lire des vers, faute de savoir cette différence de prononciation. Car les vers doivent toujours être prononcés comme en déclamant. » Ainsi la prose, continue cet Auteur, adoucit
» la prononciation à beaucoup de mots, comme
» *croire*, qu'elle prononce *craire*; les *François*,
» qu'elle prononce *Français*. Mais la poésie,
» quand elle veut rimer, rétablit la véritable

ab hac diphtongo sic abhorret Italica lingua, ut toi, moi, & similia per dialysin, producto etiam o, pronuntiant to-i & mo-i dissyllaba. De rectâ Franciscæ linguæ pronuntiatione, page 48.

(9) Plaideurs, II, 3, 18.
(1) Remarques & Décisions de l'Académie Françoise, recueillies par M. L. T. & imprimées en 1698, p. 108.

„ prononciation, & dit *croire* ; de même que
„ *gloire* ; *françois*, comme *loix*.

Qu'on n'aille pas cependant conclure delà que *françois*, en vers, se prononce toujours comme *loix*, & jamais comme *succès*. Tous les deux sont autorisés par l'usage, ce maître bizarre, à qui les Poëtes & les Orateurs ne font pas mal d'obéir le plus tard qu'ils peuvent, lorsqu'il tend à efféminer le discours. On peut seulement conseiller aux Poëtes d'avoir une petite attention, qui est de placer la rime non douteuse avant l'autre. Je m'explique. Quand je lirai qu'un jour Apollon

(2) *Voulant pousser à bout tous les rimeurs françois,*
Inventa du sonnet les rigoureuses loix ;

j'hésiterai au mot *françois*, je ne saurai comment le prononcer, n'ayant pas encore vu qu'elle rime suivra. Au lieu que si je lis,

(3) *C'est lui dont les Dieux ont fait choix*
Pour combler le bonheur de l'Empire françois,

je n'hésite plus : la rime qui s'est présentée au premiers vers, m'avertit que *françois* sera prononcé *à pleine bouche*, comme parle Vaugelas.

XII.

(4) *Ma colere revient, & je me reconnois.*
Immolons en partant trois ingrats à la fois.

Il n'en est pas de *je reconnois*, comme de *françois*, dont j'ai parlé ci-dessus. L'usage, dès

---

(2) *Art poétique*, II.
(3) Prologue de l'Opéra d'Isis.
(4) Mithridate, IV, 5, 7.

le temps de Racine, avoit décidé qu'il falloit toujours prononcer, *je reconnais*; & par conséquent l'autre prononciation ne doit être regardée dans Racine, que comme on regarde les archaïsmes dans Virgile.

On demandera comment il faut écrire, *je reconnois*, lorsqu'on veut aujourd'hui le mettre en rime avec un mot qui se termine en *ais* ?

Racine avoit mis dans la premiere édition de son Andromaque, III, 1, 43.

. . . . Lassé de ses trompeurs attraits,
Au lieu de l'enlever, Seigneur, je la fuirais,

Apparemment il se fit scrupule d'avoir défiguré notre orthographe pour rimer aux yeux, & il corrigea dans les éditions suivantes :

. . . . Lassé de ses trompeurs attraits,
Au lieu de l'enlever, fuyez-la pour jamais.

Racine n'avoit point à se corriger, puisqu'on permet aux Poëtes ce petit changement d'orthographe, fondé sur ce que l'agrément de la rime est double, lorsqu'elle frappe en même-temps & l'œil & l'oreille.

Autre question. Hors de la rime, & même en prose, faut-il écrire *ils chantaient*, *je chantais*, & ainsi des autres mots semblables ?

Un nommé *Bérain*, qui se dit Avocat au Parlement de Paris, fit imprimer en 1675, à Rouen, des Remarques sur notre langue, dans la premiere desquelles il tient pour l'affirmative. On doit, selon lui, écrire, *je dînais*, *je voudrais*, &c. Quoi qu'il en *sait*, il fait *fraid*, je le *crais*, un homme *drait*,,, Pour moi, dit-il, je ne vois rien ,, qui s'oppose à cette orthographe, qu'un ancien

" usage, qui doit blesser la vue & la raison ".

Oh ! que la raison est bien placée-là, Mais combien de mots qui se prononçoient en 1675 autrement que nous ne les prononçons ? Ménage, dont les *observations* parurent vers ce temps-là, veut qu'on dise *courtais*, *courtaisie*, &c. Tant il est vrai que notre prononciation étant si variable, on peut bien appliquer aux Novateurs en orthographe, ce qu'a dit Térence (5) sur un tout autre sujet.

Pourquoi toucher à notre orthographe ? Pour faciliter, disent-ils, la lecture de nos livres aux étrangers. Comme si les voyelles portoient toujours à l'oreille d'un Anglois, d'un Polonois, le même son qu'elles portent à la mienne. Qui ne sait que des savants de Nations différentes, s'ils veulent se parler en latin, ont peine à s'entendre, ou même ne s'entendent point du tout, quoique l'orthographe du latin soit précisément & invariablement la même pour toutes les Nations ?

Plusieurs de nos jeunes Auteurs se plaisent depuis un certain temps à écrire, *ils chantaient, e chantais* ; & il n'est pas difficile d'en deviner la raison. Ainsi les courtisans d'Alexandre se croyoient parvenus à être des héros, lorsqu'à l'exemple de leur Maître, ils penchoient la tête d'un côté.

XIII.

(6) *Ont vu bénir le cours de leurs destins prosperes.*

Prospere ne se dit presque plus en prose. Mais

---

(5) ...... *Incerta hæc si postulas*
Ratione certa facere, nihilo plus agas,
Quàm si des operam, ut cum ratione insanias.
(6) Esther, III, 4, 34.

en vers il est toujours beau. Et ce mot n'est pas le seul qui, à mesure qu'il vieillit pour la prose, n'en devient que plus poétique. *Jadis, ennui*, pour signifier en général toute sorte d'affliction, *n'a guere, mensonger, un penser*, & quelques autres, que je ne me rappelle pas présentement, se trouvent dans Racine. Mais il ne s'y trouve pas un mot nouveau, c'est-à-dire, pas un de ces mots qui se faisoient de son temps, comme il s'en est toujours fait, & comme il s'en fera toujours. Un Ecrivain judicieux, & qui ne veut pas risquer de survivre à ses propres expressions, donne aux mots le temps de s'établir assez bien pour n'avoir rien à craindre de la fortune. Ce n'est point à nous à employer ceux que nous voyons naître. S'ils peuvent vivre, ce sera une richesse pour nos neveux ; mais à condition que nos neveux, s'ils sont sages, ne feront pas comme nous, qui avons perdu par caprice une infinité d'anciens mots, pour les remplacer par d'autres moins propres & moins significatifs. On a voulu épurer notre langue depuis François I. Peut-être a-t-on fait comme ces Médecins, qui, à force de saigner & de purger, précipitent leur malade dans un état de foiblesse, d'où il a bien de la peine à revenir.

XIV.

(7) *Sais-je pas que Taxile est une ame incertaine ?*

Au lieu de, *ne sais-je pas*, &c. De même, dans les Plaideurs, I, 5, 39.

. . . . . *Suis-je pas fils de Maître ?*

Au lieu de, *ne suis-je pas fils de Maître ?* Vau-

(7) Alexandre, I, 3, 33.

gelas

gelas (8) dit que ces deux manieres de parler sont bonnes. Mais l'Académie, dans ses observations sur Vaugelas, traite de négligence, & même de faute la suppression de l'une des négatives. Pour la prose, cela est incontestable. Pour les vers, c'est une licence, dont aujourd'hui les oreilles délicates sont blessées, & que Racine, dans toutes ses Tragédies, ne s'est permise que trois ou quatre fois.

Thomas Corneille faisoit des vers; nous avons ses Notes sur Vaugelas, écoutons-le :

D'ôter ici la négative, ce peut, dit-il, être une commodité pour les Poëtes; mais ils doivent donner un tour aisé à leurs vers, sans que ce soit aux dépens de la véritable construction.

XV.

(9) *Sur qui sera d'abord sa vengeance exercée ?*

Remarquons ici le verbe auxiliaire, *sera*, mis avant son nominatif; & le nominatif mis avant le participe *exercée*, qui répond au verbe auxiliaire. Il s'en trouve un autre exemple dans Esther, II, 8, 34.

.... *Quand sera le voile arraché,*
Qui sur tout l'univers jette une nuit si sombre ?

Aujourd'hui nos Poëtes n'osent presque plus employer ces transpositions, qui cependant ne peuvent faire qu'un bon effet. Pour peu qu'ils continuent à ne vouloir que des tours prosaïques, à la fin nous n'aurons plus de vers : c'est-à-dire, nous ne conserverons, entre la prose

---

(8) Remarque CCII, qui a pour titre : *N'ont-ils pas fait, & Ont-ils pas fait ?*
(9) Bajazet, V, 5, 18.

Tome II.   A a

& les vers, aucune différence qui soit purement grammaticale. Car la Grammaire n'embrasse que les mots, & l'arrangement des mots. Or, à l'exception d'un très-petit nombre de mots, qui ont vieilli dans la prose, mais dont la poésie fait encore un excellent usage, nos Poëtes & nos Orateurs n'ont absolument que les mêmes mots à employer. Il seroit donc à souhaiter que, du moins en ce qui regarde l'arrangement des mots, notre Poésie fût attentive à maintenir ses priviléges. Elle en a perdu quelques-uns depuis moins d'un siecle, puisqu'autrefois on se permettoit l'inversion du participe, non-seulement avec l'auxiliaire *être*, mais encore avec l'auxiliaire *avoir*,

O Dieu, dont les bontés de nos larmes touchées,
Ont aux vaines fureurs les armes arrachées,

pour dire, *ont arraché les armes*. Et cette inversion étoit d'une grande commodité pour la rime, parce qu'elle rend le participe déclinable; au lieu qu'étant mise avant son régime, il ne se décline jamais. Pourquoi nos Poëtes se privent-ils d'une douceur que l'usage leur accordoit? Car l'Académie, dans l'examen qu'elle fit des Stances de Malherbe, qui commencent par les deux vers que je viens de citer, ne censura (1) nullement cette inversion.

Joignons à l'exemple de Malherbe celui de la Fontaine, Fable 8, liv. V.

... Un certain loup dans la saison
Où les tiedes zéphirs ont l'herbe rajeunie.

(1) Voyez Pelisson, Hist. de l'Acad.

XVI.

(2) *Je ne prends point plaisir à croître ma misere.*

Aujourd'hui *croître* n'eſt que verbe neutre, ſoit en proſe, ſoit en vers. Mais il a été long-temps permis aux Poëtes de le faire actif. Racine en fournit deux autres exemples.

(3) *Tu verras que les Dieux n'ont dicté cet Oracle,*
Que pour croître à la fois ſa gloire & mon tourment.

Et dans Eſther III, 3, 13.

Que ce nouvel honneur va croître ſon audace!

XVII.

(4) *Attaquons dans leurs murs ces Conquérants ſi fiers;*
Qu'ils tremblent à leur tour pour leurs propres foyers.

Dans *foyer*, c'eſt un é fermé, après lequel on ne fait point ſentir l'r, ou du moins on ne la fait ſonner que bien peu. Mais dans *fier*, c'eſt un è ouvert, après lequel on fait entendre l'r à plein. Ces deux ſons (5) étant ſi différents, ne peuvent donc pas rimer enſemble. Car la rime eſt faite, non pour les yeux, mais pour

---

(2) Bajazet, III, 3, 25.
(3) Iphigénie, IV, 1, 16.
(4) Mithridate, III, 1, 79.
(5) On retrouve la même rime dans cette même Tragédie, IV, 6, 5. On l'avoit déjà vue dans Bajazet, II, 1, 47; & l'adjectif *cher* dont l'è s'ouvre, eſt mis en rime

l'oreille. On appelle ces sortes de rimes, *des rimes normandes*, que nos Versificateurs les plus exacts se permettoient autrefois, & que l'usage présent ne souffre plus.

XVIII.

(6) *L'offre de mon hymen l'eût-il tant effrayé ?*

Quelques-uns de nos substantifs ont été sujets à changer de genre, mais particuliérement ceux qui commencent par une voyelle : l'élision de l'article étant cause que l'oreille ne peut pas distinguer si l'on dit *le* ou *la* ; *un* ou *une*. Quelques-uns ont même conservé les deux genres tout-à-la-fois. Tel est ce mot *équivoque*, plaisamment appelé par Despréaux, *du langage François bizarre hermaphrodite*. Aujourd'hui *offre*, que Racine fait ici masculin, n'est plus que féminin. On ne fera point mal de consulter la premiere partie des Observations de Ménage, Chapitre LXXIV, où se trouve une très-longue liste des *noms de genre douteux*.

XIX.

(7) *Je demeurai sans voix, & sans ressentiment.*

On vient de lire dans les Commentaires de M. de Voltaire sur le Théâtre du grand Corneille : *ce mot* ressentiment *est le seul employé* avec *chercher*, dans Bérénice, V, 6, 63, avec *approcher* dans Phedre, III, 5, 51 ; & avec *marcher*, la même, V, 1, 47. Cependant l'é, dans tous les infinitifs est fermé, lorsque l'r ne s'y fait point sentir, c'est-à-dire, lorsqu'il n'y a point de voyelle qui suive.

(6) Bajazet, III, 7, 28.
(7) Bérénice, II, 4, 6.

par Racine, qui ait été hors d'usage depuis lui. Ressentiment n'est plus employé que pour exprimer le souvenir des outrages, & non celui des bienfaits.

Présentement je demande si un seul mot dont la signification a été restreinte, & quelques particules dont l'usage a varié, comme on l'a vu dans les Remarques précédentes : je demande s'il y a là de quoi accuser la langue françoise d'aimer le changement ? Car enfin, à remonter du jour où j'écris ceci jusqu'au temps où parurent (8) les premieres Tragédies de Racine, nous avons un siecle révolu.

Voit-on ailleurs cette pureté inaltérable, &, si j'osois parler ainsi, cette fraîcheur de style, toujours la même au bout de tant d'années ? Je l'attribue sur-tout à ce que Racine suivoit exactement le conseil que donnoit César, de fuir comme (9) un écueil toute expression qui ne seroit pas marquée au coin de l'usage le plus certain & le plus connu. Racine peut-être n'a pas employé un terme qui ne soit dans Amyot. Mais des termes les plus communs, il avoit le secret d'en faire un langage qui lui appartient, & n'appartient qu'à lui.

Après avoir exposé le peu qui a vieilli dans ses ouvrages, passons aux expressions qui pourroient être, ou mal assorties, ou mal construites.

XX.

(1) *Pourquoi détournois-tu mon funeste dessein ?*

___

(8) Les Freres ennemis furent joués en 1664. Alexand. en 1666. Les Plaid. en 1667. Or ceci s'imprime en 1767.
(9) *Tanquam scopulum, sic fugias insolens verbum.* Aulugelle, I, 10.
(1) Phedre, III, 1, 11.

(2) *Tout ce qui convaincra leurs perfides amours.*

(3) *Détrompez son erreur.*

On diroit en prose, *pourquoi me détournois-tu de mon funeste dessein ?*

On ne peut *convaincre* que les personnes. Mais pour les choses, il faut les faire connoître, les prouver.

On diroit en prose : *détrompez-le de son erreur.*

Je ne fais remarquer que comme des hardiesses, *détromper une erreur, convaincre des amours, détourner un dessein.* Oui, les Poëtes ont le droit de personnifier tout ce qu'ils veulent. Mais encore faut-il qu'on sache à quel style appartiennent ces manieres de parler, si l'on veut discerner en quoi l'exemple de nos bons Auteurs peut faire loi, ou n'être pas suivi aveuglément.

XXI.

(4) *Vous les verriez plantés jusques sur vos tranchées.*
Et de sang & de morts vos campagnes jonchées.

J'ai deux doutes à proposer sur ce dernier vers. Premiérement, *des campagnes jonchées de sang*, est-ce une métaphore qu'on puisse recevoir ? On doit dire, ce me semble, *des campagnes arrosées de sang, & jonchées de morts.* Une métaphore doit être suivie, & ne point rapprocher dans la même phrase deux idées,

(2) Bajazet, IV, 3, 34.
(3) Phedre, I, 5, 21.
(4) Alexandre, II, 2, 9.

dont l'une exclut l'autre : voilà ce qui fit condamner ce vers de Chimene.

Malgré des feux si beaux qui rompent ma colere.

Corneille *passe mal d'une métaphore à une autre*, dit l'Académie dans ses sentiments sur le Cid, & ce verbe *rompre* ne s'accommode pas avec *feux*.

Revenons aux vers de Racine, où je trouve une seconde faute, qui regarde la construction. Quand le nominatif & le verbe se trouvent séparés par un relatif, comme ici : *vous les verriez*, ce même verbe ne doit pas avoir encore une autre régime, amené par la conjonction &. Je suppose qu'après avoir dit de la vertu, *vous la verrez honorée par-tout*, j'ajoute, *& le vice détesté* : ma phrase ne vaudra rien. Il faut que je répete mon verbe, *& vous verrez le vice détesté* : à moins que je ne prenne un autre tour, qui me sauve une répétition peu agréable.

XXII.

(5) *Quand je me fais justice, il faut qu'on se la fasse.*

Tout nom qui n'a point d'article, ne peut avoir après soi un pronom relatif, qui se rapporte à ce nom-là. Vaugelas (6) établit ce principe solidement : & c'est là-dessus que le P. Bouhours condamne les deux phrases suivantes. *Vous avez droit de chasse, & je le trouve bien fondé. Le Roi lui a fait grace, & il l'a reçue allant au supplice.* Mais il excepte celle-ci de la re-

(5) Mithridate, III, 8, I.
(6) Remarque CCCLXIX.

gle générale : *Si vous ne me faites pas justice, je me la ferai moi-même.* Par-là il sauve le vers de Racine que j'attaque ici. Pour moi, je consens que cette phrase, à force de revenir souvent dans la conversation, ait acquis le droit de ne paroître pas irréguliere. Mais elle ne laisse pas de l'être, sur-tout dans le style soutenu. *Faire grace*, suivant le P. Bouhours lui-même, ne sauroit être suivi d'un pronom. *Faire justice*, n'est-il donc pas de même nature ?

Au reste, cette fameuse regle de Vaugelas, pour ne tromper personne, demande une petite addition, qui développeroit sa pensée. Au lieu de, *tout nom employé sans article*, je dirois, *tout nom employé sans article, ou sans quelque équivalent de l'article*, &c.

J'entends par équivalent de l'article, non-seulement divers pronoms adjectifs, & les noms de nombre, mais encore des phrases elliptiques, ou qui sont naturellement convertibles en d'autres phrases dans lesquelles l'article vient se placer de lui-même.

Pour éclaircir ma pensée, j'ai recours à des exemples, qui sont ceux-là mêmes que l'Auteur de la Grammaire (7) générale avoit choisis ; &, quoique les solutions que nous donnons lui & moi, paroissent d'abord un peu différentes, on verra qu'au fond elles partent des mêmes principes & arrivent au même but.

1. *Il n'y a point injustice qu'il ne commette. Il n'y a homme qui sache cela. Est-il ville dans le Royaume qui soit plus obéissante ? Je suis homme qui parle franchement.* Pour moi, dans ces quatre phrases, je ne vois qu'une ellipse des plus simples. *Il n'y a pas une injustice*, &c. *Il n'y a pas un homme*, &c. *Est-il une ville*,

(7) Seconde Partie, chap. 10.

&c. *Je suis un homme qui*, &c. Il n'est pas douteux que l'adjectif numérique, *un*, ne tienne lieu de l'article, & par conséquent aucune de ces quatre phrases n'est contraire à la regle de Vaugelas.

2. *Une sorte de fruit qui est mûr en hiver. Une espece de bois qui est fort dur.* Tournez ainsi ces deux phrases: *un fruit de telle sorte est mûr*, &c. *un bois de telle sorte est dur.* On voit par-là pourquoi le pronom relatif & l'adjectif suivant, qui est masculin, ne se rapportent ni à *sorte* ni à *espece*. Voilà donc la regle de Vaugelas toujours suivie.

3. *Il agit en Roi qui sait régner. Il parle en homme qui entend ses affaires.* Peut-on ne pas voir que ses phrases-là reviennent à celles-ci? *Il agit comme doit agir un Roi qui*, &c. *Il parle comme doit parler un homme qui*, &c. Toujours l'adjectif numérique *un*, équivalent de l'article.

4. *Il est accablé de maux qui lui font perdre patience. Il est chargé de dettes qui vont au-delà de son bien.* Puisque *maux* & *dettes* sont au pluriel, on sous-entend *plusieurs*, qui est un autre équivalent de l'article. N'est-ce pas encore une ellipse des plus simples?

5. *C'est grêle qui tombe*, pour dire, *ce qui tombe est grêle*: pure inversion.

6. *Ce sont gens habiles qui m'ont dit cela.* Quel embarras peut causer ici l'omission de l'article? Pour le remplacer, il n'y a qu'à dire, *Ce sont des gens habiles qui m'ont dit cela*, & même c'est ainsi qu'on parle aujourd'hui le plus communément. Je soupçonne que l'autre maniere de parler est un reste de notre ancien langage, qui supprimoit volontiers l'article, surtout dans les phrases où il étoit si aisé de le

sous-entendre. Témoin une infinité de ces vieux proverbes que nous conservons encore tels qu'ils étoient.

XXIII.

(8) *Nulle paix pour l'impie. Il la cherche, elle fuit.*

Je doute que les pronoms relatifs, *la* & *elle*, puissent être mis après *nulle paix*, deux mots inséparables, & qui ne sont ni ne peuvent être précédés d'un article.

Tout pronom rappelle son antécédent. Or l'antécédent est *nulle paix*. Ainsi ce vers, à l'éplucher grammaticalement, signifieroit que l'impie cherche *nulle paix*, & que *nulle paix* le fuit.

Aucun & *nul* selon l'Auteur de la Grammaire générale, *déterminent aussi-bien que les articles*, & peuvent par conséquent être suivis d'un relatif. Cela est-il vrai ? Oui, cela l'est à l'égard du relatif *qui*, mais ne l'est pas à l'égard du relatif *le*.

On dira donc très-bien *nulle paix qui soit durable*; *je n'en reçois aucune nouvelle, dont je sois content*; *il n'y a personne, qui ne vous honore*. Mais on ne dira pas, *personne n'est venu à ma campagne, s'il vient je le recevrai de mon mieux*; *aucun écrivain n'est exempt de fautes, je ne laisse pas de l'estimer*; *nulle récompense pour les poltrons, & vous la demandez*. Voilà pourtant la phrase de Racine, *nulle paix pour l'impie, il la cherche*.

Je crois qu'on pourroit rendre raison de ces différences; & il y en auroit même encore d'autres à remarquer, par rapport aux pronoms re-

(1) Esther, II 8, 101.

latifs. Mais ceux qui liront fur cette queſtion la *Grammaire générale*, où cependant il s'en faut beaucoup qu'elle ne ſoit épuiſée, jugeront combien il y entre de métaphyſique. J'ai tâché de me mettre à la portée du commun des lecteurs dans la remarque précédente.

J'ajouterai ſeulement ici, qu'*aucun* & *nul*, quand on les met dans la ſignification négative de *perſonne*, n'ont jamais de pluriel, ſoit qu'on les emploie comme pronoms, en ſous-entendant *homme*, ſoit qu'on les emploie comme adjectifs, *nulle paix*, *aucun mal*. Et cette obſervation eſt d'autant plus néceſſaire, que d'habiles Ecrivains ne l'ont pas toujours ſuivie. Ce qui les a trompés, c'eſt que ces mêmes mots ont un pluriel, mais dans une autre ſignification. Car quelquefois *nulle* ſignifie, qui n'eſt d'aucune valeur, & alors on lui peut donner un pluriel, *vos procédures ſont nulles*. Pour ce qui eſt d'*aucun*, il ſignifioit autrefois l'*aliquis* des Latins, comme on le voit dans le Dictionnaire de R. Eſtienne, qui cite cet exemple : *aucuns hommes ſont venus*. Mais en ce ſens, il n'eſt plus uſité que dans quelques phraſes du Palais.

Un docte Grammairien, feu M. du Marſais, examinant après moi ce même vers de Racine, dans l'Encyclopédie, au mot ARTICLE : *Je crois* dit-il, *que la vivacité, le feu, l'enthouſiaſme que le ſtyle poétique demande, ont pu autoriſer Racine à dire*, nulle paix pour l'impïe ; il la cherche, elle fuit. *Mais*, ajoute-t-il, *cette expreſſion ne ſeroit pas régulière en proſe, parce que la premiere propoſition étant univerſelle négative, & où* nulle *emporte toute paix pour l'impïe, les pronoms* la *&* elle *des propoſitions qui ſuivent, ne doivent pas rappeller dans un ſens affirmatif & individuel, un mot qui a d'abord été* *pris dans un sens négatif universel.* Voilà précisément ma pensée mise dans un jour philosophique.

XXIV.

(9) *Jamais tant de beauté fut-elle couronnée ?*

Puisqu'un nom sans *article* ne doit point, selon Vaugelas, être suivi d'un pronom relatif, il ne devroit pas non plus être suivi d'un adjectif qui se rapporte à ce nom-là ; & cependant *beauté*, qui est sans article, régit *couronnée*.

Ainsi raisonnoit un Critique, dont j'oserai combattre l'opinion. Car nous avons déjà (1) reconnu qu'il y avoit divers équivalents de l'article ; & ne voit-on pas que *tant de beauté*, c'est absolument comme si l'on disoit, *une si grande beauté ?* Or, quelle phrase plus réguliere que celle-ci, *Jamais une si grande beauté fut-elle couronnée * ?*

Personne n'ignore qu'un adverbe est incapable de régir. Ce n'est donc pas l'adverbe *tant* qui régit ici le verbe *fut* & le participe *couronnée*. Mais l'adverbe de quantité a cela de remarquable, qu'étant uni à un substantif par la particule *de*, il n'est à l'égard de ce substantif que comme un simple adjectif, puisque l'un & l'autre ensemble ne présentent qu'une idée totale & indivisible. Aussi est-ce une regle sans exception, que, dans toutes les phrases où l'adverbe de quantité fait partie du nominatif, la syntaxe est fondée sur le nombre & le genre du substantif. *Tant de Philosophes se sont égarés*, voilà le pluriel & le masculin. *Tant de beauté fut couronnée*, voilà le singulier & le féminin.

(9) Esther, III, 32.
(1) Voyez ci-dessus, p. 288.

XXV.

(2) *Aucuns monstres par moi domtés jusqu'aujourd'hui.*

Voilà *aucuns* dans le sens négatif & au pluriel. On ne lui en donne un que dans le style marotique, ou dans le style du Palais, & alors il signifie *quelques-uns*. Je n'ajoute rien à ce que j'en ait dit, si ce n'est que ceux qui voudroient douter de ce que j'y avance, n'auront qu'à ouvrir le Dictionnaire de l'Académie aux mots *aucun* & *nul*.

On pourra en même-temps le consulter sur *aujourd'hui*. On y verra qu'en prose il faudroit dire *jusqu'à aujourd'hui*, comme on dit *jusqu'à hier*, *jusqu'à demain*. Mais il est bien juste de permettre aux Poëtes, *jusqu'aujourd'hui*; sans quoi, à cause de l'hiatus, il ne pourroient jamais user de cette expression.

XXVI.

(3) *. . . . On va donner en spectacle funeste
De son corps tout sanglant le misérable reste.*

On dit absolument *donner en spectacle*, comme *regarder en pitié*, & beaucoup de phrases semblables, où le substantif joint au verbe par la préposition *en*, ne peut être accompagné d'un adjectif. *Donner en spectacle funeste* est un barbarisme. Pourquoi adoucir les termes, comme si deux ou trois brins de mauvaise herbes gâtoient un parterre émaillé des plus belles fleurs ?

(2) Phedre, I, 1, 99.
(3) Esther, III, 8, 3.

XXVII.

(4) . . . . . . *Mon ame inquiétée
D'une crainte si juste est sans cesse agitée.*

Et dans Andromaque, I, 2, 31.

La Grece en ma faveur est trop inquiétée.

Inquiet, adjectif, & *inquiété*, participe, ne présentent pas le même sens. Il falloit dans le premier exemple, *mon ame inquiete* & dans le second, *la Grece en ma faveur est trop inquiete*, ou mieux encore, *s'inquiete trop*. Ainsi ne confondons point *être inquiet, être inquiété & s'inquiéter* : ce sont trois sens différents. *Être inquiet* ne signifie qu'une certaine situation de l'ame, sans qu'on ait égard à la cause d'où cette situation peut venir. *Être inquiété*, renferme tout-à-la-fois, & l'idée de cette situation & l'idée d'une cause étrangere d'où elle vient. Par *s'inquiéter*, non-seulement nous entendons quelle est la situation d'une ame, mais aussi nous entendons que cette ame est la cause qui agit sur elle-même.

Je n'irai pas plus loin sans déclarer que cette remarque, & un grand nombre d'autres, ont été contredites (5) par M. Racine, de l'Académie des Belles-Lettres, digne fils d'un illustre pere ; mais contredites sans amertume, & sur le ton qui convient à l'honnête homme, tel qu'il étoit. Je lui parois avoir porté souvent la sévérité au-delà des bornes : & il me paroît, à moi, avoir quelquefois donné trop au respect filial. Tous les deux nous

(4) Alexandre, II, 1, 77.
(5) On peut voir l'Ouvrage intitulé, *Remarques sur les Tragédies de Jean Racine*, &c. par Louis Racine, Paris, 1752.

avons eu le même but, qui est d'instruire, & nous y allons par des chemins différents.

XXVIII.

(6) . . . . *Ma langue embarrassée*
Dans ma bouche vingt-fois a demeuré glacée.

J'ai demeuré & *je suis demeuré* présentent des sens différents. *J'ai demeuré à Rome*, c'est-à-dire, j'y ait fait quelque séjour. *Je suis demeuré muet*, c'est-à-dire, je suis resté bouche close. Or, dans le vers que j'examine, *demeurer* ne sauroit être pris que dans le sens de *rester*. Ainsi, *ma langue est demeurée glacée dans ma bouche*, étoit la seule bonne maniere de parler.

Un moment d'inattention suffit pour faire qu'on se trompe à ces verbes neutres, qui se conjuguent avec nos deux auxiliaires, mais toujours en des sens différents. Despréaux, parlant à des Nobles entêtés de leurs aïeux, *savez-vous*, dit-il,

. . . . *Si leur sang tout pur, ainsi que leur noblesse,*
Est passé jusqu'à vous de Lucrece en Lucrece.

Je crois qu'*a passé* valoit mieux.

XXIX.

(7) . . . . . *A ce mot, ce Héros expiré*
N'a laissé dans mes bras qu'un corps défiguré.

On ne doute point que le verbe *expirer* ne soit du nombre des verbes neutres, qui admettent les

(6) Bérénice, II, 2, 138.
(7) Phedre, V, 6, 60.

deux auxiliaires, *être* & *avoir*. Mais distinguons dans *expirer* le sens propre & le figuré. Dans le propre, il convient aux personnes, & se conjugue avec l'auxiliaire *avoir*. Dans le figuré, il convient aux choses, & se conjugue avec l'auxiliaire *être*. On dira donc très-bien *je n'en ai plus que pour six mois, & mon bail expiré, il faut que je me retire*; ou *la treve expiré, on reprendra les armes*; parce que, devant *expirée*, il y a de sous-entendu *étant*, dont la suppression est souvent permise. Mais *ayant* ne se supprime jamais; & par conséquent *ce héros expiré* n'est pas plus françois que *ce héros parlé*, pour *ayant parlé*.

Je ne voudrois cependant pas qu'un Poëte écoutât les remontrances de la Grammaire, dans les précieux moments où sa verve le favorise. Racine, dans son récit de Théramene, jouissoit d'un de ces moments heureux. Mais son ami Despréaux nous donne en pareil cas un sage conseil: *Vingt fois sur le métier remettez votre ouvrage.*

X X X.

(8) *Il en étoit sorti lorsque j'y suis couru.*

Je doute fort qu'il en soit du simple *courir*, comme de son composé *accourir*. On dit indifféremment *j'ai accouru, je suis accouru*. Mais *je suis couru* me paroît une de ces distractions dont les meilleurs Ecrivains ne sont pas toujours exempts. Personne n'ignore que ce vers de l'Art Poétique:

Que votre ame & vos mœurs peints dans tous vos ouvrages,

(8) Bérénice, II, 1, 4.

fut imprimé, & plus d'une fois, sans que l'Auteur s'apperçût qu'un adjectif masculin suivoit deux substantifs féminins. Parlerai-je de ce qui s'est passé sous mes yeux ? Feu M. de Fontenelle apporta à l'Académie un de ses ouvrages qu'il venoit de publier. Quelqu'un des présents, à l'ouverture du livre, ayant lu ces mots, *la pluie avoit tombé*, feignit que des femmes l'avoient prié de mettre en question, si *j'ai tombé*, ne pouvoit pas aussi-bien se dire, que *je suis tombé*. On alla aux voix ; & M. de Fontenelle prenant la parole, fronda merveilleusement ces sortes d'innovations. A peine finissoit-il, qu'on lui fit voir la page où étoit la phrase que j'ai rapportée. Point de réponse à cela, si ce n'est celle d'un galant homme, qui reconnoît ses fautes sans biaiser.

XXXI.

(9) *Il y seroit couché sans manger & sans boire.*

Il y seroit couché, n'est pas françois, pour signifier, *il y auroit passé la nuit*. On dit en des sens très-différents, *coucher* & *se coucher*. Le premier est tantôt actif, tantôt employé neutralement, & il prend toujours l'auxiliaire *avoir*. Le second est réciproque, & prend l'auxiliaire *être*. Cela étant marqué dans tous les Dictionnaires, je ne m'y arrête pas.

M. Racine le fils prétend que c'est ici une faute d'impression, & qu'on doit lire, *il s'y seroit couché*, &c. Mais il n'a donc pas fait réflexion que *se coucher* signifie simplement, *se mettre au lit* ou *s'étendre tout de son long sur quelque chose*. Or, ce n'est assurément point là ce

(9) Plaideurs. I. 1, 24.

que l'Auteur a voulu dire. Pourquoi ne pas avouer qu'étant jeune alors, son pere pourroit s'être mépris : ou (ce qui est plus vraisemblable) que dans une Comédie où il met tant d'autres barbarismes dans la bouche de ce Suisse venu d'Amiens, la faute que nous relevons avoit été faite exprès ? Quoi qu'il en soit, je puis assurer que l'édition faite en 1668, porte, *il y seroit couché*, & je trouve que la correction de M. Racine le fils a été fort mal-à-propos suivie dans l'édition faite en 1760.

XXXII.

(1) *Tu prétends faire ici de moi ce qui te plaît.*

Il y a de la différence entre *ce qui te plaît*, & *ce qu'il te plaît* : car le premier signifie, *ce qui t'est agréable* ; mais le second, *ce que tu veux*. Or, il est visible qu'ici ce n'est pas le premier, c'est le second qu'il eût fallu.

Vaugelas a fait sentir parfaitement cette différence. Mais il ne parle pas d'une autre, qui n'est pas moins importante, & qui regarde le régime de *plaire*. Quand ce verbe signifie *vouloir*, il ne s'emploie qu'impersonnellement, & il régit la particule *de*. *Il me plaît d'aller-là.* Quand il est verbe réciproque, *se plaire*, il régit la particule *à*. *Je me plais à être seul.* Ainsi, dans le dernier chœur d'Esther :

. . . . . Relevez les superbes portiques
Du Temple où notre Dieu se plaît *d'être adoré*,

on auroit dit, *se* plaît *à être adoré*, si l'hiatus l'avoit permis.

(1) Plaideurs, II, 13, 6.

XXXIII.

(2) *Peut-être avant la nuit l'heureuse Bérénice*
Change le nom de Reine au nom d'Impératrice.

On ne dit point *changer une chose à une autre*, mais *en une autre*. Il est vrai que la proposition *en* ne se met pas devant un article masculin, *en le nom* si ce n'est devant quelques mots, dont l'article s'élide, *en l'honneur*. Ici donc il faudroit chercher un mot qui n'eût pas besoin d'article : par exemple, si le vers l'avoit permis, *change le nom de Reine en celui d'Impératrice*.

Je ne dois pas omettre que le Dictionnaire de l'Académie, au mot *changer*, cite un exemple qui paroît autoriser Racine. *Dans le Sacrement de l'Eucharistie, le pain est changé au Corps de Notre-Seigneur.* Mais n'est-ce point une phrase consacrée, qui ne fait pas loi pour le langage commun ?

Malherbe a été repris par Ménage d'avoir dit *faire échange à*, dans une de ses Odes. Il est, je l'avoue, plus aisé de blâmer ou plutôt de plaindre un Poëte en pareil cas, que de lui suggérer un tour plus heureux.

XXXIV.

(3) *C'est pour un mariage, & vous saurez d'abord,*
Qu'il ne tient plus qu'à vous, & que tout est d'ac-
    cord.
La fille le veut bien. Son amant le respire.

Respirer, pris figurément, signifie *desirer*.

(2) Bérénice, I, 3, 9.
(3) Plaideurs, III, 4, 22.

avec ardeur. *Vous ne respirez que les plaisirs, vous ne respirez que la guerre.* Mais ce qui paroît une bizarrerie dans notre langue, il ne se dit guere qu'avec (4) la négative. Car on ne diroit pas, à beaucoup près, aussi correctement, *vous respirez le plaisir, vous respirez la guerre.*

Peut-être cela vient-il de ce que *respirer*, employé sans négative, a communément un autre sens. *Tout respire ici la piété*, signifie, non pas que *tout desire ici la piété*, mais que *tout donne ici des marques de piété.*

Par cette raison il est évident que l'expression de Racine, *son amant respire ce mariage*, n'est ni assez claire, ni tout-à-fait correcte.

J'ai dit que de restreindre ce verbe pris en son premier sens à la négative, *ne respirer que*, cela paroissoit une espece de bizarrerie dans notre langue. J'aurois dû bien plutôt l'appeler une délicatesse, une finesse, qui est de nature à ne pouvoir se trouver que dans une langue extrêmement cultivée. Or, c'est un point essentiel que de bien connoître non-seulement la propriété des termes, mais, si j'osois parler ainsi, leurs nuances.

X X X V.

(5) *Prêt à suivre par-tout le déplorable Oreste.*

On dit bien, *mon sort est déplorable :* mais on ne dira pas, *je suis déplorable.* C'est un mot qui ne s'applique qu'aux choses ; & le Dictionnaire de l'Académie en avertit expressément. Il y a cependant d'autres endroits où Racine

---

(4) Voyez le Dictionnaire de l'Académie.
(5) Andromaque, I, 1, 46.

s'applique à des personnes, & même dans ses dernieres (6) Tragédies. Quand une faute ne se trouve qu'une seule fois dans un Auteur, il est naturel de la croire l'effet d'une simple inadvertance, qui ne prouve rien. Mais, si l'expression est répétée dans des ouvrages différents, & qui ont été faits à dix ou douze ans l'un de l'autre, cela prouve que c'étoit une expression avouée par l'Auteur : & dès-lors, quand il s'agit d'un Auteur tel que Racine, il est toujours à propos d'observer quelles sont les manieres de parler qui ont pu ne lui pas déplaire, quoique l'usage ne les eût pas autorisées.

Pardonnable est dans le même cas que *déplorable*; il ne se dit que des choses & non des personnes.

XXXVI.

(7) *Et ne le forçons pas, par ce cruel mépris,*
D'achever un dessein qu'il peut n'avoir pas pris.

On dit *exécuter un dessein*, & non *achever un dessein*, à moins qu'on n'entende par-là l'ouvrage d'un homme qui dessine. Pourquoi *achever*, joint à *dessein*, me paroît-il un terme impropre ? Parce qu'*achever* ne se dit que de ce qui commence. Or, ce qui est un *dessein*, n'est pas quelque chose de commencé, ou, si c'est quelque chose de commencé, ce n'est plus un *dessein*, c'est une entreprise.

XXXVII.

(8) *Mais admire avec moi le sort, dont la poursuite*
Me fait courir alors au piége que j'évite.

(6) Phedre II, 2, 67, Athalie I, 1, 149.
(7) Alexandre I, 3, 15.
(8) Andromaque, I, 1, 65.

Peut-on dire *la poursuite du sort ?* Un exemple fera entendre ma difficulté. Quand on dit, la *poursuite des ennemis*, *la poursuite des voleurs*, cela signifie l'action par laquelle les ennemis ou les voleurs sont poursuivis. Mais si, par la *poursuite des ennemis*, on vouloit signifier les mouvements que les ennemis font eux-mêmes pour atteindre ceux qui les attaquent, je crois que l'expression seroit obscure.

Il y a des mots équivoques par eux-mêmes, en ce qu'ils peuvent également se prendre dans le sens actif & dans le passif. Témoin le mot qui frappe le plus agréablement l'oreille, le mot d'*ami*. Quand j'entendrai dire *un tel est l'ami d'un tel*, pourrois-je, supposé que leur amitié ne soit pas mutuelle, comprendre lequel des deux est aimé de l'autre ? Tout ce qu'un Ecrivain peut & doit en pareil cas, c'est de recourir à quelque circonstance dont il accompagne le mot équivoque pour en fixer le sens.

XXXVIII.

(9) *Mais parmi ce plaisir, quel chagrin me dévore ?*

Parmi se met devant un pluriel ou devant un mot collectif, qui renferme équivalemment plusieurs choses particulieres. *Vous avez mis de faux argent parmi du bon : parmi les plaisirs de la campagne, il y en a de préférables à ceux de la Cour.* Mais lorsqu'on dit *plaisir*, cela exclut tout sens composé ; *ce plaisir* est réduit à l'unité, & par conséquent je doute si *parmi ce plaisir* est bien exact.

(9) Britannicus, II, 6, 3.

XXXIX.

(1) *Aux affronts d'un refus craignant de vous commettre.*

On dit bien commettre quelqu'un, & se commettre, pour signifier *exposer* quelqu'un, & *s'exposer* soi-même à recevoir un déplaisir. Mais ce verbe ne s'emploie qu'absolument, & l'on ne dit point *se commettre à quelque chose*. Ainsi, craignant de vous commettre aux affronts d'un refus, n'est pas françois. Outre qu'il faudroit *l'affront d'un refus*, plutôt que les *affronts d'un refus*. Et même, si je ne me faisois une peine de tant insister sur cette phrase, j'ajouterois que l'affront de quelque chose n'est guere bon. *Affront* va tout seul, à moins qu'il ne soit suivi d'un verbe avec la préposition *de*. Car on dira *l'affront d'être refusé*, bien mieux qu'on ne diroit *l'affront d'un refus*.

XL.

(2) . . . . *Savez-vous si demain Sa liberté, ses jours, seront en votre main?*

On dit bien *sa vie est entre vos mains*, pour dire dépend de vous. Mais *sa vie est en votre main*, est-ce une phrase à recevoir ? J'en douterois, d'autant plus que ces manieres de parler, qui reviennent dans la conversation à tout moment, ne veulent point être changées. Il ne faut que parcourir les Dictionnaires, au mot *main*, pour voir combien il y a de phrases qui n'admettent que l'un des deux, ou le singulier ou le pluriel; & qui même font des sens tout différents, selon que l'un ou l'autre s'y trouve.

(1) Iphigénie, II, 4, 5.
(2) Bajazet, I, 3. 7.

Par exemple, *donner la main* & *donner les mains*.

XLI.

(3) *Grace aux Dieux ! mon malheur paſſe mon eſpérance.*

Racine avoit ſans doute en vue ces paroles de Didon dans Virgile : *Hunc ego ſi potui tantum ſperare dolorem.* Quintilien (4) n'eſt pas content de cette expreſſion, qui pourtant ſe lit encore dans un autre endroit de l'Enéïde. Il ne l'a condamnée, vraiſemblablement, que comme trop forte pour convenir à un Orateur. Quoi qu'il en ſoit, permettons aux Philoſophes de la trouver impropre, puiſque l'eſpérance ne peut réellement avoir que le bien pour objet. Mais prions-les en même-temps d'avoir un peu d'indulgence pour nous, qui croyons ſentir que ces ſortes de hardieſſes font un merveilleux effet dans la poéſie, lorſqu'elles ſont placées à propos & de loin à loin.

XLII.

(5) . . . . . *Me cherchiez-vous, Madame, Un eſpoir ſi charmant me ſeroit-il permis ?*

Pyrrhus veut dire ; *me ſeroit-il permis de croire que vous me cherchiez ?* Ainſi, c'eſt ſur le préſent que tombe ce mot *eſpoir*, dont cependant le ſens propre ne regarde que des choſes qui ſont à venir.

J'adreſſe cette remarque & la précédente, à ceux qui écrivent en proſe. On ne peut trop

(3) Andromaque V, 5, 31.
(4) Liv. VIII, ch. 2.
(5) Andromaque I, 4, 2. Voyez p. 19.

leur redire qu'ils sont obligés d'avoir une attention infinie à la propriété des termes. Quant aux Poëtes, sachons-leur gré de leurs hardiesses, lorsqu'elles sont dictées par le goût, & avouées par le bon sens.

XLIII.

(6) *Je ne vous ferai point des reproches frivoles.*

Voilà ce que portent les anciennes & bonnes éditions de Racine ; & voici la note de son fils. *La négation*, dit-il, *ôtant le nom du général, de n'est plus article, mais interjection !* ainsi il *faut* de reproches *& non pas* des reproches.

Une négation, qui *ôte le nom du général !* Un *de* qui n'est *plus article, mais interjection !* Je n'entends pas ce langage. Venons au fait.

Roxane veut-elle dire à Bajazet, qu'elle ne lui fera nul reproche, de quelque espece que ce puisse être ? Point du tout. Au contraire, elle lui en fait d'un bout à l'autre de cette scene, mais qui ne sont *pas frivoles*.

Observons la différence qu'il y a entre *de*, simple préposition, & *des*, article *particulé*, c'est-à-dire, qui renferme une particule, & ici par conséquent il signifie *de les*, comme si l'on disoit *de ceux qui*, &c. Roxane a donc très-bien dit: *je ne vous ferai point des reproches frivoles ;* parce qu'elle a voulu dire, *de ces reproches qui ne seroient que frivoles.*

Au reste, mon dessein n'étant nullement de censurer M. Racine le fils, je ne releve ici sa prétendue correction, que pour empêcher qu'elle ne soit perpetuée dans les éditions suivantes. Elle s'est déja glissée dans la superbe édition *in-*4°. faite à Paris en 1760.

(6) Bajazet, V, 4, I. voyez p. 464.

Tome II. Bb

Quand il s'agit d'un Auteur tel que Racine, son vrai texte doit être scrupuleusement représenté, sans la moindre altération.

XLIV.

(7) *Qui sait.... si ce Roi.....*
N'accuse point le Ciel qui le laisse outrager;
Et des indignes fils qui n'osent le venger ?

On vient de voir *des* où il devoit être, dans le vers qui donne lieu à la remarque précédente. Mais il est ici où il ne devoit pas être.

Vaugelas (8) a expliqué cette regle non contestée, qu'en toutes phrases semblables à celles-ci : *Il y a d'excellents hommes*, & *il y a des hommes excellents*, on mettra *des* article particulé, quand le substantif précede l'adjectif : *Il y a des hommes excellents*, & au contraire, si l'adjectif précede le substantif, on mettra *de* préposition simple, qui s'élide devant une voyelle. *Il y a d'excellents hommes.*

Présentement il est clair que, dans l'endroit dont il s'agit, il falloit de toute nécessité, non pas *des indignes fils*, mais *d'indignes fils qui n'osent*, &c.

Aussi la faute que nous reprenons ne vient-elle que de l'Imprimeur, si l'on en croit M. Racine le fils, qui convient qu'elle s'est conservée dans toutes les éditions, mais qui soupçonne (sur quel fondement ?) que son pere avoit écrit, *deux indignes fils.*

XLV.

(9) *Le Ciel s'est fait sans doute une joie inhumaine*

(7) Mithridate, I, 3, 76.
(8) Remarque CCCXII.
(9) Iphigénie, II, 4, 5.

A rassembler sur moi tous les traits de sa haine.

Après *se faire une joie*, il étoit plus naturel & plus régulier de mettre *de*, qu'*à*. On dit, *J'ai de la joie à vous voir*; & *je me fais une joie de vous voir*. Voyez ci-dessus, Rem. XXXII.

J'avoue que c'est là une observation bien légere. Mais je m'y arrête exprès pour faire sentir à ceux qui connoissent le mérite de l'exactitude, que toute négligence qui n'est pas raisonnée, fait peine au Lecteur, sur-tout quand l'Auteur pouvoit l'éviter à si peu de frais. J'appelle négligence raisonnée, celle qu'on se permettroit avec mûre réflexion, & pour donner une sorte de grace au discours. *Quædam etiam* (1) *negligentia est diligens*, nous dit le grand Maître en l'art d'écrire.

XLVI.

(2) . . . . . *Vos bontés à leur tour Dans les cœurs les plus durs inspireront l'amour.*

Inspirer dans, ne me paroît pas François. On dit, *inspirer à*. Pour conserver *dans*, il faudroit, *dans les cœurs les plus durs feront naître l'amour*, ou *feront entrer l'amour*, ou quelque autre verbe de cette espece. Non que je prétende substituer ici un vers à celui de l'Auteur : mais je veux seulement faire sentir qu'avec *inspirer*, notre langue ne souffre pas *dans*. On diroit en prose: *inspireroit de l'amour aux cœurs les plus durs*. L'emploi des prépositions demande une attention infinie.

(1) *Cic. Orator*, cap. 23.
(2) Alexandre III, 6, 25.

XLVII.

(3) . . . . *Ces mêmes dignités*
Ont rendu Bérénice ingrate à vos bontés.

Vaugelas, dans une (4) de ses remarques, a écrit : *ingrat à la fortune* ; & Patru fait là-dessus une note où il témoigne qu'*ingrat à*, pour *ingrat envers*, lui paroît hardi.

On lit dans Britannicus, *impuissant à trahir* ; & dans Iphigénie, *complaisant à vos desirs*. Peut-être qu'à l'égard de ces deux expressions, le scrupule de Patru n'auroit pas été moins fondé.

Il y a des adjectifs qui ne peuvent guere aller seuls. *Digne, incapable*, il faut dire, de quoi. *Propre, comparable*, il faut dire à quoi.

Il y en a qui ne gouvernent jamais rien, & c'est le plus grand nombre.

Il y en a enfin qui se mettent indifféremment, ou avec un régime, *je vis content de ma fortune* ; ou sans régime, *je vis content*.

On n'a de conseil à prendre que de l'usage, dans une matiere où le raisonnement n'entre pour rien.

XLVIII.

(5) *Mais c'est pousser trop loin ses droits injurieux,*
Qu'y joindre le tourment que je souffre en ces lieux.

On diroit en prose, *que d'y joindre* : & c'est assez l'ordinaire des infinitifs qui suivent la conjonction *que*, d'être précédés de la particule *de*.

(3) Bérénice, I, 3, 39.
(4) Remarque CLXVII.
(5) Iphigénie, III, 4, 29.

Mais ne concluons pas delà qu'il foit indifférent, ou de fupprimer, ou d'employer cette particule avant les infinitifs. Perfonne n'ignore que ces deux phrafes, *il ne fait que fortir*, & *il ne fait que de fortir*, préfentent des fens qui ne font pas les mêmes. J'en apporterai un autre exemple, qui me paroît digne d'attention. *Aimer mieux*, fignifie tantôt préférer la chofe qui flatte le plus notre goût, & tantôt préférer celle qui eft la plus conforme à notre volonté. Or, le premier de ces deux fens exige la fuppreffion de la particule *de*, & l'autre exige qu'on l'emploie. Préférence de goût. *J'aime mieux dîner, que fouper. J'aime mieux lire, que jouer.* Préférence de volonté. *J'aime mieux ne rien avoir, que d'avoir le bien d'autrui. J'aime mieux mourir, que de me déshonorer.*

Plus on étudiera notre langue, plus on admirera l'ufage qu'elle fait faire de fes prépofitions ou particules : entre lefquelles diftinguons-en deux, *à* & *de*, qui foutiennent prefque tout l'édifice du langage françois.

XLIX.

(6) *On ne veut pas rien faire ici qui vous déplaife.*

Voilà précifément le cas pour lequel ces deux Savantes de Moliere vouloient que leur fervante fût chaffée.

De pas mis avec rien, tu fais la récidive,
Et c'eft, comme on t'a dit, trop d'une négative.

Racine n'a ufé de ce barbarifme que pour faire rire : & peut-être auroit-il encore mieux

(6). Plaideurs, II, 6, 13.

fait de s'en passer. Un barbarisme que Moliere, l'incomparable Moliere, n'emploie ici qu'à propos, & pour mieux peindre ces ridicules Savantes, Racine l'emploie gratuitement. Pourquoi chercher dans un langage corrompu, le germe de la bonne plaisanterie ? Peut-être l'introduction du patois sur la scene Françoise n'est-elle qu'un reste de ce misérable goût que nos peres ont eu pendant un temps pour le burlesque.

L.

(7) *Je puis l'instruire au moins combien sa confidence*, &c.

On ne peut donner ici à *instruire*, que l'un de ces deux sens, ou *enseigner*, ou *informer*. Or la phrase de Racine n'est Françoise, à ce qu'il me semble, ni dans l'un, ni dans l'autre cas, puisqu'il faudroit, comme la remarque suivante le montrera, qu'on pût dire : *je puis l'instruire telle chose*, *je puis l'instruire que*, pour pouvoir dire, *je puis l'instruire combien*, &c.

Mais il ne faut pas toujours conclure de l'actif au passif. Je fais cette remarque une fois pour toutes. Quoiqu'on ne dise pas *instruire que*, je crois que cette même construction, après le participe, ne blessera personne dans les deux exemples suivants. Bérénice, acte I, scene, 3, vers 13.

. . . . *Bérénice est instruite,*
Que vous voulez ici la voir seule & sans suite.

Athalie, IV, 24.

Bientôt de Jézabel la fille meurtriere,
Instruite que Joas voit encore la lumiere.

(7) Britannicus, I, 2, 40.

LI.

(8) *Ne vous informez point ce que je deviendrai.*

Il faudroit. *Ne vous informez point de ce que je deviendrai.* Et pourquoi le faudroit-il? Parce qu'aucun verbe ne peut avoir deux régimes *simples*, quoique plusieurs verbes puissent avoir deux régimes, l'un simple, l'autre *particulé*. J'explique ailleurs ces termes, dont je vais faire l'application.

Racine dit, *Ne vous informez point ce*, c'est-à-dire, la chose, *que je deviendrai*. Alors, *vous*, & *ce*, sont deux régimes simples, ou deux accusatifs, comme on parleroit en Latin. Or, nous posons pour principe qu'il n'y a point de verbes qui puissent avoir tout-à-la-fois deux régimes simples.

Mais si je dis, *Ne me demandez point ce que je deviendrai*, ma phrase est correcte, parce qu'il y a plusieurs verbes, du nombre desquels est *demander*, qui souffrent le régime simple, & le particulé. Or, *me* est ici pour *à moi*, & par conséquent régime particulé: de sorte que *demander* n'a qu'un régime simple qui est *ce*.

Je ne doute point que l'anatomie de ces phrases ne déplaise au plus grand nombre des Lecteurs, mais je leur dirai en style figuré, il faut passer au travers des épines, pour arriver aux riantes prairies de l'éloquence, ou sur les monts escarpés de la poésie.

LII.

(9) *Déjà sur un vaisseau dans le port préparé*,

(8) Bajazet, II, 5, 39.
(9) Ibid. III, 2, 30.

Chargeant de mon débris les reliques plus cheres,
Je méditois ma fuite, &c.

Quand *plus* est mis absolument, c'est-à-dire sans article, il fait que l'adjectif qui précede est comparatif : mais alors le second terme de la comparaison doit toujours être exprimé, ou clairement sous-entendu. *Votre santé m'est plus chere que la mienne. Racine est plus élégant que Corneille.*

Quand le second terme de la comparaison n'est pas exprimé, alors *plus* est précédé de l'article, & il forme une espece de superlatif. *Les plus cheres reliques*, ou *les reliques les plus cheres de mon débris*. Et c'est ainsi qu'il falloit dire en cette occasion.

Vaugelas (1) établit les mêmes principes, mais nous les tournons chacun à notre maniere. Thomas Corneille ajoute qu'il est d'une indispensable nécessité de s'assujettir à la regle de Vaugelas ; & je suis bien persuadé qu'elle fait loi pour les Poëtes comme pour les autres. Voyez ci-dessus, *page* 471.

LIII.

(2) *Amurat est content, si nous le voulons croire,*
Et sembloit se promettre une heureuse victoire.

Je doute s'il est bien de passer si brusquement du présent *est*, à l'imparfait, *sembloit*. Mais du moins il est certain que le changement de temps au second verbe demandoit le pronom qui répete le nominatif. *Amurat est content, & il sembloit*, &c.

(1) Dans sa remarque LXXXV, où cette Regle est mise dans un grand jour.
(2) *Bajazet*, I, 1, 33.

LIV.

(3) *Comme vous je me perds d'autant plus que j'y pense.*

Par les exemples accumulés dans le Dictionnaire de l'Académie, on verra qu'ici *d'autant plus* ne répond point à l'idée de Racine, qui vouloit dire, *plus j'y pense, plus je me perds.*

O vous! qui briguez les faveurs des Muses, ne prenez point pour vos ennemis ceux qui vous disent : *Qu'en vos écrits la langue révérée, dans vos plus grands excès vous soit toujours sacrée.* Vos ennemis sont ceux qui, sous prétexte de vous rendre votre art moins difficile, voudroient mettre les barbarismes au rang de vos priviléges. Racine & Despréaux sont-ils jamais plus Poëtes, que dans les endroits où il ne se trouve pas une expression qui puisse effaroucher le plus timide Grammairien?

Toujours de grandes & de belles idées; toujours vérité & variété dans les images; hardiesse, ou plutôt audace dans les figures; propriété, naïveté, noblesse, énergie dans la diction; vivacité, nouveauté dans les tours, continuité d'harmonie, il y auroit bien là de quoi faire un *Auteur divin.* Oui : mais *sans la langue,* sans la pureté du style, ce sera, *quoi qu'il fasse,* un méchant Ecrivain.

LV.

(4) *Oui, les Grecs sur le fils persécutent le pere.*

Rien de si clair que *persécuter quelqu'un.* Mais persécuter *quelqu'un sur un autre,* ne seroit-ce

---

(3) Bérénice, II, 5, 4.
(4) Andromaque, I, 2, 83.

point là de ces mots qui, comme on parle quelquefois en riant, doivent être bien étonnés de se trouver ensemble ?

L I V.

(5) *Jusqu'ici la Fortune & la Victoire mêmes Cachoient mes cheveux blancs sous trente Diadêmes.*

Tantôt *même* est adverbe, & signifie *mêmement*, qui se disoit autrefois. Tantôt il est adjectif, & répond à des idées un peu différentes, selon qu'il précede ou qu'il suit son substantif. *Vous êtes la bonté même. J'ai toujours les mêmes amis.* Pour mieux entendre ces différences, il ne faut que consulter le Dictionnaire de l'Académie.

Autre observation à faire ici, c'est que *même*, adverbe, pouvoit autrefois s'écrire, ou *même*, ou *mêmes* : d'où Vaugelas (6) concluoit que, pour empêcher *même* adverbe d'être confondu avec *même* adjectif, il falloit écrire *même* après un substantif pluriel, les *choses* même *que je vous ai dites* ; & au contraire, *mêmes*, après un substantif singulier, *la chose* mêmes *que je vous ai dite.*

Aujourd'hui, & depuis long-temps, on ne met plus d's à la fin de *même* adverbe : ensorte que l'expédient suggéré par Vaugelas n'est plus d'aucune utilité pour nous. Je n'en ai fait mention que parce qu'il nous aide à connoître ce qu'est *mêmes* dans cette phrase, *la Fortune & la victoire mêmes*, &c. Veut-on qu'il soit adjectif, régi par les deux substantifs précédents ? Pour cela il eût fallu les rappeller par

(5) Mithridate, III, 5, 5o.
(6) Rem. XX.

un pronom, qui leur soit commun, & dire, *la Fortune & la Victoire elles-mêmes*. Je suis donc persuadé que *mêmes* est ici adverbe, comme s'il y avoit, *& même la Victoire*. Racine a écrit *mêmes*, parce que la rime le demandoit, & que l'orthographe de son temps ne s'y opposoit pas. Autrement ce seroit un solécisme dont il n'étoit pas capable.

LVII.

(7) *Va. Mais, nous-même, allons, précipitons nos pas.*

Je conviens avec M. Racine le fils, que le sens de ce vers n'est pas, *allons-y aussi*, mais *allons-y nous-mêmes*; & que par conséquent *même* n'est pas ici adverbe, mais adjectif. Reste à savoir pourquoi cet adjectif n'est pas au pluriel, puisqu'il se rapporte à *Nous ?*

Pourquoi ? Parce qu'en notre langue *nous* & *vous* ne sont pas toujours des pluriels. A l'égard de *vous*, y a-t-il rien de plus commun, & de plus ordonné par l'usage, que de l'employer au lieu du singulier *toi*, en parlant au plus simple particulier ? Quant à *nous*, il n'est guere permis qu'à des personnes d'un certain rang d'écrire, *Nous soussigné*, & non pas, *soussignés : Nous Evêque, Nous Maréchal de France*, &c. Voilà des exemples de *Nous* reconnu pour l'équivalent d'un singulier. Peut-être me trompé-je, mais il me semble qu'un homme qui voudroit, dans une crise, s'exhorter tacitement lui-même, se diroit, *soyons brave, soyons patient*, l'adjectif demeurant au singulier. Roxane, si cela est

(7) Bajazet, IV, 5, 71.

a donc pu dire, *Mais nous-mêmes allons.* Ou il faut recourir à ce subterfuge, ou il faut reconnoître que l'Auteur s'est bien mépris, quand il a dit, *nous-même* au lieu de *nous-mêmes.* Mais du moins cette remarque & la précédente font voir que je ne cherche pas toujours à le critiquer.

LVIII.

(8) *Il l'aime. Mais enfin cette veuve inhumaine*
N'a payé jusqu'ici son amour que de haine ;
Et chaque jour encore on lui voit tout tenter,
Pour fléchir sa captive, &c.

Ici le sens & la Grammaire ne s'accordent point ; car le sens veut que ce *lui* du troisieme vers soit rapporté à Pyrrhus : & la Grammaire qu'il le soit à cette *veuve inhumaine.*

Parmi les équivoques qui naissent de pronoms mal placés, je ne releverai que celle-là. Un exemple suffit. Rien, je l'avoue, ne coûte tant que d'éviter toujours les équivoques de cette sorte : mais, où la nécessité se trouve, la difficulté n'excuse pas.

LIX.

(9) *Elle voit dissiper sa jeunesse en regrets,*
Mon amour en fumée, & son bien en procès.

Voyons si *dissiper* peut également convenir à ces trois substantifs. Qu'un pere *dissipe en procès le bien* de sa fille, cela est clair. Mais qu'il *dissipe sa jeunesse en regrets,* je ne l'entends pas si bien. A l'égard du troisieme, pour mieux comprendre qu'il ne fait pas un sens juste, mettons-le à la se-

(8) Andromaque, I, 1, 109.
(9) Plaideurs, I, 1, 25.

conde personne, & supposons que Léandre dise au Pere d'Isabelle. *Vous dissipez mon amour en fumée.* Assurément Léandre n'auroit pu tenir ce langage ; car il aime toujours, & un autre n'a pas le pouvoir de faire que son amour *se dissipe en fumée.* Je me sers du réciproque, *se dissipe*, parce qu'en effet l'actif n'est pas ici ce qu'il faut.

LX.

(1) *Je vois mes honneurs croître, & tomber mon crédit.*

Pardonnons cette inversion à un Poëte ; car la contrainte du vers a ses priviléges : mais en prose, comme rien n'empêche d'être régulier, aussi rien ne permet de ne l'être pas. On diroit, *Je vois croître mes honneurs & tomber mon crédit* ; ou *Je vois mes honneurs croître, & mon crédit tomber.*

Vaugelas a repris quantité de phrases semblables. Toutes ses remarques sont remplies d'importantes loix sur le style. Je veux qu'il y en ait d'abrogées par l'usage : mais cela ne tombe guere que sur certaines façons de parler. A l'égard de notre syntaxe, elle ne varie plus ; & c'est principalement à Vaugelas, le premier de nos Grammairiens, que nous devons le plus bel attribut de notre langue, une clarté infinie.

Rapportons une de ses décisions, qui mettra dans un plus grand jour la faute que j'ai voulu reprendre. Malherbe avoit écrit : *Si le Prince donne le droit de Bourgeoisie à toute la Gaule, & à toute l'Espagne quelque immunité.* " Qui " ne voit, dit Vaugelas, l'équivoque en ces

(1) Britannicus, I, 1, 89.

» mots, & *à toute l'Espagne*, qui semblent se rap-
» porter au *droit de Bourgeoisie*, aussi-bien que
» ceux-ci, *à toute la Gaule*: ce qui toutefois est
» faux, puisqu'ils se rapportent aux suivants,
quelque immunité. Telle est la faute de Racine.

LXI.

(2) . . . . . *Cruel, pouvez-vous croire
Que je sois moins que vous jalouse de ma gloire ?*

Voici encore une équivoque, ou plutôt un contre-sens. Par ces mots, *ma gloire*, l'objet de la jalousie est déterminé, & c'est la gloire d'Atalide, puisque c'est Atalide qui parle. Ainsi, cette phrase signifie, *Pouvez-vous croire que ma gloire me touche moins qu'elle ne vous touche ?* Mais ce n'est point-là ce qu'Atalide entend. *Pouvez-vous croire*, veut-elle dire, *que je sois moins jalouse de ma gloire, que vous n'êtes jaloux de la vôtre ?* Revenons-en toujours à ce grand principe de Quintilien & de Vaugelas, ou plutôt du sens commun, qu'il faut sacrifier tout à la justesse & à la clarté.

LXII.

(3) . . . . . *Il prend l'humble sous sa défense.*

On dit, *prendre la défense de quelqu'un*. On dit aussi, *prendre quelqu'un sous sa protection*. Mais *prendre sous sa défense*, a-t-il été reçu par l'usage ? Rien de plus commun que des termes qui paroissent synonymes, & qui ne peuvent cependant être mis l'un pour l'autre, soit avec les mêmes prépositions, soit avec les mêmes verbes.

(2) Bajazet, I, 4, 105.
(3) Esther, I, 5, 57.

Puisque ce vers est tiré des Chœurs d'Esther, je ne puis me refuser ici une courte digression. Racine me paroît incomparable dans le Lyrique. Une diction précise & serrée; de la douceur, mais avec de l'énergie; des figures variées; de riches & nobles images; une mesure libre, mais qui pourtant ne marche pas au hasard. Pourquoi nos paroles d'Opéra ne se font-elles pas toujours d'après ce grand modele? Quinault est sans doute un homme rare, & très-rare en son genre : mais, il faut l'avouer, Racine est plus Poëte que lui. Je m'étois imaginé autrefois que des vers, pour être bons à mettre en chant, ne devoient avoir, ni une *grande force*, ni une *grande élévation*. J'étois tombé dans cette erreur, parce que je m'en étois rapporté à Despréaux. Mais s'il est bien vrai, comme des connoisseurs me l'ont assuré, que la musique des Chœurs d'Esther & d'Atalie soit parfaitement belle, il est donc faux que la musique demande des vers qui manquent de *force & d'élévation*. Racine & son Musicien ont pensé, ont exécuté le contraire.

LXIII.

(4) *Par un indigne obstacle il n'est point retenu,*
Et fixant de ses vœux l'inconstance fatale,
Phedre, depuis long-temps, ne craint plus de rivale.

Pendant qu'on lit le second vers, on se persuade, & avec raison, qu'il se rapporte au nominatif énoncé dans le premier. On n'est détrompé que par le troisième vers, qui prouve que tout ce qui est dit dans le second, se rapporte à *Phedre*. Il faudroit pour parler claire-

(4) Phedre, I, 1, 24.

ment, dire : *Et depuis long-temps Phedre, fixant l'inconstance de ses vœux, ne craint plus de rivale.*

J'avoue, & je devrois être las de le répéter, que beaucoup de transpositions, qui seroient de vraies fautes dans la prose, sont de grands ornements dans la poésie. Mais ni l'une ni l'autre ne connoissent aucune sorte de beauté, en faveur de laquelle il puisse être permis de donner la plus légere atteinte à la clarté du discours.

LXIV.

(5) *Et voyant de son bras voler par-tout l'effroi, L'Inde semble m'ouvrir un champ digne de moi.*

Premiérement, on pourroit demander si *l'effroi de son bras* signifie l'effroi que cause son bras ou l'effroi qu'éprouve son bras. Est-il actif ou passif ? Autre chose à remarquer, & plus importante encore, dans les vers dont il s'agit. *Voyant* se rapporte, non pas à l'Inde qui est le nominatif suivant, mais à la personne qui parle. Il se rapporteroit au nominatif suivant, si la phrase étoit conçue ainsi :

Et voyant de son bras voler par-tout l'effroi, Je crus alors m'ouvrir, &c.

Voyant ne seroit en ce cas là qu'une sorte d'*apposition* très-permise. Mais, de la maniere dont il est placé, on diroit que c'est l'Inde qui voyoit, &c.

LXV.

(6) *C'est ce qui l'arrachant du sein de ses Etats,*

(4) Alexandre, IV, 2, 27.
(5) Ibid. II, 2, 143.

Au trône de Cyrus lui fit porter ses pas;
Et du plus ferme Empire ébranlant les colonnes,
Attaquer, conquérir, & rendre les Couronnes.

On est d'abord tenté de croire que ces deux gérondifs, *arrachant, ébranlant,* se rapportent au même substantif. Et cela, effectivement, devroit être ainsi pour la netteté du discours. Cependant il est certain que le premier se rapporte à la gloire, qui *arrache* Alexandre du sein de ses Etats: au lieu que le second est dit d'Alexandre lui-même qui *ébranle* les colonnes, &c. Il est bien vrai que la force du sens empêche qu'on ne s'y puisse méprendre, si l'on veut y donner attention: mais, pour ne point être à la merci de nos Lecteurs, suivons l'avis de Quintilien, & faisons ensorte, non-seulement qu'on nous entende, mais qu'on ne puisse pas même, le voulût-on, ne pas nous entendre.

Quand on a la plume à la main, il ne faut point, dans la chaleur de la composition, amortir son feu par des chicanes grammaticales. Mais l'ouvrage étant sur le papier; il faut, quand nous venons à l'éplucher de sang froid, nous figurer que nous avons à nos côtés un Despréaux, qui nous diroit, comme il n'y auroit pas manqué, sur le voisinage de ces deux gérondifs que j'attaque: *Votre construction semble un peu s'obscurcir. Ce terme est équivoque, il le faut éclaircir.*

LXVI.

(7) . . . . . . *Ou lassés, ou soumis,*
Ma funeste amitié pese à tous mes amis.

Voilà encore une inversion vicieuse, parce
(7) Mithridate, III, 1, 27.

que ces deux participes, *laſſés & ſoumis*, ſont coupés par un nominatif, auquel ils n'appartiennent pas ; & que d'ailleurs la particule *à*, qui vient après, fait qu'ils ne peuvent pas être immédiatement unis avec leur ſubſtantif. Je tâcherai de m'exprimer.

Tout participe eſt adjectif, mais tout adjectif n'eſt pas participe. Diſtinction qui va éclaircir ce qu'a dit M. Peliſſon dans ſon Hiſtoire de l'Académie : *que Malherbe & Gombauld ſe promenant un jour enſemble, & parlant de certains vers où il y avoit :*

Quoi ! faut-il que Henri, ce redouté Monarque,

Malherbe aſſura pluſieurs fois que cette fin lui déplaiſoit, ſans qu'il pût dire pourquoi ; que cela engagea Gombauld d'y penſer avec attention ; & que ſur l'heure même en ayant découvert la raiſon, il l'a dit à Malherbe, qui en fut auſſi aiſe que s'il eût trouvé un tréſor, & qui forma depuis une regle générale. Quelle eſt cette regle ? Que ces adjectifs qui ont la terminaiſon en *é* maſculin, ne doivent jamais être mis devant le ſubſtantif, mais après.

Or, il me ſemble que cette regle eſt trop générale, & qu'en même-temps elle ne l'eſt point aſſez. Trop générale, ſi elle s'étend ſur toute ſorte d'adjectifs non participes, terminés en *é* maſculin. Quelqu'un a-t-il jamais critiqué dans le fameux Sonnet de Malleville, *Sacrés flambeaux du jour, n'en ſoyez point jaloux.* J'ai lu dans un Poëte moderne, *ce fortuné ſéjour qu'embelliſſent vos yeux.* J'ai lu dans un autre, *l'effronté plagiaire*, &c. Ainſi ne confondons pas avec les participes, vrais participes, ces purs adjectifs non dérivés de verbes qui aient été, ou du moins qui ſoient en uſage.

Mais d'autre côté, la regle ne sera point assez générale, si elle n'embrasse que les participes terminés en *é* masculin. *Un entendu concert, un soumis valet*, révolteroient autant & plus qu'un *redouté Monarque*. Ainsi, quelle que soit la terminaison d'un participe, il ne peut jamais être mis entre l'article & le substantif. Que, s'il précede l'article, c'est une inversion aussi permise en prose qu'en vers, pourvu qu'elle ne peche point par quelqu'autre endroit.

LXVII.

(8) *Mes soins en apparence épargnant ses douleurs,*
De son fils, en mourant, lui cacherent les pleurs.

A qui se rapporte ce gérondif, *en mourant ?* Est-ce au fils de Claudius ou à Claudius lui-même ? C'est sans doute à l'un des deux. Et, quand il n'y auroit que cette équivoque, ne seroit-ce pas déjà beaucoup ? Mais il y a plus.

Telle est la nature de notre gérondif, qu'il sert à désigner une circonstance liée avec le verbe qui le régit, *vous me répondez en riant;* & par conséquent, il ne peut se rapporter qu'au substantif, qui est le nominatif de ce verbe, ou qui lui tient lieu de nominatif. J'ajoute, *qui lui en tient lieu*, parce qu'en effet il y a des phrases, comme celle-ci, *on ne voit guere les hommes plaisanter en mourant*, où d'abord il semble que le gérondif ne se rapporte pas à un nominatif. Mais c'est comme si l'on disoit, *on ne voit guere que les hommes plaisantent en*

---

(8) Britannicus, IV, 2, 67.

mourant. Ainsi la regle subsiste toujours, *que le gérondif doit se rapporter au substantif qui sert de nominatif au verbe, dont il exprime une circonstance.*

Pour en revenir donc à la phrase de Racine, mettons-la dans son ordre naturel : *mes soins, en mourant, lui cacherent les pleurs de son fils.* Or, peut-on dire que des soins *meurent*, & qu'ils fassent quelque chose *en mourant* ? Aussi n'est-ce pas là ce que l'Auteur nous a voulu dire mais la construction de sa phrase le dit malgré lui.

LXVIII.

(9) *Du fruit de tant de soins à peine jouissant,*
En avez-vous six mois paru reconnoissant ?

Qui ne croiroit qu'*à peine* doit se lier avec *jouissant*, comme s'il y avoit, *du fruit de tant de soins jouissant à peine*, pour dire, ne faisant que commencer à jouir ? Et cependant *à peine* doit nécessairement se lier avec le vers suivant, *à peine en avez-vous*, &c. Rien n'excuse cette inversion.

LXIX.

(1) *Je sais que votre cœur se fait quelques plaisirs*
De me prouver sa foi dans ses derniers soupirs.

On ne doutera pas que ce ne soit uniquement la rime qui amene ici ce pluriel, *quelques plaisirs.* Mais notre langue étoit assez abondante:

(9) Britannicus, IV, 2, 83.
(1) Bajazet, II, 5, 31.

pour fournir un autre tour, & Racine assez ingénieux pour le trouver.

Je répondrai à ceux qui m'accuseroient de m'arrêter sur des bagatelles, que l'Académie, dans ses sentiments sur le Cid, s'arrêta pareillement sur ces deux vers de Corneille :

Quelle douce nouvelle à ces jeunes amants !
Et que tout se dispose à leurs contentements !

Il eût été mieux *à leur contentement*, dit l'Académie. Et moi, dans un cas encore moins favorable, que dis-je autre chose ?

LXX.

(2) *De mille autres secrets j'aurois compte à vous rendre.*

Quand nos verbes régissent un substantif qui n'a point d'article, ils doivent être suivis immédiatement de ce substantif, comme si l'un & l'autre ne composoient qu'un seul mot. *Avoir faim, avoir pitié, donner parole, rendre raison, rendre compte, &c.* Jamais ces verbes, dis-je, ne souffrent la transposition de leur régime : & l'on ne peut jamais rien mettre entre le verbe & le régime, si ce n'est un pronom, *donnez-moi parole* ; ou une particule, *ayez-en pitié* ; ou enfin un adverbe, *donnez hardiment parole*. Je ne crois donc pas qu'on puisse excuser cette transposition, *j'aurois compte à vous rendre* ; il faut nécessairement, *j'aurois à vous rendre compte.*

Je ne sais même si, entre ces sortes de verbes & leur régime, la voix peut se reposer autant que le demande la césure. On en jugera

---

(2) Britannicus, III, 7, 63. Voyez ce qui a été dit ci-dessus, p. 476.

par le vers suivant, tiré de cette même tragédie, Acte IV, Scene I, vers 104.

Je vous ai demandé raison de tant d'injures.

Quel repos pratiquer entre *demandé*, & *raison* ? Aussi est-ce là le seul exemple que tout Racine m'en ait fourni.

LXXI.

(3) *Vien, suis-moi, la Sultane en ce lieu se doit rendre.*

On ne verra rien à reprendre en cette phrase. Aussi ne m'y arrêté-je que pour faire observer la situation du pronom *se*. Presque tous nos Ecrivains aujourd'hui se font une loi de placer immédiatement ces pronoms avant l'infinitif qui les régit. Ainsi, dans la phrase présente, ils diroient, *la Sultane en ce lieu doit se rendre*, & non pas *se doit rendre*. Je conviens que l'un (4) est aussi bon que l'autre, pour l'ordinaire. Mais quelques-uns (5) de nos Maîtres, dont l'autorité pourroit être séduisante, jugent l'un des deux meilleur de beaucoup : & c'est par conséquent ne laisser que l'un des deux en usage ; puisqu'en Grammaire, comme en tout le reste, il faut toujours choisir le meilleur. Pour moi, que j'étudie Amyot & Vaugelas, les deux hommes qui sont le plus entrés dans le génie de notre langue, je vois qu'ils n'ont point connu cette prétendue régularité. Racine pouvoit aisément dire ici, *en ce lieu doit se rendre* ; & même par-là il auroit plus éloigné

---

(1) Bajazet, I, 1, 1.
(4) Voyez la Remarque CCCLVII de Vaugelas, intitulée, *il se vient justifier, il vient se justifier.*
(5) Feu M. de la Motte, car je puis aujourd'hui le désigner nommément.

ces deux monosyllabes, *ce*, *se*, dont le son ne diffère en rien. Racine a cependant préféré l'autre maniere, parce qu'il l'a trouvée apparemment plus naïve.

Que ce soient-là des minuties, à la bonne heure. Vaugelas, comme on vient de voir, n'a pourtant pas dédaigné de s'y arrêter ; &, si j'y reviens, c'est parce que notre langue étant déjà si gênée dans l'arrangement des mots, je ne vois pas à quel propos on lui chercheroit de nouvelles entraves.

LXXII.

(6) *Ils regrettent le temps à leur grand cœur si*
   doux,
Lorsqu'assurés de vaincre ils combattoient sous
   vous.

On est d'abord tenté de condamner cette construction, *ils regrettent le temps lorsque*, Car nous sommes accoutumés à dire en prose : *je regrette le temps que j'étois jeune ; je regrette le temps où j'étois jeune.* Et c'est ainsi que parle Despréaux.

Hélas ! qu'est devenu ce temps, cet heureux
   temps,
Où les Rois s'honoroient du nom de fainéants ?

Véritablement, la phrase de Racine me paroîtroit blâmable, si *lorsque* suivoit immédiatement *le temps*. Mais, comme il y a quelque chose entre deux, cela fait à l'œil & à l'oreille un effet tout différent.

(6) Bajazet, I, 147.

LXXIII.

(7) *Craignez-vous que mes yeux versent trop peu de larmes ?*

Toutes les fois que *craindre* est suivi de la conjonction *que*, la particule *ne* doit se trouver, ou dans le premier, ou dans le second membre de la phrase. Dans le premier, *je ne crains pas qu'il verse trop de larmes* : & ici cette particule est négative. Dans le second, *je crains qu'il ne verse trop de larmes*, & ici la même particule (je dis la même, si l'on n'a égard qu'au son) est prohibitive.

Racine lui-même nous donne un bel exemple de l'un & de l'autre en deux vers qui se suivent ; & qui sont dits par Andromaque parlant de son fils à Pyrrhus, Acte I, Scene 4.

Hélas ! on ne craint point qu'il venge un jour son pere.
On craint qu'il n'essuyât les larmes de sa mere.

Quintilien, *Liv.* I, *Chap.* 5, fait assez sentir la différence qu'il y a entre ces deux particules dans sa langue, d'où elles ont passé dans la nôtre, qui emploie la prohibitive dans les mêmes cas que le latin, c'est-à-dire après *craindre*, *empêcher*, *prendre garde*, *de peur que*, & autres mots semblables.

On distinguera bien aisément ces deux particules, si l'on veut considérer que la prohibitive n'est jamais suivie de *pas*, ou de *point*, comme la négative l'est ordinairement ; & que, si l'on mettoit *pas* ou *point* après la prohibitive, il en résulteroit un contre sens. Par exem-

(7) Bérénice, V, 5, 46.

ple, si dans ce dernier vers de Racine nous disions, *on craint qu'il n'essuyât* pas *les larmes de sa mere*, nous dirions précisément le contraire de ce que Racine a dit.

J'avoue que cette particule prohibitive paroît redondante en notre langue, mais elle y est de temps immémorial. Pourquoi ne respecterions-nous pas des usages si anciens ?

LXXIV.

(8) *Condamnez-le à l'amende, ou, s'il le casse, au fouet.*

Voilà le seul exemple qui reste dans tout Racine d'un *le*, pronom relatif, mais après son verbe, & avant un mot qui commence par une voyelle. *Condamnez-le à l'amende.* Encore faut-il observer que cela se trouve dans une Comédie. Mais dans les premieres éditions de sa Thébaïde & de son Alexandre, il y en avoit cinq ou six autres exemples, qu'il a tous réformés dans les éditions suivantes. Il a donc senti que *le* placé ainsi blessoit l'oreille. Pourquoi la blesse-t-il ? Parce qu'elle trouvera dans l'hémistiche une syllabe de trop, si l'on appuie sur *le*, sans faire sentir l'élision. Ou s'il est totalement élidé à cause de la voyelle suivante, alors *le* à l'amende font entendre *la, la*, cacophonie.

LXXV.

(9) *Apprenez.... qu'il n'est point de Rois...*
Qui sur le trône assis n'enviassent peut-être
Au-dessus de leur gloire un naufrage élevé,
Que Rome & quarante ans ont à peine achevé.

(8) Plaideurs, II, 13, 22.
(9) Mithridate, III, 4, 33.

Je suis arrêté par le grand nom de Racine, qui ne me permet point d'appeller ceci du galimatias. On aura beau me dire, avec M. Racine le fils, que *hasarder ces alliances de mots, n'appartient qu'à celui qui a le crédit de les faire approuver*: je conviendrai qu'en effet lorsqu'un vers ronfle bien dans la bouche d'un Acteur, quelquefois le parterre ne demande rien de plus; mais il n'en est pas moins vrai qu'un Auteur ne doit jamais courir après un bel arrangement de mots, sans avoir égard à la clarté des idées & à la justesse des métaphores.

Afin qu'on ne m'accuse pas ici de penser singuliérement, je mets ci-dessous (1) ce qu'a dit un Ecrivain assez connu.

LXXVI.

(2) *Qui m'offre ou son hymen, ou la mort infaillible.*

Infaillible est ici très-inutile. Mais de plus, pour y pouvoir placer une épithete, il auroit fallu changer l'article & dire: *Qui m'offre ou son hymen, ou une mort infaillible*, une *mort prompte*, une *mort violente*.

Quand l'adjectif ne dit absolument rien qui ne soit nécessairement renfermé dans le substantif, cela fait une épithete insupportable. L'es-

(1) Réflexions sur la poésie françoise, par le P. du Cerceau, p. 254. *J'avoue*, dit-il, *que je n'entends pas trop bien ce que signifie, un naufrage élevé au-dessus de la gloire des autres Rois, & encore moins ce que veut dire, achever un naufrage. Ces expressions figurées ont d'abord quelque chose qui éblouit; & l'on ne se donne pas la peine de les examiner, parce qu'on les devine plutôt qu'on ne les entend; mais, quand on y regarde de près, on est tout surpris de ne trouver qu'un barbarisme brillant dans ce qu'on avoit admiré.*

(2) Bajazet, II, 5, 57.

prit veut toujours apprendre, & par conséquent passer d'une idée à une autre. Ce mot, *la mort*, renferme l'idée d'*infaillible*. Ainsi, cette épithete ne m'apprenant rien, il faut qu'elle me révolte.

LXXVII.

(3) *La Reine permettra que j'ose demander
Un gage à votre amour qu'il me doit accorder.*

On diroit en prose, *la Reine permettra que j'ose demander à votre amour un gage qu'il me doit accorder.* Pourquoi l'inversion de Racine nous paroît-elle rude ? Parce que l'amour de la clarté ayant placé le *que* relatif tout près de son substantif, l'oreille est accoutumée à ne rien entendre qui les sépare.

LXXVIII.

(4) *Phénix même en répond, qui l'a conduit exprès
Dans un fort éloigné du Temple & du Palais.*

On ne sauroit être trop réservé à faire des Regles générales; & cela me regarde plus que personne. Mais pourtant notre syntaxe ne se fera pas toute seule. Vaugelas ne l'a pas épuisée, à beaucoup près. Quant à Ménage & au P. Bouhours, ils ne consultent guere que l'usage, & rarement ils remontent aux principes. Il seroit donc à souhaiter que chaque particulier, à mesure qu'il croit avoir découvert une regle nouvelle, eût le courage de la proposer, afin qu'elle fût examinée à loisir. J'appelle *Regles nouvelles*, celles qui ne se trouvent pas encore dans nos Grammairiens.

(3) Iphigénie III, 4, 5.
(4) Andromaque, V, 2, 26.

Telle est la regle fondamentale que je propose en ces termes : *Quand le pronom relatif qui est un nominatif, il ne sauroit être séparé du substantif auquel il se rapporte.*

Je dis, *quand c'est un nominatif*, parce qu'il ne l'est pas toujours ; car il est régime quelquefois, mais d'une préposition seulement : comme *la personne* pour *qui je m'intéresse, la personne* de *qui l'on vous a dit du bien.*

À l'égard des phrases où *qui* forme une répétition : par exemple, *un Auteur* qui *est sensé*, qui *fait bien sa langue*, qui *médite bien son sujet*, qui *travaille à loisir*, qui *consulte ses amis, est presque sûr du succès.* Tous ces *qui*, par le moyen du premier, touchent immédiatement leur substantif, & par conséquent il n'y a rien là que de conforme à la regle générale.

Présentement on voit en quoi consiste la faute que je reprends dans ce vers, *Phénix même en répond, qui, &c.* Il y a une séparation totale entre le *qui* & son substantif.

Au reste, quoique ce *qui* ne puisse être séparé de son substantif, cela n'empêche pas qu'il ne rentre, par rapport au verbe dont il est suivi, dans tous les droits des autres nominatifs ; c'est-à-dire, qu'il peut, & avec grace, être séparé de son verbe, non-seulement par de simples appositions, mais par des phrases entières, qu'on appelle phrases incidentes. Tous nos bons Auteurs en fournissent des exemples sans fin. Je me borne à celui-ci, tiré d'Athalie IV, 3, 56.

Ne descendez-vous pas de ces fameux Lévites,
Qui, lorsqu'au Dieu du Nil le volage Israël
Rendit dans le désert un culte criminel,

De leurs plus chers parents saintement homicides,
Consacrerent leurs mains dans le sang des perfides.

Tout ce que je viens d'expliquer se prouve par ce seul exemple. *Qui* touche immédiatement son substantif, *Lévites*; mais il est séparé de son verbe, *consacrerent*, par une phrase suspendue: *Lorsqu'au Dieu du Nil le volage Israël rendit dans le désert un culte criminel*; & par une apposition: *De leurs plus chers parents saintement homicides.* Rien de plus régulier: & la clarté naît de la régularité.

LXXIX.

(5) *On accuse en secret cette jeune Eriphile,*
Que lui même captive amena de Lesbos.

Que lui-même amena captive, seroit l'arrangement de la prose. Mais *que lui-même captive amena*, est une inversion forcée, dont je crois n'avoir vu d'exemple que dans Marot, encore je n'en suis pas sûr. *Andromaque est une Tragédie de Racine, que lui-même nouvelle fit jouer en 1668.* Une inversion si gothique dans la prose, le seroit-elle moins dans les vers?

LXXX.

(6) *Mais il se craint, dit-il, soi-même plus que tous.*

Racine, dans Phedre, dit d'Hippolite:

Charmant, jeune, traînant tous les cœurs après soi;

& il parle de même en beaucoup d'autres en-

(4) Iphigénie I, 1, 155.
(6) Andromaque, V, 2, 39.

droits, où il faudroit *lui*, & non pas *foi*. Mais la queſtion étant un peu obſcure, tâchons de la débrouiller.

On peut conſidérer le pronom *foi*, comme ſe rapportant, 1°. à des perſonnes ; 2°. à des choſes ; 3°. à un ſingulier ; 4°. à un pluriel.

Premiérement donc, en parlant des perſonnes, on dit *foi* & *foi-même*, quand ſon antécédent préſente un ſens vague & indéfini. *Dans le péril chacun penſe à foi. On ne doit guere parler de foi. On aime à ſe tromper foi-même.* Hors delà, & toutes les fois que l'antécédent préſente un ſens déterminé & individuel, comme dans les deux vers de Racine, il faut dire *lui*, *elle*, *lui-même*, *elle-même*. Regle générale, dont il ſeroit inutile de rechercher les principes, aujourd'hui qu'elle n'eſt plus conteſtée.

2°. *Soi*, quand il ſe rapporte aux choſes, peut ſe mettre, non-ſeulement avec l'indéfini, mais avec le défini, & il convient à tous les genres. *La vertu eſt aimable de foi, porte ſa récompenſe avec foi. Ce remede eſt bon de foi, quoiqu'il vous ait incommodé.*

3°. *Soi*, rapporté à un ſingulier, ne renferme aucune difficulté qui ne ſoit réſolue par ce qui vient d'être dit ; car *foi* eſt un ſingulier.

Remarquons ſeulement qu'il ne s'emploie que de deux manieres. Ou précédé d'une prépoſition, *chacun penſe à foi.* Ou ſuivi de *même*, autre pronom avec lequel il s'identifie par un tiret : *on doit être ſon juge foi-même.*

4°. Peut-il ſe rapporter à un pluriel ? Tout le monde convient que non, s'il s'agit des perſonnes. On ne dit qu'*eux* ou *elles*. Mais à l'égard des choſes les avis ſont partagés. Vaugelas (7) propoſe trois manieres de l'employer.

(7) Dans ſa Remarque CLXXI.

Ces choses sont indifférentes de soi. Ces choses de soi sont indifférentes. De soi ces choses sont indifférentes. Il ne condamne que la premiere de ces trois phrases, n'approuvant pas que l'on mette *de soi* après l'adjectif. Mais l'Académie, dans ses Observations sur Vaugelas, n'admet que la derniere de ces trois phrases, & rejette également les deux autres. Pour moi, si je n'étois retenu par le respect que je dois à l'Académie, je n'en recevrois aucune des trois; étant bien persuadé que *soi*, qui est un singulier, ne peut régulierement se construire avec un pluriel.

LXXXI.

(8) *J'eus soin de vous nommer par un contraire choix,*
Des Gouverneurs que Rome honoroit de sa voix.

Par un contraire choix a quelque chose de sauvage. Il faudroit *par un choix contraire.* Et, pour mieux voir de quelle conséquence est la situation de l'adjectif, rapportons un autre exemple, tiré d'Esther, II, 7, 53.

Parlez. De vos desseins le succès est certain,
Si ce succès dépend d'une mortelle main.

Quand *mortel* signifie, qui est sujet à la mort, il ne peut se mettre qu'après le substantif. *Durant cette vie mortelle.* Quand il précede le substantif, il signifie grand, excessif. *Despréaux étoit le mortel ennemi du faux. Il y a trois mortelles lieues d'ici là.*

Vaugelas a fait une longue remarque, qui a pour titre, *de l'adjectif devant ou après le*

(8) Britannicus, IV, 2, 47.

substantif, où il déclare qu'après avoir bien cherché, il n'a point trouvé que l'on puisse établir là-dessus aucune regle, ni qu'il y ait en cela un plus grand secret que de *consulter l'oreille*. C'est un excellent avis, pour qui peut en profiter. Mais combien de gens ont l'oreille fausse ? Quand même on l'auroit juste, ne peut-on pas quelquefois douter ?

Peut-être ne seroit-il pas impossible de trouver ces sortes de regles. Car enfin, l'oreille est un Juge, mais un Juge qui suit des loix, & qui ne prononce que conformément à ces loix. On peut donc parvenir à les connoître. On peut donc, si cela est, les mettre aussi par écrit.

Pour rédiger ses jugements à cet égard, il faudroit faire le dénombrement de tous nos adjectifs, & les distribuer en quatre classes. 1°. Ceux qui doivent toujours précéder le substantif. 2°. Ceux qui doivent toujours le suivre. 3°. Ceux qui, selon qu'ils précedent ou qu'ils suivent, forment un sens tout différent. 4°. Ceux dont la situation est à notre choix, & se regle sur le besoin que nous avons de rendre notre phrase, ou plus énergique, ou plus sonore, ou plus naïve ; de rompre un vers, d'éviter une consonnance, &c. Tout cela éclairci par des exemples, feroit un volume ; mais qui le liroit ? Quand il s'agit d'une langue vivante, le chemin de l'usage est plus court que celui des préceptes.

LXXXII.

(9) *Vous me donnez des noms qui doivent me surprendre,*
Et les Dieux, contre moi, dès-long-temps indignés,

(9) Iphigénie, II, 5, 45.

A mon oreille encor les avoient épargnés.

Tout le monde voit assez qu'*encor* fait ici un contre-sens, parce qu'étant placé où il est, il ne peut signifier que continuation ou répétition d'une même chose.

J'aurois eu souvent de ces riens à observer dans Racine; mais que m'arrive-t-il? Après un moment de réflexion sur l'espece de faute qui m'arrêtoit, je retourne à ma lecture; & bientôt cette belle simplicité, cette douce harmonie, cette élégance, cette éloquence, qui sont le ton dominant, viennent à me frapper de façon que je finis par être honteux d'avoir eu la tentation de critiquer.

Revenons à *encore*. On laisse aux Poëtes le choix d'*encore* ou d'*encor*, selon leur besoin. Mais dans la prose, où l'on n'est point gêné par la mesure, nos bons Ecrivains donnent constamment la préférence à *encore*, dont la pénultieme, allongée par l'E muet, soutient la prononciation; au lieu que, dans les entretiens familiers, où il n'est pas permis d'être lent, on ne dit guere qu'*encor*, dont la derniere est breve.

LXXXIII.

(1) *Faites qu'en ce moment je lui puisse annoncer Un bonheur où peut-être il n'ose plus penser.*

J'avoue que les Poëtes n'oseroient dire *auquel*, & que ce pronom est ordinairement remplacé avec élégance par l'adverbe *où*. Mais pourtant il me semble qu'*un bonheur où je pense* ne se dit point. Pourquoi ne se dit-il point? Vous le demanderez à l'usage.

(1) Bérénice, V, 1, 3.

LXXXIV.

(2) *J'en rends graces au Ciel qui, m'arrêtant sans cesse,*
Sembloit m'avoir fermé le chemin de la Grece.

Pour la rime, il faudroit prononcer la *Grece* comme on prononce la *graisse*. Plus bas dans la même scene, on trouve *que penses-tu qu'il fasse*, rimant avec *dis-moi ce qui se passe*.
A peine la versification françoise commençoit-elle à se prescrire des regles dans un temps où elle se permettoit encore les *hiatus* & les enjambements ; dans un temps où la rime masculine & la féminine n'étoient pas encore obligées de se succéder l'une à l'autre ; dans ce temps là, qui nous paroît barbare, on savoit déjà, & mieux que nous, respecter les droits de la Prosodie, comme nous l'apprenons de Joachim du Bellay, dans sa *Défense & Illustration* (3) *de la Langue Françoise*, petit volume imprimé à Paris en 1549.

LXXXV.

(4) *Elle trahit mon pere, & rendit aux Romains*
La place & les trésors confiés en ses mains.

Je ne sais si je me trompe, mais il me semble que *confiés en ses mains* n'est pas autorisé par l'usage. *Confier*, verbe actif, & *se confier*, verbe réciproque, ont des sens & des régimes très-

___

(2) Andromaque, I, 1, 9.
(3) Voyez liv. II, ch. 7, où il dit : *Que tu te gardes de rimer les mots manifestement longs avec les brefs aussi manifestement brefs, comme* passe *&* trace, *maî-tre &* mettre, bât *&* bat, &c.
(4) Mitridate, I, 1, 64.

différents. L'actif signifie commettre quelque chose au soin, à la fidélité de quelqu'un, & il régit la préposition *à. Confier un dépôt à son ami.* Le réciproque signifie s'assurer, prendre confiance, & il demande la préposition *en. Se confier en ses forces, en ses amis.* Peut-on donner à être confié le régime qui appartient à *se confier* ? Voilà ce qui fait mon doute.

LXXXVI.

(5) . . . . . *Je ne veux point être liée, Je ne la serai point.*

Racine fait peut-être ici à dessein une faute que font, disoit Vaugelas, presque toutes les femmes & de Paris & de la Cour. Je dis à une femme, quand je suis malade, j'aime à voir compagnie. Elle me répond : *& moi, quand je la suis, je suis bien aise de ne voir personne.* Mais, ajoute Vaugelas, il faut dire *quand je le suis*, parce qu'alors *le* signifie *cela*, ce que vous dites qui est *malade.* Je dis à deux de mes amis : *quand je suis malade, je fais telle chose* : ils doivent me répondre, *& nous, quand nous le sommes*, &c.

Vaugelas, de qui ces principes & ces exemples sont empruntés, auroit fait plaisir aux femmes qui ont du goût & qui respectent notre langue, de leur apprendre quand elles doivent dire *la* ou *le*. Rien de plus aisé. Il faut toujours *la*, quand le pronom se rapporte à un substantif précédé de son article. *Etes-vous* la Comtesse de Pimbesche ? *Oui, je la suis.* Mais il faut *le* quand il se rapporte à un adjectif. *Etes-vous plaideuse ? Oui, je le suis.* Par conséquent, puis-

(5) Plaideurs, I, 7, 83.

qu'on lui parle d'*être liée*, elle devoit dire, *je ne le ferai point*, & non *je ne la ferai point*.

LXXXVII.

(6) *Quelle étoit en secret ma honte & mes chagrins ?*

Il y auroit plus de régularité, mais moins de douceur dans la prononciation, si l'on avoit dit, *quels étoient ma honte & mes chagrins*, parce que *chagrins* étant masculin, & du nombre pluriel, devoit l'emporter sur *honte*, féminin, & du nombre singulier.

Pour débrouiller cette difficulté, il faudroit la partager en deux, & savoir premiérement, *de quel genre doit être un adjectif qui se rapporte à deux substantifs de genres différents, & même de nombres différents ?* En second lieu, *quand un verbe a deux nominatifs, doit-il toujours être mis au pluriel ?*

Vaugelas & le P. Bouhours ont traité ces deux questions, mais de maniere qu'elles restent indécises, ou peu s'en faut. Aussi ne sont-elles pas oubliées dans la *Guerre civile* (7) *des François sur la langue*, page 53, ouvrage dont le titre promettoit quelque chose d'assez curieux, mais qui demandoit que l'Auteur eût plus de savoir & plus de sagacité qu'il n'en a montré.

LXXXVIII.

(8) *Sans espoir de pardon m'avez-vous condamnée ?*

(6) Esther, I, 1., 82.
(7) Imprimée à Paris en 1688. L'Auteur est un Avocat de Grenoble, nommé *Aleman*, l'Editeur des *nouvelles Remarques* de Vaugelas, comme on l'a dit à l'article VAUGELAS, dans l'Hist. de l'Académie Françoise, tom. I.
(8) Andromaque, III, 6., 16.

Voilà ce qui s'appelle une phrase louche. *Sans espoir de pardon* regarde Andromaque, & *m'avez-vous condamnée* regarde Pirrhus. Il falloit, *sans espoir de pardon me vois-je condamnée*, afin que la phrase entière tombât sur Andromaque, ou l'équivalent de ceci : *m'avez-vous condamnée sans me laisser aucun espoir de pardon*, afin qu'elle ne tombât que sur Pyrrhus.

On me dira qu'il y a ici une ellipse. Mais qu'il y ait telle figure qu'on voudra, il me suffit que la phrase soit louche, pour être bien convaincu qu'elle mérite d'être blâmée.

LXXXIX.

(9) . . . . *Ses soupirs embrasés*
Se font jour à travers des deux camps opposés.

Vaugelas a fait une remarque sur *au travers* & *à travers*, dans laquelle il distingue clairement leurs différents régimes, qui sont *de* pour le premier, & *le* pour le second. Au lieu donc d'*à travers*, il falloit *au travers* dans le vers dont il s'agit.

Pourquoi demandent-ils deux régimes différents ? Parce qu'il y a de la différence entre *à* particule simple, & *au* particule confondue avec l'article. Laissons ces sortes de recherches aux Grammairiens de profession, & ne nous mettons pas trop en peine d'une théorie que l'usage supplée. Ordinairement l'usage fait très-bien ce qu'il fait. Quand même il paroît avoir tort, nous n'en avons que plus de mérite à lui obéir, comme Vaugelas nous le dira (1) dans un moment.

(9) Alexandre, I, 1, 50.
(1) Ci-après, Remarque XCVI.

X C.

(2) *Hélas ! je cherche en vain ; rien ne s'offre à ma vue :*
Malheureuse ! comment puis-je l'avoir perdue ?

Trois vers après, on voit qu'il est question d'une lettre qui avoit été perdue. Il est naturel que, dans un semblable embarras, Atalide ne désigne pas autrement que par un pronom ce qu'elle a perdu. *Comment puis-je l'avoir perdue ?* Rien ne lui paroît exister dans le monde que cette lettre. Je suis donc bien éloigné de blâmer le tour de Racine. Je voudrois seulement que, comme *perdre la vue* est une phrase très-usitée, il eût tâché d'en trouver une autre qui donnât moins de prise à l'équivoque. Ou même sans rien changer à ces deux vers, il n'avoit qu'à mettre le premier celui qui est le second.

Malheureuse ! comment puis-je l'avoir perdue ?
Hélas ! je cherche en vain ; rien ne s'offre à ma vue.

X C I.

(3) *J'ai vu de rang en rang cette ardeur répandue,*
Par des cris généreux éclater à ma vue.

J'ai vu....... à ma vue. Petite négligence de style. Mais la perfection, en quelque genre que ce soit, ne consiste pas à éviter seulement les grandes fautes ; & même, si l'on n'est pas attentif à éviter les moindres, on est presque sûr d'en faire de grandes.

(2) Bajazet, V, 1, 1.
(3) Alexandre, I, 2, 6.

XCII.

(4) *Hé, pourrai-je empêcher, malgré ma diligence,*
Que Roxane d'un coup n'assure sa vengeance ?

Pour la netteté de la construction, il falloit *Pourrai-je empêcher que, malgré ma diligence, Roxane*, &c. ou *pourrai-je avec toute ma diligence, empêcher que*, &c. Quintilien ne veut pas qu'on donne au lecteur ou à l'auditeur la peine de rien éclaircir. C'est à celui qui parle ou qui écrit de faire qu'on l'entende, & que même on ne puisse point ne pas l'entendre. Voilà de ces leçons dictées par le bon sens, & qui regardent autant les Poëtes que ceux qui écrivent en prose. J'en reviens toujours à la clarté, à une clarté sans le moindre nuage.

XCIII.

(5) *Mais, comme vous savez, malgré ma diligence,*
Un long chemin sépare & le camp & Byzance.

Que celui qui parle fût diligent ou non, cela pouvoit-il faire que Byzance & le camp fussent plus ou moins éloignés l'un de l'autre ? On voit assez ce que l'Auteur vouloit dire ; mais il ne le dit pas. *J'évite d'être long, & je deviens obscur.*

XCIV.

(6) *Qu'ai-je fait, pour venir accabler en ces lieux*
Un héros sur qui seul j'ai pu tourner les yeux.

(4) Bajazet, II, 3, 64.
(5) Ibid. IV, 2, 75.
(6) Alexandre, IV, 2, 75.

Qu'ai-je fait, dit Axiane, *pour que vous veniez, vous Alexandre, accabler*, &c. Il ne s'agit pas de favoir fi *pour que* feroit ici un bon effet. Il s'agit feulement de faire fentir l'équivoque qui eft dans la phrafe de Racine, où l'on eft tenté de croire que ces mots *pour venir* regardent la perfonne qui dit *qu'ai-je fait*. Elle vient, cette équivoque, de ce qu'il y a une ellipfe un peu trop forte.

Par *ellipfe*, nous entendons le retranchement d'un ou de plufieurs mots qui feroient néceffaires pour la régularité de la conftruction, mais que l'ufage permet quelquefois de fupprimer. Or, l'ufage ne permet une ellipfe du genre de celle-ci que dans la converfation. *Tout ce qui eft bon à écrire*, c'eft une maxime de Vaugelas, *eft bon à dire ; mais tout ce qui fe peut dire, ne fe doit pas écrire.*

X C V.

(7) *Je t'aimois inconftant, qu'aurois-je fait fidele ?*

Voilà de toutes les ellipfes que Racine s'eft permifes, la plus forte & la moins autorifée par l'ufage. Mais avant que d'ofer la condamner, il y a deux réflexions à faire.

1°. Ce qui rend l'ellipfe non-feulement excufable, mais digne même de louange, c'eft lorfqu'il s'agit, comme ici, de s'exprimer vivement, & de renfermer beaucoup de fens en peu de paroles ; fur-tout lorfqu'une violente paffion agite la perfonne qui parle. Hermione, dans fon tranfport, voudroit pouvoir dire plus de chofes qu'elle n'articule de fyllabes.

2°. Il y a de certaines fautes que le meilleur

(7). Andromaque, IV, 5, 95.

Ecrivain peut faire par négligence, ou même sans s'en appercevoir: au lieu qu'une ellipse qui est si peu dans les regles ordinaires, quand un grand maître l'emploie, c'est de propos délibéré, & après y avoir bien pensé.

Je conclus delà que de pareilles hardiesses ne tirent point à conséquence pour des écrivains du commun: mais d'un autre côté aussi j'avoue qu'un critique, s'il condamne absolument ce qu'un grand maître a écrit avec mûre réflexion, se sent plus de courage que je n'en ai.

XCVI.

(8) *Avez-vous pu penser qu'au sang d'Agamemnon*
Achille préférât une fille sans nom,
Qui de tout son destin ce qu'elle a pu comprendre,
C'est qu'elle sort d'un sang, &c.

Voilà un *qui* dont le verbe ne paroît point; mais l'usage l'autorise, & c'est un de ces gallicismes dont je parlerai dans un instant.

Vaugelas dit à ce sujet: *Tant s'en faut que ces phrases extraordinaires soient vicieuses, qu'au contraire elles ont d'autant plus de grace, qu'elles sont particulieres à chaque langue. Tellement que, lorsqu'une façon de parler est usitée à la Cour, & des bons Auteurs, il ne faut pas s'amuser à en faire l'anatomie, ni à pointiller dessus, comme font une infinité de gens: mais il faut se laisser emporter au torrent, & parler comme les autres, sans daigner écouter ces éplucheurs de phrases.* J'aime à entendre Vaugelas parler ainsi. J'aime à voir que ce Grammairien, le plus instruit & le plus judicieux que nous ayions eu, mettoit une différence infinie entre un Puriste,

(8) Iphigénie, II, 5, 52.

& un homme qui sait sa langue. Au reste, il ne fait en cela que répéter le mot de Quintilien : *Aliud est grammaticè, aliud latinè loqui.*

XCVII.

(9) *Je ne sais qui m'arrête & retient mon courroux,*
Que par un prompt avis de tout ce qui se passe,
Je ne courre des Dieux divulguer la menace.

Voilà encore un gallicisme, c'est-à-dire, une construction propre & particuliere à la langue françoise, contraire aux regles communes de la Grammaire, mais autorisée par l'usage. *Je ne sais qui m'arrête que je ne courre.* Ramus, dans sa Grammaire, appelle *francisme* ce que nous appellons *gallicisme.* Mais le nom ne fait rien ici à la chose. Pour dire donc un mot de la chose même, il me paroît que c'est avoir une fausse idée des gallicismes, que de les croire phrases de la simple conversation. Les gens de lettres, qui veulent rapporter tout à des regles connues, donnent volontiers dans ce préjugé. Aussi n'avons-nous guere, nous autres gens de cabinet, ces graces naïves & ces tours vraiment françois, que nous admirons dans certains écrits, dont les Auteurs doivent moins aux préceptes qu'à l'usage. Témoin les lettres inimitables de Madame de Sévigné. Il est vrai que ces sortes d'Auteurs font des fautes dont nous sommes exempts, grace à l'étude : mais, sans cesser d'être corrects, ne pourrions-nous pas entrer un peu dans le goût de leur diction aisée, vive, naturelle, & dont les gallicismes font toujours un des principaux charmes ? On sauroit gré à un savant, citoyen de Rome &

(9) Iphigénie, IV, 1, 34.

d'Athenes, de vouloir bien quelquefois n'être que françois.

Après l'exemple de Racine, douterons-nous que plusieurs de ces irrégularités ne puissent avoir place en toutes sortes de styles, puisqu'elles ne déparent point le tragique ?

Un bon traité de gallicismes seroit un ouvrage important pour notre langue. On en trouveroit presque tous les matériaux dans Amyot. Mais, comme notre langue a emprunté de toutes les autres, il faudroit savoir celles du Nord, pour pouvoir bien rendre compte de certaines constructions, que nous croyons originairement françoises, qui pourroient n'être que les dépouilles du Saxon.

Quelquefois aussi nos gallicismes ne sont autre chose qu'une ellipse, ou plusieurs ellipses combinées, qui ont fait disparoître peu-à-peu divers mots, diverses liaisons, qu'un long usage rend faciles à sous-entendre, quoiqu'il ne fût pas toujours facile de les suppléer, ni même de les deviner.

XCVIII.

(1) . . . . . *Plus je vous envisage,*
Et moins je reconnois, Monsieur, votre visage.

Un peu de Logique suffit pour concevoir d'où vient que la conjonction & se trouve ici de trop, & même pourroit donner lieu à un contre-sens, puisqu'elle travestit des propositions *corrélatives* en propositions *copulatives*. J'en dis assez pour ceux à qui les termes de l'Ecole sont familiers. Pour d'autres, il leur faut un exemple.

Plus on lit Racine, plus on l'admire. Il y a

(1) Plaideurs, II, 4, 6.

dans cette phrase deux propositions simples : *on lit Racine*, *on l'admire*, lesquelles prises séparément n'ont point encore de rapport ensemble. Pour les unir & n'en faire qu'une phrase, je n'ai qu'à dire, *on lit Racine & on l'admire*; mais, si je veux faire entendre que l'une est à l'autre ce qu'est la cause à l'effet, ou l'antécédent au conséquent, alors il ne s'agit plus de les unir; il faut marquer le rapport qu'elles ont ensemble. Or, c'est à quoi nous servent ces adverbes comparatifs, *plus*, *moins* & *mieux*, dont l'un est toujours nécessaire à la tête de chaque proposition, sans pouvoir céder sa place, ni souffrir un autre mot avant lui.

Pour traduire littéralement, *quantò diutiùs considero, tantò mihi res videtur obscurior*, nous dirons, *plus j'y fais réflexion, plus la chose me paroît obscure*. Pourquoi la marche du latin & celle du françois sont-elles ici les mêmes ? Parce que la Logique est la même dans toutes les langues.

Il y a cependant un cas où la conjonction *&* doit précéder l'adverbe comparatif. C'est lorsqu'au lieu d'une seule proposition simple, plusieurs sont réunies pour former, ou l'antécédent, ou le conséquent. Racine en fournit l'exemple suivant, qui mettra cette observation dans tout son jour.

Plus j'ai cherché, Madame, & plus je cherche encor
En quelles mains je dois confier ce trésor :
Plus je vois que César, &c. (2)

Ici la conjonction porte, non sur la derniere

___
(2) Britannicus, II, 3, 51.

proposition qui est corrélative, mais sur les deux premieres qui sont copulatives.

Quant à la phrase que nous examinons, il falloit sans conjonction, *plus je vous envisage, moins je reconnois*, &c.

Ou, si l'on mettoit une conjonction entre ces deux membres, il en falloit une troisieme ; comme si l'on avoit dit : *Plus je vous envisage, & moins je vous reconnois, plus je soupçonne que vous êtes un fourbe.* Ou, *plus je vous envisage, moins je vous reconnois, & plus je soupçonne*, &c.

J'ai allongé cette remarque, parce que ni Dictionnaires, ni Grammaires, à ce que je crois, n'ont touché la difficulté que je voulois éclaircir.

XCIX.

(3) *Le flot qui l'apporta recule épouvanté.*

Personne n'ignore que ce vers a causé une espece de guerre entre M. de la Motte, qui fut l'agresseur, & M. Despréaux, dont la Réponse, qui est sa onzieme Réflexion sur Longin, ne fut imprimée qu'après sa mort.

A cette Réponse de M. Despréaux, M. de la Motte repliqua : & moi, lorsque mes Remarques sur Racine parurent pour la premiere fois, je crus pouvoir dire aussi ma pensée sur la replique de M. de la Motte : mais le rien que j'écrivis alors sur ce sujet, ne reparoît point ici, parce que ce n'est point ici sa place, & que d'ailleurs on l'a inséré dans les dernieres éditions de Despréaux.

Tout ce qu'il y a de grammatical à exami-

---

(3) Phedre, V, 6, 36.

ner dans ce vers, se réduit au mot *apporta*, qui est un aoriste, c'est-à-dire, celui de nos deux prétérits, qui n'est pas formé d'un verbe auxiliaire, & qui marque indéfiniment le temps passé.

Une phrase toute semblable à celle de Racine, est condamnée dans les sentiments de l'Académie sur le Cid. *Quand je lui fis affront*, dit le Comte, parlant du soufflet qu'il venoit de donner à D. Diégue. *Il n'a pu*, selon l'Académie, *dire, je lui fis ; car il a fallu dire, je lui ai fait, puisqu'il ne s'étoit point passé de nuit entre deux.*

Oserois-je, après une décision si formelle, suspendre encore mon jugement & proposer mes doutes en faveur de Théramene ? Pourquoi ne dirions-nous pas que l'excès de sa douleur, & d'une douleur si juste, ne lui permettoit guere de songer aux loix du langage ; & que les loix de l'euphonie lui défendoient de s'énoncer comme on feroit en prose, *le flot qui l'apporta* ou *qui l'avoit apporté ?*

Quoi qu'il en soit, nous avons dans le charmant la Fontaine un exemple de cette même licence, si c'en est une. J'invite à relire sa Fable *du Lion & du Moucheron*, ne fût-ce que pour égayer la tristesse de mes Remarques. On y verra comment le Moucheron, insulté par le Lion, attaque son ennemi, le fatigue, l'abat, le met sur les dents. Après quoi on nous dit :

L'insecte du combat se retire avec gloire.
Comme il sonna la charge, il sonne la victoire.

Assurément, il ne s'étoit point *passé de nuit* entre le combat de ces animaux & la victoire remportée par le Moucheron. Cependant l'aoriste, *il sonna*, n'est-il pas infiniment mieux que si l'on eût dit, *comme il a sonné* ou *comme il avoit sonné*, &c. Tout ceci est affaire de goût. Ainsi le raisonnement y est peu nécessaire.

Pour moi je suis disposé à croire que la phrase de Corneille, tirée d'une Scene où il ne falloit que la simplicité du Dialogue, a été justement condamnée par l'Académie : mais que cette condamnation ne tombe pas sur les phrases de Racine & de la Fontaine, parce qu'elles sont l'une & l'autre placées où le Poëte pouvoit être hardi, & se montrer à visage découvert.

C.

(4) *Vaincu, chargé de fers, de regrets consumé,*
Brûlé de plus de feux que je n'en allumé.

Puisqu'il n'est question ici que de la Grammaire, on ne s'attend pas que je releve le ridicule du feu réel que Pyrrhus alluma dans Troye, comparé avec les feux de l'amour dont il prétend qu'il est brûlé. Racine touchoit encore d'assez près au temps où la France produisit des sots imitateurs des Italiens, chez qui les *Concetti* eurent leur mode, comme chez nous le burlesque.

Mais l'orthographe faisant partie de la Grammaire, & M. Racine le fils s'étant imaginé que ces rimes, *consumé*, *allumé*, pouvoient être critiquées, il ne sera pas inutile qu'on sache que de faire rimer aux yeux un participe avec un prétérit, ce n'est pas une invention moderne ; car il s'en trouve de fréquents exemples dans nos vieux Poëtes, &, sans aller plus loin, dans le Plutarque d'Amyot.

(4) Andromaque, I, 4, 62.

Je borne là mes Remarques, dont le but, comme on le voit bien, n'étoit aſſurément pas celui d'un rigide Cenſeur. J'ai loué, j'ai excuſé, mais j'ai blâmé auſſi, quand l'intérêt de notre langue m'a paru l'exiger.

Or, ſuppoſé que les fautes, les vraies fautes de mon Auteur, ſe réduiſent à ſi peu, tirons delà deux conſéquences, dont la premiere eſt que la verſification pour un homme né avec du talent, n'eſt donc pas une contrainte auſſi grande & auſſi nuiſible aux beautés eſſentielles de notre langue, qu'on l'a ſoutenu depuis quelques années dans certains écrits, où il ſemble qu'on ait pris à tâche d'inſpirer du dégoût pour la poéſie, & d'anéantir en France un des Arts qui font le plus d'honneur à l'eſprit humain.

Autre conſéquence qui ne regarde que moi. Je n'ai donc pas eu tort d'avancer, dès le commencement de ces Remarques, qu'il y avoit peut-être moins à reprendre dans Racine, que dans la plupart des ouvrages de proſe les plus eſtimés.

Qu'on ſe rappelle, au reſte, que mon deſſein ſe renfermoit dans le grammatical. Mais la Grammaire, quoiqu'elle ſoit d'une indiſpenſable néceſſité pour bien écrire, ne fera pas toute ſeule un bon Ecrivain. Pour bien écrire, il faut le concours de trois Arts différents, la Grammaire, la Logique & la Rhétorique. A la Grammaire, nous devons la pureté du diſcours : à la Logique, la juſteſſe du diſcours : à la Rhétorique, l'embelliſſement du diſcours. Quand finirois-je, ſi j'allois m'étendre ſur ce ſujet ?

FIN.

ADDITION.

ADDITION.

Je doutois qu'une Lettre, où l'on me donne des louanges si peu méritées, dût paroître ici de mon aveu. Mais des louanges qui ne sont dictées que par l'amitié, ne tromperont personne; & il ne faut pas qu'un vain scrupule m'empêche de publier d'importantes réflexions, occasionnées par ce volume même, dont elles deviennent le plus riche ornement.

Que je sais bon gré à mon illustre Confrere d'avoir osé dire, la Langue paroît s'altérer tous les jours; mais le style se corrompt bien davantage!... Le déplacé, le faux, le gigantesque, semblent vouloir dominer aujourd'hui. Triste vérité, qui ne peut manquer de faire impression sur quelques-uns de nos Contemporains, s'ils veulent considérer de quelle bouche elle est sortie.

Tome II.   Dd

RÉPONSE

De M. DE VOLTAIRE à M. l'Abbé D'OLIVET, sur la nouvelle édition de la Prosodie.

à Ferney, 5 Janvier 1767.

CHER *Doyen de l'Académie,*
Vous vîtes de plus heureux temps :
Des neuf sœurs la troupe endormie
Laisse reposer les talents :
Notre gloire est un peu flétrie.
Ramenez-nous sur vos vieux ans,
Et le bon goût & le bon sens,
Qu'eut jadis ma chere patrie.

Dites-moi si jamais vous vîtes, dans aucun bon Auteur de ce grand siecle de Louis XIV, le mot de *vis-à-vis* employé une seule fois pour signifier *envers, avec, à l'égard* ? Y en a-t-il un seul qui ait dit *ingrat vis-à-vis de moi*, au lieu d'ingrat envers moi. *Il se ménageait vis-à-vis de ses rivaux*, au lieu de dire *avec ses rivaux. Il était fier vis-à-vis de ses supérieurs*, pour fier avec ses supérieurs, &c. Enfin ce mot de *vis-à-vis*, qui est très-rarement juste & jamais noble, inonde aujourd'hui nos livres, la cour & le barreau, & la société ; car, dès qu'une expression vicieuse s'introduit, la foule s'en empare.

Dites-moi si Racine a *persifflé* Boileau ? si Bossuet *a persifflé* Paschal ? & si l'un & l'autre ont *mystifié* la Fontaine, en abusant quelquefois de sa simplicité ? Avez-vous jamais dit que Cicéron écrivait *au parfait* ; que *la coupe* des tragédies de Racine était heureuse ? On va jusqu'à imprimer que les Princes sont quelquefois mal *éduqués*. Il paraît que ceux qui parlent ainsi ont reçu eux-mêmes une fort mauvaise éducation. Quand Bossuet, Fénelon, Pélisson, voulaient exprimer qu'on suivait ses anciennes idées, ses projets, ses engagements, qu'on travaillait sur un plan proposé, qu'on remplissait ses promesses, qu'on reprenait une affaire, &c. ils ne disaient point ; j'ai suivi mes *errements*, j'ai travaillé sur mes *errements*.

Errement a été substitué par les Procureurs au mot *erres*, que le peuple emploie au lieu *d'arrhes*: *arrhes* signifie *gage*. Vous trouvez ce mot dans la tragi-comédie de Pierre Corneille, intitulée *Dom Sanche d'Aragon*.
Ce présent donc renferme un tissu de cheveux,
Que reçut Dom Fernand pour arrhes de mes
 vœux.

Le peuple de Paris a changé *arrhes* en *erres*, des *erres* au coche ; donnez-moi des *erres*. De là *errements* ; & aujourd'hui je vois que, dans les discours les plus graves, le Roi a suivi ses derniers *errements vis-à-vis* des rentiers.

Le style barbare des anciennes formules, commence à se glisser dans les papiers publics. On imprime que Sa Majesté *aurait* reconnu qu'une telle province *aurait* été endommagée par des inondations.

En un mot, Monsieur, la langue paraît s'altérer tous les jours ; mais le style se corrompt bien davantage : on prodigue les images & les tours de la poésie, en physique ; on parle d'anatomie en style empoulé ; on se pique d'employer des expressions qui étonnent, parce qu'elles ne conviennent point aux pensées.

C'est un grand malheur, il faut l'avouer, que, dans un livre rempli d'idées profondes, ingénieuses & neuves, on ait traité du fondement des loix en épigrammes. La gravité d'une étude si importante devait avertir l'Auteur de respecter davantage son sujet : & combien a-t-il fait de mauvais imitateurs, qui, n'ayant pas son génie, n'ont pu copier que ses défauts ?

Boileau, il est vrai, a dit après Horace :
Heureux, qui, dans ses vers, sait d'une voix légère,
Passer du grave au doux, du plaisant au sévere !

Mais il n'a pas prétendu qu'on mélangeât tous les styles. Il ne voulait pas qu'on mît le masque de Thalie sur le visage de Melpomene, ni qu'on prodiguât les grands mots dans les affaires les plus minces. Il faut toujours conformer son style à son sujet.

Il m'est tombé entre les mains l'annonce imprimée d'un Marchand, de ce qu'on peut envoyer de Paris en Province pour servir sur table. Il commence par une éloge magnifique de l'agriculture & du commerce ; il pese dans ses balances d'Epicier le mérite du Duc de Sully, & du grand Ministre Colbert ; & ne pensez pas qu'il s'abaisse à citer le nom du Duc de Sully, il l'appelle *l'ami d'Henri IV*, & il s'agit de vendre des saucissons & des harengs frais ! Cela prouve au moins que le goût des belles-lettres a pénétré dans tous les états ; il ne s'agit plus que d'en faire un usage raisonnable : mais on veut toujours mieux dire qu'on ne doit dire, & tout sort de sa sphere.

Des hommes, même de beaucoup d'esprit, ont fait des livres ridicules, pour vouloir avoir trop d'esprit. Le Jésuite Castel, par exemple, dans sa Mathématique universelle, veut prouver que, si le globe de Saturne était emporté par une comete dans un autre systême solaire, ce serait le dernier de ses satellites, que la loi de la gravitation mettrait à la place de Saturne. Il ajoute à cette bizarre idée, que la raison pour laquelle le satellite le plus éloigné prendrait cette place, c'est que les Souverains éloignent d'eux, autant qu'ils le peuvent, leurs héritiers présomptifs.

Cette idée serait plaisante & convenable dans la bouche d'une femme, qui pour faire taire des Philosophes, imaginerait une raison comique d'une chose dont ils chercheraient la cause en vain. Mais que le Mathématicien fasse ainsi le plaisant quand il doit instruire, cela n'est pas tolérable.

Le déplacé, le faux, le gigantesque, semblent vouloir dominer aujourd'hui ; c'est à qui renchérira sur le siecle passé. On appelle de tous côtés les passants pour leur faire admirer des tours de force qu'on substitue à la démarche simple, noble, aisée, décente des Pélisson, des Fénelon, des Bossuet, des Massillon. Un charlatan est parvenu jusqu'à dire, dans je ne sais quelles lettres, en parlant de l'angoisse & de la passion de JESUS-CHRIST, que, si Socrate mourut en sage, JESUS-CHRIST *mourut en Dieu*: comme s'il y avoit des Dieux accoutumés à la mort ; comme si on savoit comment ils meurent ; comme si une sueur de sang était le caractere de la mort de DIEU ; enfin, comme si c'était DIEU qui fût mort.

On descend d'un style violent & effréné au familier le plus bas & le plus dégoûtant ; on dit de la musique du célebre Rameau, l'honneur de notre siecle, *qu'elle ressemble à la course d'une oie grasse, & au galop d'une vache*. On s'exprime enfin auſſi ridiculement que l'on penſe: rem verba ſequuntur; &, à la honte de l'eſprit humain, ces impertinences ont eu des partiſans.

Je vous citerais cent exemples de ces extravagants abus, ſi je n'aimais pas mieux me livrer au plaiſir de vous remercier des ſervices continuels que vous rendez à notre langue, tandis qu'on cherche à la déshonorer. Tous ceux qui parlent en public doivent étudier votre traité de la proſodie, c'eſt un livre claſſique qui durera autant que la langue Françaiſe.

Avant d'entrer avec vous dans des détails, ſur votre nouvelle édition, je dois vous dire que j'ai été frappé de la circonſpection avec laquelle vous parlez du célebre, j'oſe preſque dire de l'inimitable Quinaut, le plus concis, peut-être, de nos Poëtes dans les belles ſcenes de ſes Opéra, & l'un de ceux qui s'exprimerent avec le plus de pureté comme avec le plus de grace. Vous n'aſſurez point, comme tant d'autres, que Quinaut ne ſavait que ſa langue. Nous avons ſouvent entendu dire, Madame Denis & moi, à M. de Beaufrant, ſon neveu, que Quinaut ſavait aſſez le Latin pour ne lire jamais Ovide que dans l'original, & qu'il poſſédoit encore mieux l'Italien. Ce fut un Ovide à la main qu'il compoſa ces vers harmonieux & ſublimes de la premiere ſcene de Proſerpine.

Les ſuperbes géants armés contre les Dieux,
  Ne nous cauſent plus d'épouvante;
Ils ſont enſevelis ſous la maſſe peſante
Des monts qu'ils entaſſoient pour attaquer les
  cieux.
Nous avons vu tomber leur chef audacieux
  Sous une montagne brûlante.
Jupiter l'a contraint de vomir à nos yeux

Les restes enflammés de sa rage mourante.
   Jupiter est victorieux,
Et tout cede à l'effort de sa main foudroyante.

S'il n'avait pas été rempli de la lecture du Tasse, il n'aurait pas fait son admirable opéra d'Armide. Une mauvaise traduction ne l'aurait pas inspiré.

Tout ce qui n'est pas dans cette piece air détaché, composé sur le canevas du Musicien, doit être regardé comme une tragédie excellente. Ce ne sont pas-là de

Ces lieux communs de morale lubrique.
Que Lulli réchauffa des sons de sa musique.

On commence à savoir que Quinaut valait mieux que Lulli. Un jeune homme d'un rare mérite, déjà célebre par les prix qu'il a remportés à notre Académie, & par une tragédie qui a mérité son grand succès, a osé s'exprimer ainsi en parlant de Quinaut & de Lulli :

Aux dépens du Poëte on n'entend plus vanter
De ces airs languissants la triste psalmodie,
Que réchauffa Quinaut du feu de son génie.

Je ne suis pas entiérement de son avis. Le récitatif de Lulli me paraît très-bon, mais les scenes de Quinaut encore meilleures.

Je viens à une autre anecdote. Vous dites *que les étrangers ont peine à distinguer quand la consonne finale a besoin ou non d'être accompagnée d'un e muet*, & vous citez les vers du Philosophe de Sans-Souci.

La nuit, compagne du repos,
De son crêp couvrant la lumiere,
Avait jetté sur ma paupiere
Ses plus léthargiques pavots.

Il est vrai que dans les commencements, nos *e* muets embarrassent quelquefois les étrangers.

Le Philosophe de Sans-Souci était très-jeune quand il fit cette épître : elle a été imprimée à son insu par ceux qui recherchent toutes les pieces manuscrites, & qui, dans leur empressement de les imprimer, les donnent souvent au public toutes défigurées.

Je peux vous assurer que le Philosophe de Sans-Souci sait parfaitement notre langue. Un de nos plus illustres confreres & moi, nous avons l'honneur de recevoir quelquefois de ses lettres, écrites avec autant de pureté que de génie & de force, *eodem animo scribit quo pugnat* : & je vous dirai, en passant, que l'honneur d'être encore dans ses bonnes graces, & le plaisir de lire les pensées les plus profondes exprimées d'un style énergique, font une des consolations de ma vieillesse. Je suis étonné qu'un Souverain chargé de tout le détail d'un grand Royaume, écrive couramment & sans effort, ce qui coûteroit à un autre beaucoup de temps & de ratures.

M. l'Abbé de Dangeau, en qualité de puriste, en savait sans doute plus que lui sur la Grammaire française. Je ne puis toutefois convenir avec ce respectable Académicien, qu'un Musicien en chantant, *la nuit est loin encore*, prononce, pour avoir plus de graces, la nuit est *loing* encore. Le Philosophe de Sans-Souci, qui est aussi grand Musicien qu'Ecrivain supérieur, sera, je crois, de mon opinion.

Je suis fort aise qu'autrefois Saint-Gelais ait justifié le *crép* par son *Bucéphal*. Puisqu'un Aumônier de François I retranche un *e* à *Bucéphale*, pourquoi un Prince Royal de Prusse n'auroit-il pas retranché un *e* à *crép* ? Mais je suis un peu fâché que Melin de Saint-Gelais, en parlant au cheval de François I, lui ait dit :

Sans que tu sois un Bucéphal,
Tu portes plus grand qu'Alexandre.

L'hyperbole est trop forte, & j'y aurais voulu plus de finesse.

Vous me critiquez, mon cher Doyen, avec autant de politesse que vous rendez de justice au singulier génie du Philosophe de Sans-Souci. J'ai dit, il est vrai, dans le *Siecle de Louis XIV*, à l'article des Musiciens, que nos rimes féminines, terminées toutes par un *e* muet, font un effet très-désagréable dans la musique, lorsqu'elles finissent un couplet. Le chanteur est absolument obligé de prononcer :

Si vous aviez la rigueur
De m'ôter votre cœur,
Vous m'ôteriez la vi-eu.

Arcabone est forcée de dire :

Tout me parle de ce que j'aim-eu.

Médor est obligé de s'écrier :

Ah ! quel tourment d'aimer sans espéranc-eu.

La gloire & la victoire à la fin d'une tirade, ont presque toujours la *gloir-eu*, la *victoir-eu*. Notre modulation exige trop souvent ces tristes désinences. Voilà pourquoi Quinaut a grand soin de finir, autant qu'il le peut, ses couplets par des rimes masculines, & c'est ce que recommandait le grand Musicien Rameau à tous les Poëtes qui composaient pour lui.

Qu'il me soit donc permis, mon cher Maître, de vous représenter que je ne puis être d'accord avec vous quand vous dites qu'*il est inutile, & peut-être ridicule de chercher l'origine de cette prononciation gloir-eu, victoir-eu, ailleurs que dans la bouche de nos villageois*. Je n'ai jamais entendu de paysan prononcer ainsi en parlant ; mais ils y sont forcés lorsqu'ils chantent. Ce n'est pas non plus une prononciation vicieuse des Acteurs & des Actrices de l'Opéra. Au contraire, ils font ce qu'ils peuvent pour sauver la longue tenue de cette finale désagréable, & ne peuvent en venir à bout. C'est un petit défaut attaché à notre langue, défaut bien compensé par le bel effet que font nos *e* muets dans la déclamation ordinaire.

Je persiste encore à vous dire qu'il n'y a aucune nation en Europe qui fasse sentir les *e* muets, excepté la nôtre. Les Italiens & les Espagnols n'en ont pas. Les Allemands & les Anglais en ont quelques-uns; mais ils ne sont jamais sensibles, ni dans la déclamation, ni dans le chant.

Venons maintenant à l'usage de la rime, dont les Italiens & les Anglais se sont défaits dans la tragédie, & dont nous ne devons jamais secouer le joug. Je ne sais si c'est moi que vous accusez d'avoir dit que la rime est une invention des siecles barbares : mais, si je ne l'ai pas dit, permettez-moi d'avoir la hardiesse de vous le dire.

Je tiens, en fait de langue, tous les Peuples pour barbares en comparaison des Grecs, & de leurs disciples les Romains, qui seuls ont connu la vraie prosodie. Il faut sur-tout que la nature ait donné aux premiers Grecs des organes plus heureusement disposés que ceux des autres nations, pour former en peu de temps un langage tout composé de breves & de longues, & qui, par un mélange harmonieux de consonnes & de voyelles, étoit une espece de musique vocale. Vous ne me condamnerez pas sans doute, quand je répéterai que le Grec & le Latin sont à toutes les autres langues du monde, ce que le jeu d'échecs est au jeu de dames, & ce qu'une belle danse est à une démarche ordinaire.

Malgré cet aveu, je suis bien loin de vouloir proscrire la rime, comme feu M. de la Motte; il faut tâcher de se bien servir du peu qu'on a quand on ne peut atteindre à la richesse des autres. Taillons habilement la pierre, si le porphyre & la granite nous manquent. Conservons la rime; mais permettez-moi toujours de croire que la rime est faite pour les oreilles & non pas pour les yeux.

J'ai encore une autre représentation à vous faire. Ne serai-je point un de ces téméraires que vous accusez de vouloir changer l'orthographe? J'avoue qu'étant très-dévot à *Saint-François*, j'ai voulu le distinguer des *Français*. J'avoue que j'écris *Danois* & *Anglais* : il m'a toujours semblé qu'on doit écrire comme on parle, pourvu qu'on ne choque pas trop l'usage, pourvu que l'on conserve les lettres qui font sentir l'étymologie & la vraie signification du mot.

Comme je suis très-tolérant, j'espere que vous me tolérerez. Vous pardonnerez sur-tout ce style négligé à un Français, ou à un François, qui avait, ou qui avoit été élevé à Paris dans le centre du bon goût, mais qui s'est un peu engourdi depuis treize ans au milieu des montagnes de glace dont il est environné. Je ne suis pas de ces phosphores qui se conservent dans l'eau. Il me faudroit la lumiere de l'Académie pour m'éclairer & m'échauffer; mais je n'ai besoin de personne pour ranimer dans mon cœur les sentiments d'attachement & de respect que j'ai pour vous, ne vous en déplaise, depuis plus de soixante années.

F I N.

PERMISSION SIMPLE.

JEAN-JACQUES DE VIDAUD, MARQUIS DE VELLERON, Comte de la Batie & Mognens, Seigneur de Fargues, Cairanne, Bivier, la Maison-forte de Montbives & autres Places, Conseiller d'Etat & au Conseil privé, Directeur général de la Librairie.

VU l'article VII de l'Arrêt du Conseil du 30 Août 1777, portant réglement pour la durée des Priviléges en Librairie, en vertu des pouvoirs à Nous donnés par ledit Arrêt : NOUS permettons à la Dame Veuve PIERRE DUMESNIL, Libraire-Imprimeur à Rouen, de faire une édition de l'Ouvrage qui a pour titre : *Synonymes François de l'Abbé Girard*, laquelle édition sera tirée à sept cents cinquante exemplaires, en deux volumes, format in-12, & sera finie dans le délai de six mois, à la charge par ladite dame Veuve DUMESNIL de représenter à l'Inspecteur de la Chambre Syndicale de Rouen la quittance exigée par les articles VIII & IX du même Arrêt; d'avertir ledit Inspecteur du jour où l'on commencera l'impression dudit Ouvrage, au désir de l'article XXI de l'Arrêt du Conseil du 30 Août 1777, portant suppression & création de différentes Chambres Syndicales; de faire ladite édition absolument conforme à celle de Rouen 1783, d'en remettre, conformément à l'Arrêt du Conseil du 16 Avril 1785, neuf exemplaires aux mains des Officiers de la Chambre Syndicale de Rouen, d'imprimer la présente Permission à la fin du Livre, & de la faire enregistrer dans deux mois, pour tout délai, sur les registres de ladite Chambre Syndicale de Rouen; le tout à peine de nullité.

DONNÉ à Paris le 10 Décembre 1785.

VIDAUD.

Par Monseigneur,
DUMIRAIL.

Registré sur le Registre de la Chambre Syndicale des Libraires-Imprimeurs de Rouen, fol. 31, No. 195, conformément aux Réglements de la Librairie. A Rouen le 15 Février 1786. L. OURSEL, *Syndic*.

www.ingramcontent.com/pod-product-compliance
Lightning Source LLC
Chambersburg PA
CBHW071152230426
43668CB00009B/926